합격할 만큼만 공부하자!
단기합격의 비법서

2026

생활/전문 2급
스포츠지도사
파이널
모의고사
전체무료강의

기출문제집

교재 인증 닉네임 작성란

직업상점

머리말 preface
Hungry Sports

　매년 스포츠지도사 시험을 준비하는 분들이 많아지는 한편 문제의 수준도 매년 높아지고 있습니다.
　2022년 기준 2급 스포츠지도사 시험에 약 3만 8천여명이 응시하였으며 필기 시험에서 합격률은 44% 밖에 되지 않았고 약 2만명 정도는 실기도 보지 못한 채 불합격하게 되었습니다.

　그 원인을 분석한 결과 첫째로 응시자 대부분이 체육을 전공하지 않은 일반인으로 시험 준비에 어려움이 있었다는 점, 둘째로 "문제은행식"의 출제가 아니다 보니 새로운 유형의 문제에 대처가 어려웠다는 점과 마지막 셋째, 대부분의 수험생이 시험을 실제적으로 준비하는 기간이 매우 짧았다는 점입니다.

　이에 따라서 '체육을 전공하지 않았던 사람이라도 단시간 준비하여 합격하는 것'을 목표로 '7일 완성 스포츠지도사'를 만들게 되었고 Youtube 무료강의를 제공하면서 많은 분들에게 도움을 드리고자 노력하였습니다. 그리고 이 책 '파이널 모의고사'는 제 교재와 강의로 공부를 하신 분들이나 또는 다른 방법으로 학습을 하신 분들이라도 시험 준비에 있어 실질적인 마무리 준비를 도와드리고자 만들어졌습니다.

　과목별로 중요한 개념을 다시 한번 풀어보면서 기본을 튼튼히 하고 실제 수준과 비슷하게 만들어진 모의고사를 풀어보면서 시험장에서 느낄 긴장감을 미리 경험하고자 합니다. 시간 배분하는 법이나 모르는 문제를 해결하는 방법 등을 연습해 보면서 조금이라도 합격률을 올릴 수 있는 방법을 알려드리고자 합니다.

　가장 효율적으로 준비하면서도 가장 이해하기 쉽고 재미있는 강의를 만들고자 노력하겠습니다. 저와 함께 해주셔서 감사드리며 모두 스포츠지도사 시험에 꼭 합격하시길 기원하겠습니다. 감사합니다.

한현근 올림

시험정보 information
Hungry Sports

🏃 스포츠지도사란

학교·직장·지역사회 또는 체육단체 등에서 체육을 지도할 수 있도록 국민체육진흥법에 따라 해당 자격을 취득한 사람을 말한다. 자격등급으로는 전문(1,2급), 생활(1,2급), 장애인(1,2급), 유소년, 노인으로 구분되어 있고 자격종목으로는 동·하계를 구분하여 약 65개의 스포츠 종목으로 구성되어 있다. 응시자는 자신에게 맞는 자격 등급과 종목을 선택하여 3단계 과정(필기-실기 및 구술-연수)을 모두 합격하면 문화체육관광부장관명의 자격증을 취득할 수 있다.

🏃 자격제도 구분

전문	생활	장애인	노인	유소년	건강운동관리사
1급	1급	1급	단일등급	단일등급	단일등급
2급	2급	2급			

1. 생활, 장애인, 노인, 유소년 스포츠지도사 자격은 만 18세 이상이면 누구나 응시가 가능하다.
2. 전문 스포츠지도사는 해당 종목에 4년 이상의 경기경력이나 체육분야 학사가 있어야 응시가 가능하다.
3. 하나의 자격을 취득한 뒤 다른 자격을 추가 취득할 경우에는 자신이 취득한 등급과 종목에 따라 필기나 실기 및 구술 과정이 면제가 되는 부분이 있으므로 미리 확인하는 것이 좋다.
- 전문 자격의 경우 별도의 시험 과정으로 필기와 실기 시험이 다른 자격과 상호 면제되지 않는다.
    ※ 단 필기시험 문제는 2021년도부터 전문/생활 구분하지않고 통합되어 출제된다.
- 생활, 노인, 유소년, 장애인의 경우 하나의 자격 취득 후에는 상호 필기시험이 면제된다.
    ※ 단 생활, 노인, 유소년을 먼저 취득 후 장애인을 취득하는 경우 "특수체육론" 1과목을 응시하여야 한다.

시험과정 안내

필기
1. 국민체육진흥공단 주관
2. 4월 말~5월 초 시행
3. 필기과목 7개 중 5개 선택
   - 과목별 40점 이상 획득
   - 전 과목 평균 60점 이상 획득

실기 및 구술
1. 종목별 협회 및 단체에서 주관
2. 6월~7월 중 실시
3. 필기합격자에 한해 실시
4. 실기와 구술 각각 70점 이상 획득

장애인
1. 연수운영기관(대학교)에서 주관
2. 8월~10월 중 시행(주중, 주말)
3. 연수과정 100분의 90이상 출석

유의사항

1. 동일한 자격등급에 한하여 연간 1인 1종목만 취득이 가능하다.(동·하계 중복 응시 불가)
2. 2024년도까지 필기 합격 후 실기 신청 단계에서 종목 변경이 가능하였으나 2025년도부터 불가하게 변경되었다.
   ※ 예시: "2급 생활 축구"로 필기 합격 후 실기 신청 시 "2급 생활 보디빌딩"으로 변경하는 경우
3. 필기시험에 합격한 사람은 다음 해 필기 시험이 1회 면제된다. (실기시험에 2회 응시 가능)
4. 필기 및 실기-구술 시험의 합격자는 합격한 해의 12월 31일부터 3년 이내에 연수를 이수하여야 한다.

체육지도자연수원
홈페이지

시험정보 내용은 체육지도자연수원에서 발췌하였습니다.
시험 운영 정책에 따라 변경될 수 있으며 정확하고 자세한 내용은 홈페이지를 참고하시길 바랍니다.

시험정보 information
Hungry Sports

 필기시험 안내

1. 종별구분 : 2급 전문/생활, 유소년, 장애인, 노인 스포츠지도사
2. 시험일정
   가. 매년 4월말 ~ 5월초 토요일 (2026년 시험 계획은 1월 ~ 2월 중 체육지도자 연수원에서 시행 공고함)
   나. 2025년도 시험일 : 2025 .4. 26.(토)
   - 원서접수 및 수수료 납부 기간
     • 2급 전문 : 2025. 3. 20.(목) ~ 3. 24.(월)
     • 2급 생활/유소년/장애인/노인 : 2025. 3. 27.(목) ~ 3. 31.(월)
3. 시험응시요령
   가. 시험시간 : 10 : 00 ~ 11 : 40 (100분간 쉬는 시간없이 진행)
   나. 입실시간 : 08 : 30 ~ 09 : 30
   다. 시험장소 : 원서접수 시 선택하며 고사장별 선착순 마감
   라. 시험과목
   - 필수과목 : 유아체육론, 특수체육론, 노인체육론 등 3개 과목
   - 선택과목 : 스포츠사회학, 스포츠교육학, 스포츠심리학, 한국체육사, 운동생리학, 운동역학
               스포츠윤리 등 7개 과목

2급 전문/생활스포츠지도사	5개 과목 선택(선택과목 7개 중 5개 선택)
유소년, 장애인, 노인스포츠지도사	5개 과목 선택(필수과목 1개와 선택과목 중 4개 선택)

   마. 유의사항
   - 필수준비물 : 수험표(직접출력), 신분증, 검정색 컴퓨터용 수성사인펜
   - 신분증 허용범위 : 주민등록증(주민등록증발급확인서), 운전면허증(경찰청장 발급), 여권(유효기간 내), 장애인등록증(복지카드), 공무원증, 국가유공자증, 외국인등록증 체육지도자 자격증(전자증명서 포함), 모바일 운전면허증, 모바일 공무원증 중 택1

자주묻는 질문

Q1) 화장실 이용이 가능한가요?
A : 시험시간 중에는 화장실 출입이 불가하고 종료 시까지 퇴실할 수 없음
※ '시험포기각서' 제출 후 퇴실한 응시자는 재입실 불가 및 당해시험 무효(0점) 처리

Q2) 시험지를 가져갈 수 있나요?
A : 시험종료 후 퇴실 시 문제지는 본인이 지참할 수 있음

Q3) 시험실에 시계가 있나요? 개인 시계를 가져갈 수 있나요?
A : 보통 시계가 있으나 구비되어 있지 않을 수 있으므로 개인용 시계를 준비하여야 함
※ 손목시계 등 개인용 시계는 시각만 확인할 수 있는 단순한 것을 사용하여야 하며, 스마트워치 등 데이터 저장 또는 송·수신기능이 있는 일체의 기기 착용을 금함

Q4) 휴대전화 및 전자기기 휴대가 가능한가요?
A : 시험 시작 후 통신기기 및 전자기기는 일절 휴대할 수 없음. 해당기기를 휴대하고 있다가 적발될 경우 부정행위자로 처리될 수 있음에 유의
※ 휴대전화 등 통신기기 및 전자기기 일체는 전원 OFF하여 시험위원 지시에 따라 보관해야 함

Q5) 필기 과목 중 쉬운 과목이 어떤 과목인가요?
A : 매년 출제되는 경향과 난이도가 달라 특별히 쉬운 과목은 따로 없음. 자신이 점수를 잘 받을 수 있는 과목을 선택하는 것이 필요하며 뒷부분 [과목선택요령]을 참고하면 좋음

Q6) 필기 및 실기 합격률은 어떻게 되나요?
A : 필기는 평균 40%, 실기는 종목마다 차이가 크지만 평균적으로 60%~70% 정도 유지함

Q7) 기출문제는 어디서 받을 수 있나요?
A : 체육지도자연수원-기출문제 자료실에서 다운로드 가능하며 헝그리스포츠 네이버 카페에서는 연도별로 정리된 기출문제와 정답을 한번에 다운로드 가능함

학습가이드 guide
Hungry Sports

- 본 교재는 단기간에 집중적으로 학습하고 싶은 학습자를 위하여 제작된 수험서입니다.
- 교재는 최대한 부연 설명없이 핵심만 간략하게 정리되어있습니다. 꼭 강의와 함께 공부하는 것을 추천드립니다.

🏃 7일 완성 요일별 학습플랜

토	일	월	화 · 수	목	금
• 학습가이드 정독 • 5개 과목 기초 학습 (강의수강 및 형성평가풀이)		• 최근 3개년 기출문제 풀기 • 오답 확인(교재 및 기출해설 강의 참고) • 과목별 복습		• 실전모의고사 -시험시간 100분 -OMR 카드 작성	• 마무리 정리 • 출제예상문제 확인

- 위 학습플랜은 필기 시험 일주일 전부터 시작한다는 가정으로 작성되었습니다.
- 필기합격을 위해서는 최소 7일 이상 시간이 필요하며 시간적 여유가 충분한 경우에는 미리 공부를 시작하는 것이 합격에 더 가까워질 수 있습니다.
- 이론 강의는 최소 2회 이상 청취하는 것을 추천드리며 3회차부터는 배속을 높이거나 부족한 과목 위주로 들어도 좋습니다.
- 과목별 공부가 끝난 뒤에는 가장 뒷 부분의 형성평가를 풀어야 합니다. 가장 핵심적인 내용을 ○, × 문제로 풀어보면서 학습한 내용을 다시 복습할 수 있습니다.
- 과목별 공부가 끝나면 기출문제를 풀어보면서 공부한 내용을 적어보고 오답을 정리하면서 부족한 부분을 확인하고 채워나갑니다.
- 실전모의고사는 실제 시험처럼 100분의 시간을 두고 교재에 동봉된 OMR 카드를 함께 작성하면서 푸는 것이 좋습니다.
- 시험 전날과 당일에는 그동안 공부했던 내용을 마무리 정리를 하면서 시험 직전에 올라오는 출제예상문제도 한번 보고 가는 것을 추천드립니다.
- 스포츠지도사 시험 특성상 전혀 새로운 유형이나 생소한 내용의 문제가 출제될 수 있습니다. 이때 당황하지 않고 알고 있는 문제 위주로 차근히 풀어내도 충분히 합격할 수 있습니다.

필기준비과정

과목선택
① 필기시험은 7개 과목 중 5개 과목을 선택하여 응시합니다.
　- 스포츠사회학, 스포츠교육학, 스포츠심리학, 한국체육사, 운동생리학, 운동역학, 스포츠윤리
　- 노인·유소년·장애인 스포츠지도사는 위 과목 중 4개와 필수과목 1개를 응시합니다.
② 본 교재의 「과목선택요령」을 참고하면 수월합니다.

⇩

이론강의
① 헝그리스포츠는 기본과목 7개에 대하여 무료 이론강의를 제공합니다.
② 각각의 이론강의는 2~3시간 분량으로 구성되어 있습니다.
③ 유튜브를 통해 언제 어디서나 편하게 학습하실 수 있습니다.

⇩

형성평가
① 각 단원 마지막에는 공부한 내용을 점검할 수 있는 O.X 문제가 있습니다.
② 교재에 직접 답을 적지 않고 다른 종이에 옮겨 적으면 여러번 풀어 볼 수 있습니다.
③ 따로 해설을 제공하지 않으니 틀린 부분은 교재와 강의를 다시 풀어보거나 카페 질문 게시판이나 인증회원 자료실에서 오답표를 확인합니다.

⇩

기출문제
① 스포츠지도사 시험은 '문제은행식'이 아니지만 기출문제를 토대로 문제가 출제되기 때문에 기출문제를 공부하는 것은 필수입니다.
② 최근 3개년 기출문제를 수월하게 풀 수 있는 정도가 되면 당해 시험도 합격할 확률이 높습니다.
③ 연도별 기출문제는 체육지도자연수원에서 무료로 다운로드 할 수 있으며 출력하여 여러번 풀어보는 것이 좋습니다.
④ 헝그리스포츠 유튜브에서 기출문제 해설 강의도 보실 수 있습니다.

⇩

모의고사
① 어느정도 학습이 된 상태에서는 실전과 유사한 환경에서 모의고사를 풀어보는 것이 좋습니다.
② 실제 시험 시간처럼 100분을 맞춰놓고 OMR 카드를 작성하면서 시간배분이나 마킹하는 법을 연습합니다.
③ 모의고사는 본 교재에 1회분이 포함되어있으며 3개년 이전의 기출문제를 모의고사처럼 풀어보는 것도 좋은 방법입니다.

⇩

마무리
① 여기까지 준비과정이 끝나신 분들은 더 새로운 내용을 공부하기보다는 그동안 공부했던 내용 위주로 잘 정리하고 복습하는 것이 좋습니다.
② 모의고사를 풀어보면서 실제 시험에서 발생할 수 있는 문제(시간배분, 마킹실수, 모르는 문제 해결하기)들은 꼭 미리 연습해봐야 합니다.
③ 시험 당일의 컨디션도 중요하기에 건강관리에 유념하시길 바랍니다.

과목 선택 요령 choice
Hungry Sports

 과목 선택 시 원칙

1. 잘 알고 있는 과목이나 자신이 있는 과목을 선택하는 것이 가장 중요합니다.
2. 최근 3개년 기출문제 또는 최소 전년도 기출문제 점수가 좋은 과목으로 선택하는 것이 좋습니다.
3. 과목 선택 시 아래 '과목별 특징'과 '선택에 대한 조언'을 참고하시면 도움이 되겠습니다.

 과목별 특징

스포츠 사회학	공부 난이도	처음 과목을 접하거나 혼자 공부하시는 분들이라도 수월하게 공부를 하실 수 있습니다. 중·고등학교 일반사회과목에서 배웠던 내용이 스포츠와 연관되어 출제됩니다.
	문제 난이도	매년 난이도는 '중' 수준으로 꾸준히 안정적으로 출제되었습니다. 영역별로 핵심 이론이 자주 나오고 단순 지식·이해 수준의 문제도 가끔 출제됩니다.
	특징	'공부한 만큼 점수가 나오는 과목', 어느 정도 암기 필요함
스포츠 교육학	공부 난이도	처음 과목을 접하면 다소 생소할 수는 있지만 이해가 어려운 편은 아닙니다. 스포츠지도사에게 필요한 학문적, 실제적 지식을 얻을 수 있어서 좋습니다.
	문제 난이도	매년 난이도가 조금씩 상승하여 '중상' 정도입니다. 과거 교육학 위주의 문제에서 최근 생활체육 관련 제도나 법까지 출제가 되면서 학습해야 하는 범위가 늘었습니다.
	특징	'스포츠지도사 시험의 기본 과목 느낌", 어느 정도 암기 필요
스포츠 심리학	공부 난이도	대부분은 처음 접하는 과목으로 사용하는 용어 또한 번역의 한계로 다소 어렵게 느껴지는 편입니다. 혼자 독학하기에 어려우며 강의와 함께 해야 고득점이 가능합니다.
	문제 난이도	문제의 난이도 '중상'입니다. 과목을 배웠던 사람 기준에는 문제가 쉬운 편이나 공부를 하지 않은 일반인은 풀 수 없는 문제가 대부분입니다.
	특징	'혼자 하기 어려운 과목', 암기해야하는 양이 많음
한국 체육사	공부 난이도	사실을 공부하기 때문에 이해보다는 암기가 주로 필요합니다. 다만 생각보다 암기해야 되는 양은 많지 않아 암기력이 부족하더라도 도전 할 수 있습니다.
	문제 난이도	난이도는 '중하'입니다. 간혹 지엽적인 문제가 나오긴 하나 대체로 어렵지 않게 나오는 편이며 암기는 필수이지만 상식적으로 풀 수 있는 문제도 나옵니다.
	특징	'단기간에 점수 올리기 좋은 과목', 암기해야 될 양이 생각보다 많지 않음

운동 생리학	공부 난이도	처음 과목을 접하는 사람은 다소 어려울 수 있습니다. 기본적인 암기도 필요하지만 전반적인 이해가 중요한 과목입니다.
	문제 난이도	매년 난이도는 '중상' 정도로 꾸준히 출제가 되는 편입니다. 쉬운 문제와 어려운 문제가 고루 출제가 되는 편입니다.
	특징	'보디빌딩을 준비한다면 구술준비에 많은 도움', 어느 정도의 암기와 이해가 필요함
운동 역학	공부 난이도	물리나 역학을 배웠던 사람은 수월하겠으나 과목을 처음 접하는 사람은 접근하기에 매우 어렵게 느껴지는 과목입니다. 암기보다는 이해가 더 중요한 편입니다.
	문제 난이도	공부 난이도에 비해 문제는 '중하' 정도로 쉽게 나오는 편입니다. 자신이 이해력이 있는 편이라면 의외로 단시간 공부해도 고득점 맞을 수 있는 과목입니다.
	특징	'다소 어려워 보이나 문제는 쉽게 나옴', 잘 선택하지 않는 과목, 기술지도에 도움이 됨
스포츠 윤리	공부 난이도	처음 과목을 접하거나 혼자 공부를 하더라도 충분히 가능하나 학문적 특성 상 완벽히 이해를 하고 문제를 풀기엔 어려움이 있습니다. 적절한 이해와 암기가 병행되야 합니다.
	문제 난이도	문제 자체의 난이도는 '중하'입니다. 체육철학 고유의 핵심 문제가 매년 출제가 되기에 이를 기본으로 준비한다면 의외로 공부 대비 중간 이상의 점수를 받기 쉽습니다.
	특징	'잘 모르겠는데 의외로 좋은 점수', 항상 나오는 문제만 맞춰도 과락 해결

🏃 선택에 대한 조언

1. 전공자의 경우에는 평소 잘 아는 과목이나 관심이 있는 과목을 선택해도 좋습니다.

2. 전년도 기출문제나 예전 기출문제를 연습삼아 풀어보고 점수가 잘 나온 과목으로 선택해도 좋습니다.

3. 대부분의 수험생은 자신이 배운 교육과정 위주로 선택하는 경향이 있습니다.
   - 문과 계열: 인문 위주의 과목(사회학, 교육학, 심리학, 체육사, 스포츠윤리)
   - 이과 계열: 자연 위주의 과목(생리학, 역학)

4. 가장 많이 선택하는 5개 과목(카페 자체 설문조사 결과)
   - 스포츠사회학, 스포츠교육학, 스포츠심리학, 한국체육사, 스포츠윤리
     ☞ 운동생리학, 운동역학은 비교적 선택하는 수험생이 적음

5. 보디빌딩 종목 응시자의 경우 위 5개 과목 중 1개 대신 "운동생리학"을 넣는 편임
   ☞ 보디빌딩 구술 시험에서 생리학 관련 내용이 많이 출제됨

6. 합격자 피드백에 의하면 "한국체육사", "스포츠윤리" 과목이 시간과 노력 대비 점수가 잘 나왔다는 응답을 받았음.

합격을 위한 노하우 knowhow
Hungry Sports

✅ 전략적으로 시험공부를 하자!

같은 시험을 치더라도 전략을 미리 세워놓고 준비한 사람과 무작정 준비한 사람의 결과는 다릅니다.
스포츠지도사 시험이 처음 나왔던 때에는 기본적인 상식만 갖고 있으면 필기 시험은 누구나 합격을 하던 시험이었습니다. 하지만 자격제도가 개선되면서 시험의 난이도가 점점 상승하였으며 현재는 필기 합격률이 40 ~ 50%로 둘 중에 한명은 떨어지는 시험이 되었습니다. 이 어려운 시험을 합격하기 위한 가장 좋은 전략은 '기출문제'입니다.
문제의 출제 및 난이도 조절은 시험범위 내에서 기출문제와의 연계율로 결정을 합니다. 그렇기에 어려운 내용, 다양한 내용을 공부해서 합격하려 하기보다는 기출되었던 핵심내용 위주로 간결하게 공부를 해야 합격할 확률이 높습니다. 목표는 "최근 출제된 3개년의 기출문제를 무리없이 이해하고 풀 수 있는 것"입니다. 현재 문제출제양상은 기출문제와 60%의 연계율을 보이기 때문에 기출문제만 잘 이해하고 가도 충분히 합격에 필요한 점수를 획득할 수 있습니다.

✅ 기출문제를 모의고사처럼 활용하자!

이론 학습이 완료되고 최근 3개년 기출문제를 무리없이 이해하고 풀 수 있는 능력까지 최소 7일 정도 소요됩니다. '7일완성 스포츠지도사' 교재는 이 학습량을 맞추기 위해 만들어졌습니다. 직장인 기준 하루 3 ~ 4시간씩 준비하여 이론학습과 최근 3개년 문제를 풀었을 때 7일 정도가 소요됩니다. "7일이면 충분하다" 라기보다는 "7일은 공부해야된다"가 더 적절하겠습니다. 사실 이 시점에서 시험을 치렀을 때 이미 충분히 합격할 수 있는 실력입니다. 다만 실제 시험에서는 자신이 가지고 있는 실력을 100% 발휘하기가 어렵기 때문에 실제 시험에 대한 대비가 필요합니다. 100분이라는 생각보다 짧은 시간에 5개 과목을 시간배분을 하여 문제를 풀어내야 하기에 시험 현장에서 느끼는 긴장감이 만만하지 않을 겁니다. 따라서 이때부터는 실제 시험처럼 시간을 두고 문제를 풀어내는 연습을 해야합니다. 최근 3개년 문제는 이미 풀어봤기에 답이 기억나면서 효과적이지 못합니다. 이때 풀면 좋을 것은 "최근 3개년 이전의 문제나 각종 사설모의고사"입니다. 2026년도에 시험을 볼 경우 2021, 2022년에 출제된 문제를 풀어 보거나 또는 시중에 나와있는 다양한 모의고사를 풀어 보는 것이 실전 감각을 올리는데 도움이 됩니다.

✅ 신체적·정신적 컨디션을 관리하자!

별 것 아닌 시험 같은데도 신체적으로나 정신적으로 주는 스트레스가 꽤 상당합니다. 하지만 또 이런 긴장감이 단조로운 삶에 활력과 도전감을 준다고 생각하면 좋은 것 같아 보이기도 합니다. 짧게는 일주일이나 며칠 전부터 공부를 하는 사람부터 길게는 몇 년째 시험을 보는 사람까지 이 시험을 준비하는 사람들은 워낙 경우가 다양합니다. 그럴 때 간혹 밤을 새워 공부를 하시는 분들이나 시험 긴장감에 스트레스가 극도로 올라가는 분들을 많이 봅니다. 우리가 공부하면서 깨달은 것 하나는 무엇보다 '건강'이 중요하고 '나'가 중요하다는 사실입니다. 좋은 컨디션으로 시험을 치르는 것도 시험합격에 도움을 주는 전략입니다. 항상 몸 건강, 마음 건강 챙기면서 적절한 긴장감을 즐기며 시험에 임하시기를 바라겠습니다.

☑ ○, △, × 표시를 활용하자!

시험을 아직 치르지 않으신 분들은 모르시겠지만 실제로 시험을 치르면 '시간이 매우 부족하다는 것'을 깨닫게 됩니다. 5개 과목의 20문제를 100분에 풀어낸다는 건 1문제를 1분안에 풀고 마킹을 해야한다는 뜻입니다. 쉬운 문제의 경우 금방 답을 찾고 마킹을 할 수 있지만 어려운 문제를 고민하다 보면 시간이 부족합니다. 결국 나중에 보면 풀지 못하고 넘어간 문제나 헷갈렸던 문제를 다시 풀어볼 시간이 거의 없습니다. 그럴 때 거의 찍게 되는데 이럴 때 도움이 되는 전략이 시험문제를 풀면서 내가 생각했던 과정을 문제에 적어 놓는 겁니다. 문제를 풀면서 답만 찾아 체크를 하는 것이 아니라 항상 보기를 읽어가며 확실히 맞거나 틀린 문항, 애매한 문항, 모르는 문항을 체크해나가면 마지막에 문제를 검토할 때 불필요하게 문제를 다시 읽는 시간을 줄일 수 있습니다. ①, ②, ③, ④ 보기에도 확실히 맞거나 틀린 문항에는 ○, X 표시를, 애매한 문항은 △를 합니다. 문제를 풀고 답을 정할 때에도 확실히 맞춘 것 같은 문제는 ○, 다시 한번 봐야되는 문제는 △, 다시봐도 모를 것 같은 문제는 X를 하여 남은 시간에는 △ 표시한 문항 위주로 검토해야 합니다.

☑ 마지막에 10점을 올릴 수 있는 방법!

스포츠지도사 시험이 좋은 점은 객관식 4지 선다라는 점입니다. 일단 아무것도 모르는 상태에서 문제를 찍어 맞출 수 있는 확률이 25%나 됩니다. 문항분포가 비슷하다라고 가정할 때 한 번호로 문제를 찍더라도 최소 4개는 맞출 수 있다는 의미가 되겠습니다. 실제 문항 분포는 대부분의 국가 수준의 시험과 마찬가지로 비슷하게 출제가 됩니다. 정확히 5-5-5-5개의 구조는 아니지만 한 문항이 3개 이하 이거나 7개 이상인 경우는 극히 드뭅니다. 이를 적절히 잘 사용하면 마지막 순간에 10점을 올릴 수 있습니다. 위의 ○, △, X와 함께 써야 확률이 올라가는 방법입니다. 시험을 보기 전 문제지 오른쪽 상단에 1번부터 4번까지 적어두고 문제를 풀면서 표시를 한 문제의 경우 개수를 작성해둡니다. 한 과목 문제 풀이가 끝나면 △ 표시 위주로 문제를 다시 풀어보며 답을 마킹합니다. 이때 중요한 건 △ 표시 문제의 답을 완벽히 찾았으면 ○로 바꾸고 문항분포에 표시하지만 답에 확신이 없다면 표시하지 않습니다. 그 과정까지 마친 다음 X 표시한 문제를 해결합니다. 시간이 남을 경우에는 풀어도 좋지만 대개 시간이 부족하여 찍는 경우가 발생합니다. 이럴 때에는 문항분포를 확인하여 적은 문항 번호를 고르는 것이 확률이 훨씬 높습니다. X 표시한 문제의 1~4번 보기에 ○, △, X까지 표시되어 있다면 찍어서 맞출 확률이 굉장히 많이 올라 갑니다. 어차피 찍어야 하는 문제이기에 조금이나마 확률을 높이는 선택을 하는 것이 효과적이지요.

목차 contents
Hungry Sports

▷ **PREFACE** 머리말 ··· 003

▷ **INFORMATION** 시험정보 ·· 004

▷ **GUIDE** 학습가이드 ·· 008

▷ **CHOICE** 과목 선택 요령 ··· 010

▷ **KNOWHOW** 합격을 위한 노하우 ··· 012

▷ **TEST** 출제경향 및 출제포커스
- 스포츠사회학 ··· 018
- 스포츠교육학 ··· 057
- 스포츠심리학 ··· 100
- 한국체육사 ·· 141
- 운동생리학 ·· 175
- 운동역학 ··· 213
- 스포츠윤리 ·· 249

▷ TEST 4개년 기출문제 (2022~2025)

- 스포츠사회학 ·· 019
- 스포츠교육학 ·· 058
- 스포츠심리학 ·· 101
- 한국체육사 ·· 142
- 운동생리학 ·· 176
- 운동역학 ·· 214
- 스포츠윤리 ·· 250

▷ TEST 4개년 기출문제 정답 및 해설 (2022~2025)

- 스포츠사회학 ·· 037
- 스포츠교육학 ·· 077
- 스포츠심리학 ·· 119
- 한국체육사 ·· 157
- 운동생리학 ·· 192
- 운동역학 ·· 230
- 스포츠윤리 ·· 267

▷ TEST 심화 문제 연습
- 스포츠사회학 ··· 046
- 스포츠교육학 ··· 087
- 스포츠심리학 ··· 128
- 한국체육사 ··· 165
- 운동생리학 ··· 202
- 운동역학 ··· 238
- 스포츠윤리 ··· 274

▷ EXAMINATION ii 실전 모의고사 ·· 별도 수록
- 실전 모의고사(헝그리스포츠 2급류 체육지도자 필기시험 문제지 별도 수록)
- 해설&정답 ··· 285

▷ references 참고문헌 ··· 303

스포츠사회학

1. 출제경향 및 출제포커스
2. 4개년 기출문제(2022~2025)
3. 4개년 기출문제 해설(2022~2025)
4. 심화문제연습

스포츠사회학

🏃 출제경향

출제범위	2022 개수(비율)	2022 문항번호	2023 개수(비율)	2023 문항번호	2024 개수(비율)	2024 문항번호	2025 개수(비율)	2025 문항번호
스포츠 사회학의 이해	2(10%)	1, 6	1(5%)	5	2(10%)	3, 11	4(20%)	1, 8, 14, 15
스포츠와 정치	3(15%)	2, 7, 10	2(10%)	11, 18	5(25%)	1, 2, 4, 12, 13	2(10%)	9, 18
스포츠와 경제	2(10%)	14, 15	2(10%)	2, 9	1(5%)	10	2(10%)	4, 17
스포츠와 교육	2(10%)	5, 17	1(5%)	1	1(5%)	15	1(5%)	2
스포츠와 미디어	3(15%)	13, 16, 19	3(15%)	7, 8, 19	1(5%)	16	2(10%)	3, 7
스포츠와 사회계급/계층	2(10%)	8, 12	2(10%)	12, 13	2(10%)	6, 7	2(10%)	6, 12
스포츠와 사회화	2(10%)	3, 4	3(15%)	4, 6, 17	2(10%)	18, 19	3(15%)	13, 19, 20
스포츠와 일탈	2(10%)	11, 18	3(15%)	10, 14, 16	3(15%)	8, 9, 17	2(10%)	11, 16
미래사회의 스포츠	2(10%)	9, 20	2(10%)	3, 15	3(15%)	5, 14, 20	2(10%)	5, 10

🏃 출제포커스

스포츠사회학은 공부하기 편한 과목입니다. 연도별로 문제 난이도가 적절하게 유지되고 있고 출제범위 안에서 중요한 이론이나 개념이 골고루 나오고 있습니다. 따라서 이 과목은 단원별로 기출되었던 중요한 내용 위주로 차근히 공부하시면 충분히 좋은 점수를 얻으실 수 있습니다.

🏃 2025년 총평

2025년 난이도는 매년 나오던 수준 또는 그보다 조금 더 쉽게 출제가 되었습니다. 특히 스포츠사회학에서는 기출문제를 많이 풀어본 사람들에게 유리하게 문제가 구성되었습니다. 난이도가 높은 문제를 만들 때 보통 새로운 유형이나 내용으로 문제를 만드는 경우가 많은데 올해는 그동안에 출제되었던 기출문제의 내용 2~3개를 한 문제로 묶어 묻는 형식의 문제가 많이 출제되었습니다.

🏃 2026년 예상

전체적인 난이도와 출제 유형은 비슷하게 나올 것으로 예상됩니다. 25년을 비롯해서 그동안의 출제 유형을 봤을 때 기출문제만 잘 분석해도 고득점을 맞을 수 있습니다. 최근 3개년 기출문제는 꼭 많이 풀어보고 가야 하며 가능하면 5개년 기출문제까지는 풀어보셔도 좋습니다.

기출문제(2022년)

001
<보기>에서 스포츠의 사회적 기능을 설명한 파슨즈(T. Parsons) AGIL 모형의 구성요소는?

- 스포츠는 사회구성원에게 현실에 적합한 사고, 감정, 행동양식 등을 학습할 수 있는 장을 마련해준다.
- 스포츠는 개인의 체력 및 건강증진을 도모하여 효율적으로 사회활동에 참여할 수 있게 한다.

① 적응
② 목표성취
③ 사회통합
④ 체제유지 및 관리

002
에티즌(D. Eitzen)과 세이지(G. Sage)가 제시한 스포츠의 정치적 속성이 아닌 것은?
① 보수성
② 대표성
③ 권력투쟁
④ 상호배타성

003
<보기>에서 설명하는 사회학습이론의 구성요소는?

상과 벌은 행동의 학습과 수행에 긍정적·부정적 영향을 미친다. 스포츠 현장에서 스포츠에 내재된 가치, 태도, 규범에 그릇된 행위는 벌을 통해 중단되거나 회피된다.

① 강화
② 코칭
③ 관찰학습
④ 역할학습

004
<보기>에 해당하는 스포츠사회화 과정이 바르게 연결된 것은?

- (㉠): 손목수술 후유증으로 인해 골프선수를 그만두게 되었다.
- (㉡): 골프의 매력에 빠져 골프선수가 되어 사회성, 체력, 준법정신이 함양되었다.
- (㉢): 아빠와 함께 골프연습장에 자주 가면서 골프를 배우게 되었다.
- (㉣): 골프선수 은퇴 후 골프아카데미 원장으로 부임하면서 골프꿈나무를 양성하게 되었다.

	㉠	㉡	㉢	㉣
①	스포츠로의 재사회화	스포츠를 통한 사회화	스포츠로의 사회화	스포츠 탈사회화
②	스포츠로의 재사회화	스포츠로의 사회화	스포츠를 통한 사회화	스포츠 탈사회화
③	스포츠 탈사회화	스포츠를 통한 사회화	스포츠로의 사회화	스포츠로의 재사회화
④	스포츠 탈사회화	스포츠로의 사회화	스포츠를 통한 사회화	스포츠로의 재사회화

005
학원엘리트스포츠를 지지하는 입장이 아닌 것은?
① 애교심을 강화시킬 수 있다.
② 학교의 자원 및 교육시설을 독점할 수 있다.
③ 지위 창출의 수단, 사회이동의 기제로 작용할 수 있다.
④ 사회에서 요구되는 책임감, 성취감, 적응력 등을 배양시킬 수 있다.

006

<보기>의 내용과 관련이 깊은 사회학 이론은?

- 미시적 관점의 이론이다.
- 인간은 사회제도나 규칙에 대해 능동적으로 사고하고 의미를 부여하며 행동한다.
- 스포츠 팀의 주장은 리더십이 필요하기 때문에 점차 그 역할에 맞는 리더십을 발휘한다.

① 갈등이론 ② 교환이론
③ 상징적 상호작용론 ④ 기능주의이론

007

정치의 스포츠 이용 방법에 관한 설명 중 옳은 것은?

① 태권도를 보면 대한민국 국기(國技)라는 동일화가 일어난다.
② 정부의 3S(sports, screen, sex) 정책은 스포츠를 이용하는 상징의 대표적인 방법이다.
③ 스포츠 이벤트에서 국가 연주, 선수 복장, 국기에 대한 의례 등은 상징의식에 해당한다.
④ 올림픽에서 금메달 수상 장면을 보면서 내가 획득한 것처럼 눈물을 흘리는 것은 상징화에 해당한다.

008

<보기>에서 설명하는 투민(M. Tumin)의 스포츠 계층 형성 과정은?

- 스포츠 종목에서 요구되는 우수한 운동수행능력을 갖추어야 한다.
- 뛰어난 경기력뿐만 아니라 탁월한 개인적 특성을 갖추어야 한다.
- 스포츠 팀 구성원으로 자신의 능력이 팀 승리에 미치는 영향력이 커야 한다.

① 평가 ② 지위의 분화
③ 보수부여 ④ 지위의 서열화

009

<보기>의 내용과 관련 있는 용어는?

- 로버트슨(R. Roberston)이 제시한 용어이다.
- LA 다저스팀이 박찬호 선수를 영입하여 좋은 경기력을 펼치면서 메이저리그 경기가 한국에서 인기가 높아졌다.
- 맨체스터 유나이티드팀이 박지성 선수를 영입하면서 프리미어리그 경기가 한국에서 인기가 높아졌다.

① 세방화(Glocalization)
② 스포츠화(Sportization)
③ 미국화(Americanization)
④ 세계표준화(Global Standardization)

010

국제사회에서 발생한 스포츠 사건에 관한 설명으로 옳은 것은?

① 남아프리카 공화국은 아파르트헤이트(apartheid)로 인해 국제대회 참여가 거부되었다.
② 구소련의 아프가니스탄 침공을 이유로 1984년 LA올림픽경기대회에 많은 자유 진영 국가가 불참하였다.
③ 2018년 평창동계올림픽경기대회에서 메달 획득을 위해 여자 아이스하키 남북 단일팀이 결성되었다.
④ 1936년 베를린올림픽경기대회에서 검은구월단 무장단체가 선수촌에 침입하여 이스라엘 선수를 살해하였다.

011

<보기>의 설명은 머튼(R. Merton)의 아노미(anomie) 이론에 대한 것이다. ㉠~㉢에 해당하는 적응유형이 바르게 연결된 것은?

- 도피주의 - 스포츠에 내재된 비인간성, 승리지상주의, 상업주의, 학업 결손 등에 염증을 느껴 스포츠 참가 포기
- (㉠) - 승패에 집착하지 않고 참가에 의의를 두는 것, 결과 보다는 경기 내용 중시
- (㉡) - 불법 스카우트, 금지 약물 복용, 경기장 폭력, 승부조작 등
- (㉢) - 전략적 시간 끌기 작전, 경기규칙이 허용하는 범위 내에서의 파울 행위 등

	㉠	㉡	㉢
①	혁신주의	동조주의	의례주의
②	의례주의	혁신주의	동조주의
③	의례주의	동조주의	혁신주의
④	혁신주의	의례주의	동조주의

012

<보기>의 내용을 기든스(A. Giddens)의 사회계층 이동 준거와 유형으로 바르게 묶은 것은?

- K는 가난한 가정에서 태어나 끊임없는 훈련을 통해 축구 월드 스타가 되었다.
- 월드스타가 되고 난 후, 축구장학재단을 만들어 개발도상국에 축구학교를 설립하여 후진양성에 큰 역할을 하고 있다.

	이동 주체	이동 방향	시간적거리
①	개인	수직이동	세대내이동
②	개인	수평이동	세대간이동
③	집단	수직이동	세대간이동
④	집단	수평이동	세대내이동

013

<보기>에서 설명하는 스포츠 미디어 이론은?

대중들은 능동적 수용자로서 특수한 심리적 욕구를 만족시키기 위해 매스미디어를 적극 이용한다. 이에 미디어 수용자는 인지적, 정의적, 도피적, 통합적 욕구를 충족시키기 위해 스포츠를 주제로 다루는 매스미디어를 이용한다.

① 사회범주이론
② 개인차이론
③ 사회관계이론
④ 문화규범이론

014

<보기>에서 코클리(J. Coakley)가 제시한 상업주의와 관련된 스포츠 규칙 변화의 충족 조건으로 옳은 것만을 모두 고른 것은?

㉠ 경기의 속도감 향상 ㉡ 관중의 흥미 극대화
㉢ 득점 방법의 단일화 ㉣ 상업적인 광고 시간 할애

① ㉠, ㉡
② ㉢, ㉣
③ ㉠, ㉡, ㉢
④ ㉠, ㉡, ㉣

015

<보기>에서 설명하는 프로스포츠의 제도는?

- 프로스포츠리그의 신인선수 선발 방식 중 하나이다.
- 신인선수 쟁탈에 따른 폐단을 막기 위해 도입되었다.
- 계약금 인상 경쟁을 막기 위한 방법으로 고안되었다.

① FA(free agent)
② 샐러리 캡(salary cap)
③ 드래프트(draft)
④ 최저연봉(minimum salary)

016

<보기>에서 대중매체가 스포츠에 미치는 영향에 해당되는 것만을 모두 고른 것은?

> ㉠ 대중매체의 기술이 발전한다.
> ㉡ 스포츠 인구가 증가한다.
> ㉢ 새로운 스포츠 종목이 창출된다.
> ㉣ 미디어 콘텐츠를 제공한다.
> ㉤ 경기규칙과 경기일정이 변경된다.
> ㉥ 스포츠 용구가 변화한다.

① ㉠, ㉡, ㉢
② ㉠, ㉢, ㉣
③ ㉡, ㉢, ㉣, ㉤
④ ㉡, ㉢, ㉤, ㉥

017

스포츠의 교육적 순기능 중 사회선도 기능이 아닌 것은?

① 여권신장
② 학교 내 통합
③ 평생체육과의 연계
④ 장애인의 삶의 질 향상

018

다음 ㉠~㉣에서 코클리(J. Coakley)가 제시한 일탈적 과잉동조를 유발하는 스포츠 윤리규범의 유형과 특징으로 옳은 것만을 모두 고른 것은?

	유형	특징
㉠	구분짓기규범	다른 선수와 구별되기 위해 탁월성을 추구해야 한다.
㉡	인내규범	위험을 받아들이고 고통 속에서도 경기에 참여해야 한다.
㉢	몰입규범	경기에 헌신해야 하며 이를 그들의 삶에서 우선 순위에 두어야 한다.
㉣	도전규범	스포츠에서 성공을 위해 장애를 극복하고 역경을 헤쳐 나가야 한다.

① ㉠, ㉡
② ㉡, ㉢
③ ㉠, ㉢, ㉣
④ ㉠, ㉡, ㉢, ㉣

019

맥루한(M. McLuhan)의 매체이론에 관한 설명으로 옳지 않은 것은?

① 핫(hot) 미디어 스포츠는 관람자의 감각 참여성이 낮다.
② 쿨(cool) 미디어 스포츠는 관람자의 감각 몰입성이 높다.
③ 핫(hot) 미디어 스포츠는 경기 진행 속도가 빠르다.
④ 쿨(cool) 미디어 스포츠는 메시지의 정의성이 낮다.

020

스포츠 세계화의 특징으로 옳지 않은 것은?

① 스포츠 시장의 경계가 국경을 초월해 전 세계로 확대되었다.
② 모든 나라의 전통스포츠(folk sports)가 세계적으로 확대되었다.
③ 세계인이 표준화된 스포츠 상품과 스포츠 문화를 소비하게 되었다.
④ 프로스포츠 시장의 이윤 극대화로 빈익빈 부익부 현상이 심화되었다.

기출문제(2023년)

001
<보기>에서 스포츠의 교육적 순기능으로만 묶인 것은?

  ㉠ 학교와 지역사회의 통합 ㉡ 평생체육의 연계
  ㉢ 스포츠의 상업화   ㉣ 학업활동의 격려
  ㉤ 참여기회의 제한   ㉥ 승리지상주의

① ㉠, ㉡, ㉣
② ㉠, ㉢, ㉤
③ ㉡, ㉢, ㉣
④ ㉡, ㉤, ㉥

002
<보기>에서 코클리(J. Coakley)의 상업주의에 따른 스포츠의 변화에 관한 설명으로 옳은 것을 모두 고른 것은?

  ㉠ 스포츠 조직의 변화: 스포츠 조직은 경품 추첨, 연예인의 시구와 같은 의전행사에 관심을 갖게 되었다.
  ㉡ 스포츠 구조의 변화: 스포츠의 심미적 가치보다 영웅적 가치를 중시하게 되었다.
  ㉢ 스포츠 목적의 변화: 아마추어리즘보다 흥행에 입각한 프로페셔널리즘을 추구하게 되었다.
  ㉣ 스포츠 내용의 변화: 프로 농구의 경우, 전·후반제에서 쿼터제로 변경되었다.

① ㉠, ㉡
② ㉠, ㉢
③ ㉡, ㉢, ㉣
④ ㉠, ㉢, ㉣

003
<보기>에서 설명하는 스포츠 세계화의 원인은?

  '코먼웰스 게임(commonwealth games)'은 영연방국가들이 참가하는 스포츠 메가 이벤트로, 영연방국가의 통합에 기여하는 측면이 있다.
  영국의 스포츠로 알려진 크리켓과 럭비는 대부분 영국의 식민지였던 영연방국가에서 인기가 있다.

① 제국주의
② 민족주의
③ 다문화주의
④ 문화적 상대주의

004
<보기>에 해당하는 케년(G. Kenyon)의 스포츠 참가유형은?

  • 특정 선수의 사인볼 수집
  • 특정 스포츠 관련 SNS 활동
  • 특정 스포츠 물품에 대한 애착

① 일탈적 참가
② 행동적 참가
③ 정의적 참가
④ 인지적 참가

005
<보기>의 ㉠, ㉡에 해당하는 거트만(A. Guttmann)의 근대스포츠 특징은?

  • (㉠): 국제스포츠조직은 규칙의 제정, 대회의 운영, 종목 진흥 등의 역할을 담당한다.
  • (㉡): 투수라는 같은 포지션 내에서도 선발, 중간, 마무리 등으로 구분된다.

	㉠	㉡		㉠	㉡
①	관료화	평등성	②	합리화	평등성
③	관료화	전문화	④	합리화	전문화

006

스나이더(E. Snyder)가 제시한 스포츠 사회화의 전이 조건이 아닌 것은?

① 참가의 가치
② 참가의 정도
③ 참가의 자발성 여부
④ 사회화 주관자의 위신과 위력

007

<보기>는 버렐(S. Birrell)과 로이(J. Loy)의 스포츠 미디어를 통해 충족할 수 있는 욕구에 관한 설명이다. ㉠~㉢에 해당하는 용어가 바르게 연결된 것은?

- (㉠) 욕구: 스포츠 경기의 결과, 선수와 팀에 대한 통계적 지식을 제공해 준다.
- (㉡) 욕구: 스포츠에 대한 흥미와 흥분을 제공해 준다.
- (㉢) 욕구: 다른 사회집단과 경험을 공유하게 하며 공동체 의식을 갖게 한다.

	㉠	㉡	㉢
①	정의적	인지적	통합적
②	인지적	통합적	정의적
③	정의적	통합적	인지적
④	인지적	정의적	통합적

008

<보기>의 ㉠, ㉡에 해당하는 용어가 바르게 연결된 것은?

- (㉠): 국민의 관심이 높은 스포츠 경기를 무료 혹은 저렴한 비용으로 시청할 수 있는 권리를 말한다.
- (㉡): 선수 개인의 사생활을 중심으로 대중을 자극하고 호기심에 호소하는 흥미 위주의 스포츠 관련 보도를 지칭한다.

	㉠	㉡
①	독점 중계권	뉴 저널리즘(new journalism)
②	보편적 접근권	옐로 저널리즘(yellow journalism)
③	독점 중계권	옐로 저널리즘(yellow journalism)
④	보편적 접근권	뉴 저널리즘(new journalism)

009

<보기>에서 설명하는 프로스포츠의 제도는?

- 프로스포츠 구단이 소속 선수와의 계약을 해지하고 다른 구단에게 해당 선수를 양도받을 의향이 있는지 공개적으로 묻는 제도이다.
- 기량이 떨어지거나 심각한 부상을 당한 선수를 방출하는 수단으로 이용하고 있다.

① 보류 조항(reserve clause)
② 웨이버 조항(waiver rule)
③ 선수대리인(agent)
④ 자유계약(free agent)

010

스포츠 일탈의 순기능에 관한 사례로 적절하지 <u>않</u>은 것은?

① 승부조작 사례를 보고 많은 선수들이 경각심을 갖는다.
② 아이스하키 경기에서 허용된 주먹다짐은 잠재된 공격성을 해소시켜 준다.
③ 스포츠에서 선수들의 약물복용이 지속되면 경기의 공정성이 훼손된다.
④ 높이뛰기에서 배면뛰기 기술의 창안은 기록경신에 기여하고 있다.

011

<보기>는 스트렝크(A. Strenk)가 제시한 국제정치에서 스포츠의 기능에 관한 설명이다. ⊙~ⓒ에 해당하는 내용이 바르게 연결된 것은?

- (⊙) : 2002년 한일월드컵 4강 진출로 대한민국이 축구 강국으로 인식
- (ⓒ) : 1980년 모스크바올림픽에서 서방 국가들의 보이콧 선언
- (ⓔ) : 1936년 베를린올림픽에서 나치즘의 정당성과 우월성 과시

	⊙	ⓒ	ⓔ
①	외교적 도구	정치이념 선전	국위선양
②	국위선양	외교적 항의	정치이념 선전
③	국위선양	외교적 도구	외교적 항의
④	외교적 도구	외교적 항의	정치이념 선전

012

<보기>에서 설명하는 부르디외(P. Bourdieu)의 문화자본 유형은?

- 테니스의 경기 기술뿐만 아니라 경기 매너도 습득하게 된다.
- 스포츠 활동처럼 몸으로 체득하게 되는 성향을 의미한다.
- 획득하는데 시간이 오래 걸리고, 타인에게 양도나 전이, 교환이 어렵다.

① 체화된(embodied) 문화자본
② 객체화된(objectified) 문화자본
③ 제도화된(institutionalized) 문화자본
④ 주체화된(subjectified) 문화자본

013

<보기>에서 투민(M. Tumin)이 제시한 스포츠계층의 특성 중 보편성(편재성)에 해당하는 것으로만 묶인 것은?

⊙ 스포츠는 인기종목과 비인기종목으로 구분된다.
ⓒ 과거에 비해 운동선수들의 지위가 향상되고 있다.
ⓔ 종합격투기는 체급에 따라 대전료와 중계권료 등에 차등이 있다.
ⓖ 계층에 따라 스포츠 참여 빈도, 유형, 종목이 달라지며, 이러한 차이는 개인의 삶에 영향을 미친다.

① ⊙, ⓒ
② ⊙, ⓔ
③ ⓒ, ⓖ
④ ⓔ, ⓖ

014

<보기>의 밑줄 친 ㉠, ㉡을 설명하는 집합행동 이론이 바르게 연결된 것은?

> - 이 코치 : 어제 축구 봤어? 경기 도중 관중폭력이 발생했잖아
> - 김 코치 : ㉠ 나는 그 경기를 경기장에서 직접 봤는데 관중들의 야유 소리가 점점 커지면서 관중폭력이 일어났어
> - 이 코치 : ㉡ 맞아! 그 경기 이전에 이미 관중의 인종차별 사건이 있었잖아. 만약 인종차별이 먼저 발생하지 않았다면, 어제 경기에서 그런 관중폭력은 없었을 거야

	㉠	㉡
①	전염이론	규범생성이론
②	수렴이론	부가가치이론
③	전염이론	부가가치이론
④	수렴이론	규범생성이론

015

메기(J. Magee)와 서덴(J. Sugden)이 제시한 스포츠 노동이주의 유형에 관한 설명 중 적절하지 않은 것은?

① 개척자형 : 스포츠 보급을 통해 금전적 보상을 추구하는 유형
② 정착민형 : 영구적으로 정착할 수 있는 곳을 찾는 유형
③ 귀향민형 : 해외에서의 스포츠 경험을 바탕으로 자국으로 복귀하는 유형
④ 유목민형 : 개인의 취향대로 흥미로운 장소를 돌아다니면서 스포츠에 참여하는 유형

016

<보기>는 코클리(J. Coakley)가 제시한 스포츠 일탈에 관한 설명이다. ㉠, ㉡에 해당하는 용어가 바르게 연결된 것은?

> - (㉠)에 따르면 스포츠 일탈이 용인되는 범위는 사회적으로 타협하는 과정을 통해 구성된다.
> - (㉡)는 과훈련(over-training), 부상 투혼 등을 거부감 없이 무비판적으로 수용하는 것이다.

	㉠	㉡
①	상대론적 접근	과소동조
②	절대론적 접근	과잉동조
③	절대론적 접근	과소동조
④	상대론적 접근	과잉동조

017

스포츠사회화를 이해하기 위한 사회학습이론의 관점으로 적절하지 않은 것은?

① 상과 벌을 통해 행동이 변화한다.
② 다른 사람의 행동을 관찰하여 모방이 일어난다.
③ 사회화 주관자의 가르침을 통해 행동이 변화한다.
④ 개인은 자신이 처해있는 상황을 스스로 학습하고 변화한다.

018

<보기>에서 설명하는 스포츠의 정치적 속성은?

> 에티즌(D. Eitzen)과 세이지(G. Sage)에 의하면 다양한 팀, 리그, 선수단체 및 행정기구는 각각의 특성에 따라 불평등하게 배분된 자원과 권한을 갖게 되고, 더 많은 권한을 갖기 위해 대립적 갈등을 겪게 된다.

① 보수성
② 긴장관계
③ 권력투쟁
④ 상호의존성

019

<보기>에서 설명하는 맥퍼슨(B. McPherson)의 스포츠 미디어 이론은?

- 대중매체를 통한 개인의 스포츠 소비 형태는 중요타자의 가치와 소비행동에 의해 영향을 받는다.
- 스포츠 수용자 역할로의 사회화는 스포츠에 참여하는 가족 구성원으로부터 받은 스포츠 소비에 대한 승인 정도가 중요하게 작용한다.

① 개인차 이론 ② 사회범주 이론
③ 문화규범 이론 ④ 사회관계 이론

020

<보기>에서 설명하는 스포츠사회학 이론은?

- 일상에서 특정 물건을 소비하는 것은 자신의 계급 위치를 상징화하는 행위이다.
- 자원과 시간의 소비가 요구되는 스포츠에 참여하는 것은 계급 표식 행위이다.
- 고가의 스포츠용품, 골프 회원권 등의 과시적 소비 양상이 나타난다.

① 갈등이론 ② 구조기능이론
③ 비판이론 ④ 상징적 상호작용론

기출문제(2024년)

001

<보기>에서 훌리한(B. Houlihan)이 제시한 '정부(정치)의 스포츠 개입 목적'에 관한 사례인 것을 모두 고른 것은?

> ㄱ. 시민들의 건강 및 체력유지를 위해 체육단체에 재원을 지원한다.
> ㄴ. 체육을 포함한 교육 현장의 양성 평등을 위해 Title IX을 제정했다.
> ㄷ. 공공질서를 보호하기 위해 공원에서 스케이트보드 금지, 헬멧 착용 등의 도시 조례가 제정되었다.

① ㄱ
② ㄱ, ㄷ
③ ㄴ, ㄷ
④ ㄱ, ㄴ, ㄷ

002

스포츠클럽법(시행 2022.6.16.)의 내용으로 옳지 않은 것은?

① 지정스포츠클럽은 전문선수 육성 프로그램을 운영할 수 없다.
② 스포츠클럽의 지원과 진흥에 필요한 사항을 규정하고 있다.
③ 국민체육진흥과 스포츠 복지 향상 및 지역사회 체육 발전에 기여함을 목적으로 한다.
④ 국가 및 지방자치 단체는 스포츠클럽의 지원 및 진흥에 필요한 시책을 수립·시행하여야 한다.

003

<보기>에서 스티븐슨(C. Stevenson)과 닉슨(J. Nixon)이 구조기능주의 관점으로 설명한 스포츠의 사회적 기능 중 옳은 것만을 모두 고른 것은?

> ㄱ. 사회·정서적 기능
> ㄴ. 사회갈등 유발 기능
> ㄷ. 사회 통합 기능
> ㄹ. 사회계층 이동 기능

① ㄱ, ㄴ
② ㄱ, ㄷ
③ ㄴ, ㄹ
④ ㄱ, ㄷ, ㄹ

004

<보기>의 ㉠~㉢에 해당하는 스포츠 육성 정책 모형이 바르게 제시된 것은?

> ㉠ 학생들의 스포츠 참여 저변이 확대되면, 이를 기반으로 기량이 좋은 학생선수가 배출된다.
> ㉡ 우수한 학생선수들을 육성하면 그들의 영향으로 학생들의 스포츠 참여가 확대된다.
> ㉢ 스포츠 선수들의 우수한 성과는 청소년의 스포츠 참여를 촉진하고, 이를 통해 형성된 스포츠 참여 저변 위에서 우수한 스포츠 선수들이 성장한다.

	㉠	㉡	㉢
①	선순환 모형	낙수효과 모형	피라미드 모형
②	피라미드 모형	선순환 모형	낙수효과 모형
③	피라미드 모형	낙수효과 모형	선순환 모형
④	낙수효과 모형	피라미드 모형	선순환 모형

005

<보기>에서 스포츠 세계화의 동인으로 옳은 것만을 모두 고른 것은?

ㄱ. 민족주의 ㄴ. 제국주의 확대
ㄷ. 종교 전파 ㄹ. 과학기술의 발전
ㅁ. 인종차별의 심화

① ㄱ, ㄴ, ㄷ
② ㄴ, ㄷ, ㅁ
③ ㄱ, ㄴ, ㄷ, ㄹ
④ ㄱ, ㄷ, ㄹ, ㅁ

006

투민(M. Tomin)이 제시한 사회계층의 특성을 스포츠에 적용한 설명으로 옳은 것은?

① 보편성 : 대부분의 스포츠 현상에는 계층 불평등이 나타난다.
② 역사성 : 현대 스포츠에서 계층은 종목 내, 종목 간에서 나타난다.
③ 영향성 : 스포츠에서 계층 불평등은 역사발전 과정을 거치며 변천해 왔다.
④ 다양성 : 스포츠 참여에서 나타나는 사회적 불평등은 일상 생활에도 유사하게 나타난다.

007

스포츠에서 나타나는 사회계층 이동에 대한 설명으로 옳지 않은 것은?

① 스포츠는 계층 이동을 위한 수단으로 활용된다.
② 사회계층의 이동은 사회적 상황과 개인적 상황을 반영한다.
③ 사회 지위나 보상 체계에 차이가 뚜렷하게 발생하는 계층 이동은 '수직 이동'이다.
④ 사회계층의 이동 유형은 이동 방향에 따라 '세대 내 이동', 세대 간 이동'으로 구분한다.

008

<보기>에서 설명하는 스포츠 일탈과 관련된 이론은?

• 스포츠 일탈을 상호작용론 관점으로 설명한다.
• 일탈 규범을 내면화하는 사회화 과정이 존재한다.
• 다른 사람과 상호작용을 통해 스포츠 일탈 행동을 학습한다.

① 문화규범 이론
② 차별교제 이론
③ 개인차 이론
④ 아노미 이론

009

스미스(M. Smith)가 제시한 경기장 내 신체 폭력 유형 중 <보기>의 설명에 해당하는 것은?

• 경기의 규칙을 위반하는 행위지만, 대부분의 선수나 지도자들이 용인하는 폭력 행위 유형이다.
• 이 폭력 유형은 경기 전략의 하나로 활용되며, 상대방의 보복 행위를 유발할 수 있다.

① 경계 폭력
② 범죄 폭력
③ 유사 범죄 폭력
④ 격렬한 신체 접촉

010

코클리(J. Coakley)가 제시한 상업주의와 관련된 스포츠 규칙 변화에 따른 결과로 옳지 않은 것은?

① 극적인 요소가 늘어났다.
② 득점이 감소하게 되었다.
③ 상업 광고 시간이 늘어났다.
④ 경기의 진행 속도가 빨라졌다.

011

파슨즈(T. Parsons)의 AGIL이론에 관한 설명으로 옳지 않은 것은?

① 상징적 상호작용론 관점의 이론이다.
② 스포츠는 체제 유지 및 긴장 처리 기능을 한다.
③ 스포츠는 사회구성원을 통합시키는 기능을 한다.
④ 스포츠는 사회구성원이 사회체제에 적응하게 하는 기능을 한다.

012

에티즌(D. Eitzen)과 세이지(G. Sage)가 제시한 스포츠의 정치적 속성 중 〈보기〉의 설명에 해당하는 것은?

- 국가대표 선수는 스포츠를 통해 국위를 선양하고 국가는 선수에게 혜택을 준다.
- 국가대표 선수가 올림픽에 출전하여 메달을 획득하면 군복무 면제의 혜택을 준다.

① 보수성　　　② 대표성
③ 상호의존성　④ 권력투쟁

013

〈보기〉의 ㉠~㉣에 들어갈 스트랭크(A. Strenk)의 '국제정치 관계에서 스포츠 기능'을 바르게 제시한 것은?

- (㉠): 1936년 베를린 올림픽
- (㉡): 1971년 미국 탁구팀의 중화인민공화국 방문
- (㉢): 1972년 뮌헨올림픽에서의 검은구월단 사건
- (㉣): 남아프리카공화국의 아파르트헤이트에 대한 국제사회의 대응

	㉠	㉡	㉢	㉣
①	외교적 도구	외교적 항의	정치이념 선전	갈등 및 적대감의 표출
②	정치이념 선전	외교적 도구	갈등 및 적대감의 표출	외교적 항의
③	갈등 및 적대감의 표출	정치이념 선전	외교적 항의	외교적 도구
④	외교적 항의	갈등 및 적대감의 표출	외교적 도구	정치이념 선전

014

베일(J. Bale)이 제시한 스포츠 세계화의 특징에 관한 설명으로 옳지 않은 것은?

① IOC, FIFA 등 국제스포츠 기구가 성장하였다.
② 다국적 기업의 국제적 스폰서십 및 마케팅이 증가하였다.
③ 글로벌 미디어 기업의 스포츠에 관한 개입이 증가하였다.
④ 외국인 선수 증가로 팀, 스폰서보다 국가의 정체성이 강화되었다.

015
스포츠의 교육적 역기능에 해당하는 것은?
① 정서 순화
② 사회 선도
③ 사회화 촉진
④ 승리지상주의

016
스포츠미디어가 생산하는 성차별 이데올로기에 관한 설명으로 옳지 않은 것은?
① 경기의 내용보다는 성(性)적인 측면을 강조한다.
② 여성 선수를 불안하고 취약한 존재로 묘사한다.
③ 여성들이 참여하는 경기를 '여성 경기'로 부른다.
④ 여성성보다 그들의 성과에 더 많은 관심을 보인다.

017
<보기>의 사례에 관한 스포츠 일탈 유형과 휴즈(R. Hughes)와 코클리(J. Coakley)가 제시한 윤리 규범이 바르게 연결된 것은?

- 2002년 한일월드컵 당시 황선홍 선수, 김태영 선수의 부상 투혼
- 2022년 카타르 월드컵에서 손흥민 선수의 마스크 투혼

	스포츠 일탈 유형	스포츠 윤리 규범
①	과소동조	한계를 이겨내고 끊임없이 도전해야 한다.
②	과소동조	경기에 헌신해야 한다.
③	과잉동조	위험을 감수하고 고통을 인내해야 한다.
④	과잉동조	탁월성을 추구해야 한다.

018
레오나르드(W. Leonard)의 사회학습이론에서 <보기>의 설명과 관련된 사회화 기제는?

- 새로운 운동기능과 반응이 학습된다.
- 학습자에게 동기를 부여할 수 있게 된다.
- 지도자가 적합하다고 생각하는 새로운 지식을 알게 된다.

① 강화
② 코칭
③ 보상
④ 관찰학습

019
스포츠로부터의 탈사회화에 관한 설명으로 옳은 것은?
① 부상, 방출 등의 자발적 은퇴로 탈사회화를 경험한다.
② 스포츠 참여를 통한 행동의 변화를 스포츠로부터의 탈사회화라고 한다.
③ 개인의 심리상태, 태도에 의해 참여가 제한되는 것을 내재적 제약이라고 한다.
④ 재정, 시간, 환경적 상황에 의해 참여가 제한되는 것을 대인적 제약이라고 한다.

020
과학기술의 발전에 따른 스포츠의 변화에 관한 설명으로 옳지 않은 것은?
① IoT, 웨어러블 디바이스 발전으로 경기력 측정의 혁신을 가져왔다.
② 프로야구 경기에서 VAR 시스템 적용은 인간심판의 역할을 강화 시켰다.
③ 4차 산업혁명에 따른 초지능, 초연결은 스포츠 빅데이터의 활용을 확대시켰다.
④ VR, XR 디바이스의 발전으로 가상현실 공간을 활용한 트레이닝이 가능해졌다.

기출문제(2025년)

001

스포츠사회학의 주요 연구 영역에 관한 설명으로 적절하지 않은 것은?

① 스포츠 기능 향상의 심리적 기전을 연구한다.
② 스포츠 맥락에서 인간의 행위와 상호작용 현상을 연구한다.
③ 스포츠 사회 내 규범, 신념, 이데올로기, 환경의 변화를 연구한다.
④ 스포츠집단의 유형, 특성, 기능, 구조, 변화 과정을 연구한다.

002

스포츠의 교육적 순기능에 관한 설명으로 옳지 않은 것은?

① 사회화를 촉진하여 전인교육 기능을 한다.
② 승리지상주의를 학습시켜 사회통합 기능을 한다.
③ 장애인의 적응력 배양으로 사회 선도 기능을 한다.
④ 여성의 참여 증가를 통한 여권신장으로 사회 선도 기능을 한다.

003

<보기>의 사례에 해당하는 버렐(S. Birrell)과 로이(J. Loy)의 미디어스포츠 수용자의 욕구 유형으로 가장 적절한 것은?

> • NBA 팀의 정보를 얻으려고 인터넷 검색을 한다.
> • 스포츠뉴스를 시청하며 이정후 선수가 속한 팀의 경기 결과와 리그순위를 확인한다.

① 인지적 욕구
② 도피적 욕구
③ 소비적 욕구
④ 심동적 욕구

004

국제스포츠이벤트가 지역사회에 미치는 긍정적 영향으로 적절하지 않은 것은?

① 도시 브랜드 가치 향상
② 사회간접자본 시설의 확충
③ 지역사회 구성원의 문화 정체성 약화
④ 스포츠 참여 기회 확대 및 건강 증진 효과

005

<보기>의 미래 스포츠 특성에 관한 설명으로 적절한 것을 모두 고른 것은?

> ㄱ. 노년층 스포츠 참가에 대한 중요성이 증가한다.
> ㄴ. 프로스포츠에서 스포츠과학의 중요성이 감소한다.
> ㄷ. 정보 기술의 발달로 스포츠 참여 형태가 다양해진다.
> ㄹ. 탄소배출을 최소화한 친환경스포츠의 중요성이 증가한다.

① ㄱ
② ㄱ, ㄴ
③ ㄱ, ㄷ, ㄹ
④ ㄴ, ㄷ, ㄹ

006

<보기>에서 ㉠에 해당하는 투민(M. Tumin)의 계층 특성과 ㉡에 해당하는 베블런(T. Veblen)의 이론은?

> ㉠ 민철이는 취미로 골프를 시작하려 했지만, 골프 장비가 비싸서 포기했다. 결국 민철이는 초기 비용이 적게 드는 배드민턴을 하기로 했다. 반면, 부유한 집안에서 자란 준형이는 어렸을 때부터 부모님을 따라 자연스럽게 골프를 접할 수 있었고, 현재도 일주일에 한 번은 골프를 하고 있다.
>
> ㉡ 선영이는 요트에 흥미가 없지만 주변 지인들에게 자신의 경제력을 자랑하려고 요트를 구매했다. 선영이는 지인들과 요트를 함께 즐기면서 자연스럽게 자신의 부를 드러낸다.

	㉠	㉡		㉠	㉡
①	영향성	자본론	②	영향성	유한계급론
③	역사성	자본론	④	역사성	유한계급론

007

<보기> 중 스포츠가 미디어에 미친 영향에 해당하는 것으로만 묶은 것은?

> ㄱ. 탁구공의 색이 흰색에서 주황색으로 변경되었다.
> ㄴ. 월드컵, 올림픽은 미디어 보급 및 확산에 기여하였다.
> ㄷ. 정지 화면, 느린 화면, 클로즈업 등의 방송 기법이 발달하였다.
> ㄹ. 스포츠 관람 인구가 증가하고, 스포츠 활동이 생활의 일부로 확산되었다.

① ㄱ, ㄴ
② ㄱ, ㄹ
③ ㄴ, ㄷ
④ ㄴ, ㄹ

008

<보기>에서 설명하는 스포츠사회학 이론으로 적절한 것은?

> - 미시적 관점의 이론이다.
> - 스포츠 참여 과정에 대한 이해와 하위문화 특성에 관심을 가진다.
> - 인간은 사회구조 및 제도에 대해 능동적으로 사고하며 행동하게 된다.

① 갈등이론
② 비판이론
③ 구조기능주의이론
④ 상징적 상호작용론

009

국제스포츠 사례에 관한 설명으로 옳지 않은 것은?

① 1969년 온두라스와 엘살바도르의 월드컵 예선전은 양국의 정치적·사회적 갈등이 격화되는 계기가 되었으며, 이후 무력 충돌로 이어졌다.
② 2008년 베이징올림픽경기대회 개최를 앞두고 중국의 티베트 인권 탄압에 대한 국제사회의 비판이 제기되었다.
③ 1988년 서울올림픽경기대회에는 모스크바올림픽경기대회와 LA올림픽 경기대회의 보이콧 사례와 달리 미국과 소련 등 동서 진영 국가들이 참여하였다.
④ 1995년 남아프리카공화국 럭비월드컵경기대회에서는 아파르트헤이트(apartheid)에 대한 국제사회의 반발로 다수 국가의 보이콧이 발생했다.

010

<보기>의 ㉠에 해당하는 로버트슨(R. Robertson)이 제시한 스포츠 세계화의 결과와 ㉡에 해당하는 매기(J. Magee)와 서덴(J. Sugden)이 제시한 스포츠 노동 이주 유형으로 가장 적절한 것은?

> ㉠ A 스포츠 업체는 글로벌 브랜드 정체성을 유지하면서 뉴질랜드 럭비 대표팀인 올 블랙스(All Blacks)의 경기 전 의식으로 잘 알려진 마오리족의 하카(haka) 댄스를 광고에 포함함으로써 지역 문화를 브랜드 메시지에 자연스럽게 녹여냈다.
> ㉡ 축구 선수 B는 현재 베트남의 C팀에서 활동 중이다. 그의 관심은 오로지 더 높은 연봉을 제시하는 팀으로 이적하는 것이다. 베트남의 문화를 즐긴다거나 사람과의 관계를 맺는 것에는 관심이 없다. 그는 언제든 떠날 준비를 하고 있다. 이전에 활동했던 중국의 D팀, 사우디의 E팀이 위치한 지역에 오래 머무른 적도 없다.

	㉠	㉡
①	세방화(glocalization)	용병형(mercenaries)
②	세방화(glocalization)	개척자형(pioneers)
③	국제적 고립(global isolation)	용병형(mercenaries)
④	국제적 고립(global isolation)	개척자형(pioneers)

011

<보기>의 사례에 해당하는 머튼(R. Merton)의 일탈행동 유형은?

> ㉠ 승리지상주의에 염증을 느껴 선수 생활을 포기하는 경우
> ㉡ 프로스포츠 선수가 경기력 향상을 목적으로 불법 약물을 복용한 경우
> ㉢ 스포츠 경기 참가에 의의를 두지만, 경기 성적을 중시하지 않는 경우

	㉠	㉡	㉢
①	도피주의	혁신주의	의례주의
②	도피주의	동조주의	의례주의
③	반역주의	도피주의	혁신주의
④	반역주의	동조주의	혁신주의

012

<보기>의 스포츠 계층 이동 유형과 사례에 관한 설명으로 옳은 것을 모두 고른 것은?

> ㄱ. 프로야구 선수가 대회에서 부진한 모습을 보여 2군으로 강등된 것은 수직이동의 사례이다.
> ㄴ. 1980년대 프로스포츠 출범 후 운동선수의 지위가 전반적으로 높게 평가받게 된 것은 집단이동의 사례이다.
> ㄷ. 프로배구 선수가 되면서 일용직 노동자였던 부모님에 비해 많은 수입과 높은 명성을 얻게 된 것은 세대 내 이동의 사례이다.
> ㄹ. 고등학교 배구 선수가 전학 간 후에도 같은 포지션으로 활동한 것은 수평이동의 사례이다.

① ㄱ, ㄴ   ② ㄷ, ㄹ
③ ㄱ, ㄴ, ㄹ   ④ ㄴ, ㄷ, ㄹ

013

스포츠사회화 이론에 관한 설명으로 적절하지 않은 것은?

① 사회학습이론에서는 다른 구성원의 행동을 관찰학습하여 사회화가 이루어진다고 설명한다.
② 사회학습이론에서는 모방, 강화 등을 통해 새로운 행동을 학습하여 사회화가 이루어진다고 설명한다.
③ 준거집단이론에서는 구성원이 속한 집단의 규칙을 따르지 않아도 사회화가 이루어진다고 설명한다.
④ 역할이론에서는 개인을 무대 위의 특정 역할을 부여받은 배우로 간주하여 그 역할을 수행하며 사회화가 이루어진다고 설명한다.

014

<보기>는 스포츠사회학 수업에서 교수와 학생의 대화이다. ㉠, ㉡에 들어갈 내용으로 적절한 것은?

> 학생 1: 최근 테니스와 마라톤이 인기를 끌고 있는데, 사람들이 왜 이런 스포츠에 열광하는지 다양한 사례를 심층적으로 알아보려면 어떤 연구 방법이 좋은가요?
> 교수: 참여관찰, 심층면담 등으로 자료를 수집하고 해석적인 절차에 따라 원인을 파악하는 (㉠) 방법이 적합해요.
> 학생 2: 그러면 스포츠 육성 모델에는 어떤 것이 있나요?
> 교수: 국가별로 다양한 스포츠육성정책을 시행하고 있는데, 그릭스*에 따르면, 스포츠 선진국은 엘리트 스포츠의 성과가 일반시민의 스포츠 참가를 촉진하고, 그렇게 형성된 자원속에서 다시 우수한 엘리트 선수가 탄생하여 국가이미지 향상에 기여하는 (㉡)을 구축하고 있다고 해요.
> * J. Grix(2016)

	㉠	㉡
①	질적 연구	선순환 모델
②	양적 연구	선순환 모델
③	질적 연구	피라미드 모델
④	양적 연구	피라미드 모델

015

<보기>의 내용에 해당하는 거트만(A. Guttmann)이 제시한 근대스포츠의 특징은?

> ㉠ 인종·성별과 관계없이 누구나 스포츠에 참여할 기회를 동등하게 부여받는다.
> ㉡ 현대 축구가 발전하면서 점차 수비수, 미드필더, 공격수 등의 포지션이 다양화되었다.
> ㉢ 현대스포츠 참여자는 신에 대한 숭배가 아니라 기분전환과 오락, 이익과 보상을 추구한다.
> ㉣ 국제스포츠연맹은 규칙 제정, 기록 공인, 국제대회 운영 및 관리, 종목 진흥 등의 역할을 담당한다.

	㉠	㉡	㉢	㉣
①	합리화	평등성	세속화	관료화
②	합리화	수량화	전문화	세속화
③	평등성	관료화	세속화	전문화
④	평등성	전문화	세속화	관료화

016

<보기>의 사례에 해당하는 베커(H. Becker)의 스포츠 일탈 이론은?

> 생활체육 배드민턴 동호회에서 신입 회원이 실력이 부족하다는 이유로 민폐 회원이라는 별명을 듣게 되었다. 어떤 회원은 게임에서 그를 배제하거나 눈치를 주었고, 몇몇은 노골적으로 비난했다. 시간이 지날수록 신입 회원은 자신이 정말 방해가 된다고 느끼며 위축되었고, 결국 동호회를 그만두고 운동도 포기하였다.

① 중화 이론(neutralization theory)
② 낙인 이론(labeling theory)
③ 욕구위계 이론(hierarchy of needs theory)
④ 인지발달 이론(cognitive development theory)

017

코클리(J. Coakley)가 제시한 상업주의 스포츠 출현의 사회적·경제적 조건에 해당하지 않는 것은?

① 자본주의 시장경제 체제
② 스태그플레이션(stagflation)
③ 소비가 장려되는 문화 형성
④ 인구 밀도가 높은 대도시 형성

018

<보기>의 사례에 해당하는 정치가 스포츠를 이용하는 방법으로 가장 적절한 것은?

> 스포츠는 정치인에게 권력을 강화하는 수단이 되기도 한다. 12.12 군사쿠데타와 5.18 민주화운동을 거치며, 당시 사회는 극도의 불안감과 정권에 대한 불신이 극에 달했다. 정권은 언론을 통제하고 정치적 발언을 통제하려 했지만, 뜻대로 되지 않았다. 그래서 국민의 관심을 돌리고 정권을 유지하기 위해 프로스포츠를 장려했다.
> 출처: M사, 시사교양(2005.6.)

① 상징
② 조작
③ 동일화
④ 전문화

019

<보기>의 사례에 해당하는 스포츠사회화 과정이 바르게 연결된 것은?

> ㉠ 소영이는 '골때리는 그녀'라는 TV 프로그램을 보고 축구에 매력을 느껴 축구클럽에 가입하게 되었다.
> ㉡ 소영이는 축구에 흥미를 잃어 축구클럽을 탈퇴하였고, 6개월이 지났을 무렵, 친구의 권유로 테니스클럽에 가입하게 되었다.
> ㉢ 소영이는 테니스 활동을 하며 테니스 규칙, 기술, 매너 등을 잘 숙지한 테니스 동호인이 되었다.
> ㉣ 소영이는 무릎과 팔꿈치 부상이 잦아지면서 결국 좋아하는 테니스를 그만두게 되었다.

	㉠	㉡	㉢	㉣
①	스포츠로의 재사회화	스포츠로의 사회화	스포츠를 통한 사회화	스포츠 탈사회화
②	스포츠로의 재사회화	스포츠를 통한 사회화	스포츠로의 사회화	스포츠 탈사회화
③	스포츠로의 사회화	스포츠를 통한 사회화	스포츠로의 재사회화	스포츠 탈사회화
④	스포츠로의 사회화	스포츠로의 재사회화	스포츠를 통한 사회화	스포츠 탈사회화

020

<보기>의 사례에 해당하는 사회화 주관자는?

> ㉠ 지영이는 배드민턴 동호회 활동을 하는 부모님의 권유로 배드민턴을 시작하게 되었다.
> ㉡ 민수는 동네 주민센터에서 청소년 농구 프로그램 회원 모집공고를 보고, 직접 센터를 방문하여 등록하였다.

	㉠	㉡
①	가족	학교
②	학교	동료
③	동료	지역사회
④	가족	지역사회

해설&정답(2022년)

001	1	002	4	003	1	004	3
005	2	006	3	007	3	008	4
009	1	010	1	011	2	012	1
013	2	014	4	015	3	016	4
017	2	018	4	019	3	020	2

▶ 2022 생활스포츠지도사 필기 기출문제 [스포츠사회학] 풀이 해석 바로가기!

001 | 구조기능주의 사회학자 파슨즈(T. Parsons)의 AGIL 모형
☑ 사회체계 및 기능은 2가지(내-외부, 수단-목적)으로 총 4가지로 구분함

적응 (adaptation)	개인이나 집단이 환경에 대한 적응 기능을 수행
목표달성 (Goal-)	자원을 동원·관리하며 체계 전체의 목표 달성 활동
통합 (Integration)	사회적 규범을 통해 전체, 하나로서 안정되고 일관적인 체제 유지
잠재성 (Latency)	사회체제를 유지하면서 문화적 가치를 창조

002 | **스포츠가 갖는 5가지 정치적 특성**
☑ 긴장관계, 대표성, 권력투쟁, 보수성, 상호의존성

003 | **사회학습이론의 3가지 행동학습요소**
☑ 강화, 코칭, 관찰학습

강화	상과 벌을 활용, 긍정적인 행동의 강화(상), 부정적인 행동의 감소(벌)
코칭	주관자(부모, 코치, 교사 등등)의 가르침을 받는 것, 새로운 지식의 전달 및 학습자의 동기 유발
관찰 학습	수행 과정에서 유사한 역할을 가진 타인을 관찰하고 이를 내면화하여 적절한 시기에 행동

004 | **스포츠 사회화 과정**
㉠-탈사회화
㉡-스포츠를 통한 사회화
㉢-스포츠로의 사회화
㉣-스포츠로의 재사회화

005 | ②번은 학원엘리트스포츠에 대한 부정적 입장이다.

006 | '상징적 상호작용론'에 대한 설명이다.

007 | ① 국기는 상징
② 3S 정책은 우민화 정책(조작의 방법)
④ 동일화에 대한 설명이다.

008 | 투민(M. Tumin)의 스포츠계층 형성과정 중 '서열화'에 대한 설명이다.
☑ 서열화: 개인적 특성, 능력을 발휘하면서 역할비교가 되며 이를 통해 지위의 서열을 나누는 단계

009 | 세방화(glocalization)란 세계화를 의미하는 글로벌라이제이션(globalization)과 지방화를 의미하는 로컬라이제이션(localization)의 합성어이다.
④ 세계표준화란 세계적으로 일관적이고 보편적인 기준을 세우는 것을 말함

010 | 아파르트헤이트 정책이란 남아공이 실시한 대표적인 인종차별 정책으로 이로 인해 세계적으로 많은 비난을 받고 간접적인 제제를 받았다.
② 소련의 아프가니스탄 침공을 이유로 80년 모스크바 올림픽에 자유진영 국가가 불참하였다(80년 모스크바올림픽, 84년 LA올림픽에서 냉전 체재의 갈등 심화로 민주, 공산진영 상호 간의 집단 보이콧).
③ 메달 획득을 위해 단일팀을 결성한 것은 아니다.
④ 검은구월단 사건은 1972년 뮌헨 올림픽 대회에서 일어남

011 | ㉠-의례주의
㉡-혁신주의
㉢-동조주의에 대한 설명이다.

구분	목적	수단	내용
동조	+	+	허용되는 규칙 안에서 승리추구
혁신	+	-	수단과 방법을 가리지 않음
의례	-	+	실현가능한 목표만 의례적 참여
도피	-	-	스포츠에서 탈피 - 참가의 중단
반역	+-	+-	새로운 목표와 수단을 주창

012 | 개인이 세대 내에서 수직이동을 한 사례이다.

구분		내용	예시
방향	수직이동	후보에서 주전 선수	
	수평이동	주전선수가 다른 팀 주전 선수로	
시간	세대 간	부모보다 좋은 조건으로 이동	
	세대 내	선수로 활동하다 감독으로 전환	
이동주체	개인이동	개인의 능력과 노력에 따라 사회적 상승	
	집단이동	유사한 조건의 집단이 이동하는 것	

013 | 개인차 이론에 대한 설명이다.

개인차 이론	개인은 심리적 욕구를 만족시키기 위해 능동적으로 대중 매체를 이용함
사회범주 이론	같은 반응을 보이는 집단이나 범주에 따라 미디어가 선택적 소비 및 전달
사회관계 이론	미디어는 비공식적 사회관계에 따라 소비 및 전달된다.
문화규범 이론	미디어는 현존하는 사상이나 가치를 선택적으로 제시한다.

014 | **코클리의 스포츠 규칙 변화의 충족 조건**
☑ 스피드한 경기진행, 득점은 쉽지만 다양하게, 균형감있는 경기력, 극적인 요소 확대, 선수와 팀에 대한 애정 고조, 상업적 광고를 위한 시간 편성

015 | 드래프트(draft)제도에 대한 설명이다.

016 | • 대중매체가 스포츠에 미친 영향 : ㉡, ㉢, ㉤, ㉥
• 스포츠가 대중매체에 미친 영향 : ㉠, ㉣

017 | **스포츠 교육적 순기능 중 사회선도 기능 종류**
☑ 여학생의 인식 전환, 평생체육 연계, 장애인의 삶의 질 향상
㉡-순기능 중 '사회통합' 기능에 속한다.

018 | 모두 맞는 설명이다.

019 | ③-핫 미디어 스포츠는 경기 진행 속도가 느린 편이다.

비교	핫 스포츠	쿨 스포츠
정의성	높다	낮다
감각참여 및 몰입성	낮다	높다
진행속도	느리다	빠르다
진행형태	단선형	복선형
유형	정적이고 개인적 스포츠	동적이고 단체(팀) 스포츠
예시	양궁, 유도, 사격	축구, 농구, 럭비

020 | ②-모든 나라의 전통스포츠가 전세계로 확대된 것은 아니다.

해설&정답(2023년)

001	1	002	2	003	1	004	2,3,4
005	3	006	1	007	4	008	2
009	2	010	3	011	2	012	1
013	2	014	3	015	1	016	4
017	4	018	3	019	4	020	모두정답

2023 생활스포츠지도사 필기 기출문제 [스포츠사회학] 풀이 해석 바로가기!

001 | 교육적 순기능 : ㉠, ㉡, ㉣(㉢, ㉤, ㉥은 역기능이다)

002 | ㉡ - 스포츠 내용의 변화에 대한 설명이다.
㉣ - 스포츠 구조의 변화에 대한 설명이다.

003 | 스포츠 세계화의 원인 중 '제국주의'에 대한 설명이다.
☑ **스포츠 세계화의 4가지 주요 원인**
제국주의, 민족주의, 종교전파, 기술발달

004 | 특정 스포츠의 호감을 보이고 감정적 참여를 하는 것은 '정의적 참가'로 볼 수 있으나 넓은 의미에서 행동적 참가와 인지적 참가를 수반하면서 ②번과 ④번 보기도 모두 정답으로 인정되었음

005 | ㉠은 관료화, ㉡은 전문화에 대한 설명이다.
☑ **구트만의 근대 스포츠가 갖는 7가지 특징**
세속화, 평등화, 전문화, 합리화, 관료화, 수량화, 기록화

006 | 스나이더가 제시한 스포츠 사회화의 전이 조건
- 참여의 정도 : 오래 참여한 경우 전이가 잘 일어난다.
- 참여의 자발성 : 자발적인 경우에 전이가 잘 일어난다.
- 사회화 관계의 본질성 : 수단적보다 본질적일 때
- 주관자의 위신과 위력 : 영향력이 큰 사람일 때
- 개인적·사회적 특징 : 개인의 성격, 계층에 영향을 받음

007 | ㉠ - 인지적 참여
㉡ - 정의적 참여
㉢ - 통합적 참여이다

008 | '보편적 접근권'과 '옐로 저널리즘'에 대한 설명이다.
☑ 독점 중계권 : 특정 방송사가 방송을 단독 계약 및 중계하는 방법
☑ 뉴 저널리즘 : 기존의 방식과 다른 새로운 보도 방법

009 | '웨이버 조항'에 대한 설명이다.
① - 선수와 계약한 구단이 독점적으로 협상할 권리
③ - 선수 대신 계약이나 협상에 관여하는 사람
④ - 계약기간이 끝난 선수가 자유롭게 협상하는 계약

010 | ③ - 일탈 행위로 인하여 경기의 공정성이 훼손되는 것은 스포츠 일탈의 역기능에 속한다.

011 | ㉠-국위선양의 대표적 사례이다.
㉡-스포츠를 외교적 항의의 수단으로 사용한 예이다.
㉢-스포츠를 정치이념의 선전의 장으로 이용한 예이다.

012 | 부르디외는 문화자본을 크게 경제자본, 문화자본, 사회관계자본으로 구분하였으며 스포츠와 같은 오랫동안 정신적·신체적으로 지속되는 유형을 '체화된 문화자본'으로 설명하였다.

013 | 투민이 제시한 스포츠계층의 특성 중 하나는 스포츠계층은 어디에서나 존재한다는 보편성(편재성)의 특징이 있다.
㉡-과거에 비해 운동선수들의 지위가 향상되는 모습은 고래성(역사성)과 관련이 높다.
㉣-계층에 따라 스포츠 참여 기회가 달라지고 개인의 삶에 영향을 미치는 것은 영향성에 대한 설명이다.

014 | ㉠-관중들의 야유소리가 점점 커져나갔다는 점에서 전염이론을 유추할 수 있다.
㉡-어떤 조건이나 상황이 순서에 따라 일어나는 점을 통해 부가가치이론으로 접근할 수 있다.

015 | ①-개척자형은 금전정 보상 이외에 다른 가치를 추구하면서 새로운 국가나 장소에 진출하는 모습을 말한다.

016 | ㉠-사회적으로 타협할 수 있는 관점은 '상대론적 접근'이다.
㉡-규범을 너무 모르는 것을 과잉동조라고 부르며 과훈련, 부상 투혼 등을 과잉동조의 대표적인 예로 들 수 있다.

017 | ④번 보기에서 개인이 스스로 학습하고 변화하는 모습은 사회학습이론의 관점과 거리가 멀다.

018 | 보기의 설명은 '권력투쟁'에 대한 내용이다.
☑ **에티즌과 세이지의 스포츠 정치적 속성**
긴장관계, 대표성, 권력투쟁, 보수성, 상호의존성 등

019 | '사회관계 이론'에 대한 설명이다.

020 | 소비하는 형태나 상징적인 요소를 통해 자신의 계급을 과시하는 모습은 스포츠사회학의 이론 중 비판이론에 밀접하다. 갈등이론적 관점에서도 해석은 가능하다.
☑ '상징적 상호작용론'으로 정답이 안내되었다가 문제의 오류로 모두 정답으로 수정되었음

해설&정답(2024년)

001	4	002	1	003	4	004	3
005	3	006	1	007	4	008	2
009	1	010	2	011	1	012	3
013	2	014	4	015	4	016	4
017	3	018	2	019	1, 3	020	2

2024 생활스포츠지도사 필기 기출문제 [스포츠사회학] 풀이 해석 바로가기!

001 | 보기의 ㉠은 재정적 지원, ㉡은 양성평등을 위한 법 제정, ㉢은 조례 제정 등에 관한 내용으로 모두 훌리한이 제시한 '정치의 스포츠 개입 목적' 사례에 해당한다.

✅ **훌리한의 정치의 스포츠개입목적**

> 공공질서의 보호, 지역사회나 국가의 명성고취, 시민들의 건강 및 체력유지, 경제발전 도모, 정치 이데올로기 확산, 정체성과 소속감 증진, 정부와 지도자에 대한지지, 교육현장의 양성평등 등

002 | 스포츠클럽법 제9조1항2조에 따르면 지정스포츠클럽은 종목별 전문선수의 육성을 할 수 있도록 명시되어있다.

003 | ㉡-사회갈등 유발 기능은 스포츠의 사회적 기능에 해당하지 않는다.

✅ **스티븐슨과 닉슨의 스포츠 사회적 기능 5가지**

> 사회정서적, 사회화, 사회적 통합 또는 연대, 정치적, 사회계층 이동

004 | 스포츠 육성 정책 모형에 따라 ㉠은 피라미드 모형(아래에서부터 올려가는 형태), ㉡은 낙수효과 모형(위에서부터 내려가는 형태), ㉢은 선순환 모형(상호통합적인 접근방식)으로 구분할 수 있다.

005 | ⓔ-인종차별의 심화는 스포츠 세계화 동인(원인)에 해당하지 않는다.

✅ **스포츠 세계화의 4가지 주요 원인**

> 제국주의, 민족주의, 종교전파, 기술발달

006 | ②-보편성(편재성)에 대한 설명
③-고래성(역사성)에 대한 설명
④-영향성에 대한 설명이다.

✅ **투민의 스포츠 계층이 갖는 특징**

> 사회성, 고래성(역사성), 보편성(편재성), 다양성, 영향성

007 | ④- 이동 방향에 따라 사회계층을 구분하는 방법은 수평 이동과 수직 이동이고 세대 내 이동과 세대 간 이동으로 구분하는 것은 시간에 따른 구분 방법이다.

008 | <보기>의 내용은 상징적 상호 작용론 중 차별교제론에 대한 설명이다.

009 | <보기>의 내용은 스미스의 신체 폭력 유형 중 경계 폭력에 해당한다.

✅ **스미스의 경기장 내 신체폭력유형**

단순한 신체접촉	규칙에 준하는 신체접촉
불명확한 폭력 (경계폭력)	규칙에 위배되지만 일반적으로 용인되는 폭력 행위
준범죄적 폭력 (유사범죄)	규칙에도 위배되며 일반적으로도 용인되지 않는 수준의 폭력
범죄적 폭력	일어나서는 안될 위험하고 극단적인 공격행동

010 | 코클리의 스포츠 상업주의 심화에 따른 구조적 변화에 따르면 득점은 감소되지 않고 많아지거나 득점체계가 다양화되었다.
☑ **규칙 변화의 4가지 원칙**

> 속도감 있는 진행, 득점체계의 다양화, 휴식시간의 부여, 종목에 따른 변화

011 | 파슨즈의 AGIL모형은 '구조기능주의'에 대표적인 이론이다.

012 | <보기>의 내용은 에티즌과 세이지의 스포츠가 갖는 정치적 특성 중 상호의존성에 대한 설명이다.

013 | ㉠-베를린 올림픽은 나치 정권기에 독일에서 개최된 올림픽으로 정치이념 선전의 장이 된 대표적인 대회이다.
㉡-일명 핑퐁외교로 불리우며 미국과 중국의 단절된 외교를 스포츠를 도구적으로 사용하며 해소한 사례이다.
㉢-올림픽 선수촌에 침입해 선수를 살해한 대표적인 테러사건으로 갈등 및 적대감의 표출이 된 사례이다.
㉣-외교적인 항의는 다소 부담이 있을 수 있는데 스포츠를 통해 간접적으로 항의를 표현할 수 있다.

014 | 외국인 선수의 증가는 경제적 요소가 개인의 국가적 정체성에 영향을 미친 사례로 국가의 정체성이 강화되었다고 보기 어렵다.

015 | ①,②,③은 스포츠의 교육적 순기능에 해당한다.
☑ **스포츠의 교육적 기능**

> 순기능: 전인교육, 사회통합, 사회선도
> 역기능: 교육목표의 결핍, 부정행위 조장, 편협한 인간육성

016 | ④-성적인 내용보다 실제적인 성과에 더 많은 관심을 보이는 행동은 성차별을 야기하는 이데올로기로 볼 수 없다.

017 | <보기>에 내용은 일종의 긍정적 일탈로써 과잉동조에 해당하며 코클리의 4가지 윤리 규범 중 인내규범에 해당한다.
☑ **코클리의 스포츠 윤리규범(과잉동조)**

몰입규범	경기에 헌신해야 한다.
구분짓기 규범	남들과 다르게 탁월해야 한다.
인내규범	위험과 고통을 감수해야 한다.
가능성(도전) 규범	장애물을 이겨내고 끊임없이 도전한다.

018 | <보기>의 내용은 사회화를 일으키는 3가지 방법 중 "코칭"에 해당한다. ①번 강화의 경우에는 상과 벌이 부여되야 한다. ③번 보상은 강화에서 사용하는 기법 중 하나이다. ④번 관찰학습은 다른 사람의 행동을 관찰하고 내면화하는 것을 의미한다.

019 | ①번 부상,방출 등은 강제적 은퇴(비자발적 은퇴)에 해당한다. ②번 스포츠 참여를 통한 행동의 변화는 '스포츠를 통한 사회화'에 해당한다. ④번은 외재적 제약에 대한 설명이다.
※ **이의제기를 통해 1번도 복수정답으로 인정되었음**
- 부상, 방출이라도 자발적 은퇴가 이루어질 수 있다.

020 | ②-VAR의 기능은 인간심판의 역할을 강화하기보다 판정에 대한 정확성을 향상시키는 역할을 하였다.

해설&정답(2025년)

001	1	002	2	003	1	004	3
005	3	006	2	007	3	008	4
009	4	010	1	011	1	012	3
013	3	014	1	015	4	016	2
017	2	018	2	019	4	020	4

📺 2025 생활스포츠지도사 필기 기출문제 [스포츠사회학] 풀이 해석 바로가기!

001 | ① - 스포츠심리학에 대한 설명이다.

002 | ② - 승리지상주의를 학습시키는 행동은 교육적 역기능에 해당한다.

✅ **스포츠의 교육적 기능**
(암기법 '전통선 - 교부편')

순기능	전인교육, 사회통합, 사회선도
역기능	교육목표의 결핍, 부정행위의 조장, 편협한 인간의 육성

003 | ① - 인지적 욕구에 해당하는 설명이다.

✅ **버렐과 로이의 미디어 스포츠 욕구 유형**
(암기법 '도통인정')

인지적 욕구	알고자 하는 것, 정보나 지식의 습득
정의적 욕구	즐거움 추구, 미적인 감각과 경험
통합적 욕구	가족이나 친구와의 교류, 집단에서의 신뢰, 확신
도피적 욕구	긴장완화 및 사회역할로부터의 도피

004 | ③ - 지역사회 구성원의 문화 정체성 약화는 부정적인 영향에 해당한다.

005 | ㄴ - 프로스포츠에서 경기력 향상과 부상 예방을 위한 스포츠과학의 중요성은 더욱 증가한다.

006 | ㉠ - 삶의 계층적 지위가 스포츠 경험에 영향을 미치는 것은 투민이 제시한 스포츠 계층의 특징 중 '영향성'에 해당한다.

✅ **투민의 스포츠 계층이 갖는 5가지 특징**
(암기법 '사고보는 다영')

사회성, 고래성(역사성), 보편성(편재성), 다양성, 영향성

㉡ - 상류계층이 자신의 지위나 재력을 과시하고자 행동하는 것은 베블렌의 '유한계급론'과 관련이 있다.

007 | 보기 ㄱ, ㄹ은 미디어가 스포츠에 미친 영향, ㄴ, ㄷ은 스포츠가 미디어에 미친 영향이다.

008 | 상징적 상호작용론에 대한 설명이다. 구조기능주의이론, 갈등이론, 비판이론은 모두 거시적 관점에서 사회문화현상을 연구한다.

009 | ④ - 1938년부터 수십년간 이어진 남아공의 인종차별정책 '아파르트헤이트'는 1990년대에 들어와 철폐되었고 1995년 럭비 월드컵 경기대회에서는 더 이상 백인과 흑인을 나누지 않고 함께 경기에 출전하게 되었다.

010 | 보기 ㉠은 세계화와 지역화가 동시에 진행되는 '세방화'를 의미한다. ㉡은 스포츠 노동 이주 유형 중 '용병형'에 해당한다.

☑ **스포츠 노동 이주 유형**

유목민	종목의 특성이나 개인의 성향에 따라 국가 간 이동이 발생하는 경우
정착민	경제적 보상 외의 요인으로 한곳에 정착한 형태
개척자	일반적으로 활동하는 곳이 아닌 새로운 곳으로 이주한 형태
귀향민	해외로 이주하였다가 다시 자신의 나라로 귀향한 형태
용병형	오직 경제적 보상만을 최우선 가치로 추구하여 이주하는 형태

011 | ㉠-선수 생활을 포기하는 것은 '도피주의'에 해당한다.
㉡-경기력 향상을 목적으로 하지만 방법이 잘못되었으므로 '혁신주의'에 해당한다.
㉢-참가에 의의를 두고 최선을 다하지 않는 경우는 '의례주의'에 해당한다.

☑ **동조주의: 주어진 규칙 내에서 목표를 이루기 위해 적절히 행동하는 것**
☑ **반역주의: 새로운 목표와 수단으로 자신의 새로운 목적을 달성하는 것**

012 | 보기 ㄷ의 설명은 기든스의 계층 이동 유형 중 '세대 간' 이동 유형에 해당한다.

013 | ③-준거집단 이론이란 인간은 자신이 속한 집단의 규칙을 자신의 행동 기준의 준거로 삼는다는 이론이다.

☑ ①,②-사회학습에서는 강화, 코칭, 관찰학습 등을 통해 사회화가 이루어진다.

014 | 참여관찰, 심층 면담 등은 '질적연구'에 해당한다. 스포츠 선진국에서 엘리트 스포츠와 일반시민의 스포츠가 상호 좋은 영향을 주고받는 것은 '선순환 모델'에 해당한다.

☑ **양적 연구란 현상에 대해서 수량화하여 그 값을 통계나 검증을 통해 유의미한 정보를 얻어내는 것을 의미한다.**
☑ **스포츠 정책 육성 모델: 선순환 모델, 피라미드 모델, 낙수효과 모델**

015 | ㉠-누구나 동등하게 참여를 보장하는 '평등화'
㉡-스포츠 역할의 '전문화'
㉢-이익과 보상을 추구하는 '세속화'
㉣-국제적인 운영을 위해 고도로 체계화 되어있는 '관료화'에 대한 특징이다.

☑ **구트만의 근대스포츠 특징 7가지 (암기법 '세평전합관수기')**

세속화, 평등화, 전문화, 합리화, 관료화, 수량화, 기록화

016 | 보기의 설명은 ② 낙인이론에 대한 설명이다.

☑ **낙인이론**

인간의 행동은 발생하는 상황과 여건에 따라 천차만별인데 특정 행위를 일탈이라고 규정하는 것 때문에 일탈이 아닐 수 있는 행동이 일탈이 된다는 이론

017 | ②- 스태그플레이션(=경기침체와 물가상승이 함께 발생하는 현상)은 코클리가 제시한 조건에 해당하지 않는다.

☑ **코클리의 상업주의 스포츠 출현 조건**

시장경제의 형성, 관중이 밀집된 지역, 경제적 여유가 있는 계층, 막대한 양의 자본, 소비가 장려되는 문화

018 | 보기의 설명은 ② 조작에 해당한다.
☑ **정치가 스포츠를 이용하는 방법: 상징, 동일화, 조작**

019 | ㉠ - 단순히 참여를 하는 모습으로 '스포츠로의 사회화'
㉡ - '탈사회화' 이후의 '재사회화'
㉢ - 스포츠를 통해 경험하는 '스포츠를 통한 사회화'
㉣ - 부상의 이유로 스포츠를 그만 두는 것으로 탈사회화에 해당한다.

020 | 사회화 주관자란 미성숙한 사회인을 성숙한 사회인이 되도록 사회화를 도와주는 사람으로 가족, 동료, 학교, 지역 사회 등이 있다. ㉠은 가족, ㉡은 지역사회에 해당한다.

심화 문제 연습

001

스포츠 사회학의 정의와 목적으로 가장 적절하지 않은 것은?

① 사회학의 하위분야 중 스포츠에 관련된 현상을 분석하고 이해하고자 하는 학문이다.
② 전반적인 사회구조와 사회과정을 설명하고자 하며 현상에 대한 통찰을 목적으로 한다.
③ 다양한 사회현상을 합리적이고 논리적으로 분석하여 인간 행동을 예측하고 이해하고자 한다.
④ 여러 기법 및 방법을 활용하여 운동선수로 하여금 실질적인 경기력 향상을 목적으로 한다.

tip

모든 과목별 1번 문제는 해당 과목의 정의나 개념을 묻는 문제가 나올 수 있습니다.
대부분 읽어보면 쉽게 풀 수 있는 문제이나 오답의 경우에도 전혀 터무니없는 문항이 아니라 다른 과목에서 다루는 개념에 대한 설명이 나오기에 간혹 헷갈릴 수 있습니다. 4번 보기는 스포츠사회학의 특징이 아닙니다. 이런 문제는 빠르면서 정확하게 풀고 난 뒤 동그라미를 쳐놓으면서 "다시 검토하지 않아도 된다"라고 표시를 해주고 넘어가는 것이 좋습니다.

002

다음 보기에 나오는 사례에 대하여 연구 규모에 따른 접근 방식이 다른 한 명을 고르면?

> 미국의 사이클 선수 랜스 암스트롱은 세계적인 사이클 대회 투르 드 프랑스를 7연패를 달성하며 많은 주목과 존경을 받았던 선수이다. 특히 말기 고환암을 앓고도 이를 극복한 모습이 더욱 인상적이었으나 은퇴 이후 도핑 의혹이 불거졌고 2012년 8월 본인이 도핑을 인정하면서 모든 타이틀을 박탈 당하고 그동안 쌓아온 모든 커리어가 사라지게 되었다.

① 준호 : 분명 이 사실을 알고 있는 주변 사람들도 있었을 텐데 뭐하고 있었던 거야?
② 서호 : 약물 복용을 하면서까지 스포츠에서 승리하려고 하는 것은 뭐 결국 돈 때문이지
③ 현진 : 사회경제적으로 스포츠선수의 성공이 이렇게 큰 가치를 가져오니 눈이 멀었던거지
④ 소정 : 물론 옳지 않은 행동이지만 그 당시 도핑검사 기술로 적발하기 어려웠던 점도 생각해봐야 돼

tip

사회학에서는 다양한 연구 이론이 있고 이 중에서 기능론, 갈등론, 비판이론, 상징적 상호작용론을 주요 이론으로 보고 있습니다. 보통 문제는 쉽게 유추할 수 있는 정도로 나오지만 위 문제처럼 조금만 바꾸면 어려워질 수 있습니다. 연구이론은 접근 규모에 따라 거시적과 미시적으로 나눌 수 있는데 서호(갈등론), 현진(갈등 또는 비판), 소정(기능론)은 거시적인 관점이라면 준호는 상징적 상호작용론으로 미시적인 접근 방식을 취하고 있습니다.

003

다음 보기는 거트만(A. Guttmann)의 근대 스포츠가 갖는 특징 중 어느 것에 속하는가?

- 분업, 직위에 따른 행동 규정과 절차, 효율성의 특징을 지니고 있다.
- 스포츠는 이를 통해 복잡하고 거대해진 스포츠를 효과적으로 조정하고 진행한다.
- 각종 협회, 연맹의 설립과 규칙의 제정, 기록의 공인 등 다양한 역할을 수행한다.

① 평등성　　　　② 관료화　　　　③ 합리화　　　　④ 전문화

tip

거트만(A. Guttmann)의 근대 스포츠가 갖는 특징은 중요한 내용으로 다양한 형태로 바꾸어 문제가 출제될 수 있기에 잘 알고 있어야 합니다. 보기의 내용은 관료화의 특징으로 볼 수 있습니다.
- ☑ 근대 스포츠의 7가지 특징 : 세속주의, 평등성, 전문화, 합리화, 관료화, 수량화, 기록추구

004

다음 중 스포츠가 갖는 사회적 역기능이 아닌 것을 고르면?

① 사회정서 : 스포츠에서 겪은 차별과 억압이 개인의 욕구불만으로 표출됨
② 신체소외 : 약물복용, 무리한 과훈련 등 신체가 승리를 위한 도구로 전락
③ 상업주의 : 스포츠를 하나의 문화로 인식하지 않고 상품이나 돈벌이로 생각함
④ 사회통제 : 국민들이 갖는 정치, 경제에 대한 관심을 스포츠 분산시켜 속이려 함

tip

스포츠가 갖는 사회적인 순기능과 역기능은 자주 나오는 문제입니다.
순기능과 역기능에 어떤 것이 있는지 알고 구분할 수 있어야 합니다. 보기의 사회정서는 사회에서의 개인의 욕구불만, 갈등을 스포츠를 통해 발산시키는 순기능을 의미하며 보기의 설명과 맞지 않습니다.
- 순기능(정화통) : 사회정서, 사회화, 사회통합
- 역기능(신상사성) : 신체소외, 상업주의, 사회통제, 성차별 및 인종차별
- ☑ 국수주의 : 편협하고 극단적인 민족주의를 뜻함(≒국위선양)

005

다음 보기에서 말하는 역사적 사실은 무엇이며 에티즌과 세이지의 정치적 특성 중 밑줄 친 ㉠은 어느 것에 해당하는가?

> 온두라스와 엘살바도르는 1960년대부터 국경선을 둘러싼 분쟁이 빈번한 국가였다. 그러던 중 ㉠ 1969년 6월 15일 멕시코 월드컵 조별 예선 경기에서 만난 두 국가의 축구경기 중 양국 응원단이 난투극을 벌이며 2명이 사망에 이르렀고 이것이 촉발이 되어 두 나라 간의 전쟁이 발발하였다. 4일간 일어난 이 전쟁으로 양국에서 1만 7천여명이 사상하고 15만 명의 난민이 발생하게 되었다.

	역사적 사실	㉠		역사적 사실	㉠
①	축구전쟁	긴장관계	②	축구전쟁	권력투쟁
③	헤이젤 참사	긴장관계	④	헤이젤 참사	권력투쟁

📣 tip

스포츠사회학이라고 역사적인 문제가 나오지 않는 것은 아닙니다. 구체적인 연도나 내용까지는 모르더라도 역사적으로 어떤 사건들이 있었는지는 알고 있어야 되겠습니다. 또한 에티즌과 세이지가 주장한 스포츠의 정치적 특성은 자주 출제되는 내용으로 5가지 특징과 설명을 잘 알고 있어야 합니다.
☑ 5가지 특징(긴대권보상) : 긴장관계, 대표성, 권력투쟁, 보수성, 상호의존성

006

코클리(J. Coakley)가 주장한 스포츠 상업주의 심화에 따른 변화로 옳지 않은 것은?

① 물질적 보상을 중요시하는 프로페셔널리즘 위주 목적의 변화
② 스포츠 경기 자체보다는 매체나 운영에서 필요한 형태로의 조직 변화
③ 기존의 스포츠에서 완전히 새로운 형태의 스포츠로의 본질적인 구조 변화
④ 다양한 스포츠 요소 중 외적 가치만을 추구하는 비본질적 요소로의 내용 변화

📣 tip

코클리(J. Coakley)의 스포츠상업주의 심화에 따른 변화는 매년 출제되는 필수 내용입니다. 크게 4가지 관점(목적, 구조, 내용, 조직)에서 변화를 설명하고 있으며 비교적 문제가 어렵게 출제가 되기에 4가지 변화에 대해 자세히 알고 있어야 합니다. 다만 대부분의 변화는 새로운 형태의 스포츠로의 변화가 아니라 기존의 스포츠가 갖는 본질적 구조는 유지합니다.

007

다음 중 밑줄 친 (㉠)에 해당되는 프로스포츠 제도와 프로스포츠 제도의 순기능을 정확하게 설명한 사람으로 알맞게 짝지은 것은?

2023년부터 KBO에서는 (㉠)제도를 도입하기로 하였다. 이 제도는 팀 연봉 상한제를 의미하며 한 팀의 선수들의 연봉의 총액이 일정 금액을 넘지 못하도록 하는 제도이다. KBO는 이 제도를 도입하면서 리그 내 팀 간의 과도한 경쟁과열을 막고 전력을 상향 평준화하여 프로야구리그의 인기를 이어나가겠다고 하였다.

- 태일 : 이 제도가 도입이 되면 야구리그가 훨씬 재밌어질 것 같아, 특히 난 야구 경기를 보면 스트레스가 해소가 되거든
- 건희 : 이 제도는 특히 정해진 연봉 안에서 팀을 구성하다 보니 상대적으로 비용이 낮은 아마추어 선수의 발굴 및 지원에 도움이 될 것 같기도 해
- 우준 : 맞아 과도한 연봉경쟁에서 절약한 금액을 스포츠 리그에 다른 부분에 사용하면서 다양한 경제적 활동의 효과를 유발할 수도 있어
- 성찬 : 스포츠 구단의 운영 방침이 돈에 의해 결정되다 보니 아마추어리즘의 퇴조 및 본질이 왜곡 될 수 있다는 점은 고려해봐야 해

	㉠	이름		㉠	이름
①	보류조항	태일	②	샐러리캡	건희
③	보류조항	우준	④	샐러리캡	성찬

📢 tip

프로스포츠의 기능과 여러 가지 제도는 스포츠와 경제 파트에서 자주 출제되는 내용입니다. 순기능과 역기능에 무엇이 있는지 먼저 알고 있고 프로스포츠리그에서 운영되는 다양한 제도에 대해 알고 있어야 합니다.

- 보류조항 : 우리 팀과 계약했으면 일단 계약을 이행해야돼 다른 팀이 못 데려가지~
- 트레이드 : 구단끼리 합의가 되면 선수를 사고팔 수도 있어 그건 가능해
- 자유계약 : 계약기간이 끝나면 이 선수에 대해 각각의 구단이 협상할 수 있어
- 웨이버 : 이 선수에 대해 계약을 해지할게, 데리고 갈 구단은 데리고 가

008

다음 중 신자유주의 시대의 스포츠 세계화 특징으로 옳지 않은 것은?

① 산업화 및 도시화가 진행되면서 자본의 집중이 이루어졌다
② 교통과 통신이 발달하면서 인구 밀도가 낮아지고 쾌적해졌다
③ 인기 스포츠가 생겨나고 프로스포츠의 도입으로 빈부격차가 심해졌다
④ 스포츠 시장이 국경을 초월하여 확대되었으며 스포츠 문화가 전파되었다.

📢 tip

신자유주의란 경제 현상을 시장에게 오로지 맡기는 '자유주의'에서 시장의 다양한 문제 현상에 대해 최소한의 정부 개입으로 공공의 이익을 추구하려는 정책을 의미한다.

정답 07 ② 08 ②

009

다음 보기는 스포츠가 갖는 교육적 역기능을 나열한 것이다. 이 중 편협한 인간을 육성할 수 있는 단점을 가진 역기능을 모두 고른 것은?

| ⊙ 승리지상주의 | ⓒ 참여기회의 제한 | ⓒ 성차별의 내재화 |
| ② 독재적인 코칭 | ⑩ 비과학적훈련 | ⑪ 스포츠상업화 |

① ⊙, ⓒ
② ⓒ, ②
③ ②, ⑩
④ ⑩, ⑪

tip

스포츠의 교육적 기능은 자주 출제되는 내용입니다. 비교적 쉽게 출제되는 편이지만 위처럼 특징과 세부요소를 매칭하는 문제가 나올 경우 난이도가 올라갈 수 있습니다.
순기능과 역기능에는 어떤 것이 있고 세부 내용을 보고 특징을 유추할 수 있어야 합니다.
- 교육적 순기능: 전인교육, 사회통합, 사회선도
- 교육적 역기능: 교육목표결핍, 부정행위 조장, 편협한 인간 육성

※ 편협한 인간을 육성하는 요인: 독재적 코칭, 비인간적 훈련, 비과학적 훈련

010

다음 중 스포츠 미디어 이론에 대한 설명으로 옳은 것을 모두 고른 것은?

⊙ 개인차 이론은 개인의 욕구의 해소를 위해 미디어를 소비하는데 매체를 소비하면서 가족이나 친구와의 교류를 추구하는 것은 "정의적 욕구"에 속한다.
ⓒ 사회범주 이론에서 동일한 대중매체라도 다르게 반응하는 하위집단이 있으며 이에 미치는 영향요인으로는 연령, 성별, 계층, 교육수준 등이 있다고 설명한다.
ⓒ 사회관계이론에서는 개인의 비공식적 사회관계가 미디어 소비에 영향을 미친다고 설명하고 있으며 특히 부모, 친구, 선생님과 같은 중요 타자의 역할을 강조한다.
② 문화규범 이론에서는 개인이 매체를 선택적으로 소비하는 것이 아니라 사회문화적으로 중요하다고 하는 사상이나 가치가 매체에 의해 선택적으로 제시된다고 주장한다.

① ⊙
② ⓒ
③ ⓒ, ⓒ
④ ⓒ, ⓒ, ②

tip

스포츠와 미디어 단원에서 대중전달이론은 자주 출제되는 내용입니다.
크게 4가지로 나눌 수 있으며 각각의 내용이 어렵지 않으니 잘 구분할 수 있어야 합니다.
특히 개인차 이론에서 4가지 심리적 욕구는 필수적으로 암기해야 합니다.

☑ **개인차 이론의 4가지 욕구(도통인정)**
도피적(사회역할로부터의 도피), 통합적(신뢰, 확신, 가족이나 친구와의 교류), 정의적(미적 감각 또는 즐거움 추구), 인지적(정보와 지식 습득)

011

다음 보기에서 밑줄 친 ㉠ 에 해당하는 것을 맥루한(M, Mcluhan)의 미디어 이론에서 찾고 ㉡ 을 설명하는 단어를 알맞게 짝지은 것은?

> 스포츠 중계권과 관련하여 사회적인 이슈가 논해지고 있다. 특히 일부 경기에 경우 특정 OTT를 구독하는 경우에만 시청이 가능한데 이번 주말에 진행되는 ㉠ "축구국가대표 친선매치 ○○○○ vs 대한민국" 경기의 경우에도 ㉡ ○○플랫폼에서만 중계를 하기로 예정되어 있어 찬반 논란이 더해지고 있다.

	㉠	㉡		㉠	㉡
①	쿨 매체 스포츠	보편적 시청권	②	쿨 매체 스포츠	독점 계약권
③	핫 매체 스포츠	보편적 시청권	④	핫 매체 스포츠	독점 계약권

tip

미디어 이론에서는 맥루한의 미디어 이론이나 스포츠 중계권, 스포츠와 미디어의 상호관계에 대한 내용들이 문제로 출제 됩니다. 특히 스포츠 중계권과 관련한 내용은 최근에 중요하게 다뤄지는 사회적 이슈로 관심을 갖을 필요가 있습니다.
- 쿨 매체 스포츠 : 높은 확산력과 빠른 속도로 몰입감이 높은 스포츠(농구, 럭비, 축구 등)
- 핫 매체 스포츠 : 낮은 확산력과 느린 속도로 몰입감이 적은 스포츠(육상, 체조, 태권도 등)

012

다음 중 투민(Tumin)이 제시한 스포츠 계층이 갖는 특징에 속하지 않는 것은?

① 사회성   ② 역사성
③ 보편성   ④ 공정성

tip

투민(Tumin)은 스포츠 사회계급/계층 파트에서 자주 출제되는 학자입니다.
특히 스포츠 계층의 5가지 특징과 스포츠계층 형성과정 4단계는 필수적으로 알고 있어야 문제를 풀 수 있겠습니다.
- ☑ 스포츠계층의 5가지 특징 : 사회성, 역사성, 보편성, 다양성, 영향성
- ☑ 스포츠계층 형성과정 : 지위분화 → 서열화 → 평가 → 보수부여

013

다음 보기 중 기든스(A. Giddens)의 사회계층 이동의 유형에서 수직이동에 속하는 것으로 모두 고른 것은?

㉠ 야구 프로리그 2군 선수가 1군으로 지위가 상향한 경우
㉡ 야구 프로리그 1군 선수가 2군으로 지위가 하향한 경우
㉢ KBO 소속 프로 선수가 높은 연봉으로 MLB 팀으로 이적한 경우

① ㉠
② ㉠, ㉡
③ ㉠, ㉢
④ ㉠, ㉡, ㉢

tip

사회계층 이동 유형도 자주 출제되는 내용 중 하나입니다. 이동방향, 시간, 주체에 따라 다양하게 구분하여 설명할 수 있습니다. 수직이동의 경우 계층적 지위(리그수준, 연봉 등)가 변화하는 이동을 의미하는데 하향이동 또한 수직이동에 속한다는 것을 잘 알고 있어야 합니다.

014

다음 보기의 설명은 사회학습 이론 중 어떤 개념에 속하는가?

- 행동주의적 관점에서 일종의 조건화에 해당한다.
- 특정 행동 이후에 상과 벌을 제시하여 행동의 빈도를 조절하는 것을 의미한다.

① 강화
② 코칭
③ 관찰학습
④ 연상화

tip

사회화 이론 3가지(사회학습, 역할이론, 준거집단이론) 중에서 가장 중요성이 높은 것은 사회학습이론입니다. 그 중에서도 사회화를 일으키는 3가지 방법을 필수적으로 구분할 수 있어야 합니다.
☑ 3가지 방법 : 강화(상과 벌), 코칭(구체적인 지도), 관찰학습(관찰 및 모방)

015

다음 중 케년(Kenyon)의 참가유형에 대하여 올바르게 대답한 사람으로 짝지어진 것은?

- 휘현: 크게 행동적 참여, 인지적 참여, 심동적 참여로 나눌 수 있어
- 광태: 1차적 참여는 스포츠에 직접 참여하지만 2차적 참여는 경기에 관여하지 않아
- 동진: 2차적 참여 중 소비자는 직접 관람하거나 간접적으로 관람하는 팬들을 말하지
- 주원: 경기를 보지 않더라고 특정선수나 팀에 대해 관심을 표출하는 것도 참여로 볼 수 있어

① 휘현, 광태
② 광태, 동진
③ 동진, 주원
④ 휘현, 주원

> **tip**
>
> 케년(Kenyon)의 참가유형도 자주 출제되는 문제입니다. 크게 행동적, 인지적, 정의적 참여로 나눌 수 있습니다. 행동적 참여도 1차와 2차로 나눌 수 있는데 1차는 직접 경기에 뛰는 선수를 의미하고 2차는 경기에 관여하는 사람이나 팬을 의미합니다. 심판이나 감독, 구조요원 등은 2차적 참여자 중 생산자로 구분되며 실제적으로 경기에 관여하게 됩니다.

016

다음 보기를 투민(Tumin)의 사회화 과정에 순서대로 맞게 연결한 것은?

- ㉠ 골프의 재미를 느껴 주기적으로 골프연습장을 다니고 필드 라운딩을 나감
- ㉡ 지속적인 허리와 어깨 통증으로 인하여 골프를 그만 두게 됨
- ㉢ 우연하게 주변 회사 동료와 함께 스크린 골프를 치게 되었음
- ㉣ 회사 은퇴 후 스크린 골프 연습장을 창업하여 운영을 하게 됨

스포츠로의 사회화	스포츠를 통한 사회화	스포츠로부터의 탈사회화	스포츠로의 재사회화

① ㉠ - ㉢ - ㉡ - ㉣
② ㉢ - ㉣ - ㉡ - ㉠
③ ㉢ - ㉠ - ㉡ - ㉣
④ ㉣ - ㉡ - ㉢ - ㉠

> **tip**
>
> 투민(Tumin)의 사회화 과정 5단계도 자주 출제되는 내용입니다. 탈사회화와 재사회화는 쉽게 구분이 가능하며 스포츠로의 사회화와 스포츠를 통한 사회화를 구분할 줄 알아야 합니다.
> - **스포츠로의 사회화**: 스포츠에 대한 본격적인 참여가 일어나기 전 단계(예 동기를 가짐, 단순한 참여기회)
> - **스포츠를 통한 사회화**: 스포츠 활동으로 얻은 경험을 통해 생겨나는 가치, 태도, 참여형태

017

다음 보기의 내용 중 밑줄 친 ㉠에 해당하는 용어를 고르고 코클리(J. Coakley)의 윤리 규범의 관점에서 ㉡이 해당하는 것을 바르게 짝지은 것은?

> 고등학교 역도부에 속해있는 김용상 학생은 하반기에 열리는 전국체전을 위해 방학 내내 열심히 훈련 중이다. 운동부 지도자 박미란 코치는 저녁 훈련을 마치고 퇴근을 하는 길에 체력단련실에 불이 켜져 있는 것을 보고 소등을 하려다 ㉠ 몰래 훈련 중인 김용상 학생을 보았다. "훈련이 끝났는데 왜 집에 안 갔니"라는 질문에 ㉡ "한 번뿐인 전국체전에 쉴 시간이 어디있나요, 이 정도 피로는 이겨내야죠"라고 대답하였다. 코치는 학생에게 "충분히 휴식을 하는 것도 중요한 훈련이야" 라고 말하며 연습을 종료시켰다.

	㉠	㉡		㉠	㉡
①	과잉동조	몰입규범	②	과잉동조	구분짓기규범
③	과잉동조	인내규범	④	과소동조	가능성규범

📣 tip

일탈에는 규범을 지키지 않는 "과소동조"만 있는 것이 아니라 규범을 너무 과하게 따르는 "과잉동조"도 있습니다. 이 두가지 모두 기준에서 벗어난 일탈 행동으로 보고 있습니다.
특히 코클리의 경우 과잉동조 유형에 대해 크게 4가지를 설명하고 있습니다.
☑ 과잉동조 유형: 몰입규범, 구분짓기규범, 인내규범, 가능성규범(도전규범)

018

집합행동의 이론 중 부가가치이론에서 설명하는 조건 순서로 올바르게 구성된 것은?

① 구조적 요인 - 구조적 긴장 - 신념의 일반화 - 촉진 - 참여 - 통제
② 신념의 일반화 - 참여 - 촉진 - 구조적 요인 - 구조적 긴장 - 통제
③ 구조적 요인 - 구조적 긴장 - 촉진 - 참여 - 통제 - 신념의 일반화
④ 신념의 일반화 - 구조적 요인 - 구조적 긴장 - 참여 - 통제 - 촉진

📣 tip

집합행동 이론은 자주 출제되는 내용입니다. 크게 4가지 전염이론, 수렴이론, 규범생성이론, 부가가치이론이 있으며 전체적인 개념을 묻는 문제가 주로 출제되었습니다. 부가가치이론은 집합행동이 일어나는 과정에 특정한 조건과 순서가 있다는 이론으로 순서 6단계가 출제될 수 있어 잘 알고 가야 되겠습니다.
☑ 부가가치이론: 구조요인 → 구조긴장 → 신념화 → 촉진 및 촉발 → 참여 → 통제

019

다음은 머튼(K.Merton)의 아노미 이론의 5가지 일탈 유형 중 어떤 유형에 속하는가?

- 스포츠 일탈의 가장 전형적인 모형
- 집단이 추구하는 최종적인 목표는 수용하지만 수단은 거부한 형태
- 승부조작, 금지 약물 복용, 뇌물 수수 등

① 동조
② 혁신
③ 의례주의
④ 반역

tip

머튼(K.Merton)의 아노미 이론은 일탈 파트에서 출제 가능성이 높은 이론 중 하나입니다.
아노미란 목표와 수단이 일치하지 않는 무규범 상태를 의미하는데 크게 5가지 일탈 상황을 규정하고 있습니다. 상황별 목적과 수단의 일치여부, 사례 중심으로 공부해야 합니다.

	동조	혁신	의례주의	도피주의	반역
목적	○	○	×	×	○(×)
수단	○	×	○	×	○(×)
예시	전략적 반칙	승부 조작	참가에 의의	경기 포기	새로운 시스템

020

다음 중 스포츠 세계화의 원인에 대한 설명으로 옳지 않은 것은?

① 제국주의 : 식민지 대상 국가의 국민 동화의 목적으로 스포츠를 도구적으로 사용함
② 민족주의 : 스포츠의 경쟁적 요소를 활용하여 국가의 위신과 함께 민족성을 형성하고자 함
③ 종교전파 : 스포츠와 종교는 상호대립의 관계로서 이를 극복하기 위하여 스포츠가 발전함
④ 기술발달 : 스포츠세계화 지속화에 결정적 역할을 하며 스포츠를 빠르게 유통시키고 전달함

tip

마지막 미래 사회와 스포츠 단원에서도 1~2문제씩 꼭 출제가 되며 주로 스포츠세계화의 원인 4가지(제국주의, 민족주의, 종교전파, 기술발달)나 또는 스포츠 노동이주 유형 문제가 출제가 되는 편입니다. 스포츠는 종교의 전파를 위해 적극적으로 활용되었으며 우리나라 개화기 및 일제강점기 시기 선교사들에 의해 다양한 스포츠가 들어오게 되었습니다.

정답 19 ② 20 ③

스포츠교육학

1. 출제경향 및 출제포커스
2. 4개년 기출문제(2022~2025)
3. 4개년 기출문제 해설(2022~2025)
4. 심화문제연습

스포츠교육학

🏃 출제경향

출제범위	2022 개수(비율)	2022 문항번호	2023 개수(비율)	2023 문항번호	2024 개수(비율)	2024 문항번호	2025 개수(비율)	2025 문항번호
스포츠교육의 배경과 개념			1(5%)	16				
스포츠교육의 정책과 제도	5(25%)	1, 2, 11, 12, 13	3(15%)	5, 8, 20	2(25%)	2, 11	3(15%)	7, 14, 19
스포츠교육의 참여자 이해론	1(5%)	3	1(5%)	3				
스포츠교육의 프로그램론	2(10%)	4, 14	2(10%)	6, 18			4(20%)	1, 2, 4, 13
스포츠교육의 지도방법론	10(50%)	5, 6, 7, 8, 15, 16, 17, 18, 19, 20	12(60%)	2, 4, 6, 7, 9, 10, 11, 13, 14, 15, 17, 19	11(55%)	1, 3, 4, 5, 6, 8, 10, 13, 15, 16, 17	11(55%)	5, 6, 8, 9, 10, 11, 12, 16, 17, 18, 20
스포츠교육의 평가론	2(10%)	9, 10	2(10%)	1, 12	2(15%)	2, 20	2(10%)	3, 15
스포츠교육자의 전문적 성장					1(5%)	9		

🏃 출제포커스

스포츠교육학은 과목을 처음 접하는 사람이라면 용어나 설명이 생소하고 어렵게 들리지만 반복적으로 학습하면 충분히 이해할 수 있다는 특징이 있습니다. 문제의 50% 이상이 스포츠교육의 지도방법론 중 '수업 스타일, 수업 모형, 교수 기법' 등에서 출제가 되기 때문에 해당 부분을 중점적으로 학습해야 합니다.

🏃 2025년 총평

스포츠교육학은 24년도보다는 어렵게 나왔지만, 평균적으로 봤을 때 적절한 수준으로 출제되었습니다. 법 관련 문제가 다소 지엽적으로 출제되어 맞추기 어려웠으나 다른 문제의 경우 그동안의 출제되었던 내용 수준으로 나왔습니다. 물론 다소 어렵거나 생소한 문제는 매년 조금씩 있지만 70점 이상을 목표로 공부한다면 중요한 내용은 항상 정해져 있기에 공부할 때 어렵지 않습니다.

🏃 2026년 예상

전체적인 난이도는 지금 수준으로 유지될 것입니다. 매년 새로운 내용, 유형의 문제가 출제되면서 학습해야 할 부분이 많아지고 있지만 위의 표에서도 볼 수 있듯이 실제적으로 문제가 출제되는 부분은 5단원 '모형, 스타일, 교수기법'입니다. 나머지 부분은 상식적인 문제가 다수이며 법과 정책은 다소 지엽적일 수 있기 때문에 5단원 위주로 먼저 공부한다면 60점 이상은 충분히 획득할 수 있습니다.

기출문제(2022년)

001
스포츠기본법(시행 2022.2.11.)의 용어 정의에 관한 설명으로 옳지 않은 것은?
① '학교스포츠'란 건강과 체력 증진을 위하여 행하는 자발적이고 일상적인 스포츠 활동을 말한다.
② '스포츠산업'이란 스포츠와 관련된 재화와 서비스를 통하여 부가가치를 창출하는 산업을 말한다.
③ '장애인스포츠'란 장애인이 참여하는 스포츠 활동(생활스포츠와 전문 스포츠를 포함한다)을 말한다.
④ '전문스포츠'란 「국민체육진흥법」 제2조제4호에 따른 선수가 행하는 스포츠 활동을 말한다.

002
<보기>의 ㉠, ㉡에 해당하는 취약계층 생활스포츠 지원사업이 바르게 연결된 것은?

> ㉠ 스포츠복지 사회 구현의 일환으로 저소득층 유·청소년(만5세~18세)과 장애인(만12세~23세)에게 스포츠강좌 혜택을 받을 수 있는 일정 금액의 이용권을 제공하는 사업이다.
> ㉡ 소외계층 청소년을 대상으로 다양한 체육활동 참여 기회를 제공함으로써 참여 형평성을 높이고 사회 적응력을 배양하는 것을 목적으로 시행되는 사업이다.

	㉠	㉡
①	여성체육활동 지원	국민체력100
②	국민체력100	스포츠강좌이용권 지원
③	스포츠강좌이용권 지원	행복나눔스포츠교실 운영
④	행복나눔스포츠교실 운영	여성체육활동 지원

003
<보기>의 발달특성을 가진 대상을 위한 스포츠 프로그램 구성 시 고려사항으로 적절하지 않은 것은?

> • 신체적·정서적·사회적 발달이 뚜렷하다.
> • 개인의 요구와 흥미가 뚜렷하게 나타난다.
> • 2차 성징이 나타난다.

① 생활패턴 고려
② 개인의 요구와 흥미 고려
③ 정적운동 위주의 프로그램 구성
④ 스포츠 프로그램의 지속적 참여 고려

004
<보기>에서 생활스포츠 프로그램의 교육목표 진술에 관한 설명으로 옳은 것만을 모두 고른 것은?

> ㉠ 프로그램의 목표는 추상적으로 진술한다.
> ㉡ 학습 내용과 기대되는 행동을 동시에 진술한다.
> ㉢ 스포츠 참여자에게 기대하는 행동의 변화에 따라 동사를 다르게 진술한다.
> ㉣ 해당 스포츠 활동이 끝났을 때 참여자에게 나타난 최종 행동 변화 용어로 진술한다.

① ㉠, ㉡
② ㉢, ㉣
③ ㉠, ㉡, ㉢
④ ㉡, ㉢, ㉣

005

<보기>의 교수 전략을 포함하는 체육수업모형은?

- 모든 팀원은 자신의 팀에 할당된 과제를 익힌 후, 교사가 되어 다른 팀에게 자신이 학습한 내용을 지도한다.
- 각 팀원들이 서로 다른 내용을 배운 다음, 동일한 내용을 배운 사람끼리 모여 전문가 집단을 구성한다. 이들은 자신이 배운 내용을 공유하며, 원래 자신의 집단으로 돌아가 배운 것을 다른 팀원들에게 지도한다.

① 직접 교수 모형 ② 개별화 지도 모형
③ 협동학습 모형 ④ 전술게임 모형

006

메츨러(M. Metzler)의 교수·학습 과정안(수업계획안) 작성 시 고려해야 할 구성요소 중 <보기>의 설명과 관련 있는 것은?

- 학생의 흥미를 유발시킬 수 있는 수업 도입
- 과제 제시에 적합한 모형과 단서 사용
- 학생에게 방향을 제시할 과제 구조 설명
- 다양한 과제의 계열성과 진도(차시별)

① 학습 목표
② 수업 맥락의 간단한 기술
③ 시간과 공간의 배정
④ 과제 제시와 과제 구조

007

<보기>에서 안전한 학습환경 유지에 관한 설명으로 옳은 것만을 모두 고른 것은?

㉠ 위험한 상황이 예측되더라도 시작한 과제는 끝까지 수행한다.
㉡ 안전한 수업운영에 필요한 절차를 분명히 전달하고 상기시켜야 한다.
㉢ 사전에 안전 문제를 예측하고 교구·공간·학생 등을 학습에 도움이 되는 방향으로 배열 또는 배치한다.
㉣ 새로운 연습과제나 게임을 시작할 때 지도자는 학생들의 활동을 주시하고 적극적으로 감독한다.

① ㉠, ㉡ ② ㉡, ㉢
③ ㉠, ㉢, ㉣ ④ ㉡, ㉢, ㉣

008

헬리슨(D. Hellison)이 제시한 개인적·사회적 책임감 수준과 사례가 적절하지 않은 것은?

	수준	사례
①	타인의 권리와 감정 존중	타인에 대해 상호 협력적이고 다른 학생들을 돕고자 한다.
②	참여와 노력	새로운 과제에 도전하며 노력하면 성공할 수 있다고 여긴다.
③	자기 방향 설정	지도자가 없는 상황에서도 자신이 수립한 목표를 달성한다.
④	일상생활로의 전이	체육 수업을 통해 학습한 배려를 일상 생활에 실천한다.

009

<보기>의 ㉠, ㉡에 해당하는 평가 방법을 바르게 연결한 것은?

> ㉠ 수업 전 학습목표에 따른 참여자 수준을 결정하고, 학습과정에서 참여자가 계속적인 오류 상황을 발생시킬 때 적절한 의사결정을 하도록 한다.
> ㉡ 학생들에게 자신의 높이뛰기 목표와 운동계획을 수립하게 한 다음 육상 단원이 끝나는 시점에서 종합적 목표 달성 여부 확인을 위해 평가를 실시한다.

	㉠	㉡		㉠	㉡
①	진단평가	형성평가	②	진단평가	총괄평가
③	형성평가	총괄평가	④	총괄평가	형성평가

010

다음에 해당하는 평가기법에 대한 설명으로 옳지 않은 것은?

테니스 포핸드 스트로크 과정	운동수행
• 두 발이 멈춘 상태에서 스트로크를 시도하는가?	Y/N
• 몸통 회전을 충분히 활용하는가?	Y/N
• 임팩트까지 시선을 공에 고정하는가?	Y/N
• 팔로우스로우를 끝까지 유지하는가?	Y/N

① 쉽게 제작이 가능하며 사용이 편리하다.
② 운동수행과정의 질적 평가가 불가하다.
③ 어떤 사건이나 행동의 발생 여부를 신속히 확인할 때 주로 사용한다.
④ 관찰행동을 구체적으로 정의하고 그 행동의 발생 시점을 확인할 수 있다.

011

학교체육진흥법(시행 2021.6.24.)의 제10조에서 규정하고 있는 학교장의 역할에 관한 내용으로 옳지 않은 것은?

① 학생들이 신체활동 프로그램에 참여할 수 있도록 학교스포츠클럽을 운영하여 학생들의 체육활동 참여 기회를 확대하여야 한다.
② 학교스포츠클럽을 운영하는 경우 전문코치를 지정하여야 한다.
③ 학교스포츠클럽 활동 내용을 학교생활기록부에 기록하여 상급학교 진학자료로 활용할 수 있도록 하여야 한다.
④ 교육부령으로 정하는 바에 따라 일정 비율 이상의 학교스포츠클럽을 해당 학교의 여학생들이 선호하는 종목으로 운영하여야 한다.

012

다음 ㉠~㉤에서 체육시설법 시행규칙(시행 2021.7.1.) 제22조 '체육지도자 배치기준'에 부합되는 것을 모두 고른 것은?

체육시설업의 종류	규모	배치인원
㉠ 스키장업	- 슬로프 10면 이하 - 슬로프 10면 초과	1명 이상 2명 이상
㉡ 승마장업	- 말 20마리 이하 - 말 20마리 초과	1명 이상 2명 이상
㉢ 수영장업	- 수영조 바닥면적이 400㎡ 이하인 실내 수영장 - 수영조 바닥면적이 400㎡ 를 초과하는 실내 수영장	1명 이상 2명 이상
㉣ 골프연습장업	- 20타석 이상 50타석 이하 - 50타석 초과	1명 이상 2명 이상
㉤ 체력단련장업	- 운동전용면적 200㎡ 이하 - 운동전용면적 200㎡ 초과	1명 이상 2명 이상

① ㉠, ㉡, ㉢, ㉣
② ㉠, ㉡, ㉣, ㉤
③ ㉠, ㉢, ㉣, ㉤
④ ㉡, ㉢, ㉣, ㉤

013

국민체육진흥법(시행 2021.6.9.)에서 규정하는 생활스포츠지도사의 자격으로 옳지 <u>않은</u> 것은?

① 체육지도자의 자격은 19세 이상인 사람에게 부여한다.
② 생활스포츠지도사는 1급, 2급으로 구분한다.
③ 2급 생활스포츠지도사는 2급 생활스포츠지도사 자격검정에 합격하고, 연수과정을 이수한 사람으로 한다.
④ 1급 생활스포츠지도사는 자격 종목의 2급 생활스포츠지도사 자격을 취득한 후 3년 이상 해당 자격 종목의 지도경력이 있는 사람으로 한다.

014

<보기>의 ㉠, ㉡에 해당하는 단계가 바르게 연결된 것은?

> 마튼스(R. Martens)가 제시한 전문체육 프로그램 개발 6단계는 (㉠), 선수 이해, 상황 분석, 우선순위 결정 및 목표 설정, (㉡), 연습계획 수립이다.

	㉠	㉡
①	스포츠에 대한 이해	공간적 맥락 고려
②	선수 발달 단계에 대한 이해	전술 선택
③	선수단(훈련) 규모 설정	체력상태의 이해
④	선수에게 필요한 기술 파악	지도 방법 선택

015

㉠, ㉡에 해당하는 용어가 바르게 연결된 것은?

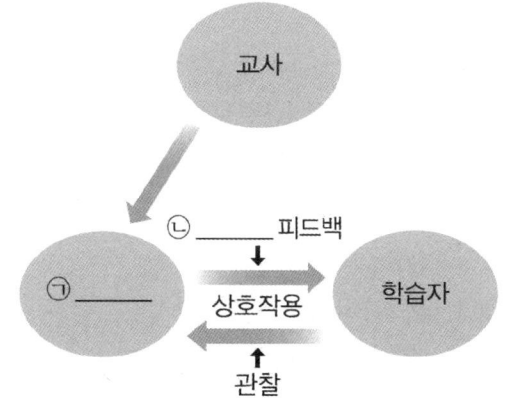

	㉠	㉡		㉠	㉡
①	관찰자	교정적	②	개인교사	중립적
③	개인교사	교정적	④	교사	가치적

016

그리핀(L. Griffin), 미첼(S. Mitchell), 오슬린(J. Oslin)의 이해중심게임모형에서 변형게임 구성 시 반영해야 할 2가지 핵심 개념은?

① 전술과 난이도
② 연계성과 위계성
③ 공간의 특성과 학습자
④ 대표성과 과장성

017

<보기>의 (㉠), (㉡)에 해당하는 젠틸(A. Gentile)의 스포츠 기술이 바르게 연결된 것은?

> (㉠)은 환경의 변화나 상태에 의해 변화되는 기술을 말한다. (㉡)은 상대적으로 환경적 조건이 안정적이며 외부 조건이 대부분 변하지 않는 속성이 있다.

	㉠	㉡		㉠	㉡
①	개별기술	복합기술	②	개방기술	폐쇄기술
③	시작형 기술	세련형 기술	④	부분기술	전체기술

018

<보기>와 같이 종목을 구분하는 근거로 적합한 것은?

> - 영역형: 농구, 축구, 하키, 풋볼
> - 네트형: 배드민턴, 배구, 탁구
> - 필드형: 야구, 소프트볼, 킥볼
> - 표적형: 당구, 볼링, 골프

① 포지션의 수
② 게임전술의 전이 가능성
③ 기술(skill)의 특성
④ 선수의 수

019

<보기>의 설명에 해당하는 피드백 유형은?

> - 모스턴(M. Mosston)이 제시한 피드백 유형이며, 사실적으로 행동을 기술한다.
> - 판단이나 수정 지시를 하지 않으나, 피드백 진술의 의미를 변경할 수 있다.
> - 다른 피드백 형태로 옮겨가는 특징을 가지고 있다.

① 교정적 피드백(corrective statements)
② 가치적 피드백(value statements)
③ 중립적 피드백(neutral statements)
④ 불분명한 피드백(ambiguous statements)

020

링크(J. Rink)의 내용발달 단계가 순서대로 연결된 것은?

① 시작과제 - 확대과제 - 세련과제 - 적용과제
② 적용과제 - 시작과제 - 확대과제 - 세련과제
③ 세련과제 - 적용과제 - 시작과제 - 확대과제
④ 확대과제 - 세련과제 - 적용과제 - 시작과제

기출문제(2023년)

001

<보기>에서 설명하는 스포츠 교육 평가의 신뢰도 검사 방법은?

- 동일한 검사에 대해 시간 차이를 두고 2회 측정해서 측정값을 비교해 차이가 작으면 신뢰도가 높고, 크면 신뢰도가 낮은 것으로 판단한다.
- 첫 번째와 두 번째 측정 사이의 시간 차이가 너무 길거나 짧으면 신뢰도가 낮게 나올 수 있다.

① 검사-재검사
② 동형 검사
③ 반분 신뢰도 검사
④ 내적 일관성 검사

002

<보기>의 수업 장면에서 활용한 모스턴(M. Mosston)의 교수 스타일에 관한 설명으로 적절하지 않은 것은?

신체활동	축구
학습목표	인프런트킥으로 상대방 수비수를 넘겨 동료에게 패스할 수 있다.

<수업 장면>
- 지도자: 네 앞에 상대방 수비수가 있을 때, 수비수를 넘겨 동료에게 패스하려면 어떻게 공을 차야 할까?
- 학습자: 상대방 수비수를 넘길 수 있을 정도의 높이로 공을 띄워야 해요.
- 지도자: 그럼, 발의 어느 부분으로 공의 밑 부분을 차면 수비수를 넘길 수 있을까?
- 학습자: 발등과 발 안쪽의 중간 지점이요. (손가락으로 엄지발가락을 가리킨다)
- 지도자: 좋은 대답이야. 그럼, 우리 한 번 상대방 수비수를 넘기는 킥을 연습해볼까?

① 지도자는 논리적이며 계열적인 질문을 설계해야 한다.
② 지도자는 질문에 대한 학습자의 해답을 검토하고 확인한다.
③ 지도자는 학습자에게 예정된 해답을 즉시 알려준다.
④ 지도자는 학습자와 지속적으로 상호작용하며 의사결정을 한다.

003

로젠샤인(B. Rosenshine)과 퍼스트(N. Furst)가 제시한 학습성취와 관련된 지도자 변인에 해당하지 않는 것은?

① 지도자의 경력
② 명확한 과제제시
③ 지도자의 열의
④ 프로그램의 다양화

004

링크(J. Rink)가 제시한 교수 전략(teaching strategy) 중 한 명의 지도자가 수업에서 공간을 나누어 두 가지 이상의 과제를 동시에 진행하는 것은?

① 자기 교수(self teaching)
② 팀 티칭(team teaching)
③ 상호 교수(interactive teaching)
④ 스테이션 교수(station teaching)

005

<보기>는 국민체육진흥법(시행 2022.8.11.) 제18조의3 '스포츠윤리센터의 설립'에 관한 내용이다. (㉠), (㉡)에 들어갈 용어가 바르게 연결된 것은?

> 체육의 (㉠) 확보와 체육인의 (㉡)를 위하여 스포츠윤리센터를 설립한다.

	㉠	㉡		㉠	㉡
①	정당성	권리 강화	②	정당성	인권 보호
③	공정성	권리 강화	④	공정성	인권 보호

006

스포츠 교육 프로그램의 지도 원리에 관한 설명이 적절하지 않은 것은?

① 개별성의 원리 : 개인차를 고려한 다양한 수준별 지도
② 효율성의 원리 : 학습자 스스로 내용을 파악하고 문제해결
③ 적합성의 원리 : 지도자의 창의적인 지도 활동의 선정과 활용
④ 통합성의 원리 : 교수·학습 내용의 다양화와 신체활동의 총체적 체험

007

직접교수모형에 관한 설명으로 적절하지 않은 것은?

① 학습 영역의 우선순위는 심동적 영역이다.
② 스키너(B. Skinner)의 조작적 조건화 이론에 근거한다.
③ 지도자 중심으로 의사결정이 이루어져 학습자의 과제참여 비율이 감소한다.
④ 수업의 단계는 전시과제 복습, 새 과제 제시, 초기과제 연습, 피드백과 교정, 독자적 연습, 본시 복습의 순으로 진행된다.

008

스포츠기본법(시행 2022.6.16.) 제7조 '스포츠 정책 수립·시행의 기본원칙' 중 국가와 지방자치단체의 스포츠 정책에 관한 고려사항에 해당하지 않는 것은?

① 스포츠 활동을 존중하고 사회 전반에 확산되도록 할 것
② 스포츠 대회 참가 목적을 국위선양에 두어 지원할 것
③ 스포츠 활동 참여와 스포츠 교육의 기회가 확대되도록 할 것
④ 스포츠의 가치를 존중하고 스포츠의 역동성을 높일 수 있을 것

009

모스턴(M. Mosston)의 포괄형(inclusion) 교수 스타일에 관한 설명으로 적절하지 않은 것은?

① 지도자는 발견 역치(discovery threshold)를 넘어 창조의 단계로 학습자를 유도한다.
② 지도자는 기술 수준이 다양한 학습자들의 개인차를 수용한다.
③ 학습자가 성취 가능한 과제를 선택하고 자신의 수행을 점검한다.
④ 과제 활동 전, 중, 후 의사결정의 주체는 각각 지도자, 학습자, 학습자 순서이다.

010

<보기>에서 설명하는 링크(J. Rink)의 학습 과제 연습 방법은?

- 복잡한 운동 기술의 경우, 기술의 주요 동작이나 마지막 동작을 초기 동작보다 먼저 연습하게 한다.
- 테니스 서브 과제에서 공을 토스하는 동작을 연습하기 전에 공을 라켓에 맞추는 동작을 먼저 연습한다.

① 규칙 변형
② 역순 연쇄
③ 반응 확대
④ 운동수행의 목적 전환

011

<보기>에 해당하는 쿠닌(J. Kounin)의 교수 기능은?

- 지도자가 자신의 머리 뒤에도 눈이 있다는 듯이 학습자들의 행동을 파악하는 것
- 지도자가 학습자들 간에 발생하는 사건을 인지하는 것

① 접근통제(proximity control)
② 긴장 완화(tension release)
③ 상황이해(with-it-ness)
④ 타임아웃(time-out)

012

<보기>에서 활용된 스포츠 지도 행동의 관찰기법은?

- 지도자: 강 감독
- 수업내용: 농구 수비전략
- 관찰자: 김 코치
- 시간: 19:00~19:50

	피드백의 유형	표기(빈도)	비율
대상	전체	✓✓✓✓✓ (5회)	50%
	소집단	✓✓✓ (3회)	30%
	개인	✓✓ (2회)	20%
성격	긍정	✓✓✓✓✓✓✓✓ (8회)	80%
	부정	✓✓ (2회)	20%
구체성	일반적	✓✓✓ (3회)	30%
	구체적	✓✓✓✓✓✓✓ (7회)	70%

① 사건 기록법(event recording)
② 평정 척도법(rating scale)
③ 일화 기록법(anecdotal recording)
④ 지속시간 기록법(duration recording)

013

배구 수업에서 운동기능이 낮은 학습자의 참여 증진을 위한 스포츠 지도 방법으로 적절하지 않은 것은?

① 네트 높이를 낮춘다.
② 소프트한 배구공을 사용한다.
③ 서비스 라인을 네트와 가깝게 위치시킨다.
④ 정식 게임(full-sided game)으로 운영한다.

014

메이거(R. Mager)가 제시한 학습 목표 설정의 요소가 아닌 것은?

① 설정된 운동수행 기준
② 운동수행에 필요한 상황과 조건
③ 학습자에게 기대되는 성취행위
④ 목표 달성이 불가능할 경우의 대처방안

015

<보기>에서 메츨러(M. Metzler)의 탐구수업모형에 관한 설명으로 옳은 것을 모두 고른 것은?

> ㉠ 모형의 주제는 '문제해결자로서의 학습자'이다.
> ㉡ 학습 영역의 우선순위는 심동적, 인지적, 정의적 순이다.
> ㉢ 지도자는 학습자가 '생각하고 움직이기'를 할 수 있도록 과제를 제시한다.
> ㉣ 지도자의 질문에 학습자가 바로 대답하지 못하는 경우 즉시 답을 알려준다.

① ㉠, ㉢
② ㉡, ㉢
③ ㉠, ㉡, ㉢
④ ㉠, ㉡, ㉣

016

스포츠 참여자 평가에서 심동적(psychomotor) 영역에 해당하는 것은?

① 몰입
② 심폐지구력
③ 협동심
④ 경기 규칙 이해

017

<보기>에 해당하는 운동기능의 학습 전이(transfer) 유형은?

> 야구에서 배운 오버핸드 공 던지기가 핸드볼에서 오버핸드 공 던지기 기능으로 전이되는 경우이다.

① 대칭적 전이
② 과제 내 전이
③ 과제 간 전이
④ 일상으로의 전이

018

스포츠 교육 프로그램의 구성요소에 관한 설명으로 적절하지 않은 것은?

① 평가 : 프로그램을 개선하는 데 도움을 준다.
② 내용 : 스포츠 지도의 철학, 이념 또는 비전이다.
③ 지도법 : 프로그램을 체계적으로 전달하는 방법이다.
④ 목적 및 목표 : 일반적인 목표와 구체적인 목표로 구분할 수 있다.

019

메츨러(M. Metzler)의 개별화지도모형의 주제로 적절한 것은?

① 지도자가 수업 리더 역할을 한다.
② 나는 너를, 너는 나를 가르친다.
③ 유능하고, 박식하며, 열정적인 스포츠인으로 성장한다.
④ 학습자가 가능한 한 빨리, 필요한 만큼 천천히 학습 속도를 조절한다.

020

학교체육진흥법 시행령(시행 2021.4.21.) 제3조 '학교운동부지도자의 자격기준 등'에서 제시한 학교운동부지도자 재임용의 평가 내용이 아닌 것은?

① 복무 태도
② 학교운동부 운영 성과
③ 인권교육 연 1회 이상 이수 여부
④ 학생선수의 학습권 및 인권 침해 여부

기출문제(2024년)

001
슐만(L. Shulman)의 '교사 지식 유형' 중 가르칠 교과목 내용에 관한 지식에 해당하는 것은?

① 내용 지식(content knowledge)
② 내용교수법 지식(pedagogical content knowledge)
③ 교육환경 지식(knowledge of educational contexts)
④ 학습자와 학습자 특성 지식(knowledge of learners and their characteristics)

002
동료 평가(peer assessment)에 관한 설명으로 적절하지 않은 것은?

① 학생들의 비평 능력이 향상될 수 있다.
② 교사는 학생에게 평가의 정확한 방법을 숙지시킨다.
③ 학생은 교사에게 받은 점검표를 통해 서로 평가한다.
④ 교사와 학생 간 대화를 통해 심층적인 정보를 수집한다.

003
<보기>에서 설명하는 박 코치의 '스포츠 지도 활동'에 해당하는 용어는?

> 박 코치는 관리시간을 줄이기 위해서 다음과 같이 지도 활동을 반복한다. 출석 점검은 수업 전에 회원들이 스스로 출석부에 표시하게 한다. 이후 건강에 이상이 있는 회원들을 파악한다. 수업 중에는 대기시간을 최소화하기 위해 모둠별로 학습 활동 구역을 미리 지정 한다. 수업 후에는 일지를 회수한다.

① 성찰적 활동
② 적극적 활동
③ 상규적 활동
④ 잠재적 활동

004
글로버(D. Glover)와 앤더슨(L. Anderson)이 인성을 강조한 수업 모형 중 <보기>의 ㉠, ㉡에 해당하는 것을 바르게 제시한 것은?

> ㉠ '서로를 위해 서로 함께 배우기'를 통해 팀원 간 긍정적 상호의존, 개인의 책임감 수준 증가, 인간관계 기술 및 팀 반성 등을 강조한 수업
> ㉡ '통합, 전이, 권한 위임, 교사와 학생의 관계'를 통해 타인의 권리와 감정 존중, 자기 목표 설정 가능, 훌륭한 역할 본보기 되기 등을 강조한 수업

	㉠	㉡
①	스포츠교육 모형	협동학습 모형
②	협동학습 모형	개인적·사회적 책임감 지도 모형
③	협동학습 모형	스포츠교육 모형
④	개인적·사회적 책임감 지도 모형	협동학습 모형

005
<보기>의 ㉠~㉢에 들어갈 교사 행동에 관한 용어가 바르게 제시된 것은?

> • (㉠)은 안전한 학습 환경, 피드백 제공
> • (㉡)은 학습 지도 중에 소방 연습과 전달 방송 실시
> • (㉢)은 학생의 부상, 용변과 물 마시는 활동의 관리

	㉠	㉡	㉢
①	직접기여 행동	간접기여 행동	비기여 행동
②	직접기여 행동	비기여 행동	간접기여 행동
③	비기여 행동	직접기여 행동	간접기여 행동
④	간접기여 행동	비기여 행동	직접기여 행동

006

<보기>의 ㉠~㉢에 들어갈 기본 움직임 기술을 바르게 제시한 것은?

기본 움직임	예시
(㉠)	걷기, 달리기, 뛰기, 피하기 등
(㉡)	서기, 앉기, 구부리기, 비틀기 등
(㉢)	치기, 잡기, 배팅하기 등

	㉠	㉡	㉢
①	이동 움직임	비이동 움직임	표현 움직임
②	전략적 움직임	이동 움직임	표현 움직임
③	전략적 움직임	이동 움직임	조작 움직임
④	이동 움직임	비이동 움직임	조작 움직임

007

학교체육진흥법(시행 2024.3.24.) 제10조 '학교스포츠클럽 운영'의 내용에 해당하지 않는 것은?

① 학교스포츠클럽을 운영하는 경우 전담교사를 지정해야 한다.
② 전담교사에게 학교 예산의 범위에서 소정의 지도수당을 지급한다.
③ 활동 내용은 학교생활기록부에 기록하지만, 상급학교 진학자료로 활용할 수 없다.
④ 학교의 장은 학교스포츠클럽을 운영하여 학생들의 체육활동 참여 기회를 확대해야 한다.

008

다음 중 모스턴(M. Maston) '상호학습형 교수 스타일'에 관한 설명으로 적절하지 않은 것은?

① 학습자는 교과내용을 선정한다.
② 학습자는 수행자나 관찰자의 역할을 수행한다.
③ 관찰자는 지도자가 제시한 수행 기준에 따라 피드백을 제공한다.
④ 지도자는 관찰자의 질문에 답하고, 관찰자에게 피드백을 제공한다.

009

<보기>에서 '학교체육 전문인 자질'로 ㉠~㉢에 들어갈 용어를 바르게 제시한 것은?

(㉠)	(㉡)	(㉢)
학습자 이해 교과지식	교육과정 운영 및 개발 수업 계획 및 운영 학습모니터 및 평가 협력관계 구축	교직 인성 사명감 전문성 개발

	㉠	㉡	㉢
①	교수	기능	태도
②	지식	수행	태도
③	지식	기능	학습
④	교수	수행	학습

010

<보기>에서 설명하는 모스턴(M. Maston)의 교수 스타일의 '인지(사고)과정' 단계는?

- 학습자가 해답을 찾고자 하는 욕구가 있는 단계이다.
- 학습자에 대한 자극(질문)이 흥미, 욕구, 지식 수준과 적합할 때 이 단계가 발생한다.
- 학습자에게 알고자 하는 욕구를 실행에 옮기도록 동기화 시키는 단계이다.

① 자극(stimulus)
② 반응(response)
③ 사색(mediation)
④ 인지적 불일치(dissonance)

011

<보기>에서 국민체육진흥법(시행 2024.3.15.) 제11조의 '스포츠윤리 교육 과정'에 관한 내용으로 옳은 것만을 모두 고른 것은?

ㄱ. 도핑 방지 교육
ㄴ. 성폭력 등 폭력 예방 교육
ㄷ. 교육부장관령으로 정하는 교육
ㄹ. 스포츠 비리 및 체육계 인권침해 방지를 위한 예방 교육

① ㄱ, ㄴ
② ㄴ, ㄷ, ㄹ
③ ㄱ, ㄴ, ㄹ
④ ㄱ, ㄴ, ㄷ, ㄹ

012

<보기>의 '수업 주도성 프로파일'에 해당하는 체육 수업 모형은?

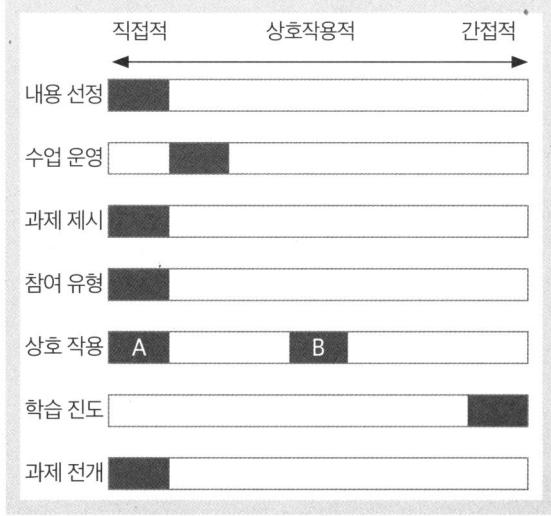

① 동료교수 모형
② 직접교수 모형
③ 개별화지도 모형
④ 협동학습 모형

013

<보기>에서 설명하는 시덴탑(D. Siedentop)의 교수(teaching) 기능 연습법에 해당하는 용어는?

김 교사는 교수 기능의 향상을 위해 다음과 같은 절차로 연습을 했다.
- 학생 6~8명의 소집단을 대상으로 학습 목표와 평가 방법을 설명한 후, 수업을 진행한다.
- 수업에 참여한 학생들의 질문지 자료를 토대로 김 교사와 학생, 다른 관찰자들이 모여 김 교사의 교수법에 대해 '토의'를 한다.
- 객관적인 자료를 근거로 교수 기능 효과를 살핀다.

① 동료 교수
② 축소 수업
③ 실제 교수
④ 반성적 교수

014

스포츠강사의 자격조건에 관한 설명으로 옳은 것은?

① 『초·중등교육법』 제2조제2호에 따른 초등학교에 스포츠강사를 배치할 수 없다.
② 『국민체육진흥법』 제2조제6호에 따른 체육지도자 중에서 스포츠 강사를 임용할 수 있다.
③ 『학교체육진흥법』 제2조제6항 학교에 소속되어 학교운동부를 지도·감독하는 사람을 말한다.
④ 『학교체육진흥법』 제4조 재임용 여부는 강사로서의 자질, 복무 태도, 학생의 만족도, 경기 결과에 따라 결정하여야 한다.

015

메츨러(M. Metzler)가 제시한 '체육학습 활동' 중 정식 게임을 단순화 하고 몇 가지 기능에 초점을 두며 진행하는 것은?

① 역할 수행(role-playing)
② 스크리미지(scrimmage)
③ 리드-업 게임(lead-up game)
④ 학습 센터(learning centers)

016

〈보기〉는 시덴탑(D. Siedentop)이 제시한 '스포츠 교육 모형'의 특징을 설명한 것이다. ㉠~㉢에 들어갈 용어가 바르게 제시된 것은?

- 이 모형의 주제 중에 (㉠)은 스포츠를 참여하는 태도와 관련된 정의적 영역이다.
- 시즌 중 심판으로서 역할을 할 때 학습영역 중 우선하는 것은 (㉡) 영역이다.
- 학습자 수준에 적합하게 경기 방식을 (㉢)해서 참여를 유도 한다.

	㉠	㉡	㉢
①	박식	정의적	고정
②	열정	인지적	변형
③	열정	정의적	변형
④	박식	인지적	고정

017

〈보기〉에서 설명하는 체육수업 연구 방법으로 적절한 것은?

- 연구의 특징은 집단적(협동적), 역동적, 연속적으로 이루어짐
- 연구의 절차는 문제 파악-개선계획-실행-관찰-반성 등으로 순환하는 과정임
- 연구의 주체는 지도자가 동료나 연구자의 도움을 받아 자신의 수업을 탐구함

① 문헌(literature) 연구
② 실험(experiment) 연구
③ 현장 개선(action) 연구
④ 근거이론(grounded theory) 연구

018

학습자 비과제 행동을 예방하고 과제 지향적인 수업을 유지하기 위한 교수 기능 중 쿠닌(J. Kounin)이 제시한 '동시처리(overlapping)'에 해당 하는 것은?

① 수업의 흐름을 유지하면서 수업 이탈 행동 학생을 제지하는 것이다.
② 학생들의 행동을 항상 인지하고 있다는 것을 알리는 것이다.
③ 학생의 학습 활동을 중단시키고 잠시 퇴장 시키는 것이다.
④ 모든 학생에게 과제에 몰입하도록 경각심을 주는 것이다.

019

〈그림〉은 '국민체력100'의 운영 체계이다. 체력인증센터가 이용자에게 제공하는 서비스가 아닌 것은?

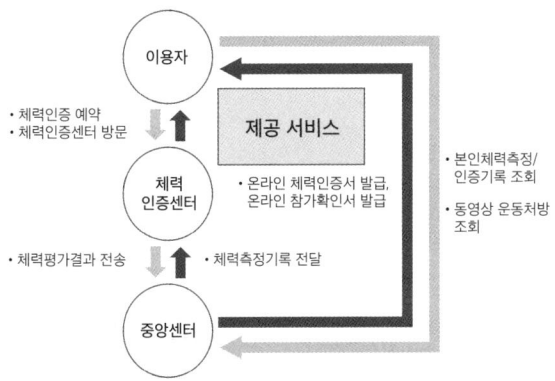

① 체력측정 서비스
② 맞춤형 운동처방
③ 국민 체력 인증서 발급
④ 스포츠클럽 등록 및 운영지원

020

〈보기〉에서 해당하는 평가기법으로 적절한 것은?

- 운동 수행을 평가하는 데 자주 사용하는 평가 방법이다.
- 운동수행의 질적인 면을 파악하여 수준이나 숫자를 부여하는 평가 방법이다.

① 평정척도
② 사건기록법
③ 학생저널
④ 체크리스트

기출문제(2025년)

001

생활스포츠 교육 프로그램의 내용 선정 원리에 관한 설명으로 적절하지 않은 것은?

① 좋은 교육 내용이라면 실천 가능성과 관계없이 선정한다.
② 스포츠의 가치를 경험할 수 있도록 다양한 활동을 구성한다.
③ 생활스포츠의 교육목표를 성취하는 데 적합한 내용을 선정한다.
④ 참여자의 성별, 연령별 흥미와 요구를 반영하기 위한 조사를 실시한다.

002

학교스포츠클럽 지도 시 효과적인 과제 제시 방법으로 적절하지 않은 것은?

① 실제 상황처럼 정확하게 시범을 보인다.
② 동작 설명과 시각적 정보를 함께 활용한다.
③ 은유나 비유보다는 개념 자체를 그대로 전달한다.
④ 학생이 이해할 수 있는 적절한 속도로 분명하게 전달한다.

003

다음 설문지를 활용하는 데 가장 적절한 평가 단계는?

	질문내용	응답 ('√'표기)		
준비	준비된 개인 장비는?	□ 라켓	□ 운동화	□ 운동복
	테니스 강습 시 희망하는 강습 형태는?	□ 개인강습	□ 그룹강습	□ 상관없음
	최근 3년 이내 테니스 강습을 받은 경험은?	□ 있다	□ 없다	
수준	포핸드 그립을 잡을 수 있는가?	□ 그렇다	□ 보통이다	□ 아니다
	백핸드 그립을 잡을 수 있는가?	□ 그렇다	□ 보통이다	□ 아니다
	스플릿 스텝을 할 수 있는가?	□ 그렇다	□ 보통이다	□ 아니다

① 진단평가
② 종합평가
③ 형성평가
④ 총괄평가

004

<보기>에서 설명하는 생활스포츠 교육 프로그램의 지도 원리로 가장 적절한 것은?

- 프로그램의 다양화를 지향한다.
- 직접 참여 활동과 간접 학습 활동을 균형 있게 제공한다.
- 스포츠 활동을 총체적으로 체험시켜 스포츠 학습의 질을 높인다.

① 개별성 ② 자발성
③ 적합성 ④ 통합성

005

<보기>에서 설명하는 링크(J. Rink)의 내용 발달 과제는?

- 과제 내 발달과 과제 간 발달이 있다.
- 단순한 과제에서 복잡한 과제로 전개한다.
- 쉬운 과제에서 어려운 과제 순으로 참여한다.

① 시작형 과제 ② 확대형 과제
③ 세련형 과제 ④ 응용형 과제

006

<보기>에서 설명하는 협동 학습 모형의 전략은?

- 1차 평가에서 모든 팀원의 점수를 합산하여 팀 점수로 발표한다.
- 지도자는 학생들과 토론하고 팀의 상호작용을 높일 수 있도록 조언한다.
- 모든 팀은 1차 평가와 동일한 과제를 반복해서 연습하고, 팀원 모두의 점수를 높이는 데 중점을 둔다.
- 2차 평가를 하여 1차 평가보다 향상된 정도에 따라 팀 점수를 부여한다.

① 직소(jigsaw)
② 팀-보조수업(team-assisted instruction)
③ 팀 게임 토너먼트(team games tournament)
④ 학생 팀-성취 배분(student teams-achievement division)

007

「생활체육진흥법」(2024.2.9. 시행)의 내용에 해당하지 않는 것은?

① 모든 국민은 건강한 신체활동과 건전한 여가 선용을 위해 생활체육을 즐길 권리를 가진다.
② 국가 및 지방자치단체는 생활체육강좌의 설치·운영에 드는 경비를 지원할 수 있다.
③ 문화체육관광부장관은 생활체육의 진흥을 위한 기본계획을 10년마다 수립·시행해야 한다.
④ 지방자치단체는 그 지역주민의 생활체육 활동을 위하여 체육동호인 조직의 육성에 필요한 시책을 마련할 수 있다.

008

<보기>에서 설명하는 링크(J. Rink)의 교수 전략은?

- 상황에 따라 지시형 또는 연습형 스타일로 활용될 수 있다.
- 지도자는 과제의 단서를 선정하고 명확하게 전달해야 한다.
- 주로 집단 전체를 대상으로 하는 움직임 과제를 내용으로 선정한다.

① 동료 교수(peer teaching)
② 상호작용 교수(interactive teaching)
③ 스테이션 교수(station teaching)
④ 자기교수 전략(self-instruction strategies)

009

<보기>에서 모스턴(M. Mosston)의 교수 스타일에 관한 설명으로 옳은 것을 모두 고른 것은?

> ㄱ. 교수 스타일은 비대비 접근 방식에 근거를 둔다.
> ㄴ. 교수 스타일마다 의사결정의 주도권은 교사에게 있다.
> ㄷ. 교수 스타일의 A~E까지는 창조(production)가 중심이 된다.
> ㄹ. 교수 스타일은 과제 활동 전, 중, 후의 의사결정으로 구분된다.

① ㄱ, ㄴ   ② ㄱ, ㄹ
③ ㄱ, ㄷ, ㄹ   ④ ㄴ, ㄷ, ㄹ

010

그리핀(L. Griffin), 미첼(S. Mitchell), 오슬린(J. Oslin)의 게임 수행 평가 도구(GPAI)를 활용하여 학생의 게임 수행 능력을 측정한 표이다. 게임 수행 점수가 높은 학생 순으로 바르게 나열한 것은?

측정 항목 이름	의사결정		기술실행		보조하기	
	적절	부적절	효율적	비효율적	적절	부적절
다은	3회	1회	3회	1회	3회	1회
세연	2회	2회	5회	0회	2회	2회
유나	2회	2회	2회	0회	2회	0회

① 유나 → 세연 → 다은
② 다은 → 세연 → 유나
③ 유나 → 다은 → 세연
④ 다은 → 유나 → 세연

011

<보기>의 내용에 해당하는 모스턴(M. Mosston)의 교수 스타일은?

> • 지도자는 난이도가 다른 과제를 선정하고 조직한다.
> • 학생은 자신에게 맞는 난이도의 과제를 선택하고 참여한다.
> • 높이뛰기의 경우, 학생들은 바(bar)의 높이가 다른 연습 과제를 선택할 수 있다.

① 연습형   ② 포괄형
③ 자기점검형   ④ 상호학습형

012

<보기>의 소프(R. Thorpe), 벙커(D. Bunker), 알몬드(L. Almond)의 이해 중심 게임 수업 모형의 단계 중 ㉠, ㉡에 들어갈 용어는?

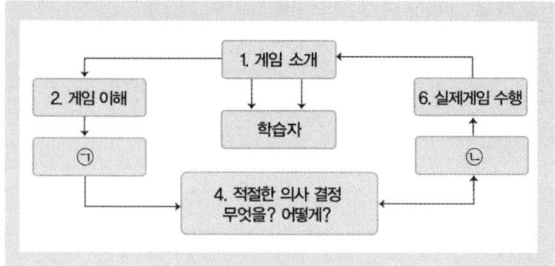

	㉠	㉡
①	전술 이해	기술 연습
②	과제 제시	기술 연습
③	기술 연습	전술 이해
④	전술 이해	게임 설계

013

학교스포츠클럽 대회 운영 방식에 관한 설명으로 적절하지 않은 것은?

① 통합리그 유형은 조별리그 유형보다 경기 수가 많다.
② 스플릿(split) 리그는 통합리그의 성적을 바탕으로 그룹을 나누어 리그전을 진행하는 방식이다.
③ 더블 엘리미네이션(double elimination) 토너먼트는 모든 팀의 순위 산정이 가능한 방식이다.
④ 싱글 엘리미네이션(single elimination) 또는 녹아웃(knockout) 토너먼트의 패배 팀은 패자부활전으로 상위 라운드 진출이 가능하다.

014

<보기>에서 「국민체육진흥법」(2024.10.31. 시행) 제6조 '학교 체육의 진흥을 위한 조치'의 내용 중 학생 체력증진 및 체육활동 육성을 위한 학교의 역할을 모두 고른 것은?

> ㄱ. 운동회나 체육대회의 실시
> ㄴ. 운동경기부와 선수의 육성·지원
> ㄷ. 학생에 대한 한 종목 이상의 운동 권장과 지도
> ㄹ. 체육동호인조직의 결성 등 학생의 자발적 체육 활동의 육성·지원

① ㄱ, ㄷ
② ㄱ, ㄴ, ㄷ
③ ㄱ, ㄴ, ㄹ
④ ㄱ, ㄴ, ㄷ, ㄹ

015

다음은 지도자의 교수 행동을 사건 기록법으로 관찰·기록한 표이다. 이 체계적 관찰 방법에 관한 설명으로 가장 적절한 것은?

행동	피드백 유형			
	긍정적	부정적	교정적	가치적
횟수	正正正正	正正	正正正	正
합계	20회	10회	15회	5회
비율	40%	20%	30%	10%

① 교수-학습에 관한 질적 정보를 얻기 위해 주로 활용한다.
② 지도자와 학생의 상호작용에 관한 기록을 간단히 측정할 수 있다.
③ 일정한 시간 간격을 기준으로 학생의 행동을 관찰하고 측정한다.
④ 교수-학습 시간 활용에 관한 구체적 정보가 필요할 때 사용한다.

016

<보기>에서 인지적 영역이 학습 영역의 1순위인 학습자를 모두 고른 것은?

> ㄱ. 직접 교수 모형에서의 학습자
> ㄴ. 개별화 지도 모형에서의 학습자
> ㄷ. 전술 게임 모형에서의 학습자
> ㄹ. 스포츠 교육 모형에서 코치의 역할을 부여받은 학습자
> ㅁ. 동료 교수 모형에서 개인교사 역할을 부여받은 학습자

① ㄱ, ㄴ, ㅁ
② ㄴ, ㄷ, ㄹ
③ ㄷ, ㄹ, ㅁ
④ ㄴ, ㄷ, ㄹ, ㅁ

[17~18] 다음은 배구스포츠클럽을 지도하는 박 코치의 지도일지이다.

> 오늘 수업 내용은 배구 서브였다. ㉠ 출석 점검 후, ㉡ A팀은 서브연습을 하였고, B팀은 서브 정확성이 낮은 학생이 많아 ㉢ 내가 서브 시범을 보여 주었다. C팀은 장난하는 학생이 많아 그때그때 ⓐ 손가락으로 학생의 부정적 행동을 가리키며 제지했다. 배구공이 부족해서 ㉣ D팀은 경기장 밖에서 대기하게 했다. 연습을 마친 후에는 ㉤ 학생들이 배구공과 네트를 정리하도록 했다.

017

<보기>의 ㉠~㉤ 중 수업 운영 시간에 해당하는 것을 모두 고른 것은?

① ㉠, ㉣
② ㉡, ㉢
③ ㉠, ㉡, ㉢
④ ㉠, ㉣, ㉤

018

<보기>의 ⓐ에 해당하는 온스타인(A. Ornstein)과 레빈(D. Levine)이 제시한 부정적 행동 관리 전략은?

① 퇴장(time-out)
② 삭제 훈련(omission training)
③ 신호 간섭(signal interference)
④ 접근 통제(proximity control)

019

<보기>는 마튼스(R. Martens)의 전문체육 프로그램 개발 단계이다. ㉠, ㉡에 들어갈 용어는?

	㉠	㉡
①	선수 이해	우선순위 결정 및 목표 설정
②	선수 이해	전술 선택
③	종목 이해	우선순위 결정 및 목표 설정
④	종목 이해	전술 선택

020

<보기>는 사회인 야구팀을 지도하는 조 코치의 지도일지이다. ㉠에 해당하는 질문 유형과 ㉡에 해당하는 운동 기능 유형은?

> - 투수의 투구 시간이 너무 오래 걸려 지난 시간에 배운 '피치 클락'을 알고 있는지 확인하기 위해 ㉠ "투구 제한 시간이 몇 초이지?"라고 질문했지만 선수가 제대로 대답하지 못해 다시 한번 알려줌.
> - 투수의 제구력이 불안정하여 ㉡ 포구 그물에 공을 정확하게 던져 넣는 연습을 반복하게 함.

	㉠	㉡
①	회상형(회고적) 질문	개방기능
②	회상형(회고적) 질문	폐쇄기능
③	수렴형(집중적) 질문	개방기능
④	수렴형(집중적) 질문	폐쇄기능

해설&정답(2022년)

001	1	002	3	003	3	004	4
005	3	006	4	007	4	008	1
009	2	010	2	011	2	012	1
013	1,4	014	4	015	3	016	4
017	2	018	2	019	3	020	1

2022 생활스포츠지도사 필기 기출문제 [스포츠교육학] 풀이 해석 바로가기!

001 | 스포츠기본법 제3조 정의에 관한 문제이며 1번 문항은 '생활스포츠'에 대한 설명이다.

002 | 국민체육진흥공단에서 실시하는 사업이며 중 '스포츠강좌이용권(바우처)'과 '행복나눔 스포츠교실'에 대한 설명이다.

003 | 보기는 청소년기(11~14세)의 발달 특성이다.
☑ **청소년기 스포츠 프로그램 구성 시 고려사항**
- 프로그램의 지속성(성인이 되어서도 할 수 있는 평생체육)
- 발달운동 중심 프로그램 개발(동적이고 에너지를 발산하는)
- 청소년의 개인의 요구와 흥미 고려(심리·사회적 특징 고려)
- 청소년의 생활패턴 고려(대부분의 시간을 학교, 학원)

004 | ㄱ - 목표는 구체적이고 세부적으로 기술해야 한다.

005 | 협동학습 모형에 대한 설명이다.
☑ **쉽게 알아보는 여러 가지 체육수업 모형**

직접교수	첫 시간, 다양한 킥을 배우는 날, 교사가 앞에서 시범을 보이면 줄 맞춰 선 학생들이 신호에 따라 킥 동작을 한다.
개별화지도	교사가 만들어준 자료(킥 동작의 중요요소)를 보면서 학생들이 줄 서서 킥을 수행하면 교사는 학생들마다 피드백을 주며 상호작용 한다.
동료교수	두명씩 짝을 짓고 한명씩 번갈아가며 교사 학생의 역할을 수행하면서 킥을 연습한다. 이때 교사가 준 자료를 참고해도 되며 교사는 순회하며 학생들이 서로 잘 가르칠 수 있게 도와준다.
스포츠교육	한 학급이 7명씩 3팀으로 구성되어있으며 매일 두팀은 풋살 경기를 하고 1팀은 심판, 경기기록, 운영 등의 역할을 한다. 스스로 경기를 준비하고 각자의 역할을 수행한다.
협동학습	4개의 모둠을 구성하였으며 오늘 수업은 리프팅이다. 이때 과제는 모둠별로 협동하여 공을 떨어뜨리지 않고 많이 리프팅하기이며 라운드마다 발, 무릎, 머리, 어깨 등을 사용하여 난이도를 달리하고 모둠별 성공 점수를 부여한다.
전술게임	오늘 수업 주제는 상대방의 압박 수비를 이겨내고 공격권을 유지하는 방법이다. 두 팀으로 나누어 한 팀은 공을 빼앗고 한 팀은 공을 지키는데 공을 빼앗는데 성공하면 공수를 바꾼다. 센터서클 지역, 코너 지역, 박스 지역으로 공간을 달리 하여 연습한다.
탐구학습	1대 1 상황에서 상대방을 제칠 수 있는 방법에 대해 교사가 질문한다. 학생들은 생각한 후 답하며 교사는 스피드와 방향의 관점에서 기술의 단계에 따라 학생들에게 질문해 가며 동작을 구현하고 학생들은 자신이 답한 동작을 실천해본다.

책임감 지도	오늘은 모둠별 풋살 경기로 수행평가를 실시 한다. 팀 점수로 경기에서 승리하는 것도 중요하지만 개인점수로 스포츠맨십 점수도 있다. 팀원을 응원하고 상대방을 배려하며 맡은 역할을 충실히 하고 경기 규칙 등을 준수 해야한다. 평소에 경기마다 과도한 승부욕에 친구와 다투던 '헝그리'는 오늘 만큼은 화가나도 자제하며 페어플레이하려는 모습이 보인다.

006 | 보기의 설명은 '과제제시와 과제구조'에 대한 설명이다.
메출러의 수업계획 작성 시 고려사항
☑ 수업맥락(시간,시수,장소 등), 목표, 시간과 공간 구성, 학습활동목록, 과제제시방법, 평가방법 등

007 | ㉠-위험한 상황이 예측될 시에는 즉각 과제를 중단하고 안전한 학습 환경을 조성한다.

008 | ①번 사례는 '돌봄과 배려'의 단계의 수준이다.

무책임	참여의지가 없고 타인을 방해하는 수준
타인의 권리 존중	타인을 방해하지는 않지만 동기없이 의무적으로 참여하는 정도
참여와 노력	동기가 부여되었으며 자발적으로 참여하려는 모습을 보이는 단계
자기 방향 설정	교사없이도 스스로 세운 목표를 수행하려는 단계
돌봄과 배려	자신의 과제를 수행하면서도 타인을 돌볼 수 있는 단계
전이	수업을 떠나서도 이어지며 지역사회에서 타인을 가르치거나 집에서도 실천가능

009 | 진단(수업 전) - 형성(수업 중) - 총괄(수업 후)

010 | '체크리스트' 평가 기법에 관한 설명이다. 질문 구성을 질적 요소로 구성하여 Y/N 로 답하거나 질적 요소에 대한 답을 (우수 / 보통 / 미흡) 등으로 구성할 수 있다.

011 | '전문코치'가 아닌 '학교스포츠클럽 전담교사'를 지정 해야함

012 | 체육시설법에 대한 설명이다. 보기 ㉢의 경우 운동전용면적의 기준은 300m² 이다.

013 | ①-18세 이상인 사람에게 부여한다.
④-2급 자격을 취득한 이후에도 1급 자격 시험을 응시하여 합격하고 연수를 이수한 경우에 가능하다.

014 | **마튼스의 전문체육 프로그램 개발 6단계**

선수에게 필요한 기술 파악	스포츠 기술 뿐 아니라 신체적 기술, 자신감, 집중력 등
선수 이해	신체,심리,사회적 발달 단계를 고려 및 이해
상황분석	선수 수, 공간, 기자재 등
우선순위 결정 및 목표설정	중요도, 단-중-장기 목표설정
지도방법 선택	직접, 과제, 상호, 유도발견, 문제해결형 등 여러 방법
연습계획 수립	체계적인 연습 계획 수립

015 | ㉠-개인교사, ㉡-교정적 피드백이다.
-중립적 피드백 : 평가나 판단을 하지 않음
-가치적 피드백 : 행동에 대한 가치를 서술함(결과와 과정을 연계하는 역할)

016 | 변형게임 구성 시 대표성과 과장성을 반영 해야함
-대표성 : 활동이 얼마나 본질적이고 게임의 전술적 요소를 포함하는가
-과장성 : 전술적 특징이나 경기에 대한 이해를 잘 이끌어 낼 수 있는가

017 | ㉠-개방기술(환경의 변화에 따라 동작이 달라짐),
㉡-폐쇄기술(환경적 조건이 일정하고 안정적임)

018 | 알몬드는 '게임전술의 전이 가능성'을 기준으로 스포츠를 분류하였다.

019 | '중립적 피드백'에 대한 설명이다.
- 교정적 피드백 : 동작의 수정을 위해 구체적으로 안내
- 불분명한 피드백 : 애매모호하며 해석의 오류 가능성

020 | **링크의 내용발달 단계 순서**
'시작 - 확대 - 세련 - 적용' 이다.

해설&정답(2023년)

001	1	002	3	003	1	004	4
005	4	006	2	007	3	008	2
009	1	010	2	011	3	012	1
013	4	014	3	015	1	016	2
017	3	018	2	019	4	020	3

2023 생활스포츠지도사 필기 기출문제 [스포츠교육학] 풀이 해석 바로가기!

001 | ①-재검사 신뢰도에 대한 설명이다.
②-비슷한 두 검사를 만들어 시험 후 상관계수를 분석
③-시행한 검사를 두 개로 나누어 상관계수를 분석
④-한 번의 검사로 신뢰도를 측정할 수 있는 방법들

002 | 보기의 설명은 모스턴의 수업 스타일 중 '유도발견형'에 해당한다.
③번 지도자는 학습자에게 계열적인 질문을 통해 해답을 찾아나가는 과정을 거친다.

003 | ①번 지도자의 경력은 학습성취와 관련된 지도자 변인에 해당하지 않는다.
☑ **수업결과에 영향을 미치는 지도자와 관련된 요인**
명확한 과제제시, 지도자의 열정, 다양한 프로그램, 과제지향적 운영, 수업 내용의 강조 등

004 | ④번 스테이션 교수 또는 과제식 수업이라 부른다.

005 | ㉠-공정성
㉡-인권보호

006 | ②번 자발성(자율성)의 원리에 대한 설명에 가깝다.

007 | ③번 지도자 중심의 의사결정이 이루어지지만 학습자의 과제참여는 높은 비율로 이루어 진다.

008 | ②번 스포츠 대회 참가를 목적으로 정책을 추진하지않는다.

009 | 발견역치는 모사중심의 클러스터에서 창조중심의 클러스터로 변화할 때 넘어가게 된다(포괄형→유도발견형).

010 | 주요 동작이나 마지막 동작을 먼저 연습한 뒤 필요한 구체적인 동작을 연습하는 방법을 '역순 연쇄'라고 부른다.

011 | '상황이해'에 대한 설명이다.
①-학습자에게 접근하여 행동을 통제하는 것
②-학습자의 긴장을 제거해주는 것
④-수업에서 일정시간 제외하는 것

012 | '사건기록법'에 대한 설명이다.
②-평정척도법: 질문에 답변 정도를 평가하는 방법
③-일화기록법: 일기처럼 사실을 순서대로 서술하는 형태
④-지속시간 기록법: 행동을 시간 단위로 측정하는 방법

013 | ④-충분히 학습하여 경기가 가능한 상태에서 정식 게임을 진행하는 것이 좋다.

014 | ④번 목표 달성이 불가능할 경우의 대처방안은 최초 제시되는 학습 목표 설정에는 포함되지 않는다.

015 | ⓒ-탐구수업 모형의 학습영역 우선순위는 인지적, 심동적, 정의적 순이다.

016 | ①-몰입:정의적 영역
③-협동심:정의적 영역
④-경기 규칙 이해

017 | 야구의 공던지기와 핸드볼의 오버핸드 공던지기는 운동기술의 요소가 유사하며 다른 종목으로 수행 시에는 '과제 간 전이'에 속한다.

018 | 스포츠 지도의 철학, 이념, 비전등을 구성하는 것은 스포츠 교육 프로그램의 목적에 대한 설명에 가깝다.

019 | ①-직접교수모형
②-동료교수모형
③-스포츠교육모형

020 | 인권교육 연 1회 이상 연수 이수 여부는 학교운동부지도자의 재임용 평가 대상이 아니다.

해설&정답(2024년)

001	1	002	4	003	3	004	2
005	2	006	4	007	3	008	1
009	2	010	4	011	3	012	1
013	4	014	2	015	3	016	2
017	3	018	1	019	4	020	1

2024 생활스포츠지도사 필기 기출문제 [스포츠교육학] 풀이 해석 바로가기!

001 | 가르칠 교과목 내용에 관한 지식은 ①번에 해당한다.

☑ **슐만의 교사 지식 유형**

교과내용	가르칠 교과내용에 대한 지식
교육과정	발달단계에 적합한 프로그램에 대한 지식
교육목적	목적, 내용, 교육시스템 구조에 대한 지식
교육환경	수업 환경에 영향을 미치는 지식
학습자특성	학습자와 학습자 특성에 관한 지식
지도방법	모든 교과에 공통된 지도법 지식
내용교수법	특정 교과 및 주제를 특정 대상에게 어떻게 지도하는지에 대한 지식

002 | 동료평가는 학생들이 서로를 평가하는 방법으로 학생의 비평 능력을 향상시킬 수 있다. ④번은 면접법(인터뷰)에 대한 설명이다.

003 | <보기>는 상규적 활동에 대한 설명이다.
☑ 상규적 활동이란 수업 중 빈번하게 발생하는 과제 외 활동을 의미하며 효율적인 수업 운영을 위해 사전에 약속하고 루틴화하는 것이 좋다.

004 | ㉠은 협동학습모형의 주제, ㉡은 개인적·사회적 책임감 지도 모형의 운영 주제이다.
☑ 스포츠교육모형의 주제는 '유능, 열정, 박식한 스포츠인으로 성장하기'이다.

005 | ㉠은 수업에 필요한 활동이므로 직접 기여 행동, ㉡은 수업에 도움이 되지 않는 비기여 행동, ㉢은 수업 중 꼭 필요하지 않지만 발생할 수 있는 일이므로 간접 기여 행동에 해당한다.

006 | 루돌프 라반의 움직임 기능에 따른 분류 방법으로 ㉠은 이동 움직임, ㉡은 비이동 움직임, ㉢은 조작 움직임에 해당한다.
☑ **라반의 움직임 기능 단계 분류**

> 비이동→이동→조작(물체 및 도구)→전략적 움직임→표현 및 해석 움직임

007 | 학교체육진흥법 제10조4항에 따라 학교의 장은 학교스포츠클럽 활동 내용을 학교생활기록부에 기록하여 상급학교 진학자료로 활용할 수 있도록 되어있어 ③번은 옳지 못한 설명이다.

008 | '상호학습형(C)' 스타일에서는 모든 교과 내용 및 기준 선정을 교사가 실시하며 교과 내용 선정의 권한이 학습자에게 이양되는 것은 '자기주도형(J)'이다.

009 학교체육 전문인의 자질로 '지식, 수행, 태도' 등이 있으며 보기에서 ㉠은 지식, ㉡은 실제적으로 활동하는 내용으로 수행, ㉢은 태도와 관련이 있다.

010 <보기>의 내용은 모스턴의 인지 과정(S-D-M-R) 중 '인지적 불일치'에 해당한다.

☑ **모스턴의 인지 과정**

자극(S)	교사의 질문, 과제제시, 문제발생 등으로 자극이 됨
인지적 불일치(D)	인지적 부조화가 일어나면서 알고자 하는 욕구가 발생
사색(M)	욕구를 해소하기 위해 구체적으로 사고함(비교, 분석, 구성)
반응(R)	기억, 발견, 창조 등의 형태로 사색의 결과가 나타남

011 ㉢은 문화체육관광부령으로 정한다.

☑ **국민체육진흥법 제11조 스포츠윤리 교육과정**

> 1. 성폭력 등 폭력 예방 교육
> 2. 스포츠비리 및 체육계 인권침해 방지를 위한 예방 교육
> 3. 도핑 방지 교육
> 4. 그 밖에 체육의 공정성 확보와 체육인의 인권 보호를 위하여 문화체육관광부령으로 정하는 교육

012 <보기>는 동료교수 모형의 수업 주도성 프로파일에 해당한다.

013 <보기>의 교수 기능 연습법은 ④번 반성적 교수에 해당한다.
① - 동료 교수는 교수 기능 연습을 동료교사나 전문가가 도와주는 형태이다.
② - 축소 수업(마이크로티칭)은 소수의 실제 학생들에게 단순한 교수 기능 위주의 연습을 한다.
③ - 실제 교수는 실제 수업과 동일하게 연습하는 것을 의미한다.

014 ① - 동법에 따라 스포츠 강사를 배치할 수 있다.
③ - 스포츠강사가 아닌 학교운동부 지도자에 대한 설명이다.
④ - 경기 결과, 대회 성적은 재임용 여부와 상관없다.

015 리드-업 연습방식에 대한 설명이다.
① - 고유의 포지션별 역할을 수행하여 기능을 배우는 과정이다.
② - 실제 경기 상황을 짧게 구성하여 집중적으로 연습하며 중간마다(티칭모멘트) 정지할 수 있는 형태의 연습 방법이다.
④ - 스테이션식 수업이라고도 불리우며 각각의 연습 장소를 구분해서 특정 기능을 연습하는 것을 의미한다.

016 스포츠교육 모형의 주제는 각각 유능(심동적), 박식(인지적), 열정(정의적)과 관련이 있다.

☑ **스포츠교육 모형 중 역할별 학습우선순위**

> 1. 선수 : 심동 - 인지 - 정의
> 2. 코치 : 인지 - 정의 - 심동
> 3. 심판 : 인지 - 정의 - 심동

017 <보기>는 현장개선연구에 대한 설명이다.

018 ② - 상황파악
③ - 퇴장 또는 비정한 제거
④ - 집단 경각에 대한 설명이다.

019 ④번 스포츠클럽 등록 및 운영지원은 체력인증센터가 수행하는 역할과 거리가 멀다.

020 <보기>의 평가방법은 평정척도에 대한 설명이다.
② - 사건기록법은 특정한 사건(피드백, 관찰, 설명)이 발생할 때 횟수를 기록하는 방법이다.
③ - 학생저널은 일기처럼 수업에 관련한 내용을 학습자가 작성한 것이다.
④ - 체크리스트는 단순한 질문에 충족 여부를 기록하는 평가 기법이다.

해설&정답(2025년)

001	1	002	3	003	1	004	4
005	2	006	4	007	3	008	2
009	2	010	3	011	2	012	1
013	4	014	4	015	2	016	3
017	4	018	3	019	1	020	2

 2025 생활스포츠지도사 필기 기출문제 [스포츠교육학] 풀이 해석 바로가기!

001 | 교육 프로그램이 아무리 훌륭하더라도 실천 가능성이 있어야 한다.

002 | 정확한 정보와 개념을 제공하는 것은 좋으나 학습자에 따라서 달리 해야 한다. 특히 학교스포츠클럽과 같은 학생을 지도할 때에는 학생의 수준에 맞는 은유나 비유의 표현을 사용하면 좋다.

003 | 현재 준비된 상태와 가지고 있는 실력 수준을 파악하기 위한 설문지로 '진단평가'가 적절하다.

☑ 평가기능에 따른 분류

진단평가	수업 전 실시, 학습자의 초기 상태를 파악하고 지도전략을 수립
형성평가	수업 중 또는 하나의 차시가 끝날 때 실시, 학습 상황을 파악하기 위함
총괄평가	수업 후에 실시, 학습자의 학습 목표 달성도를 판단하기 위한 평가

004 | 다양한 프로그램을 총체적으로 체험하여 학습의 질을 높이는 지도 원리는 '통합성'에 해당한다.

☑ 여러 가지 체육 수업 지도 원리

개별성	학습자의 수준과 개인차를 고려한 수업
자발성	학습자의 학습 동기를 끌어낼 수 있는 수업 계획
적합성	학습자의 발달단계에 맞는 프로그램 선정
통합성	다양한 교수 학습 내용(직접 참여와 간접참여)으로 총체적 체험
효율성	학습 목표를 효과적으로 달성하기 위한 프로그램 계획

005 | 간단하고 쉬운 과제에서 복잡하고 어려운 과제로 발전하는 것은 링크의 내용 발달 과제 중 '확대형 과제'에 해당한다.

☑ 확대형 과제 종류

과제 내 발달	하나의 기능이나 과제의 수준을 복잡한 수행으로 이동
과제 간 발달	하나의 기능이나 과제가 관련성이 있는 다른 과제로 이동

006 | 모든 팀원의 점수를 합산하여 팀 점수가 되는 형태는 학생팀성취배분(STAD) 수업 전략에 해당한다.
☑ **협동 학습 수업 전략**

팀게임토너먼트(TGT)	각 팀의 같은 등수끼리 경쟁하여 순위별로 점수화
직소모형(Jigsaw)	팀별로 한 명씩 과제 전문가가 되어 자신의 팀원을 알려주는 형태
팀보조수업(TAI)	계열화되어있는 일정한 난이도의 학습과제를 팀별로 도움을 주고 받음
집단연구(GI)	팀에게 할당된 과제를 평가 기준에 맞춰 협동하여 완성함

007 | 문화체육관광부 장관은 생활체육의 진흥을 위한 기본계획을 '5년'마다 수립·시행하여야 한다.

008 | 보기의 설명은 링크의 교수 전략 중 '상호작용 교수'에 해당한다. 상호작용 교수는 말 그대로 학습자와 상호작용을 하며 가르치는 것을 의미하며 학생들의 수행 정도를 시시각각 평가하여 과제를 발전시켜 나간다.
☑ 동료 교수: 동료학생과 짝을 이루어 수업하는 형태(≒상호 학습형 스타일, 동료 교수 모형)
☑ 스테이션 교수: 두 가지 이상의 과제가 각각의 장소에서 따로 동시에 이루어지는 형태의 수업
☑ 자기교수 전략: 학습 자료를 학생에게 제공하여 학습자 스스로 배우는 수업 형태

009 | ㄱ - 모스턴은 기존의 체육 수업이 모 아니면 도 식의 대비적 수업이 이루어지는 것을 비판하며 통합적으로 이루어지는 수업, 비대비적 관점을 강조하였음
ㄴ - 의사결정의 주도권은 교사와 학생 사이에서 결정됨
ㄷ - A~E까지의 스타일은 모사(모방)가 중심이 된다.
ㄹ - 과제 활동 전, 중, 후의 의사결정이 교사와 학생 사이에서 결정된다.

010 | 게임 수행 평가 도구(GPAI)는 기존의 평가 방식에 대안하여 고안된 평가 방법으로 실제 게임 수행 능력을 측정하기 위해 경기에서 필요한 전술적 행동들을 수치화하여 계산하는 평가 방법이다.

	의사결정	기술실행	보조하기	게임수행 점수
다은	3/3+1 =0.75	3/3+1 =0.75	3/3+1 =0.75	(0.75+0.75+0.75)/3=0.75
세연	2/2+2 =0.5	5/5=1	2/2+2	(0.5+1+0.5)/3=0.66
유나	2/2+2 =0.5	2/2=1	2/2=1	(0.5+1+1)/3=0.83

011 | 보기의 설명은 '포괄형' 스타일에 대한 설명이다. 특히 비평형줄넘기는 포괄형 스타일의 대표적인 수업 방법이다.
☑ 연습형: 교사가 부여한 과제를 학습자가 개별적으로 연습하는 수업
☑ 자기 점검형: 교사가 과제 평가 기준(과제 활동지)을 제공하여 학습자는 스스로 연습함
☞ 연습형과 자기 점검형의 구분: 교사의 피드백이 주어지는지? 또는 피드백까지 함께 활동지에 제공되어 있는지?
☑ 상호 학습형: 두 명의 학생이 서로 짝을 이루어 한 명이 연습할 때 다른 한 명은 교사의 역할을 하는 수업

012 | ㉠-전술 이해
㉡-기술 연습에 해당한다.
이해 중심 게임 수업 모형(전술 게임 모형)은 기술연습이 대부분의 체육수업 형태와 달리 수업 후반에 위치하는 것이 특징이다.

013 | ④-싱글 엘리미네이션(녹아웃, 넉다운 토너먼트)은 1번 패배 시에 탈락하는 형태로 대부분의 생활체육에서 토너먼트로 불리며 운영되고 있다. 이 경우에는 패배 팀을 위한 패자부활전이 따로 없으며 더블 엘리미네이션의 경우에는 가능하다.

014 | 국민체육진흥법 시행령에 대한 설명이다. 보기의 내용 모두 학교의 역할에 해당한다.

015 | 보기는 체계적 관찰법 중 특정 행동이 수업에서 발생하였을 때 횟수를 기록하는 '사건 기록법'이다. 사건 기록법은 지도자와 학생의 상호작용에 관하여 간단히 측정할 수 있는 장점이 있다.
①-직접관찰법에 대한 설명이다.
③-시간표집법(플라체크법)에 대한 설명이다.
④-주로 지속시간 기록법을 통해 알 수 있다. (동간기록법도 일부 해당한다.)

016 | ㄱ, ㄴ-심동적 영역
ㄷ, ㄹ, ㅁ-인지적 영역이 우선하게 된다.

017 | ㄱ, ㄹ, ㅁ-운영(관리)
ㄴ, ㄷ-내용(지도) 행동에 해당한다.
☑ **수업 중 교사의 행동 구분**

내용행동	지도 행동이라고도 부르며 과제 설명, 관찰, 연습, 보조, 피드백 등이 있다.
운영행동	관리 행동이라고도 부르며 용구 준비 및 정리, 팀 구성, 부적절 행동 제지 등이 있다.

018 | 제스처나 행동을 통해 부정 행동을 제지하는 것은 '신호 간섭'에 해당한다.
①-퇴장은 수업에서 배제하는 것을 의미한다.
②-삭제 훈련은 부정 행동을 하지 않을 때까지 행동 훈련을 하는 것을 의미한다.
④-접근통제는 학습자에게 다가가 부정 행동을 직접 제지하는 것을 의미한다.

019 | ㉠-선수 이해
㉡-우선순위 결정 및 목표 설정이다.

020 | ㉠-투구 제한 시간은 정해져 있는 답을 떠올리는 질문으로 회상형에 해당한다.
㉡-젠틸의 운동 기능 분류 중 '폐쇄기능'에 해당한다.

심화 문제 연습

001

다음 보기 설명에서 의미하는 스포츠 교육의 역사적 패러다임으로 옳게 고른 것은?

> 기존의 육상, 체조, 농구, 배구처럼 특정 종목이나 활동 자체를 배우기보다는 운동역학, 스포츠심리학 등의 학문적 개념이나 과학적 원리를 바탕으로 효율적이고 아름답게 수행할 수 있는 교육무용, 교육체조, 교육게임 등을 탐색하고 학습하는 데 중점을 둔다.

① 신(新)체육
② 신체를 통한 교육
③ 인간중심 체육교육
④ 휴먼무브먼트(Human movement)와 움직임교육

tip

스포츠교육의 역사 문제는 자주 출제되지 않았습니다. 다만 최근 2022 개정교육과정에서 체육교과의 경우 루돌프 라반(Rudolph Laban)의 움직임 교육 이론에 근거한 교육과정이 재정립이 되면서 해당 내용이 강조가 되고 있기에 필수적으로 알고 가야할 내용입니다.

002

다음 보기의 내용 중 밑줄 친 ⊙과 ⓒ에 해당하는 용어를 적절하게 고른 것은?

> <체육수업일기>
> 오늘은 세 번째 배구수업이 있는 날이다.
> 체육관에 모여 다른 수강생들과 준비운동을 하고 수업을 시작했다.
> 오늘 배울 동작은 ⊙ 2인 1개조로 나누어 리시브와 토스하기이다.
> 지난 수업 때 리시브와 토스 동작을 각각 배웠을 땐 잘 되었는데 다른 분과 함께 두 동작을 연결해서 하려니 조금 어렵고 실수가 많았다.
> 그래도 짝과 함께 연습하면서 '어떻게 하면 내 파트너가 공을 잘 받을 수 있을까?' 고민하다보니 동작도 좋아지고 ⓒ 협동심과 배려심도 생기는 기분이 들었다.
> … (생략)

	⊙	ⓒ		⊙	ⓒ
①	신체의 교육	심동적 가치	②	신체의 교육	정의적 가치
③	신체를 통한 교육	심동적 가치	④	신체를 통한 교육	정의적 가치

정답 01 ④ 02 ②

> **tip**
>
> 스포츠교육학에 가장 기본이 되는 개념들입니다. 신체의 교육과 신체를 통한 교육을 구분을 할 수 있어야 하는데 신체의 교육은 체력, 기능에 관련된 것이며 신체를 통한 교육은 신체활동을 통해 얻는 총체적인 인간의 발달로 지적인 능력이나 사회적, 정서적인 능력을 의미합니다.
> - ☑ 3가지 가치 : 심동적 가치(신체적능력), 인지적 가치(지적능력), 정의적 가치(사회적능력)

003

다음 중 발달단계별 학습자 특징이 바르게 짝지어진 것은?

① 아동기 : 질적·양적 측면을 고려한 다양한 스포츠를 경험하게 해야 한다.
② 청소년기 : 스포츠보다는 다양한 경험과 움직임 동작 습득을 목표로 한다.
③ 성인기 : 성인병 예방에 도움이 되는 유산소 및 무산소 운동을 구성하는 것이 좋다
④ 노년기 : 노화에 대항하여 다소 높은 강도의 운동이나 스포츠로 건강을 유지하는 것이 좋다.

> **tip**
>
> 발달단계별 학습자 특징은 중요하지만 스포츠심리학의 운동발달심리학 단원과 다소 겹치면서 자주 출제가 되는 편은 아닙니다. 하지만 시기별로 어떤 특징을 가지고 있고 어떤 스포츠 프로그램을 구성해야 하는가는 스포츠교육학에서 빼놓을 수 없는 중요한 내용입니다. 문제에서 보면 노년기의 경우 높은 강도의 운동은 운동상해를 유발할 수 있어 지양해야 합니다.

004

다음 중 생활체육 설계 시 고려 사항으로 가장 적절하지 않은 것은?

① 장소 선정 시 큰 비용이 들지 않으면서 참여자의 근접성이 좋은 곳을 설정해야 한다.
② 프로그램 제공에 대한 목적과 목표를 바탕으로 내용을 상세하고 구체적으로 결정해야 한다.
③ 시설비, 용품비, 인건비 등 경비를 예측하여 예산을 사용하고 스폰서와 홍보를 적절히 모색해야 한다.
④ 기존 프로그램과 수요를 파악하여 대상을 결정하며 현재 유아를 대상으로 제공되는 프로그램이 많은 경우 해당 수요 많은 것이기에 일반인, 노인 대상 프로그램보다 유아 프로그램을 제공하는 것이 좋다.

> **tip**
>
> 스포츠지도사 시험 응시자 중 생활/전문 분야 응시자가 가장 많기에 생활체육이나 전문체육에 관련된 문제가 출제될 수 있습니다. 비교적 어렵지 않게 출제가 되니 천천히 읽어보면서 합리적으로 풀면 되겠습니다. 다양한 생활체육프로그램은 궁극적으로는 생활체육의 발전을 위하는 것이 좋으므로 한쪽으로 치우친 프로그램보다는 유아, 노인, 성인을 대상으로 다양한 프로그램을 구성하는 것이 더 적절하겠습니다.

005

다음 내용은 마튼스(Martens) 전문체육 프로그램 개발 및 실천 단계 중 어느 단계에 속하는가?

- 스포츠를 통해 훌륭한 선수로 성장할 수 있도록 지도하는 것을 원칙으로 함
- 경기전략 및 전술 등의 신체적 기술부터 정신적 기술, 의사소통 기술 등을 고려

① 선수에게 필요한 기술 파악 ② 선수 이해
③ 상황분석 ④ 우선순위결정 및 목표설정

> **tip**
>
> 전문 체육 내용도 마찬가지로 자주는 아니지만 가끔씩 출제가 되고 있습니다. 특히 마튼스(Martens)가 제시한 전문체육 프로그램 지도계획 6단계가 주로 출제되는 편으로 해당 내용은 전문 체육 응시자가 아니더라도 알고 있어야 문제를 풀 수 있겠습니다.
>
> ☑ 6단계: 선수에게 필요한 기술 파악→선수이해→상황분석→우선순위결정 및 목표설정→지도방법선택→연습계획수립

006

다음은 모스턴(M.Mostton)의 수업 스타일 중 수업 결정 사항에 대한 표이다. 표에 대한 설명으로 옳지 않은 것은?

	지시	연습	상호학습	자기점검	포괄	유도발견	수렴발견	확산생산	자기설계	자기주도	자기학습
수업 전 결정사항	T	T	T	T	T	T	T	T	T	L	L
수업 중 결정사항	T	(㉠)L	Ld	L	L	(㉢)TL	L	L	L	-	L
수업 후 결정사항	T	T	(㉡)Lo	L	L	TL	LT	(㉣)LT	L	L	L

※ T: 교사, L: 학습자(Ld 수행자, Lo 관찰자)

① ㉠: 9가지 특정 의사결정을 학습자에게 이전되면서 개별화의 시작이 된다.
② ㉡: 교사가 제시한 기준용지를 활용하여 관찰하면서 즉각적이고 지속적인 피드백을 제공한다
③ ㉢: 교사의 주어진 질문에 해답을 발견해 나가는 과정으로 연속적이고 계열적으로 이루어진다
④ ㉣: 학습자가 처음으로 교과내용에 선택권을 갖으며 스스로 감환에 대한 준거를 세운다

> **tip**
>
> 모스턴(M.Mostton)의 체육 교수 스타일은 스포츠교육학에 많이 출제되는 내용입니다. 철학적 아이디어와 내용이 많아 공부하기에 어려운 편이지만 전체적인 핵심 개념은 결국 수업에서 일어나는 다양한 의사결정을 누가 하는가에 따라 수업 스타일을 나누고 있습니다.
> 스타일별로 어떤 특징이 있고 어떻게 의사결정이 되는지를 먼저 공부하는 것이 좋습니다.
> 확산생산의 경우 교사가 감환과정을 위한 기준을 제시해 주어야 하며 학습자가 처음으로 교과내용에 대해 선택하는 것은 자기주도형에 가서 이양됩니다.

정답 05 ① 06 ④

007

다음은 생활체육 줄넘기 강좌의 차시별 지도계획안이다. 모스턴(M.Mostton)의 수업 스타일 이론과 관련한 설명으로 옳지 않은 것은?

- 강좌명 : 활기차게 Jump! Up! <강사 김도약>
- 장소 및 일시 : 국민체육센터 3층 소활동실
- 수강인원 : 20명
- 차시별 수업계획(전체 10차시)

	내용	수업형태
1차시	줄넘기의 기초 및 보강운동(기본자세 등)	지시형
2차시	기본자세 연습 및 다양한 줄넘기 방법 배우기	연습형
3차시	동료와 함께하는 짝 줄넘기	상호학습형
4차시	다양한 줄넘기 경험하기(짧은 줄, 긴 줄)	
...		
8차시	수준별 줄넘기 연습(줄넘기 인증평가)	자기점검형
9차시	줄넘기 인증평가	포괄형
10차시	최종 수업 정리 및 발표회 평가	

① 혜원 : 지시형 스타일의 경우 이처럼 기본적인 자세를 모두에게 소개할 때 좋을 것 같아!
② 다혜 : 새로운 동작을 배웠으면 두 번째 시간엔 배운 동작을 연습할 시간도 필요할 것 같아
③ 서경 : 동료와 함께 하나의 줄을 뛰어 넘는 상호학습형의 수업은 협동심이 길러질 것 같아
④ 유정 : 수업에 마지막을 줄넘기 인증평가를 준비해보면서 스스로 실력을 점검해보고 자신의 수준에 맞는 도전을 하면 정말 뜻깊을 것 같아

tip

모스턴(M.Mostton)의 체육 교수 스타일을 공부할 때에는 무작정 외우는 것 보다는 전략적으로 공부하는 것이 좋습니다. 주로 지시형부터 포괄형까지 하나의 챕터로 공부하고 유도발견부터 확산생산까지 하나로 묶어 공부하면 이해가 수월하겠습니다. 상호학습형 스타일 같은 경우 단순하게 모둠을 구성하여 서로를 도와 수업을 하는 협동학습모형의 형태가 아니라 학습자가 수행자와 관찰자의 역할을 나누어 수업을 하는 동료교수모형과 유사합니다.

008

다음 보기 ㉠ ~ ㉥ 중 모스턴(M. Mosston)의 '유도발견형' 교수 스타일에 해당하는 특징으로만 묶인 것은?

㉠ 교사의 역할은 탐색되어야 할 목표 개념을 포함한 교과내용을 결정하는 것이다.
㉡ 교사의 역할은 학습자가 발견해야 할 개념을 일련의 계열적 질문으로 설계하는 것이다.
㉢ 학습자의 역할은 교사에 의해 주어진 질문에 대한 해답을 발견하는 것이다.
㉣ 학습자의 역할은 추리력, 호기심, 논리적 사고를 동원해 연결된 해답을 발견하는 것이다.
㉤ 학습자와 교사와의 상호작용은 있지만 수업에서 성취할 기대행동은 진술하지 않는다.
㉥ 학습자의 인지 능력에 초점을 맞추기 위해 과제 소개 전 기대행동을 진술한다.

① ㉠ ㉢ ㉤
② ㉠ ㉣ ㉥
③ ㉡ ㉢ ㉤
④ ㉡ ㉣ ㉥

tip

모스턴(M.Mostton)의 체육 교수 스타일에 따르면 지시형부터 포괄형까지는 기존 지식에 대한 모사를 중심으로 하며 유도발견부터는 새로운 지식의 발견과 생산을 위한 수업이 이루어진다고 설명하고 있습니다. 특히 유도발견형과 수렴발견형은 같은 발견을 추구하면서 방법적 측면이 다르기에 이를 비교 구분할 수 있어야 합니다.

☑ **유도발견형과 수렴발견형 구분**
- 유도발견형 : 계열적 질문을 순차적으로 구성, 교사의 단계별 유도로 최종해답발견, 기대행동 진술 안함(학습이 끝나버림)
- 수렴발견형 : 목표개념을 발견하기 위한 다양한 질문을 한번에 제공, 논리와 추리를 통하여 발견, 기대행동 진술함(학습에 길잡이 역할)

009

다음 중 메츨러(Metzler)의 수업 모형과 관련하여 모형의 이름과 주제가 바르게 짝지어진 것으로 모두 고른 것은?

	모형	주제
㉠	직접교수모형	교사가 수업의 리더 역할을 한다
㉡	개별화지도모형	수업의 진도는 학생이 결정한다
㉢	협동학습모형	나는 너를 가르치고, 너는 나를 가르친다
㉣	스포츠교육모형	유능하고 박식하며 열정적인 스포츠인
㉤	동료교수모형	서로를 위해 서로 함께 배우기
㉥	탐구수업모형	이해 중심 게임지도
㉦	전술게임모형	문제해결자로서의 학습자
㉧	개인적·사회적 책임감 모형	통합, 전이, 권한 위임, 교사와 학생의 관계

① ㉠ ㉡ ㉣ ㉧
② ㉠ ㉡ ㉤ ㉥
③ ㉡ ㉢ ㉣ ㉥
④ ㉡ ㉣ ㉥ ㉧

tip

메츨러(Metzler)의 수업 모형은 스포츠교육학에서 가장 많이 출제되는 내용입니다. 체육수업을 특징에 따라 크게 8가지 모습으로 나누어 설명하고 있습니다. 각각의 모형은 주제가 있는데 이것만 알아도 전체적으로 어떤 방식의 수업인지 유추할 수 있기 때문에 꼭 알고 있어야 합니다. 더불어 각각의 모형에서 강조하고 있는 내용 또한 필수적으로 이해 및 암기해야 합니다.

010

다음과 같은 수업 주도성 프로파일의 체육 수업 모형이 갖는 특징이 아닌 것은?

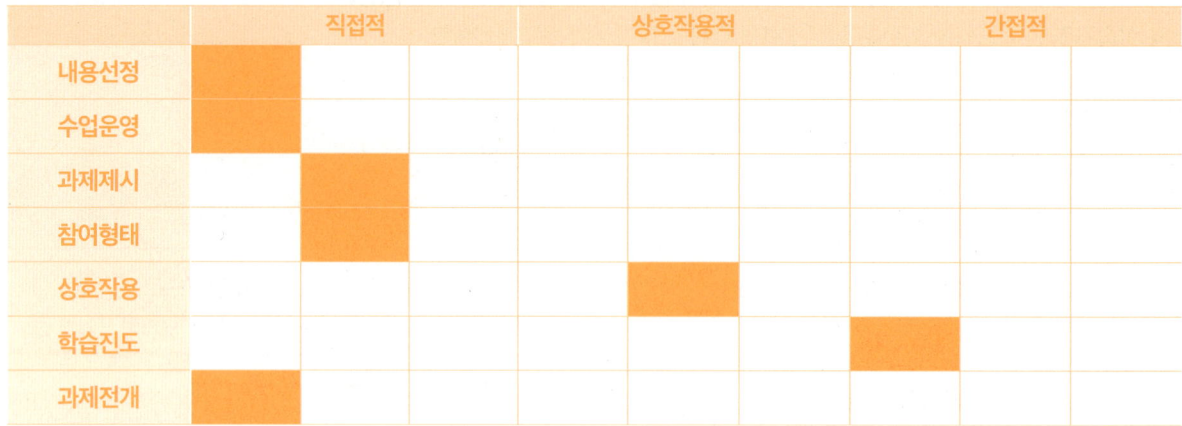

① 전통적인 체육수업에 대한 대안적인 지도방법으로 개발되었다.
② 기능의 학습보다 실제로 게임을 행하면서 필요한 전략 및 전술을 강조하는 지도방법이다.
③ 전략 및 전술 이해를 위해 경기규칙, 도구, 경기장 크기, 인원수를 적절히 변형할 수 있다.
④ 학생이 자신과 타인에 대한 책임을 어떻게 져야하는지 연습하고 배울 수 있는 기회를 제공한다.

tip

수업 주도성 프로파일은 다양한 체육수업모형에서 의사결정을 교사가 할 것인가(직접적) 학생이 할 것인가(간접적), 또는 함께 할 것인가(상호작용적)으로 나누어 그 정도를 나타내고 있습니다. 24년 심화문제에서 출제예상을 했고 동료교수모형의 프로파일이 나왔습니다. 언제든지 다시 나올 수 있는 내용이지만 다소 내용이 많은 편이라 학습에 부담이 됩니다. 따라서 여력이 된다면 해당 내용까지 자세하게 공부를 하지만 어렵다면 비교적 상식적인 수준에서 7가지 주제를 추론해서 푸는 것도 좋은 방법입니다. 1,2,3번의 경우 전술게임모형에 대한 설명이고 4번 보기의 경우 개인적 사회적 책임감 모형이란 것을 알면 프로파일을 몰라도 풀 수도 있습니다.

011

메츨러(Metzler)의 스포츠교육 모형의 6가지 요소가 아닌 것은?

① 시즌
② 팀소속
③ 개인 책무성
④ 결승전 행사

🔊 tip

수업 모형 파트에서는 각각의 모형이 어떤 것인지 아는 것도 중요하지만 모형별 주요 내용 또한 잘 알고 있어야 합니다. 예를 들면 직접교수모형의 6가지 수업 단계, 개별화지도모형의 4가지 특징, 협동학습 모형의 3가지 기본 개념, 이해중심게임모형 6단계 등이 있습니다. 스포츠교육 모형에서도 모형을 사용하기 위해서 6가지 요소가 필요하다고 설명합니다.
개인 책무성의 경우 협동 학습 모형에서 필요한 요소에 해당합니다.
- ☑ 스포츠교육모형의 6가지 요소 : 시즌, 팀소속, 공식경기, 결승전행사, 기록보존, 축제화

012

다음의 보기에서 설명하는 메츨러(Metzler)의 교사 지식으로 바르게 고른 것은?

- 학생의 발달 단계에 부적합한 학습활동을 변형할 수 있는 방법적 지식
- 학습하기를 꺼려하는 학습자에게 학습동기를 부여할 수 있는 방법에 관한 지식
- 규칙을 설명할 때 청소년과 성인, 노인에게 다른 용어와 언어를 사용할 수 있는 지식

① 명제적 지식
② 절차적 지식
③ 상황적 지식
④ 지도방법 지식

🔊 tip

교사가 갖추어야 할 지식에 대해서 여러 학자가 분류를 해두었지만 그 중에서 크게 메츨러의 분류 방식과 슐만의 분류 방식이 출제 됩니다. 일반 교육학에서는 슐만의 분류 방법을 많이 다루지만 스포츠교육학에서는 메츨러가 말한 3가지 지식에 대해서도 문제로 자주 출제가 되기에 잘 알고 있어야 합니다.
보기의 내용은 학습활동을 적절히 변형하고 있기에 상황적 지식에 해당합니다.
- ☑ 메츨러의 3가지 교사지식 : 명제적 지식(알고있다), 절차적 지식(쓸 수 있다), 상황적 지식(적절하게 변형할 수 있다)

정답 11 ③   12 ③

013

메츨러(Metzler)가 제시한 지도계획안 구성요소 중 다음 보기에서 생략된 부분을 찾아 고르면?

배드민턴 생활체육 강좌 지도안			
대상	8명(남3,여5)	일시 및 장소	20××년 4월 19일 19:00 국민체육센터 1층
차시	5차시/20차시	주제	혼성 복식 경기 방법 및 경기전략
단계	내용		비고
도입 (5분)	1. 출석 및 환자확인 2. 준비운동(러닝, 스트레칭 등) 3. 지난학습내용 확인		

전개
(40분)
	1. 복식 경기 방법 안내
	2. 복식 경기 규칙을 적용한 경기 진행
	   A(남2, 여2), B팀(남1, 여3)으로 나누어 - 1, 2번 코트에서 진행
	   - 교사는 1, 2번 코트를 순회하며 피드백 실시		

	1. 복식 경기 전술 안내
	   - '여자선수가 공격대형에서 전위에 서는 이유"
	2. 과제식 수업 진행
	   - A팀 헌볼 훈련, B팀 자유게임 10분
	   - B팀 헌볼 훈련, A팀 자유게임 10분		

정리 (5분)	1. 학습 내용 복습 2. 정리운동 및 보강운동 3. 용기구 정리 및 차시예고		

① 과제제시   ② 학습목표
③ 학습활동목록   ④ 수업맥락기술

🚩 tip

스포츠(체육) 수업 전에는 수업지도 계획안을 사전에 꼭 작성해야 합니다. 수업 시작 전 여러 상황을 고려해 보면서 수업 중 일어날 돌발상황에 미리 대처할 수 있으며 학습목표에 적합한 과제를 선택하여 효율적이면서 성과가 높은 수업을 진행할 수 있습니다.
주어진 지도계획안에서 학습목표는 찾아볼 수 없습니다.
☑ 지도계획안 작성 시 포함사항 : 수업맥락기술, 학습목표, 시간 및 공간, 학습활동목록, 과제제시, 평가방법 등

정답 13 ②

014

다음은 축구 학생선수를 지도하고 있는 김코치의 대화를 나타낸 보기이다. 링크(Rink)의 내용발달 단계에서 확대 과제제시에 속하는 것을 모두 고른 것은?

- 김코치 : 자 이제 각자 흩어져서 자신이 부족하다고 생각되는 부분을 연습해보자
- 김코치 : 용립이는 슛팅 연습을 하고 있네, ㉠ 점점 골대와의 거리를 멀게 해서 연습해보렴
- 김코치 : 주미는 ㉡ 리프팅을 할 때 땅에 떨어뜨리지 않고 얼마나 많이 할 수 있는지 해보자
- 김코치 : 이제 병식이는 시아랑 시호와 ㉢ 삼각패스를 해보렴 2인 패스보다 어려울 거야
- 김코치 : 유진이는 프리킥 연습할 때 ㉣ 감각을 좀 더 살려봐 발 끝에 감각에 집중해 보는 거야

① ㉠
② ㉠, ㉡
③ ㉠, ㉡, ㉢
④ ㉠, ㉡, ㉢, ㉣

tip

다양한 과제 분류 방법 중 링크(Rink)의 과제 분류 방법은 자주 출제가 되므로 꼭 잘 알고 있어야 됩니다. 크게 4가지로 시작형 과제, 확대형 과제, 세련(숙달)형 과제, 응용형 과제가 있습니다. 주로 시작형 과제에서 출발하여 과제의 난이도를 양적으로 조절하는가 질적으로 조절하는가에 따라 확대형 과제와 세련형 과제로 나눕니다. 그 다음 학습한 과제를 실제 상황에 적용해 보는 마지막 응용의 단계로 구성되어 있습니다. 발 끝에 감각을 집중하는 모습은 확대가 아닌 세련형 과제에 해당합니다.

015

교사가 수업 중 활용할 수 있는 주의집중 전략으로 옳지 <u>않은</u> 것을 고르면?

① 실외 수업에서 시범이나 설명 시에는 교사는 해를 마주보는 것이 좋다
② 수업 중에 일어날 수 있는 상규적 활동은 사전에 약속하여 운영시간을 줄인다
③ 지도자 설명 시에는 가까이오도록 하며 용기구 사용을 잠시 멈추도록 한다
④ 과제는 복잡한 내용일 경우 개별적으로, 간단한 내용은 전체적 대상으로 제시해야 좋다

tip

스포츠지도를 위한 교수기법 파트에서는 수업 중 활용 가능한 다양한 실제적인 지식들을 문제로 출제합니다. 비교적 어렵지 않게 출제가 되는 편이며 합리적으로 답을 선택할 수 있는 경우도 있습니다. 특히 복잡한 내용의 과제의 경우 한 사람씩 설명하다보면 오래 걸릴 수 있기 때문에 전체를 대상으로 설명하는 것이 좋습니다.

정답 14 ③   15 ④

016

다음은 보기에 밑줄 친 ㉠ 과 ㉡ 은 연습 중 지도자 행동 분류에서 어느 것에 속하는가?

- 지도자: ㉠ 방금 골프 스윙 동작은 정말 부드럽고 간결했어요 멋진 동작입니다.
- 수강생: 감사합니다. 그나저나 선생님은 골프를 언제부터 시작하셨나요?
- 지도자: ㉡ 아! 저는 5살 때부터 처음 클럽을 잡아 본 것 같습니다. 제가 어렸을 때 이야기를 좀 해드리면 …

	㉠	㉡		㉠	㉡
①	직접기여 행동	간접기여 행동	②	직접기여 행동	비기여 행동
③	간접기여 행동	간접기여 행동	④	간접기여 행동	비기여 행동

tip

연습 중 지도자 행동 분류는 크게 직접기여, 간접기여, 비기여 행동으로 나눌 수 있습니다. 직접기여는 설명하고 관찰한 뒤 피드백을 주는 지도행동과 환경정리나 팀구성 등 수업을 위해 실시되는 운영행동으로 나눌 수 있습니다. 간접기여와 비기여 행동을 구분하는 방법은 간접기여는 수업 중 발생할 수 있는 일이지만 없으면 더 좋은 것으로 부상자 발생, 과제 외 토론(잡담), 화장실 등이 있고 비기여 행동은 수업과 전혀 관련 없는 행동들로 소방연습, 외부 손님과의 대화를 예로 들 수 있습니다.

017

다음 쿠닌(Kounin)의 예방적 수업 전략이나 활동관리 방법 중 설명이 바르게 연결된 것으로 모두 고르면?

㉠ 동시적 처리: 수업을 진행하며 수업에 방해되는 일들을 동시에 처리할 수 있어야 한다.
㉡ 학습활동의 침해: 지도자가 지나치게 개입하거나 부적절하게 중단해서는 안된다.
㉢ 탈선: 학습자가 수업과정을 따라오지 못하거나 수업을 포기하였을 때 제지하여야 한다.
㉣ 세분화: 수업 중 집단을 세분화할수록 개인의 책임감이 낮아지지만 대기시간이 줄어든다.

① ㉠, ㉡
② ㉠, ㉡, ㉢
③ ㉠, ㉡, ㉣
④ ㉠, ㉡, ㉢, ㉣

tip

학습자 관리 기법에는 다양한 학자가 제시한 다양한 방법이 있습니다. 다소 생소한 용어들이 많기 때문에 해당하는 용어가 어떤 것을 의미하는지 정확하게 알고 있어야 합니다. 탈선의 경우 학습자가 아닌 교사가 수업 진행 중 목표에서 벗어난 행동을 하는 것을 의미하며 그룹 세분화의 경우 대기시간이 늘어날 수는 있지만 개인의 책임감이 증가한다는 장단점이 있습니다.

정답 16 ① 17 ①

018

다음 보기에서 설명하는 개념의 명칭은?

- 수업시간 중 학습자가 적절한 난이도의 과제에 성공적으로 참여한 실제 시간을 의미함
- 상규적 활동(출석부르기, 준비운동, 용변)을 사전에 약속하고 루틴화하고 전체 수업 운영 시간을 감소시키면 이 시간을 증가시킬 수 있음

① 명시적 학습시간(AT) ② 운동참여시간(MET)
③ 과제참여시간(TOT) ④ 실제학습시간(ALT)

tip

수많은 수업 모형과 교수 기법의 궁극적인 목표는 결국 '실제학습시간(ALT)'를 증가시키는 것입니다. 학습자의 수준에 맞는 과제를 제시하고 학습자가 이 과제를 성공하는 것이 우리가 스포츠지도를 하는 목적으로 볼 수 있습니다. 문제로 잘 나오지는 않지만 꼭 알고 있어야 하는 개념이 되겠습니다.

019

다음 보기에서 ㉠ 이 해당하는 평가기능을 고르고 ㉡ 의 사례에서 발생할 수 있는 평가의 양호도 문제로 알맞게 고른 것은?

- 지도자 : 자 우리 테니스 클럽 오시게 된 것을 환영합니다!
- 동호인 : 감사드립니다. 동호회 활동과 더불어 테니스 레슨을 받을 수 있을까요?
- 지도자 : 물론이죠. ㉠ 오늘 처음 뵈었으니 전반적인 실력을 한번 테스트해 보겠습니다.
- 동호인 : 네 알겠습니다. 어떤 것을 하면 될까요?
- 지도자 : ㉡ 일단 여기 테니스장 한바퀴 전력질주로 돌아올 때까지 걸리는 시간을 한번 볼까요?
- 동호인 : 네?… 예 해보겠습니다.

	㉠	㉡		㉠	㉡
①	진단평가	타당도	②	진단평가	신뢰도
③	형성평가	타당도	④	형성평가	신뢰도

tip

스포츠교육학에서는 평가와 관련한 문제가 꾸준히 출제가 됩니다. 특히 평가 기능에 따라 사전에 실시하는 진단평가, 과정 중에 실시하는 형성평가, 과정이 끝난 뒤 평가하는 총괄평가를 잘 구분할 수 있어야 합니다. 평가가 올바르게 이루어져서 활용할 수 있는가를 평가의 양호도라고 부르며 크게 타당도, 신뢰도, 객관도로 나눌 수 있습니다.

☑ 평가의 양호도 : 타당도(측정방법이 타당한가), 신뢰도(수치값에 오차가 없는가), 객관도(평가자의 주관을 배제했는가)

정답 18 ④ 19 ①

020

다음은 축구 수업을 관찰하며 두 평가자가 시행한 평가결과입니다. 두 평가 방법에 대한 비교설명으로 옳지 <u>않은</u> 것을 고르면?

(가) 평가	(나) 평가
• 학생: 이축구 • 교사: 박감독 • 관찰자: 김일화 강인이는 앉아서 수업 시작을 기다렸다. 수업이 시작되자 교사와 동료들에게 반갑게 인사하며 시작한다. 교사는 프리킥 방법에 대해 설명한 다음 한명씩 차례대로 … (생략)	• 학생: 이축구 • 교사: 박감독 • 수업내용: 축구 프리킥 **피드백** 집단: √ √ 개인: √ √ √ √ **단서제공** 적합: √ √ 부적합: √ (생략)

① (가) 평가는 전통적 관찰법, (나) 평가는 체계적 관찰법의 종류이다.
② (가) 평가는 (나) 평가방법보다 시간과 비용이 오래 걸릴 것이다.
③ (나) 평가는 (가) 평가방법 보다 구체적이고 세부적인 결과를 도출할 수 있다.
④ (나) 평가는 (가) 평가방법보다 실용적이지만 사건의 정의를 신중히 해야될 필요가 있다.

tip

평가와 관련하여 다양한 평가기법이 있습니다. 과거에는 비교적 출제 빈도가 적었으나 최근으로 갈수록 출제가 자주 되고 있기에 평가 기법에는 어떤 것이 있는지 또 어떤 특징이 있는지 잘 알고 가야 됩니다. 평가기법에는 기존에 사용되던 전통적 관찰법과 체계적 관찰법이 있습니다. (가) 평가는 사건을 시간의 순서에 따라 객관적으로 서술하는 '일화기록법'이며 (나) 평가는 특정 사건이 일어났을 때 빈도를 체크하는 '사건기록법'입니다.

스포츠심리학

1. 출제경향 및 출제포커스
2. 4개년 기출문제(2022~2025)
3. 4개년 기출문제 해설(2022~2025)
4. 심화문제연습

스포츠심리학

🏃 출제경향

출제범위	2022 개수(비율)	2022 문항 번호	2023 개수(비율)	2023 문항 번호	2024 개수(비율)	2024 문항 번호	2025 개수(비율)	2025 문항 번호
스포츠심리학의 개관	1(5%)	1	1(5%)	1			2(10%)	1, 6
인간운동 행동의 이해 (운동학습과 제어)	6(30%)	3, 4, 5, 8, 9, 11	9(45%)	3, 4, 5, 10, 11, 12, 13, 14, 15	9(45%)	2, 4, 8, 10, 12, 14, 16, 18, 20	3(15%)	7, 10, 20
인간운동 행동의 이해 (운동발달)	2(10%)	2, 10	2(10%)	6, 7	1(5%)	6		
스포츠수행의 심리적 요인	7(35%)	6, 7, 12, 13, 14, 15, 20	5(25%)	2, 8, 15, 16, 17	5(25%)	1, 3, 5, 7, 17	9(45%)	2, 3, 4, 8, 9, 12, 14, 17, 18
스포츠수행의 사회 심리적 요인	1(5%)	16	2(10%)	9, 14	2(10%)	11, 15	3(15%)	13, 16, 19
운동심리학	2(10%)	17, 18	1(5%)	16	2(10%)	13, 19	2(10%)	5, 15
스포츠 심리상담	1(5%)	19	0(0%)		1(5%)	9	1(5%)	11

🏃 출제포커스

스포츠심리학 과목은 공부할 내용이 많은 편인데다가 문제 유형도 매년 다르게 나오다 보니 수험생이 시험 준비에서 가장 어려움을 느끼는 과목 중 하나입니다. 새로운 내용이 많이 출제된다고 아직 나오지 않았지만 출제될 만한 내용을 찾아 공부하는 것은 좋지 못한 방법입니다. 기출문제와 연계하여 시험 난이도 조절을 하기 때문에 기존에 출제되었던 중요한 내용 위주로 공부를 해야 합니다.

🏃 2025년 총평

스포츠심리학은 효자 과목 수준으로 쉽게 출제되었습니다. 우선 스포츠심리학에서 가장 어려운 부분인 운동학습제어 파트에서 문제가 적게 나왔고 또 쉽게도 출제되어 수험생들의 부담이 적었습니다. 수행심리와 사회심리 파트에서도 꼬아내거나 어렵게 낸 문제가 거의 없고 상식적으로 접근하면 풀 수 있는 문제도 다수 있어서 대부분의 수험생이 고득점을 받을 수 있었습니다.

🏃 2026년 예상

출제위원 성향에 따라 문제 유형이 매년 달라지는 모양새입니다. 스포츠심리학 하나의 학문 아래 다양한 하위 전공이 있기 때문에 어떤 전공의 교수님이 출제하시는 가에 따라 문제 유형이 바뀔 수 있습니다. 그래도 운동학습과 제어, 스포츠 수행심리, 스포츠 사회심리 단원에서 꾸준히 70% 이상 출제되기 때문에 이쪽 부분 학습에 투자를 많이 하고 다른 단원의 경우 중요한 내용 위주로 공부하는 전략이 좋을 듯합니다.

기출문제(2022년)

001

<보기>는 레빈(K. Lewin, 1935)이 주장한 내용이다. (㉠), (㉡)에 들어갈 개념으로 바르게 묶인 것은?

- 인간의 행동은 (㉠)과 (㉡)에 의해 결정된다.
- (㉠)과 (㉡)의 상호작용으로 행동은 변화한다.

	㉠	㉡
①	개인(person)	환경(environment)
②	인지(cognition)	감정(affect)
③	감정(affect)	환경(environment)
④	개인(person)	인지(cognition)

002

아동의 운동 발달을 평가할 때 심리적 안정을 도모하기 위한 평가 방법으로 옳은 것은?

① 평가장소에 도착하면 환경에 대한 탐색 시간을 주지 말고 평가를 바로 진행한다.
② 아동의 평가 민감성을 높이기 위해 평가라는 단어를 강조한다.
③ 운동 도구를 사용하여 평가할 때 탐색할 기회를 제공한다.
④ 아동과 공감대를 형성하지 않는다.

003

<보기>에 제시된 일반화된 운동프로그램(Generalized Motor Program : GMP)에 관한 설명으로 바르게 묶인 것은?

㉠ 인간의 운동은 자기조직(self-organization)과 비선형성(nonlinear)의 원리에 의해 생성되고 변화한다.
㉡ 불변매개변수(invariant parameter)에는 요소의 순서(order of element), 시상(phasing), 상대적인 힘(relative force)이 포함된다.
㉢ 가변매개변수(variant parameter)에는 전체 동작지속시간(overall duration), 힘의 총량(overall force), 선택된 근육군(selected muscles)이 포함된다.
㉣ 환경정보에 대한 지각 그리고 동작의 관계(perception-action coupling)를 강조한다.

① ㉠, ㉡　　② ㉠, ㉢
③ ㉡, ㉢　　④ ㉢, ㉣

004

<보기>에서 설명하는 개념은?

- 자극반응 대안 수가 증가할수록 선택반응시간도 증가한다.
- 투수가 직구와 슬라이더 구종에 커브 구종을 추가하여 무작위로 섞어 던졌을 때 타자의 반응시간이 길어졌다.

① 피츠의 법칙(Fitts' law)
② 파워 법칙(power law)
③ 임펄스 가변성 이론(impulse variability theory)
④ 힉스의 법칙(Hick's law)

005

<보기>에 제시된 번스타인(N. Bernstein)의 운동학습 단계에 대한 설명으로 바르게 묶인 것은?

> ㉠ 스케이트를 탈 때 고관절, 슬관절, 발목관절을 활용하여 추진력을 갖게 한다.
> ㉡ 체중 이동을 통해 추진력을 확보하며 숙련된 동작을 실행하게 한다.
> ㉢ 스케이트를 신고 고관절, 슬관절, 발목관절을 하나의 단위체로 걷게 한다.

	㉠	㉡	㉢
①	자유도 풀림	반작용 활용	자유도 고정
②	반작용 활용	자유도 풀림	자유도 고정
③	자유도 풀림	자유도 고정	반작용 활용
④	반작용 활용	자유도 고정	자유도 풀림

006

레이데크와 스미스(T. Raedeke & A. Smith, 2001)의 운동선수 탈진 질문지(Athlete Burnout Questionnaire : ABQ)의 세 가지 측정 요인이 아닌 것은?

① 성취감 저하(reduced sense of accomplishment)
② 스포츠 평가절하(sport devaluation)
③ 경쟁상태불안(competitive state anxiety)
④ 신체적/정서적 고갈(physical, emotional exhaustion)

007

웨이스와 아모로스(M. Weiss & A. Amorose, 2008)가 제시한 스포츠 재미(sport enjoyment)의 영향 요인으로 옳지 않은 것은?

① 인지능력
② 사회적 소속
③ 동작 자체의 감각 체험
④ 숙달과 성취

008

<보기>에 제시된 도식이론(schema theory)에 관하여 옳은 설명으로 묶인 것은?

> ㉠ 빠른 움직임과 느린 움직임을 구분하여 설명한다.
> ㉡ 재인도식은 피드백 정보가 없는 빠른 운동을 조절하는 역할을 한다.
> ㉢ 회상도식은 과거의 실제결과, 감각귀결, 초기조건의 관계를 바탕으로 형성된다.
> ㉣ 200ms 이상의 시간이 필요한 느린 운동 과제의 제어에는 회상도식과 재인도식이 모두 동원된다.

① ㉠, ㉡
② ㉡, ㉢
③ ㉠, ㉣
④ ㉢, ㉣

009

<보기>에 제시된 심리적 불응기(Psychological Refractory Period : PRP)에 관하여 옳은 설명으로 묶인 것은?

> ㉠ 1차 자극에 대한 반응을 수행하고 있을 때 2차 자극을 제시할 경우, 2차 자극에 대해 반응시간이 느려지는 현상이다.
> ㉡ 1차 자극과 2차 자극간의 시간차가 10ms 이하로 매우 짧을 때 나타난다.
> ㉢ 페이크(fake) 동작의 사용 빈도를 높일 때 효과적이다.
> ㉣ 1차와 2차 자극을 하나의 자극으로 간주하는 현상을 집단화라고 한다.

① ㉠, ㉡
② ㉡, ㉢
③ ㉢, ㉣
④ ㉠, ㉣

010

인간 발달의 특징에 관한 설명으로 옳지 않은 것은?

① 개인적 측면은 발달에 영향을 미치는 요인이 개인마다 달라서 나타나는 현상이다.
② 다차원적 측면은 개인의 신체적·정서적 특성과 같은 내적 요인 그리고 사회 환경과 같은 외적 요인으로 나눌 수 있다.
③ 계열적 측면은 기기와 서기의 단계를 거친 후에야 자신의 힘으로 스스로 걸을 수 있게 되는 것이다.
④ 질적 측면은 현재 나타나고 있는 움직임 양식이 과거 움직임의 경험이 축적되어 나타나는 것이다.

011

시각탐색에 사용되는 안구 움직임의 형태로 옳지 않은 것은?

① 지각의 협소화(perceptual narrowing)
② 부드러운 추적 움직임(smooth pursuit movement)
③ 전정안구반사(vestibulo-ocular reflex)
④ 빠른 움직임(saccadic movement)

012

<보기>에 제시된 불안과 운동수행의 관계를 설명하는 이론은?

> • 선수가 불안을 어떻게 '해석'하느냐에 따라 운동수행이 달라질 수 있다.
> • 선수는 각성이 높은 상태를 기분 좋은 흥분상태로 해석할 수도 있지만 불쾌한 불안으로 해석할 수도 있다.

① 역U가설(inverted-U hypothesis)
② 전환이론(reversal theory)
③ 격변이론(catastrophe theory)
④ 적정기능지역이론(zone of optimal functioning theory)

013

<보기>의 (㉠)과 (㉡)에 들어갈 알맞은 용어는?

> • (㉠)은 불안을 감소시키기 위해 자기최면을 사용하여 무거움과 따뜻함을 실제처럼 느끼도록 유도하는 방법이다.
> • (㉡)은/는 불안을 유발하는 자극의 목록을 작성한 후, 하나씩 차례로 적용하여 유발 감각 자극에 대한 민감도를 줄여 불안 수준을 감소시키는 방법이다.

	㉠	㉡
①	바이오피드백 (biofeedback)	체계적 둔감화 (systematic desensitization)
②	자생훈련 (autogenic training)	바이오피드백 (biofeedback)
③	점진적 이완 (progressive relaxation)	바이오피드백 (biofeedback)
④	자생훈련 (autogenic training)	체계적 둔감화 (systematic desensitization)

014

와이너(B. Weiner)의 경기 승패에 대한 귀인이론에 관한 설명으로 옳지 않은 것은?

① 노력은 내적이고 불안정하며 통제 가능한 요인이다.
② 능력은 내적이고 안정적이며 통제 불가능한 요인이다.
③ 운은 외적이고 불안정하며 통제 불가능한 요인이다.
④ 과제난이도는 외적이고 불안정하며 통제할 수 있는 요인이다.

015

<보기>에 제시된 심상에 대한 이론과 설명이 바르게 묶인 것은?

> ㉠ 심리신경근 이론에 따르면 심상을 하는 동안에 실제 동작에서 발생하는 근육의 전기 반응과 유사한 전기 반응이 근육에서 발생한다.
> ㉡ 상징학습 이론에 따르면 심상은 인지 과제(바둑)보다 운동 과제(역도)에서 더 효과적이다.
> ㉢ 생물정보 이론에 따르면 심상은 상상해야 할 상황 조건인 자극 전제와 심상의 결과로 일어나는 반응 전제로 구성된다.
> ㉣ 상징학습 이론에 따르면 생리적 반응과 심리 반응을 함께하면 심상의 효과는 낮아진다.

① ㉠, ㉡
② ㉠, ㉢
③ ㉡, ㉢
④ ㉢, ㉣

016

<보기>에 제시된 첼라드라이(P. Chelladerai)의 다차원리더십 모델에 관한 설명으로 옳게 묶인 것은?

> ㉠ 리더의 특성은 리더의 실제 행동에 영향을 준다.
> ㉡ 규정 행동은 선수에게 규정된 행동을 말한다.
> ㉢ 선호 행동은 리더가 선호하거나 바라는 선수의 행동을 말한다.
> ㉣ 리더의 실제 행동과 선수의 선호 행동이 다르면 선수의 만족도가 낮아진다.

① ㉠, ㉡
② ㉠, ㉣
③ ㉡, ㉢
④ ㉢, ㉣

017

<보기>에서 설명하는 운동심리 이론(모형)은?

> • 지역사회가 여성 전용 스포츠 센터를 확충한다.
> • 정부가 운동 참여에 대한 인센티브 정책을 수립한다.
> • 가정과 학교에서 운동 참여를 지지해주는 분위기를 만든다.

① 사회생태모형(social ecological model)
② 합리적행동이론(theory of reasoned action)
③ 자기효능감이론(self-efficacy theory)
④ 자결성이론(self-determination theory)

018

프로차스카(J. O. Prochaska)의 운동변화단계 모형(Transtheoretical Model)에 관한 설명으로 옳은 것은?

① 변화 단계와 자기효능감과의 관계는 U자 형태다.
② 인지적·행동적 변화과정을 통해 운동 단계가 변화한다.
③ 변화 단계가 높아짐에 따라 운동에 대해 기대할 수 있는 혜택은 점진적으로 감소한다.
④ 무관심 단계는 현재 운동에 참여하지 않지만, 6개월 이내에 운동을 시작할 의도가 있다.

019

한국스포츠심리학회가 제시한 스포츠 심리상담사 상담윤리에 대한 설명으로 옳지 않은 것은?

① 스포츠심리상담사는 자신의 전문영역과 한계영역을 명확하게 인식 해야 한다.
② 스포츠심리상담사는 상담 과정에서 얻은 정보를 이용할 때 고객과 미리 상의해야 한다.
③ 스포츠심리상담사는 상담 효과를 알리기 위해 상담에 참여한 사람으로부터 좋은 평가나 소감을 요구해야 한다.
④ 스포츠심리상담사는 타인에게 역할을 위임할 때는 전문성이 있는 사람에게만 위임하여야 하며 그 타인의 전문성을 확인해야 한다.

020

<보기>에 제시된 폭스(K. Fox)의 위계적 신체적 자기개념 가설(hypothesized hierarchical organization of physical self-perception)에 관한 설명으로 바르게 묶인 것은?

⊙ 신체적 컨디션은 매력적 신체를 유지하는 능력이다.
ⓒ 신체적 자기 가치는 전반적 자기존중감의 상위영역에 속한다.
ⓒ 신체 매력과 신체적 컨디션은 신체적 자기가치의 하위영역에 속한다.
② 스포츠 유능감은 스포츠 능력과 스포츠 기술 학습 능력에 대한 자신감이다.

① ⊙, ⓒ ② ⊙, ⓒ
③ ⓒ, ② ④ ⓒ, ②

기출문제(2023년)

001

스포츠심리학의 주된 연구의 동향과 영역에 포함되지 않는 것은?

① 인지적 접근과 현장 연구
② 경험주의에 기초한 성격 연구
③ 생리학적 항상성에 관한 연구
④ 사회적 촉진 및 각성과 운동수행의 관계 연구

002

데시(E. Deci)와 라이언(R. Ryan)이 제시한 자기결정이론(self-determination theory)에서 외적 동기 유형으로 분류되지 않는 것은?

① 무동기(amotivation)
② 확인규제(identified regulation)
③ 통합규제(integrated regulation)
④ 의무감규제(introjected regulation)

003

<보기>에서 설명하는 개념은?

> 체육관에서 관중의 함성과 응원 소리에도 불구하고, 작전타임에서 코치와 선수는 서로 의사소통이 가능하다.

① 스트룹 효과(Stroop effect)
② 지각협소화(perceptual narrowing)
③ 무주의 맹시(inattention blindness)
④ 칵테일파티 효과(cocktail party effect)

004

<표>는 젠타일(A. Gentile)의 이차원적 운동기술 분류이다. 야구 유격수가 타구된 공을 잡아서 1루로 송구하는 움직임이 해당하는 곳은?

| | | 동작의 요구(기능) | | | |
| | | 신체 이동 없음 (신체의 안정성) | | 신체 이동 있음 (신체의 불안정성) | |
구분		물체 조작 없음	물체 조작 있음	물체 조작 없음	물체 조작 있음
환경적 맥락	안정적인 조절조건 / 동작 시도 간 환경 변이성 없음				
	안정적인 조절조건 / 동작 시도 간 환경 변이성				
	비안정적 조절조건 / 동작 시도 간 환경 변이성 없음	①		③	
	비안정적 조절조건 / 동작 시도 간 환경 변이성		②		④

005

뉴웰(K. Newell)이 제시한 움직임 제한(constraints) 요소의 유형이 다른 것은?

① 운동능력이 움직임을 제한한다.
② 인지, 동기, 정서상태가 움직임을 제한한다.
③ 신장, 몸무게, 근육형태가 움직임을 제한한다.
④ 과제목표와 특성, 규칙, 장비가 움직임을 제한한다.

006

<보기>에서 설명하는 게셀(A. Gesell)과 에임스(L. Ames)의 운동발달의 원리가 아닌 것은?

- 머리에서 발 방향으로 발달한다.
- 운동발달은 일련의 방향성을 갖는다.
- 운동협응의 발달순서가 있다.
  - 양측: 상지 혹은 하지의 양측을 동시에 움직이는 형태를 보인다.
  - 동측: 상하지를 동시에 움직이는 형태를 보인다.
  - 교차: 상하지를 동시에 움직이는 형태를 보인다.
- 운동기술의 습득 과정에서 몸통이나 어깨 근육을 조절하는 능력을 먼저 갖추고, 이후에 팔, 손목, 손, 그리고 손가락 근육을 조절하는 능력을 갖춘다.

① 머리-꼬리 원리(cephalocaudal principle)
② 중앙-말초 원리(proximodistal principle)
③ 개체발생적 발달 원리(ontogenetic development principle)
④ 양측-동측-교차 운동협응의 원리(bilateral-unilateral(ipsilateral)-crosslateral principle)

007

스포츠를 통한 인성 발달 전략에 대한 설명으로 옳지 않은 것은?

① 상황에 맞는 바람직한 행동을 설명한다.
② 도덕적으로 적절한 행동에 대하여 설명한다.
③ 바람직한 행동을 강화하고, 적대적 공격행동은 처벌한다.
④ 격한 상황에서 자신의 감정을 공격적으로 표출하도록 격려한다.

008

<보기>에서 설명하는 목표의 유형은?

- 운동기술을 잘 수행하기 위해서 필요한 핵심 행동에 중점을 둔다.
- 자기효능감과 자신감을 높이고 인지 불안을 낮추는 데 도움이 된다.
- 자신의 운동수행에 대한 목표를 달성하는데 중점을 두는 목표로 달성의 기준점이 자신의 과거 기록이 된다.

① 과정목표와 결과목표
② 수행목표와 과정목표
③ 수행목표와 객관적목표
④ 객관적목표와 주관적목표

009

스미스(R. Smith)와 스몰(F. Smol)이 개발한 유소년 지도자 훈련 프로그램인 CET(Coach Effectiveness Training)의 핵심 원칙이 아닌 것은?

① 자기관찰   ② 운동도식
③ 상호지원   ④ 발달모델

010

균형유지와 사지협응 및 자세제어에 주된 역할을 하는 뇌 구조(영역)는?

① 소뇌(cerebellum)
② 중심고랑(central sulcus)
③ 대뇌피질의 후두엽(occipital lobe of cerebrum)
④ 대뇌피질의 측두엽(temporal lobe of cerebrum)

011

골프 퍼팅 과제를 100회 연습한 뒤, 24시간 후에 동일 과제에 대해 수행하는 검사는?

① 속도검사(speed test)
② 파지검사(retention test)
③ 전이검사(transfer test)
④ 지능검사(intelligence test)

012

<보기>에서 설명하는 일반화된 운동프로그램(generalized motor program)의 불변 특성(invariant feature) 개념은?

A 움직임 시간(movement time) = 500ms			
하위 움직임 1 = 25%	하위 움직임 2 = 25%	하위 움직임 3 = 25%	하위 움직임 4 = 25%
B 움직임 시간(movement time) = 900ms			
하위 움직임 1 = 25%	하위 움직임 2 = 25%	하위 움직임 3 = 25%	하위 움직임 4 = 25%

- A 움직임 시간은 500ms, B 움직임 시간은 900ms로 서로 다르다.
- 4개의 하위 움직임 구간의 시간적 구조 비율은 변하지 않는다.
- 단, A와 B 움직임은 모두 동일인이 수행한 동작이며, 하위움직임 구성도 4개로 동일함

① 어트랙터(attractor)
② 동작유도성(affordance)
③ 상대적 타이밍(relative timing)
④ 절대적 타이밍(absolute timing)

013

<보기>에서 구스리(E. Guthrie)가 제시한 '운동기술 학습으로 인한 변화'에 관한 설명으로 옳은 것을 모두 고른 것은?

㉠ 최대의 확실성(maximum certainty)으로 운동과제를 수행할 수 있다.
㉡ 최소의 인지적 노력(minimum cognitive effect)으로 운동과제를 수행할 수 있다.
㉢ 최소의 움직임 시간(minimum movement time)으로 운동과제를 수행할 수 있다.
㉣ 최소의 에너지 소비(minimum energy expenditure)로 운동과제를 수행할 수 있다.

① ㉠, ㉡, ㉢
② ㉠, ㉢, ㉣
③ ㉡, ㉢, ㉣
④ ㉠, ㉡, ㉢, ㉣

014

<보기>에 제시된 공격성에 관한 설명과 이론(가설)이 바르게 연결된 것은?

- (㉠) 환경에서 관찰과 강화로 공격행위를 학습한다.
- (㉡) 인간의 내부에는 공격성을 유발하는 에너지가 존재한다.
- (㉢) 좌절(예, 목표를 추구하는 행위가 방해받는 경험)이 공격 행동을 유발한다.
- (㉣) 좌절이 무조건 공격행동을 유발하지 않고, 공격행동이 적절하다는 외부적 단서가 있을 때 나타난다.

	㉠	㉡	㉢	㉣
①	사회학습이론	본능이론	좌절-공격 가설	수정된 좌절-공격 가설
②	사회학습이론	본능이론	수정된 좌절-공격 가설	좌절-공격 가설
③	본능이론	사회학습이론	좌절-공격 가설	수정된 좌절-공격 가설
④	본능이론	사회학습이론	수정된 좌절-공격 가설	좌절-공격 가설

015

<보기>에서 하터(S. Harter)의 유능성 동기이론 모형에 관한 설명으로 옳은 것을 고른 것은?

㉠ 심리적 요인과 관련된 단일차원의 구성개념이다.
㉡ 실패 경험은 부정적 정서를 갖게 하여 유능성 동기를 낮추고, 결국에는 운동을 중도 포기하게 한다.
㉢ 성공 경험은 자기효능감과 긍정적 정서를 갖게 하여 유능성 동기를 높이고, 숙달(mastery)을 경험하게 한다.
㉣ 스포츠 상황에서 성공하기 위한 능력이 있다는 확신의 정도나 신념으로 특성 스포츠 자신감과 상태 스포츠 자신감으로 구분한다.

① ㉠, ㉡ ② ㉠, ㉣
③ ㉡, ㉢ ④ ㉡, ㉣

016

<보기>에서 설명하는 용어는?

번스타인(N. Bernstein)은 움직임의 효율적 제어를 위해 중추신경계가 자유도를 개별적으로 제어하지 않고, 의미 있는 단위로 묶어서 조절한다고 설명하였다.

① 공동작용(synergy)
② 상변이(phase transition)
③ 임계요동(critical fluctuation)
④ 속도-정확성 상쇄 현상(speed-accuracy trade-off)

017

<보기>에서 연구 결과를 통해 확인할 수 있는 목표설정에 관한 설명으로 옳은 것을 고른 것은?

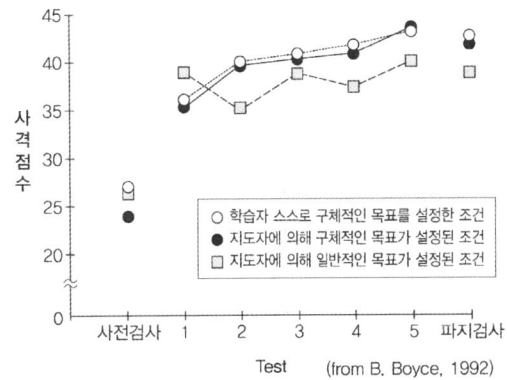

㉠ 목표설정이 운동의 수행과 학습에 효과적이다.
㉡ 학습자에게 어려운 목표를 설정하도록 조언해야 한다.
㉢ 구체적인 목표를 설정했던 집단에서 더 높은 학습 효과가 나타났다.
㉣ 구체적이고 도전적인 목표를 향해 전념하도록 격려하는 것은 운동의 수행과 학습의 효과를 감소시킨다.

① ㉠, ㉡ ② ㉠, ㉢
③ ㉡, ㉢ ④ ㉡, ㉣

018

<보기>에서 설명하는 피드백 유형은?

높이뛰기 도약 스텝 기술을 연습하게 한 후에 지도자는 학습자의 정확한 도약 기술 습득을 위해 각 발의 스텝 번호(지점)를 바닥에 표시해주었다.

① 내적 피드백(intrinsic feedback)
② 부적 피드백(negative feedback)
③ 보강 피드백(augmented feedback)
④ 부적합 피드백(incongruent feedback)

019

<보기>는 칙센트미하이(M. Csikszentmihalyi)가 주장한 몰입의 개념이다. (㉠)~(㉣)에 들어갈 개념이 바르게 연결된 것은?

- (㉠)과 (㉡)이 균형을 이루는 상황에서 운동 수행에 완벽히 집중하는 것을 몰입(flow)이라 한다.
- (㉡)이 높고, (㉠)이 낮으면 (㉢)을 느낀다.
- (㉡)이 낮고, (㉠)이 높으면 (㉣)을 느낀다.

	㉠	㉡	㉢	㉣
①	기술	도전	불안	이완
②	도전	기술	각성	무관심
③	기술	도전	각성	불안
④	도전	기술	이완	지루함

020

학습된 무기력(learned helplessness) 상태에 있는 학습자에게 귀인 재훈련(attribution retraining)을 위한 적절한 전략은?

① 실패의 원인을 외적 요인에서 찾게 한다.
② 능력의 부족을 긍정적으로 받아들이게 한다.
③ 운이 따라 준다면 다음에 성공할 수 있다고 지도한다.
④ 실패의 원인을 노력 부족이나 전략의 미흡으로 받아들이게 한다.

기출문제(2024년)

001

<보기>가 설명하는 성격 이론은?

자기가 좋아하는 국가대표선수가 무더위에서 진행된 올림픽 마라톤경기에서 불굴의 정신력으로 완주하는 모습을 보고, 자기도 포기하지 않는 정신력으로 10km 마라톤을 완주하였다.

① 특성이론
② 사회학습이론
③ 욕구위계이론
④ 정신역동이론

002

개방운동기술(open motor skills)에 해당하지 않는 것은?
① 농구 경기에서 자유투하기
② 야구 경기에서 투수가 던진 공을 타격하기
③ 자동차 경주에서 드라이버가 경쟁하면서 운전하기
④ 미식축구 경기에서 쿼터백이 같은 팀 선수에게 패스하기

003

<보기>의 ㉠~㉢에 들어갈 개념을 바르게 나열한 것은?

- (㉠) : 노력의 방향과 강도로 설명된다.
- (㉡) : 스포츠 자체가 좋아서 참여한다.
- (㉢) : 보상을 받거나 처벌을 피하고자 스포츠에 참여한다.

	㉠	㉡	㉢
①	동기	외적 동기	내적 동기
②	동기	내적 동기	외적 동기
③	귀인	내적 동기	외적 동기
④	귀인	외적 동기	내적 동기

004

<보기>의 ㉠, ㉡에 들어갈 정보처리 단계를 바르게 나열한 것은?

- (㉠) : 테니스 선수가 상대 코트에서 넘어오는 공의 궤적, 방향, 속도에 관한 환경정보를 탐지한다.
- (㉡) : 환경정보를 토대로 어떤 종류의 기술로 어떻게 받아쳐야 할지 결정한다.

	㉠	㉡
①	반응 선택	자극 확인
②	자극 확인	반응 선택
③	반응/운동 프로그래밍	반응 선택
④	반응/운동 프로그래밍	자극 확인

005

<보기>에서 설명하는 심리기술훈련 기법은?

- 멀리뛰기의 도움닫기에서 파울을 할 것 같은 부정적인 생각이 든다.
- 부정적인 생각은 그만하고 연습한 대로 구름판을 강하게 밟자고 생각한다.
- 스스로 통제할 수 있는 것에 집중하자고 다짐한다.

① 명상
② 자생 훈련
③ 인지 재구성
④ 인지적 왜곡

006

운동발달의 단계가 순서대로 바르게 제시된 것은?

① 반사단계 → 기초단계 → 기본움직임단계 → 성장과 세련단계 → 스포츠기술단계 → 최고수행단계 → 퇴보단계
② 기초단계 → 기본움직임단계 → 반사단계 → 스포츠기술단계 → 성장과 세련단계 → 최고수행단계 → 퇴보단계
③ 반사단계 → 기초단계 → 기본움직임단계 → 스포츠기술단계 → 성장과 세련단계 → 최고수행단계 → 퇴보단계
④ 기초단계 → 기본움직임단계 → 반사단계 → 성장과 세련단계 → 스포츠기술단계 → 최고수행단계 → 퇴보단계

007

반두라(A. Bandura)가 제시한 4가지 정보원에서 자기효능감에 가장 큰 영향력을 미치는 것은?

① 대리경험 ② 성취경험
③ 언어적 설득 ④ 정서적/신체적 상태

008

〈보기〉에서 연습방법에 관한 설명으로 옳은 것만을 모두 고른 것은?

> ㄱ. 집중연습은 연습구간 사이의 휴식시간이 연습시간보다 짧게 이루어진 연습방법이다.
> ㄴ. 무선연습은 선택된 연습과제들을 순서에 상관없이 무작위로 연습하는 방법이다.
> ㄷ. 분산연습은 특정 운동기술과제를 여러 개의 하위단위로 나누어 연습하는 방법이다.
> ㄹ. 전습법은 한 가지 운동기술과제를 구분 동작 없이 전체적으로 연습하는 방법이다.

① ㄱ, ㄴ ② ㄷ, ㄹ
③ ㄱ, ㄴ, ㄹ ④ ㄱ, ㄷ, ㄹ

009

미국 응용스포츠심리학회(AAASP)의 스포츠심리상담 윤리 규정이 아닌 것은?

① 스포츠에 참여하는 모든 사람과 전문적인 상담을 진행한다.
② 직무수행상 자신의 한계를 인식하고 한계를 넘는 주장과 행동은 하지 않는다.
③ 회원 스스로 윤리적인 행동을 실천하고 남에게 윤리적 행동을 하도록 적극적으로 권장한다.
④ 다른 전문가에 의한 서비스 수행 촉진, 책무성 확보, 기관이나 법적의무 완수 등의 목적을 위해 상담이나 연구 결과를 기록으로 남긴다.

010

〈보기〉가 설명하는 기억의 유형은?

> • 학창 시절 자전거를 타고 학교에 등하교 했던 A는 오랜 기간 자전거를 타지 않았음에도 불구하고 여전히 자전거를 탈 수 있다.
> • 어린 시절 축구선수로 활동했던 B는 축구의 슛 기술을 어떻게 수행하는지 시범 보일 수 있다.

① 감각 기억(sensory memory)
② 일화적 기억(episodic memory)
③ 의미적 기억(semantic memory)
④ 절차적 기억(procedural memory)

011

<보기>는 피들러(F. Fiedler)의 상황부합 리더십 모형이다. <보기>의 ㉠, ㉡에 들어갈 내용을 바르게 나열한 것은?

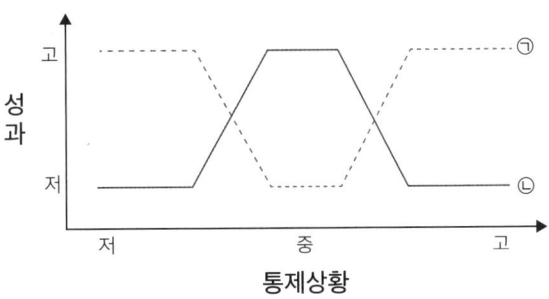

	㉠	㉡
①	관계지향리더	과제지향리더
②	과제지향리더	관계지향리더
③	관계지향리더	민주주의리더
④	과제지향리더	권위주의리더

012

운동학습에 의한 인지역량의 변화에 관한 설명으로 옳지 않은 것은?

① 정보를 처리하는 속도가 빨라진다.
② 주의집중 역량을 활용하는 주의 체계의 역량이 좋아진다.
③ 운동과제 수행의 수준과 환경의 요구에 대한 근골격계의 기능이 효율적으로 좋아진다.
④ 새로운 정보와 기존의 정보를 연결하여 정보를 쉽게 보유할 수 있는 기억체계 역량이 좋아진다.

013

<보기>는 아이젠(I. Ajzen)의 계획행동이론이다. <보기>의 ㉠~㉣에 들어갈 개념을 바르게 나열한 것은?

(㉠)는 행동을 수행하는 것에 대한 개인의 정서적이고 평가적인 요소를 반영한다. (㉡)은/는 어떤 행동을 할 것인지 또는 안 할 것인지에 대해 개인이 느끼는 사회적 압력을 말한다. 어떠한 행동은 개인의 (㉢)에 따라 그 행동 여부가 결정 된다. (㉣)은/는 어떤 행동을 하기가 쉽거나 어려운 정도에 대한 인식 정도를 의미한다.

	㉠	㉡	㉢	㉣
①	태도	의도	주관적 규범	행동통제인식
②	의도	주관적 규범	행동통제인식	태도
③	태도	주관적 규범	의도	행동통제인식
④	의도	태도	행동통제인식	주관적 규범

014

<보기>에서 정보처리이론에 관한 설명으로 옳은 것만을 모두 고른 것은?

ㄱ. 정보처리이론은 인간을 능동적인 정보처리자로 설명한다.
ㄴ. 도식이론은 기억흔적과 지각흔적의 작용으로 움직임을 생성하고 제어한다고 설명한다.
ㄷ. 개방회로이론은 대뇌피질에 저장된 운동프로그램을 통해 움직임을 생성하고 제어한다고 설명한다.
ㄹ. 폐쇄회로이론은 정확한 동작에 관한 기억을 수행 중인 움직임과 비교한 피드백 정보를 활용하여 움직임을 생성하고 제어한다고 설명한다.

① ㄱ, ㄴ
② ㄷ, ㄹ
③ ㄱ, ㄴ, ㄹ
④ ㄱ, ㄷ, ㄹ

015

<보기>의 ㉠~㉢에 들어갈 개념을 바르게 나열한 것은?

- (㉠) : 타인의 존재가 과제수행에 미치는 영향을 말한다.
- (㉡) : 타인의 존재만으로도 각성과 욕구가 생긴다.
- (㉢) : 타인의 존재가 운동과제에 대한 집중을 방해하기도 하지만, 수행자의 욕구 수준을 증가시키기도 한다.

	㉠	㉡	㉢
①	사회적 촉진	단순존재가설	주의 분산/갈등 가설
②	사회적 촉진	단순존재가설	평가우려가설
③	단순존재가설	관중효과	주의 분산/갈등 가설
④	단순존재가설	관중효과	평가우려가설

016

힉스(W. Hick)의 법칙에 관한 설명으로 옳은 것은?

① 자극-반응 대안의 수가 증가할수록 반응시간은 길어진다.
② 근수축을 통해 생성한 힘의 양에 따라 움직임의 정확성이 달라진다.
③ 두 개의 목표물 간의 거리와 목표물의 크기에 따라 움직임 시간이 달라진다.
④ 움직임의 속력이 증가하면 정확도가 떨어지는 속력-정확성 상쇄(speed-accuracy trade-off) 현상이 나타난다.

017

<보기>의 ㉠에 들어갈 용어는?

- 복싱선수가 상대의 펀치를 맞고 실점하는 장면이 계속해서 떠오른다.
- 이 선수는 (㉠)을/를 높이는 훈련이 필요하다.

① 내적 심상
② 외적 심상
③ 심상 조절력
④ 심상 선명도

018

<보기>의 ㉠, ㉡에 들어갈 운동 수행에 관한 개념이 바르게 제시된 것은?

- 운동 기술 과제가 너무 쉬울 때 (㉠)가 나타난다.
- 운동 기술 과제가 너무 어려울 때 (㉡)가 나타난다.

	㉠	㉡
①	학습 고원 (learning plateau)	슬럼프 (slump)
②	천장 효과 (ceiling effect)	바닥 효과 (floor effect)
③	웜업 감소 (warm-up decrement)	수행 감소 (performance decrement)
④	맥락 간섭 효과 (contextual-interference effect)	부적 전이 (negative transfer)

019

<보기>에서 운동 실천을 위한 환경적 영향요인을 모두 고른 것은?

ㄱ. 지도자 ㄴ. 교육수준
ㄷ. 운동집단 ㄹ. 사회적 지지

① ㄱ, ㄴ
② ㄷ, ㄹ
③ ㄱ, ㄴ, ㄹ
④ ㄱ, ㄷ, ㄹ

020

<보기>가 설명하는 개념은?

농구 경기에서 수비수가 공격수의 첫 번째 페이크 슛 동작에 반응하면서, 바로 이어지는 두 번째 실제 슛 동작에 제대로 반응하지 못하는 현상이 발생한다.

① 스트룹 효과(Stroop effect)
② 무주의 맹시(inattention blindness)
③ 지각 협소화(perceptual narrowing)
④ 심리적 불응기(psychological-refractory period)

기출문제(2025년)

001
스포츠심리학자의 역할로 적절하지 않은 것은?
① 스포츠심리학 이론을 가르친다.
② 체력 향상을 위한 의약품을 판매한다.
③ 스포츠심리학 관련 연구를 수행하고 현장에 응용한다.
④ 심리기술훈련을 적용해 선수들의 경기력 향상을 돕는다.

002
심상에 관한 설명으로 옳지 않은 것은?
① 동기를 유발하고 강화한다.
② 감정을 조절하는 데 도움이 된다.
③ 스포츠 전략을 습득하고 연습할 수 있다.
④ 통증과 부상을 대처하는 데 도움이 되지 않는다.

003
<보기> 중 내적동기를 향상하는 전략으로 옳은 것만을 모두 고른 것은?

> ㄱ. 성공 경험을 갖게 한다.
> ㄴ. 언어적, 비언어적 칭찬을 자주 한다.
> ㄷ. 팀의 의사결정에 선수를 참여시킨다.
> ㄹ. 물질적 보상과 처벌을 주로 활용한다.
> ㅁ. 최대한 높은 결과목표를 설정하여 도전하게 한다.

① ㄱ, ㄴ, ㄷ
② ㄱ, ㄴ, ㄹ
③ ㄴ, ㄷ, ㄹ
④ ㄷ, ㄹ, ㅁ

004
목표설정 원리로 적절하지 않은 것은?
① 수행목표보다 결과목표를 강조한다.
② 구체적이고 객관적인 목표를 설정한다.
③ 부정적인 목표보다 긍정적인 목표를 강조한다.
④ 단기목표, 중기목표, 장기목표를 함께 설정한다.

005
<보기>가 설명하는 가설은?

> 운동은 세로토닌, 노르에피네프린, 도파민과 같은 신경전달물질 분비를 증가시켜 우울증을 개선한다.

① 열발생 가설
② 모노아민 가설
③ 사회심리적 가설
④ 생리적 강인함 가설

006
<보기>에 해당하는 학자는?

> • 주요 활동은 1921~1938년
> • 최초로 스포츠심리학 실험실 설립
> • 북미 스포츠심리학의 아버지라고 불림
> • 시카고 컵스 야구팀 스포츠 심리 상담사
> • 코칭심리학(Psychology of Coaching, 1926) 책 출판

① 프랭클린 헨리(Franklin Henry)
② 콜먼 그리피스(Coleman Griffith)
③ 레이너 마틴즈(Rainer Martens)
④ 노먼 트리플렛(Norman Triplett)

007

그림에서 ㉠의 고원현상에 관한 설명으로 옳지 않은 것은?

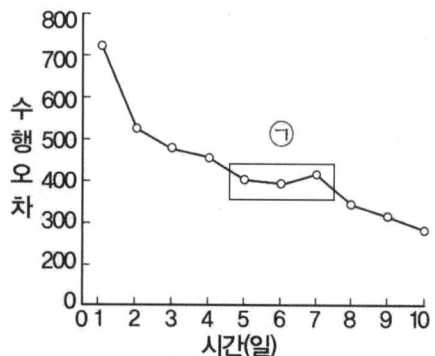

① 수행은 정체되지만, 학습은 진행된다.
② 연습 기간에 쌓인 피로나 동기 저하로 인해서 발생할 수 있다.
③ 협응 구조가 완성되어 더 이상의 질적인 변화가 없는 시기이다.
④ 하나의 동작 유형에서 다른 동작 유형으로 전환이 발생하는 시기이다.

008

루틴(routine)에 관한 설명으로 적절하지 않은 것은?

① 다음 수행을 준비할 때 도움이 된다.
② 경기 직전에 수정하면 경기력 향상에 도움이 된다.
③ 정신이 산만해질 때 운동과 무관한 것을 차단해 준다.
④ 최고의 경기력을 위해 필요한 자신만의 심리적·행동적 절차이다.

009

<보기>가 설명하는 심리기술훈련은?

- 1958년 월피(J. Wolpe)가 개발함
- 불안을 일으키는 상황을 중요도 순서에 따라 10단계 정도를 준비함
- 불안이 낮은 순서부터 극도의 불안을 일으키는 중요도가 높은 순서로 배열하고 훈련함
- 불안이나 스트레스를 유발하는 자극에 노출될 때 불안반응 대신 편안한 반응을 나타냄으로써 불안이나 스트레스를 감소하는 기법임

① 자생훈련(autogenic training)
② 점진적 이완(progressive relaxation)
③ 인지 재구성(cognitive restructuring)
④ 체계적 둔감화(systematic desensitization)

010

<보기>의 스포츠 상황과 반응시간 유형이 바르게 연결된 것은?

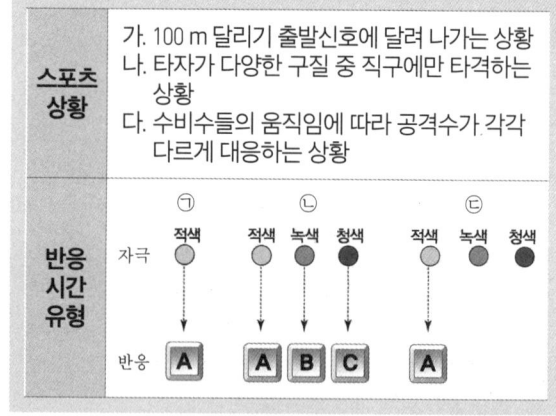

	가	나	다
①	㉠	㉡	㉢
②	㉠	㉢	㉡
③	㉡	㉢	㉠
④	㉢	㉠	㉡

011

스포츠심리상담사의 상담 윤리에 관한 설명으로 옳은 것은?

① 내담자와 상담실 밖에서 사적인 관계를 유지한다.
② 비언어적 메시지보다 언어적 메시지에만 집중한다.
③ 알고 지내는 사람과 전문적인 상담을 진행하지 않는다.
④ 상담 내용은 내담자의 동의가 없어도 타인과 공유할 수 있다.

012

추동이론(drive theory)에 관한 설명으로 옳은 것은?

① 각성수준과 운동수행은 비례한다.
② 각성을 어떻게 해석하느냐에 따라 각성과 정서의 관계가 달라진다.
③ 인지적 불안과 신체적 불안이 각성수준에 따라 수행에 다르게 영향을 미친다.
④ 적절한 각성수준에서는 최고의 수행을 보이고 각성수준이 낮거나 높으면 운동수행이 감소한다.

013

<보기>의 ㉠, ㉡에 해당하는 용어가 바르게 나열된 것은?

> 교사: 줄다리기의 경우, 집단이 내는 힘의 총합은 개인의 힘을 모두 합친 것보다 작아지게 된다. 이것을 (㉠) 효과라고 해.
> 학생: "나 하나쯤이야." 하는 생각 때문에 힘을 덜 쓰는 거 같아요.
> 교사: 게으름을 피우는 사람으로 인해 집단 내에 동기의 손실이 생기는데 이것을 (㉡)이라고 해.

	㉠	㉡
①	링겔만	사회적 태만
②	링겔만	사회적 촉진
③	플라시보	사회적 태만
④	플라시보	사회적 촉진

014

질문지 측정법 도구가 아닌 것은?

① POMS(Profile of Mood States)
② MBTI(MyersBriggs Type Indicator)
③ 16PF(16 Personality Factor Questionnaire)
④ 주제통각검사(Thematic Apperception Test)

015

그림에서 무관심 단계의 운동 실천 전략으로 가장 적절한 것은?

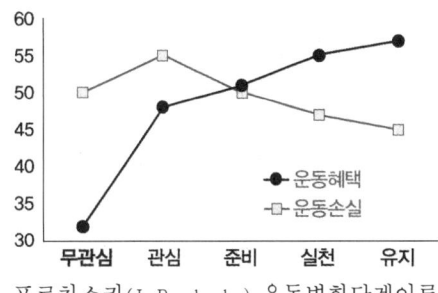

프로차스카(J. Prochaska) 운동변화단계이론

① 장시간 고강도 운동에 참여하도록 조언한다.
② 다른 사람의 운동 멘토 역할을 하도록 한다.
③ 운동의 긍정적 효과에 관한 정보를 제공한다.
④ 운동중독의 위험성에 관한 자료를 공유한다.

016

본능이론(instinct theory)에 관한 설명으로 옳은 것은?

① 인간은 목표 달성이 좌절되면 공격성을 표출한다.
② 인간은 사회적 행위와 관찰학습으로 공격성을 배우고 표출한다.
③ 인간의 내부에는 공격성을 유발하는 에너지가 있어 공격성을 표출한다.
④ 인간은 목표가 좌절되면 무조건 공격행동을 유발하지 않고, 공격 행동이 적절하다는 단서가 있을 때 공격성을 표출한다.

017

<보기>의 ㄱ~ㄷ에 해당하는 베일리(R. Vealey)의 스포츠자신감 원천을 바르게 연결한 것은?

> ㄱ. 시합에서 좋은 성과를 낸다.
> ㄴ. 주변 사람들이 나를 믿어준다.
> ㄷ. 시합에 필요한 체력, 전략, 정신력을 갖춘다.

	ㄱ	ㄴ	ㄷ
①	성취 경험	자기조절	사회적 분위기
②	자기조절	사회적 분위기	성취 경험
③	성취 경험	사회적 분위기	자기조절
④	사회적 분위기	성취 경험	자기조절

018

주의집중을 높이는 방법으로 가장 적절한 것은?

① 테니스 선수가 경기 중 루틴을 변경해 서브를 시도한다.
② 야구 선수가 지난 이닝의 수비 실책을 생각하면서 수비한다.
③ 멀리뛰기 선수가 1등의 최고 기록을 직접 확인하고 도움닫기를 한다.
④ 골프 선수가 실제 시합과 유사한 상황을 만들어 놓고 모의훈련을 한다.

019

지도자의 처벌 행동 지침으로 옳은 것은?

① 처벌이 필요한 경우에는 처벌의 이유를 정확하게 말한다.
② 동일한 규칙을 위반하면 주장과 상급 학년 선수부터 처벌한다.
③ 규칙 위반에 대한 처벌 규정을 정할 때 선수의 의견은 반영하지 않는다.
④ 처벌이 필요할 때는 단호함을 보여주고 전체 선수 앞에서 본보기로 삼는다.

020

<보기>는 맥락간섭의 양에 따른 연습 형태이다. ㉠~㉢에 해당하는 코치를 바르게 나열한 것은?

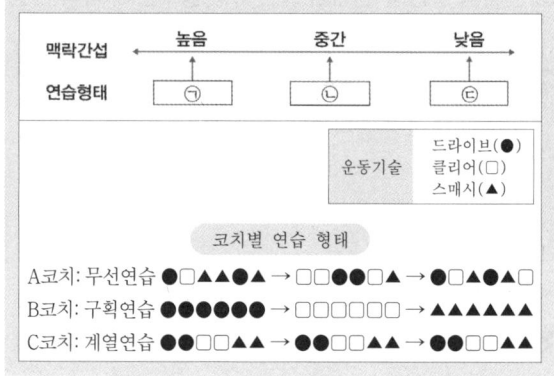

	㉠	㉡	㉢
①	A코치	B코치	C코치
②	B코치	C코치	A코치
③	C코치	A코치	B코치
④	A코치	C코치	B코치

해설&정답(2022년)

001	1	002	3	003	3	004	4
005	1	006	3	007	1	008	3
009	4	010	4	011	1	012	2
013	4	014	4	015	2	016	2
017	1	018	2	019	3	020	4

2022 생활스포츠지도사 필기 기출문제 [스포츠심리학] 풀이 해석 바로가기!

001 | 레빈은 인간의 행동은 개인과 환경의 상호작용으로 변화한다는 '장이론'을 주장하였다.

002 | ①-환경에 대한 충분한 탐색시간을 부여해야한다.
②-아동은 특히 평가민감성이 높으므로 대화나 놀이 등의 용어를 사용한다.
④-공감대 (라포) 형성은 중요하다.

003 | ㉠-다이나믹 시스템 이론
㉣-생태학적 이론에 대한 설명이다.

004 | 보기의 내용은 힉스의 법칙에 대한 설명이다.
① 피츠의 법칙은 난이도 지수(목표물과의 거리와 목표물의 크기)에 따라 수행시간이 증가하는 것을 의미한다.
② 파워법칙이란 운동 학습의 수행변화는 초기에 크게 일어난다는 법칙이다.
③ 임펄스는 근육 수축을 통하여 생성된 힘을 의미하는데 운동 정확성 연구에 근신경학적 요소를 도입하였다는 특징이 있다.

005 | ㉠-관절을 자유롭게 사용하는 모습에서 자유도가 풀려있는 것을 알 수 있다.
㉡-반작용력(외력 또는 반력)을 활용하는 단계이다.
㉢-여러 관절을 하나의 단위체로 묶어 자유도를 고정하는 모습을 알 수 있다.
☑ 순서 : 자유도 고정 - 자유도 풀림 - 반작용 활용

006 | 탈진이라는 것은 운동선수가 완전히 지쳐 아무것도 하지 못하는 상태를 의미한다. 이 정도를 측정하는 검사질문지(ABQ)가 있는데 여기에 포함되어있는 측정 요인은 '성취감 저하, 신체적·정서적 고갈, 스포츠 평가절하' 등이 있다.

007 | 스포츠에 재미를 느끼게 해주는 영향요인으로는
1. 숙달성취 – 동작을 수행했을 때 느껴지는 성취감
2. 동료나 집단에서 느껴지는 사회적 소속감
3. 스포츠 동작을 수행하면서 느껴지는 감각 그 자체가 있다.

008 | ㉡-빠른 운동과 관련있는 것은 '회상도식'이다.
㉢-재인도식에 관련한 설명이다.

009 | 심리적 불응기 : 먼저 제시된 자극을 처리하는 중에 제시된 다른 자극을 처리하지 못하는 상태를 의미함.
㉡-두 개의 자극이 40ms 이하로 짧게 일어나는 경우 집단화가 일어나 하나의 자극으로 간주된다.
㉣-페이크 동작은 자주 사용하지 않는 것이 유리하다.

010 | ④-종합적 측면에 대한 설명이다.

011 | ①번 보기는 안구의 움직임보다는 주의와 관련이 있는 내용이다.

012 | 불안과 관련한 이론 중 '전환이론(반전이론)'에 대한 설명이다.
①-역U가설은 적절한 각성 수준에서 수행력이 가장 높다고 주장한다.
③-격변이론은 인지적 불안이 낮을 때에는 역U의 모양을 그리지만 인지적 불안이 높을 때에는 특정 구간에서 급격한 수행 감소를 보인다.
④-개인마다 적절한 불안 수준이 존재한다는 주장이다.

013 | ㉠-자생훈련
㉡-체계적 둔감화에 대한 설명이다.
☑ 바이오피드백 : 인체의 반응을 알 수 있는 장치를 통해 모니터링하면서 불안 수준을 관리하는 방법
☑ 점진적 이완 : 몸의 근육을 차례로 이완시키면서 불안 을 감소시키는 방법

014 | **와이너의 귀인이론(3차원 분류)**

	내적		외적	
	안정	불안정	안정	불안정
통제가능	일관된 노력	일시적 노력	일관된 도움	일시적 도움
통제불가능	능력	기분	과제 난이도	행운

④-과제난이도는 외적, 안정적, 통제불가능한 귀인에 속한다.

015 | ㉡-심상은 인지 과제에서 더 효과적이다.
㉣-생리적 반응과 심리 반응을 함께하였을 때 심상의 효과가 증대 한다.

016 | ㉡-규정행동은 지도자에게 규정된 행동을 의미한다.
㉢-선호 행동은 구성원이 지도자에게 바라는 행동을 의미한다.

017 | 사회생태모형에 대한 설명이다.
②-합리적 행동이론 : 개인이 합리적(개인의태도, 사회적 규범, 동기 등)으로 생각해서 의사결정을 한다는 이론
③-자기효능감이론 : 인간은 4가지 원천(과거경험, 간접경험, 언어적 설득, 신체상태)에 따라 행동한다는 이론
④-자결성 이론 : 스스로 얼마나 관여하고 통제할 수 있는가에 따라 행동이 변화한다는 이론

018 | ①-자기효능감은 운동 참여 및 변화에 정적인 영향을 줄 수 있다.
③-운동에 대한 기대혜택이 증가할수록 운동 참여 단계가 증가하는 모습을 보인다.
④-현재 운동에 참여하지 않으면서 6개월 이내에 시작할 생각도 없는 단계가 무관심 단계이다.

019 | ③-내담자에게 불필요한 평가나 소감을 요구하여서는 안된다.

020 | ㉠-신체적 컨디션은 신체의 상태에 대한 자가인식이 며 본인이 운동을 얼마나 유지할 수 있는지를 의미한다.
㉡-신체적 자기 가치는 총체적인 신체적 자기개념 중하위영역에 속한다.

해설&정답(2023년)

001	3	002	1	003	4	004	4
005	4	006	3	007	4	008	2
009	2	010	1	011	2	012	3
013	2	014	1	015	3	016	1
017	2	018	3	019	1	020	4

▶ 2023 생활스포츠지도사 필기 기출문제 [스포츠심리학] 풀이 해석 바로가기!

001 | ③번은 운동생리학에 대한 설명이다.

002 | 무동기는 외적동기에 속하지 않는다.
☑ 자기결정이론(무동기→외적동기→내적동기)

003 | '칵테일 파티 현상'에 대한 설명이다.
①-여러 감각이 병렬적으로 처리되며 간섭을 일으키는 것
②-각성 수준이 높아지면서 주의의 폭이 줄어드는 것
③-바라보는 곳과 주의를 갖는 곳이 다른 상태

004 | 타구된 공을 잡아서 1루로 송구하는 움직임에서 신체동작의 이동과 물체의 조작이 이루어지고 날아오는 공을 잡는 동작은 비안정적 조절 조건 속에서 환경의 변화가 이루어지기 때문에 ④번을 유추할 수 있다.

005 | 뉴웰은 인간 운동 행동이 '환경, 유기체, 과제'의 제한 요소가 상호작용하여 이루어진다고 설명하였다.
①, ②, ③번은 유기체와 관련된 요소이며 ④번은 과제와 관련된 다른 유형이다.

006 | 보기의 내용은 인간 발달의 총체적인 모습을 나타내고 있어 개체발생적 특징보다는 계통발생적 특징으로 보는 것이 적절하다.

007 | ④번 보기는 적절하지 않다.

008 | '수행(과정)목표'에 대한 설명이다.

수행목표(과정목표)	결과목표(성과목표)
성취에 중점을 둔 목표	결과에 중점을 둔 목표

009 | **스포츠지도자교육프로그램 5가지 핵심원칙**
☑ 발달모델, 긍정적 접근, 상호지원, 선수참여, 자기관찰

010 | ①번 소뇌에 대한 설명이다.

011 | 얼마나 기억하고 수행할 수 있는 지를 검사하는 '파지검사'에 대한 설명이다.

012 | '상대적 타이밍'은 불변적 특성에 속한다.
☑ **일반화된 운동프로그램의 특성 개념**
-불변적 특성 : 요소의 순서, 상대적 타이밍(시상), 상대적 힘
-가변적 특성 : 전체 동작 시간, 힘의 총량, 선택된근육군

013 | ⓒ은 구스리가 제시한 내용에 속하지 않는다.
☑ **구스리가 제시한 운동기술 학습의 의미**
<u>최소한의 시간</u>과 <u>에너지</u>를 소비하여 <u>최대의 확실성</u>을 갖고 목표를 달성할 수 있는 능력

014 | ㉠-사회학습이론
ⓒ-본능이론
ⓒ-좌절-공격 가설,
㉣-수정된 좌절-공격 가설에 대한 설명이다.
☑ 단서촉발이론 : 공격행위는 내적욕구(분노)와 더불어 상황적 단서가 주어졌을 때 일어난다는 이론

015 | ㉠-성공 및 실패 경험과 정서를 다차원으로 구성한 이론이다.
㉣-빌리의 스포츠자신감 이론에 대한 설명이다.

016 | ①번 공동작용 또는 시너지에 대한 설명이다.

017 | ⓒ-학습자에게 어려운 목표를 설정하였을 때의 결과를 그래프에서 유추할 수 없다.
㉣-구체적인 목표를 제시하였을 때 운동 수행과 학습이 증가하는 모습을 알 수 있다.

018 | **정보출처에 따른 분류방법**
- 내재적 피드백(감각피드백) : 스스로 느끼는 것
- 외재적 피드백(보강피드백) : 조언이나 정보제공 등

019 | 칙센트미하이의 몰입이론에서는 도전과 기술이라는 두 개의 변인을 기준으로 균형을 이루는 상황에서 '몰입'을 경험한다고 설명한다.

	도전 낮음 (쉬운과제)	도전 높음 (어려운 과제)
기술 낮음 (초보자)	무관심	불안
기술 높음 (숙련자)	지루함(이완)	몰입

020 | 학습된 무기력감에 좋은 귀인은 일시적인 노력이나 전략의 미흡 등으로 받아들이게 하는 것이 좋다.
① - 외적인 요인에 두는 경우 다음 귀인에서 능동적인 모습을 이끌어내기 어렵다.
② - 능력의 부족은 가장 좋지 않은 귀인으로 포기하는 모습을 가져올 수 있다.
③ - 통제가 가능하지 않은 요소에 귀인을 두는 것은 바람직하지 못하다.

해설&정답(2024년)

001	2	002	1	003	2	004	2
005	3	006	3	007	2	008	3
009	1	010	4	011	2	012	3
013	3	014	4	015	1	016	1
017	3	018	2	019	4	020	4

2024 생활스포츠지도사 필기 기출문제 [스포츠심리학] 풀이 해석 바로가기!

001 | <보기>가 설명하는 성격이론은 사회학습이론을 의미한다.
①-성격이 비교적 선천적으로 타고나며 발현하는 것을 의미한다.
③-매슬로우의 욕구위계이론으로 인간은 서열이 있는 욕구를 충족하려고 행동한다는 이론이다.
④-프로이드의 이론으로 인간의 행동은 무의식에 기반하여 비롯된다는 이론이다.

002 | ②,③,④은 환경이 변하는 개방운동기술에 속하며 ①번의 자유투는 환경이 변하지 않는 폐쇄운동기술에 속한다.

003 | ㉠-동기, ㉡-내적 동기, ㉢-외적 동기에 해당한다.
☑ **동기의 구분**

> 무동기: 신체활동에 관심이 없는 단계
> 외적동기: 보상이나 처벌과 관련하여 행동하는 단계
> 내적동기: 스스로의 마음에서 우러나와 행동하는 단계

004 | 정보처리이론의 3단계는 자극 확인-반응 선택-반응실행이며 보기의 ㉠은 자극 확인, ㉡은 반응 선택의 단계이다.

005 | <보기>의 심리기술훈련 기법은 '인지 재구성'에 해당한다.
①-마음속으로 차분히 생각하는 심상과 같다.
②-슐츠라는 학자에 의해 고안된 심리기술훈련법이다.
④-자신이 처해있는 상황을 다르게 해석하는 방법이다.

006 | ☑ **갤러휴의 운동발달 단계**

> 반사→초보(기초)→기초(기본)→전문적(스포츠기술)→성장과 세련→최고수행→퇴보

007 | 반두라의 4가지 정보원 중 자기효능감에 가장 큰 영향력을 미치는 것은 '성취경험(성공경험)'이다.
☑ **반두라의 4가지 자신감 정보원**

> 성공경험, 대리경험, 사회적 설득, 신체·정신적 상태

008 | ㉢-특정 운동 기술 과제를 여러 개의 하위 단위로 나누어 연습하는 것은 '분습법'에 해당한다.

009 | 스포츠심리상담은 스포츠에 참여하는 모든 사람과 전문적으로 진행하지 않고 도움을 필요로 하는 사람에게 제공한다.

010 | <보기>는 장기기억 중 절차적 기억에 해당한다.

☑ 기억의 유형

감각기억	감각기관으로 들어온 기억
단기기억	중추신경계에 잠시 저장되어있는 상태
장기기억	비교적 영속적으로 저장된 기억 예 일화적 기억, 의미적 기억, 절차적 기억

011 | ㉠은 낮거나 높은 통제상황에 유리하므로 과제 지향형 리더의 특징이며 ㉡은 중간 정도의 통제상황으로 관계 지향형 리더의 특징에 해당한다.

012 | ③-근골격계 기능의 개선은 인지 역량의 변화라기보다는 생리학적인 신체 변화에 해당한다.

013 | ㉠은 개인의 정서적인 평가임으로 '태도', ㉡은 주변의 기대와 압박을 의미하므로 '주관적 규범', ㉢은 행동 여부를 결정하는 요인으로 '의도', ㉣은 쉽거나 어려운 정도의 인식 정도이므로 '행동 통제 인식'에 해당한다.

014 | ㉡-기억흔적과 지각흔적의 작용으로 움직임을 생성하는 것은 도식 이론보다는 피드백 정보에 근거한 운동학습에 관련이 있다.

☑ 정보처리 이론의 구분

피드백 정보에 근거한 운동학습 : 폐쇄회로
운동프로그램에 근거한 운동학습 : 개방회로, 일반화된 프로그램, 도식이론

015 | ㉠-사회적 촉진에 대한 일반적인 설명이다.
㉡-존재만으로 각성과 욕구가 증가하는 것은 단순 존재 가설이다.
㉢-주의 분산/갈등 가설에 대한 설명이다.
☑ 관중효과 : 관중의 존재가 수행에 영향을 미치는 현상
☑ 평가우려가설 : 타인의 전문성에 따라 욕구가 변하여 과제 수행에 영향을 미친다는 이론

016 | ②-임펄스 가변성 이론에 대한 설명이다.
③-난이도와 관련한 피츠의 법칙에 대한 설명이다.
④-속도·정확성 상쇄 현상에 대한 내용이다.

017 | <보기>의 내용은 상상하고 싶지 않은 내용을 상상하고 있기에 통제력이 떨어진 것으로 보이며 조절력을 향상시키는 훈련이 필요한 상황이다.
☑ 내적심상과 외적심상의 구분
- 내적심상은 1인칭, 외적심상은 3인칭으로 생각하면 수월하다.

018 | ㉠은 수행이 상승하다가 높은 곳에 멈춰있는 것을 의미하며 과제가 너무 쉽거나 측정방법의 오류로 인해 발생할 수 있다. ㉡은 수행이 처음부터 멈춰있는 것으로 과제가 어렵거나 측정 방법에 문제가 있을 때 발생할 수 있다.

019 | ㉡-교육 수준은 개인 요인에 해당한다.
☑ 운동실천에 영향을 주는 요인

개인요인	나이, 교육수준, 태도, 자기효능감
특성요인	운동강도, 운동지속시간
환경요인	사회적지지, 집단응집력, 날씨, 비용

020 | <보기>는 심리적 불응기에 대한 설명이다.
①-여러 정보가 병렬적으로 처리되며 간섭을 일으키는 현상을 의미한다.
②-시각적인 정보에 주의를 기울이지 않아 보지 못하는 것을 말한다.
③-각성수준이 증가하면서 주의 통로가 좁아지는 것을 의미한다.

해설&정답(2025년)

001	2	002	4	003	1	004	1
005	2	006	2	007	3	008	2
009	4	010	2	011	3	012	1
013	1	014	4	015	3	016	3
017	3	018	4	019	1	020	4

2025 생활스포츠지도사 필기 기출문제 [스포츠심리학] 풀이 해석 바로가기!

001 | ② - 의약품을 판매하는 것은 스포츠 심리학자의 역할과는 관련이 없다.

002 | ④ - 적절한 심상의 경우 통증과 부상, 트라우마 극복에 효과가 있다.

003 | ㉠ - 성공 경험은 내적 만족감과 즐거움을 주어 내적동기를 증가시킨다.
㉡ - 언어적, 비언어적 칭찬은 내적동기, 외적동기 모두 증가시킬 수 있다.
㉢ - 팀의 의사결정에 선수를 참여시키면 자율성이 늘어나 내적동기가 증가한다.
㉣ - 물질적 보상과 처벌은 외적동기에 영향을 주며 내적동기가 오히려 감소한다.
㉤ - 적절한 난이도(자신의 수준보다 약간 높은)의 목표가 내적 동기를 증가시킨다.

따라서 내적동기를 증가시키는 보기는 ㄱ, ㄴ, ㄷ으로 ①번이다.

004 | 일반적인 상황에서는 결과 목표보다 수행 목표를 강조하는 것이 바람직하다.
☑ **결과 목표(성과 목표)와 수행목표(과정 목표)의 구분**

> 결과 목표는 시합 승리, 등수에 들기 등 조절할 수 없는 결과와 관련이 있다.
> 수행목표는 자신이 연습한 동작 해보기, 특정 과제 성공하기 등 수행 성취에 중점을 두고 있다.

005 | '모노아민 가설'에 대한 설명이다.
① - 열 발생 가설 : 운동을 하면서 증가한 체온이 근육의 이완반응을 유발하여 불안을 감소시킨다는 설명
③ - 사회심리적 가설 : 운동을 하면 타인과의 상호작용이 많아지면서 정서적인 효과를 볼 수 있다.
④ - 생리적 강인함 가설 : 운동도 일종의 스트레스로서 반복하면 스트레스에 강해진다.

006 | 보기의 설명은 북미 스포츠심리학의 아버지 '콜먼 그리피스'에 대한 설명이다.
① - 프랭클린 헨리 : 스포츠심리학 교수(버클리), 스포츠심리학 초창기 연구
③ - 레이너 마틴즈 : 스포츠심리학 교수(일리노이), '코칭과학' 집필, 스포츠 경쟁 불안 검사(SCAT) 개발
④ - 노먼 트리플렛 : 일반심리학자, 스포츠심리학 최초 연구(사회적 영향과 스포츠 수행의 관계)

007 | ③ - 고원 구간 이후 수행 오차가 계속해서 줄고 있는 것은 수행능력이 향상되고 있음을 의미한다. 따라서 고원구간에서 협응구조가 완성되었다고 보기 어렵다.

008 | ②-수행 루틴은 경기 직전에 수정할 수 없고 시합 전에 꾸준히 오랫동안 숙달을 통해 준비하는 것이 좋다.

009 | ④-낮은 불안부터 높은 불안까지 점진적으로 노출하면서 이완반응을 연습하여 불안을 통제하는 훈련은 '체계적 둔감화'에 해당한다.

010 | 가-단순반응시간
나-변별반응시간
다-선택반응시간

011 | ①-내담자와 상담자는 상담실 밖에서 개인적 관계를 맺어서는 안 된다.
②-비언어적 메시지에도 많은 의미가 있기에 함께 집중해야 한다.
④-상담 시의 비밀 보장 원칙은 꼭 지켜져야 한다.

012 | 추동이론은 각성수준과 운동수행이 비례하는 것이 특징이다.
②-반전 이론
③-다차원적 불안 이론
④-적정수준 이론에 대한 설명이다.

013 | 집단의 크기가 커질수록 개인 수행의 평균이 감소하는 효과를 '링겔만 효과(현상)'라고 한다. 이런 현상은 집단 상황에서 개인의 노력이 확인되지 않을 때 발생하며 '사회적 태만 현상'이라고도 부른다.

014 | ④-주제통각검사는 검사자가 불연속하고 모호한 사진이나 그림을 보면서 자유롭게 설명하면서 검사자의 심리를 분석하는 방법으로 이러한 검사 방법을 투사법이라고도 한다.

015 | 프로차스카의 변화 단계이론 중 무관심 단계에 있는 사람은 운동의 중요성을 잘 모르고 있다는 특징이 있다. 따라서 이 단계의 중재 실천 전략은 운동 혜택에 대한 정보를 제공하는 것이 중요하다.

☑ **프로차스카의 운동 변화 단계별 중재 전략**

무관심	시작할 의도가 없는 단계, 운동에 대한 혜택과 정보 제공
관심	6개월 이내에 시작할 의도가 있거나 가끔 하는 단계, 어떻게 하면 꾸준히 실천할 수 있는지에 대한 방법을 안내하고 일과에 운동을 포함함
준비	운동을 꾸준히 하고는 있으나 가이드라인을 충족하지 못하는 상태, 가이드라인을 충족할 수 있도록 실질적인 도움(회비 제공, 동료 매칭, 시간조정, 목표설정)
실천	가이드라인을 지키며 운동을 하지만 6개월이 되지 않은 상태, 충분히 좋은 상태로서 이전 단계로 퇴보하지 않도록 조심하고 방해 요인을 제거함
유지	가이드라인을 지키며 6개월이 경과된 상태, 현재 상태를 유지하며 하락을 방지함, 자신만의 느낌을 추구하거나 멘토의 역할을 해보기

016 | 본능이론은 인간의 내부에 공격성을 유발하는 에너지가 있기 때문에 공격적인 행동이 나타난다고 설명한다.
① 좌절-공격 가설에 대한 설명
② 사회학습이론에 대한 설명
④ 수정된 좌절-공격 가설에 대한 설명

017 | 빌리의 스포츠자신감 이론에서 자신감이 형성되는 3가지 원천은 '성취 경험, 자기조절, 사회적 분위기' 등이다.

☑ **빌리의 스포츠자신감 세부 원천 9가지**

능력 입증, 숙달, 사회적지지, 대리경험, 지도자 리더십, 신체/정서적 준비, 신체적 자기표현, 환경적 편안함, 상황의 유리함

018 주의집중을 높이기 위해선 실제경기와 유사한 상황을 만들어 연습하는 '모의훈련'이 효과적이다.

- ① - 루틴은 오랫동안 준비하여 체득한 것으로 경기 중의 변경하는 것은 바람직하지 못하다.
- ② - 실패한 경험을 자꾸 떠올리는 것은 주의집중 방법으로 긍정적이지 않다.
  - ※ 단 불안 감소 기법 중에는 최악의 시나리오를 상상한 뒤 "이것보다는 낫겠지"라고 상상하는 방법도 존재한다.
- ③ - 통제하지 못하는 외부의 상황보다는 통제할 수 있는 자신에게 집중하는 것이 좋다.

019 ① - 처벌이 필요한 경우에는 처벌의 이유를 정확하게 말하는 것이 좋다.

☑ **바람직한 처벌 행동 지침**

> 1. 사람이 아니라 행동 자체에 대해 처벌해야 함
> 2. 동일한 규칙 위반에는 사람, 성별, 나이에 구분하지 않고 일관성 있게 처벌함
> 3. 신체활동을 처벌로 활용하거나 감정을 내세우지 않음
> 4. 규칙에 대한 처벌 규정은 선수의 의견을 반영하여 만들면 좋음

020 A 코치는 3가지 기술을 무작위로 훈련하기에 실전과 같은 효과를 낼 수 있어 맥락간섭의 효과가 가장 크다. B 코치는 각각의 기술을 따로 연습하여 실전과 같지는 않지만 하나의 기술을 충분히 연습할 수 있어 수행 향상에 도움이 된다. C 코치는 세 가지 기술을 계열별로 나누어 연습하며 맥락 간섭 효과는 구획 연습보다는 크다.

심화 문제 연습

001

스포츠 심리학의 하위분야와 연구주제로 바르게 짝지어진 것을 고르면?

① 운동학습 : 움직임의 생성과 조절에 대한 원리를 연구함
② 운동심리 : 인간의 생애에 걸친 운동 발달의 과정을 연구함
③ 운동발달 : 운동을 하는 심리와 심리적 효과에 대한 메커니즘을 연구함
④ 스포츠 수행심리 : 스포츠 선수의 다양한 심리적 변수 및 심리적 특성을 연구함

> **tip**
> 스포츠심리학에서 주로 1번 문제는 개념이나 특징을 묻는 문제가 자주 출제가 됩니다. 스포츠심리학 같은 경우 하위 학문이 다양하기 때문에 각각의 분야에서 어떤 연구주제를 갖고 있는지 구분할 수 있어야 합니다. 1번은 운동제어, 2번은 운동발달, 3번은 운동심리(건강심리)에 해당합니다.

002

보기의 내용을 참고하여 옳은 설명을 한 사람으로 모두 고른 것은?

> "스윙의 교과서라고 불리우는 영국의 골프 선수 로리 맥길로이 선수가 있다. 175cm의 키로 다른 남자프로골프 선수에 비해 작은 키이지만 역학적으로 완벽한 스윙폼을 구사하며 정확하면서도 강력한 타구를 하는 특징을 지니고 있다."
> - 명근 : 정보 처리 이론의 관점에서 보면 대뇌 속에 저장되어 있는 골프 스윙 동작이 끊임없는 연습으로 잘 다듬어져 있는 상태로 보여, 운동상황에서 머릿 속에 저장된 동작을 꺼내 수행하는 거지
> - 태준 : 번스타인의 주장에 따르면 이러한 동작은 신체 작용하는 외력과 저 선수가 발휘하는 내력을 효과적으로 다루면서 효율적인 움직임을 만들어내는 것으로 보여
> - 홍규 : 뉴웰의 관점에서 저 선수는 현재 자기 조직이 되어있는 상태야, 다양한 환경 변화에 따라 상변이가 일어날 수는 있어도 다양한 질서변수를 조절하는 능력이 탁월하니 금방 질서를 찾을 수 있어
> - 태영 : 생태학적 이론의 관점에서 보면 선수가 주변 환경을 지각하고 그 상황에 따라 가장 적합한 운동수행을 하는 것이지 어떤 복잡한 인지적 과정이 필요한 것이 아니야

① 태영
② 명근, 태준
③ 명근, 태준, 홍규
④ 명근, 태준, 홍규, 태영

정답 01 ④ 02 ④

💡 tip

운동행동연구의 이론적 기초는 크게 정보처리이론, 다이나믹시스템이론, 생태학적이론으로 구분할 수 있습니다. 내용이 어렵고 양도 많은 편이지만 시험문제로는 적절한 난이도로 충분히 풀 수 있게 출제됩니다. 각각의 이론의 특징과 차이점을 먼저 이해해야하며 어느 정도 구분이 된다면 이론별로 강조하는 개념들이 있는데 이것까지 암기할 필요가 있습니다.

[주요 키워드]
- 정보처리이론: 자극-반응, 피드백, 프로그램, 오류수정, 폐쇄회로, 개방회로, 도식 등
- 다이나믹시스템이론: 자유도, 제한요소, 자기조직, 비선형성, 상변이, 매개변수, 어트랙터 등
- 생태학적이론 : 유기체와 생태계, 환경적 특성, 과제지각, 어포던스 등

003

보기의 (가)~(다)는 정보처리의 3단계를 나타낸 그림이다. 각 단계별 설명으로 옳지 <u>않은</u> 것을 고르면?

| (가) 감각 - 지각 | (나) 반응 선택 | (다) 반응 실행 |

① (가) : 필요한 정보를 받아들여 그 정보의 내용을 분석하고 의미를 부여하는 과정이다.
② (나) : 실제로 움직임을 생성하기 위하여 운동 체계를 조직하는 단계이다.
③ (다) : 이 단계에서는 형성된 동작의 대한 계획을 수행에 필요한 근육으로 전달한다.
④ (다) : 근육으로 전달되는 운동명령은 계열적으로 진행되며 이에 따라 병목현상이 발생할 수 있다.

💡 tip

정보처리이론의 3단계 감각-지각, 반응선택, 반응실행 단계는 자주 출제되는 문제이므로 자세히 알고 있어야 합니다. 감각-지각 단계는 주어진 환경 정보를 분석하는 단계로 시각, 청각, 촉각 등 다양한 감각 기관을 통해 정보를 알아차립니다. 반응 선택과 실행의 차이점은 선택의 단계에서는 자극에 대하여 어떻게 반응할지를 결정하는 단계로 자극과 반응간의 부합성이 고려되며 실행의 단계에서는 실제 근육을 움직이기 위한 운동 체계를 조직하여 근육에 운동명령을 전달하게 됩니다.

정답 03 ②

004

보기 (가), (나)의 내용과 학자별 운동 학습 단계를 적절하게 연결한 것으로 고른 것은?

(가) 피츠(Fitts)의 _____ 단계
- 수행전략을 선택하고 해결책을 탐구하는 단계
- 가지고 있는 지식과 움직임을 연결하면서 수행력을 향상시켜나가는 단계

(나) 뉴웰(Newell)의 _____ 단계
- 과제의 목표를 달성하기 위해 신체의 기본 움직임을 형성하는 과정
- 번스타인(Bernstein)의 "자유도 고정 및 풀림" 단계의 총체적 표현

	(가)	(나)		(가)	(나)
①	연합	협응	②	연합	제어
③	자동화	협응	④	자동화	제어

tip

학자별 운동 학습 단계도 자주 출제되는 내용입니다. 학자별 주장하는 운동학습 단계와 세부 내용을 함께 알고 있어야 합니다.
- 피츠 : 인지(개념이해) - 연합(개념과 동작의 연결) - 자동화(무의식적인 수행)
- 젠타일 : 움직임 개념 습득(개념이해) - 고정화 및 다양화(환경 요소에 따라 수행조절)
- 번스타인 : 자유도 고정(동작을 단순화) - 자유도 풀림(자연스러운 동작) - 반작용의 활용(관성이나 마찰력 활용)
- 뉴웰 : 협응(다양한 연습을 통해 최적의 수행 조건 파악) - 제어(환경변화에 따른 동작조절)

005

다음 보기의 ㉠에 해당하는 피드백의 명칭과 피드백을 제시할 때 유의해야 하는 점으로 올바르게 설명한 것은?

- 지도자 : 마지막 대시 구간에서 ㉠ 상체 기울기가 어땠어? 너무 세워져 있지는 않았니?
- 선수 : 음… 제 생각에도 그런 것 같아요, 보폭을 늘리려고 상체를 세웠는데 너무 과하다 보니 앞으로 기울이는 동작이 부족해서 속도 줄어들었어요

	㉠	유의점
①	수행지식(KP)	피드백을 제시할 때 상대빈도는 많을수록 좋다
②	수행지식(KP)	피드백의 정밀성 수준은 학습자의 학습량을 고려하여 제시한다
③	결과지식(KR)	학습자 스스로 동작에 대해 탐색할 수 있는 시간이 필요하다
④	결과지식(KR)	학습 후기의 학습자에게는 세밀하게 제시하는 것이 좋다

tip

스포츠심리학 파트에서 피드백 부분은 자주 출제가 되는 내용입니다. 특히 수행지식과 결과지식을 구분할 줄 알아야 하며 이를 쉽게 설명하면 수행지식은 완성시켜야 할 동작이 있고 현재 시행한 동작과의 차이를 질적으로 서술하는 것을 의미합니다. 결과지식은 수행한 동작의 결과를 수치화하거나 양적으로 표현하여 제시하는 것을 의미합니다. 피드백은 의존을 일으키는 단점이 있어 초보자에게는 유용하지만 학습 후기로 갈수록 상대빈도를 낮추어 제공하는 것이 효과적입니다.

006

보기와 같은 연습방법을 설명하는 명칭으로 올바른 것은?

- 학습할 전체 기술을 특정한 시·공간적인 영역으로 나누어 연습한 뒤 각각의 기술이 특정 수준에 도달할 경우 전체 기술로 결합하여 연습하는 방법
- 각각의 기술을 연습하는 방법과 형태에 따라 순수, 점진적, 반복적으로 나눌 수 있다.

① 단순화 ② 부분화
③ 분절화 ④ 집중화

📢 tip

운동기술 연습방법도 자주 출제되는 내용입니다. 먼저 여러 가지 기술이 있을 때 한 가지 기술씩 연습하는 구획연습과 여러 기술을 무작위로 연습하는 무선연습이 있습니다.
휴식의 여부에 따라 집중연습과 분산연습으로 나눌 수 있고 위 설명처럼 한가지 기술을 연습하는 방법에 따라 전습법과 분습법으로 나눌 수 있습니다. 분습법에도 단순화, 부분화, 분절화로도 나눌 수 있는데 단순화는 운동 기술의 과제 요소를 낮추어 난이도나 복잡성을 낮추는 것이며 부분화는 운동 기술의 요소를 하나 또는 둘 이상으로 분리하여 각각 연습하는 것을 의미합니다.

007

다음 보기의 사례 중 "부적전이"에 해당하는 경우를 모두 고르면?

(가) 테니스를 오래 배운 경력자가 배드민턴을 새로 배울 때 손목의 사용을 어려워함
(나) 야구의 타자가 골프 스윙에서 무게중심이 흔들리며 정확한 임팩트가 잘 안되는 경우
(다) 레이싱 스키 선수가 크로스컨트리 스키 선수로 전향하면서 느끼는 체력적인 부담감

① (가) ② (가), (나)
③ (나), (다) ④ (가), (나), (다)

📢 tip

운동학습과 제어 파트에서 "전이"와 "파지"는 중요한 개념입니다. "전이"란 기존에 배웠던 기술동작이나 지식이 새로운 학습에 영향을 미치는 것을 의미하고 "파지"는 학습이 이루어진 뒤 일정 시간이 지난 뒤에도 어느 만큼 학습한 내용을 기억하는가를 의미합니다. 특히 전이의 경우 기존의 경험이 새로운 학습에 좋은 영향을 줄 경우 "정적전이", 좋지 않은 영향을 줄 경우 "부적전이"라고 부릅니다. 레이싱 선수가 크로스컨트리로 전향하면서 느끼는 체력적인 부담감은 종목 차이에서 오는 경험의 차이이지 기술의 전이로 보기는 어렵습니다.

📖 **정답** 06 ③ 07 ②

008

다음 중 운동발달 프로그램 구성 시 고려사항으로 옳지 않은 것은?

① 학습자의 개인차를 고려하여 프로그램의 다양성에 변화를 주도록 한다.
② 학습자의 신체 척도, 근력, 이동성 등과 운동강도 및 도구들의 특성을 고려해야 한다.
③ 학습자가 달성해야 할 구체적인 목표를 세우고 그에 적합한 구체적인 계획을 수립한다.
④ 운동발달 프로그램은 기본적으로 개인의 체력 향상보다는 운동의 흥미를 느끼는 것에 목적을 둔다.

tip

운동발달 파트에서는 많은 문제가 출제되는 편은 아닙니다. 합리적으로 풀 수 있는 문제들도 다소 출제가 되는 편으로 전반적인 이해능력만 있으면 풀 수 있는 문제가 간혹 있습니다. 추가적으로 시기별 운동발달단계에 대한 문제도 출제가 되는데 특히 갤러휴가 제시한 운동발달단계 구분은 알고 있어야 합니다.
☑ 갤러휴의 구분 : 반사→초보→기본→스포츠기술(전문)→성장과 세련→최고수행→퇴보

009

다음 보기는 불안이론에 대한 설명이다. (가)와 (나)에서 설명하는 이론으로 바르게 짝지어진 것은?

(가) 이론
- 운동수행은 각성수준이 증가할수록 향상된다.
- 기술의 습관화 정도에 따라 달라지며 초보자보다 숙련자에게 각성이 유리하다.

(나) 이론
- 각성과 정서에 관한 이론으로 각성을 인지적으로 어떻게 해석하는가에 중점을 둔다.
- 목표지향 양식의 경우 높은 각성을 불안으로 해석하고 쾌락지향 양식의 경우 높은 각성을 유쾌한 흥분으로 지각한다.

	(가)	(나)		(가)	(나)
①	추동이론	격변이론	②	추동이론	반전이론
③	격변이론	반전이론	④	격변이론	추동이론

tip

경기력 수행과 관련한 불안이론은 보통 1문제 정도이지만 자주 출제되는 내용입니다. 불안이론으로는 크게 7가지 이론이 있으며 문제는 단순한 개념을 묻는 문제부터 비교하는 문제도 출제되기에 각각의 이론의 특징을 구분할 수 있어야 합니다. (가)의 이론은 운동수행과 각성수준이 단순하게 비례하는 형태로 추동이론이며 (나)의 이론은 각성을 어떻게 해석하는가에 따른 반전이론에 해당합니다.
☑ 불안이론 : 추동, 역U, 적정수준, 최적수행지역, 다차원적, 격변, 반전, 심리에너지

정답 08 ④ 09 ②

010

다음 불안 및 스트레스 관리의 원칙 중 가장 바람직하지 않은 것은?

① 인지적 전략을 활용한다.
② 최악의 시나리오를 생각해 본다.
③ 적절한 신체활동과 충분한 준비운동을 한다.
④ 자신이 조절할 수 없는 것들에 대해 집중한다.

> **tip**
>
> 불안 이론에서는 불안 및 스트레스 관리 기법도 자주 문제로 출제됩니다. 불안 및 스트레스 감소에 관한 기본적인 개념이 출제될 수도 있고 또는 자율훈련, 심상, 심화, 심호흡 등 다양한 기법에 대해 출제될 수도 있기에 잘 알고 있어야 합니다. 여러 가지 기본원칙 중 하나는 자신이 조절할 수 있는 것들에 대해서만 주의를 집중해야 한다는 것입니다. 자신이 조절할 수 없는 외적인 영향에 대해서는 생각하지 않는 것이 좋습니다. 심상의 경우 긍정적인 심상이 부정적인 심상보다 좋지만 과도한 불안을 조절하기 위해 가장 최악의 시나리오를 생각해 본 뒤 무엇을 해도 이것보다는 낫겠지라며 불안을 감소시킬 수도 있어 가장 바람직하지 않은 것은 4번이 됩니다.

011

데시(Deci)의 인지평가 이론의 관점에서 다음 (㉠), (㉡)에 들어갈 말로 옳은 것을 고르면?

- 김○○ 학생: 스포츠지도사 시험을 준비하는 분들 중 대부분은 이 자격증을 취업이나 시설 경영에 필요해서 취득하는 경우보다 자기계발을 목적으로 도전하는 사람들이 많은 것 같아.
- 이○○ 학생: 맞아 그런 것 같아, 만일 누가 시키거나 필요에 의해서 이 자격증을 따야 된다면 (㉠)이 감소하겠지, 그렇게 되었을 때 자격증을 취득한다 하더라도 결국 (㉡)은 감소하게 될거야.

	㉠	㉡		㉠	㉡
①	자율성	유능성	②	자율성	관계성
③	유능성	자율성	④	유능성	관계성

> **tip**
>
> 데시(Deci)의 인지평가 이론은 동기 이론 중 자주 출제되는 내용입니다. 인지평가에서는 인간에게는 "유능성"과 "자율성"의 본성이 있다고 주장합니다. 이때 내재적으로 동기화 되어있는 행동에 외적인 보상이나 타인에게 통제된다는 느낌이 들면 자율성이 감소되면서 흥미가 사라지고 결국 잘 하고자 하는 마음 "유능성"이 감소하게 된다는 이론입니다.

012

다음 보기는 자기결정(self-determination) 이론에 대한 설명이다. 설명을 읽고 보기에 해당하는 동기 유형으로 바르게 고른 것은?

> 자기결정성 이론은 자기결정의 연속선상에서 외적동기와 내적 동기를 설명하는 인지적인 동기이론이다. 기존의 인지평가 이론에서 주장한 유능성과 자율성 이외에 인간에게는 "관계성"이 존재하며 이것이 개인의 동기화에 큰 영향을 준다는 이론이다. 크게 무동기, 외적동기, 내적동기로 구성되어있으며 <u>"활동의 이유를 내면화시켜서 내면적 보상과 처벌을 연계"하려는 단계</u>는 (㉠) 단계이다.

① 외적 규제
② 의무감 규제
③ 확인 규제
④ 내적 규제

🔑 tip

자기결정성 이론은 인지평가이론에서 "관계성"의 요소가 추가된 이론입니다. 이 이론의 특징은 인간들이 행동하는 이유를 "동기"에서 기인한다고 하는데 크게 3가지(무동기-외적동기-내적동기)로 나뉘어 집니다. 특히 중간에 외적동기의 경우 세부적으로 3가지로 더 구분을 할 수 있는데 각각 어떤 차이점이 있는지 잘 알고 있어야 합니다.

☑ 외적동기 & 내적동기 규제유형 구분방법 "스포츠를 배우는 이유"
- **외적 규제**: 외적인 보상이 목적 ⓔ 회사에서 스포츠 강좌 수강비를 지원해준다고 하니까
- **의무감 규제**: 내면적 보상과 처벌과 연계 ⓔ 남들 앞에서 잘하는 운동이 없으면 창피해서
- **확인 규제**: 자신이 결정했지만 내적으로 즐겁지 않음 ⓔ 스포츠를 통해 건강한 삶을 살기 위해
- **내적 규제**: 자신이 결정했고 내적으로도 즐거운 상태 ⓔ 스포츠 자체가 유익하고 즐거워서

013

다음은 와이너의 귀인이론 중 4대 인과요소에 대한 설명이다. ( )에 들어갈 말로 바르게 짝지어진 것은?

귀인요소	원인의 소재	안정성	통제가능성
능력	(㉠)	안정적	통제불가능
노력	(㉡)	불안정적	통제가능
운	외적	(㉢)	통제불가능
과제난이도	외적	안정적	(㉣)

	㉠	㉡	㉢	㉣		㉠	㉡	㉢	㉣
①	내적	내적	안정적	통제가능	②	내적	내적	불안정적	통제불가능
③	내적	외적	안정적	통제가능	④	내적	외적	불안정적	통제불가능

정답 12 ② 13 ②

> **tip**
>
> 와이너의 귀인 이론은 자주 출제되는 중요한 내용입니다. 주로 3차원 귀인 모형에서 내-외적, 안정-불안정, 통제가능-통제불가능의 기준에서 8가지로 나누어 설명을 하고 있습니다. 성공했을 때와 실패했을 때 어떤 귀인을 해야 바람직한가에 대한 질문을 다루며 성공했을 때에는 "일관적인 노력"(내적-안정-통제가능)에 귀인을 해야하고 실패했을 경우에는 "일시적인 노력"(내적-불안정-통제가능)에 귀인해야한다고 설명하고 있습니다.

014

다음에서 설명하는 심상의 효과와 관련된 이론으로 바르게 고른 것은?

> - 심상은 동작에 대한 청사진을 그리면서 만든 상징적 요인들이 기호화되는 것을 의미한다.
> - 기호화된 요소들은 중추신경계에 저장되는데 이는 운동수행을 원활하게 하며 잘 이해하거나 자동화시킬 수 있게 한다.

① 심리신경근 이론 ② 상징학습 이론
③ 생체정보 이론 ④ 유능성 동기 이론

> **tip**
>
> 마음 속으로 상상하는 것, "심상"이 운동수행에 효과가 있는 것은 모두가 알고 있지만 실제적으로 어떤 원리에 의해 효과가 발생하는지는 계속해서 연구 중입니다. 가장 대표적인 이론으로 3가지가 있으며 각각의 이론에서 주장하는 내용이 무엇인지 알고 있어야 합니다.
>
> ☑ **심상의 효과와 관련된 3가지 이론**
> - **심리신경근 이론**: 심상을 하는 동안 뇌와 근육이 실제와 유사한 전기자극을 발생시키면서 신경과 근육을 훈련시킬 수 있다는 이론
> - **상징학습 이론**: 동작에 대한 청사진을 그리면서 상징적 요소들이 대뇌에 기호화되어 저장되게 되고 실제 동작을 수행할 때 저장된 기호를 활용한다는 이론
> - **생체정보 이론**: 동작을 이루는 자극과 반응 과정을 심상을 통해 경험하고 이를 반복적으로 수정해나가면서 동작의 조절력을 향상시킬 수 있다는 이론

정답 14 ②

015

다음은 주의를 폭과 방향으로 구분한 니데퍼(Nideffer)의 주의초점모형이다. 보기 문항을 읽고 옳지 않은 설명을 하나 고르면?

	넓은	좁은
내적	내면의 큰 그림을 분석하는 것 (예시: ㉠)	내면의 생각에 초점을 두는 것 (예시: 다이빙 동작의 이미지 그려보기)
외적	외부 환경을 평가하는 것 (예시: 패스할 동료선수를 파악하는 것)	하나의 대상에 초점을 두는 것 (예시: ㉡)

① ㉠의 예로는 시합 전 경기전략에 대해 전반적으로 생각하는 것이 있다.
② ㉡의 예로는 골프 퍼팅 동작에서 목표지점에 대해 집중하는 것이 있다.
③ 주의의 방향의 관점에서 내적인 주의와 외적인 주의는 함께 사용이 가능하다.
④ 주의의 폭의 관점에서 좁은 주의와 넓은 주의는 연속선상에 있으며 변화가 가능하다.

tip

주의집중전략에서 니데퍼가 구분한 주의초점모형은 자주 출제가 되는 문제입니다. 주의를 폭과 방향이라는 두 가지 기준에 따라 나누어 총 4가지의 주의 형태를 설명하고 있는데 각각의 부분이 어떤 것을 의미하는지 알고 대표적인 예시도 함께 알고 있으면 더욱 좋습니다. 단 주의의 폭에 관점에서 좁은 주의와 넓은 주의는 이동이 가능하지만 방향에 대해서는 내적이나 외적 주의가 동시에 이루어질 수 없습니다.

016

다음은 사회적 태만 현상이 일어난 예들이다. 슈타이너(Steiner)가 설명하는 동기손실에 해당하지 않는 것을 고르면??

① 스키 레이싱 경기에서 개인전 경기를 위해 단체전 경기에 소홀히 한 경우
② 축구 조별 리그에서 약체팀을 상대하기 위해 1.5군으로 선수를 구성한 경우
③ 쇼트트랙 단체전에서 최선을 다하지 않는 동료가 얄미워 본인도 최선을 다하지 않는 경우
④ 농구 경기에서 최다 득점이 가능한 선수에게 공을 모아주지 못하는 경우

tip

여러 사람이 한 집단을 이루어 일하게 될 때 개인의 평균이 집단에서 기대할 수 있는 결과와 일치하지 않는 것을 사회적 태만 현상 또는 링겔만 효과라고 합니다. 이것은 스포츠 사회 심리에서 자주 출제되는 내용으로 잘 알고 있어야 합니다. 생산성이 감소되는 특징에 따라 조정손실과 동기손실로 나눌 수 있는데 조정손실은 팀원 간의 타이밍이 맞지 않아서 생기는 생산량 저하를 의미하며 동기손실은 여러 이유로 개인이 게으름을 피우거나 최대의 노력을 하지 않는 경우를 의미합니다. 보기 4번은 조정손실에 해당합니다.

☑ **4가지 동기손실의 원인**
- 할당전략: 혼자일 때 더 잘하기 위해(1번)
- 최소화전략: 적은 힘으로 목표 달성(2번)
- 무임승차전략: 남들의 노력에 편승하기 위해
- 반무임승차전략: 무임승차자의 혜택이 싫어서(3번)

017

다음 중 캐런(Carron)이 제시한 팀 구축 개념 모형의 순서로 올바르게 나열한 것을 고르면?

```
        ( ㉠ )
       역할명료성  ↘
       역할수용        ( ㉢ )         ( ㉣ )
                      협동          과제응집력
        ( ㉡ )        희생    →    사회응집력
       근접성         목표
       독특성      ↗
```

	㉠	㉡	㉢	㉣
①	집단구조	집단환경	집단과정	집단응집력
②	집단과정	집단환경	집단구조	집단응집력
③	집단과정	집단환경	집단응집력	집단구조
④	집단구조	집단과정	집단응집력	집단환경

🔔 tip

사회심리적 요인 파트에서 또 나올 가능성이 높은 이론은 캐런(Carron)과 스핑크(Spink)의 팀구축 개입 모형입니다. 이 모형은 선행변인, 과정변인, 결과변인으로 구성되어 집단응집력에 영향을 주는 과정에 대해 연구한 이론으로 각각의 변인의 구성요소를 알고 있어야 합니다.

☑ **팀구축 프로그램 적용을 위한 개념 모형**
- 선행변인 – 집단구조(팀규범, 리더십, 역할 명료성)와 집단환경(팀근접성, 팀독특성)
- 과정변인 – 집단과정(협동, 희생, 목표성취, 의사소통 등)
- 결과변인 – 집단응집력(과제응집력, 사회응집력)

018

첼라두라이(Chelladurai)의 다차원적 리더십 모형에 대한 설명으로 옳지 않은 것은?

① 리더십의 효율성은 상황적 요인, 리더와 구성원의 특성에 의해 결정된다.
② 지도자의 행동 유형은 특정 상황에서 요구되는 규정행동, 실제 행동, 선호행동으로 나눈다.
③ 리더의 실제 행동이 규정에 부합하면서 구성원이 선호하는 행동의 경우 선수들은 만족하지만 성과가 불확실한 단점이 있다.
④ 이 이론을 바탕으로 개발한 코치의 리더십 유형 측정 검사도구를 '스포츠 리더십 측정척도(Leadership Scale for Sport : LSS)로 부른다.

tip

지도자 리더십에 관련된 이론 중 가장 많이 출제되는 것은 첼라두라이(Chelladurai)의 다차원적 리더십 모형입니다. 이 이론은 집단 상황에서 다양한 리더십에 대해 가장 잘 설명하는 이론으로 리더의 행동에 대해서 규정행동, 실제행동, 선호행동으로 나누고 일치 여부에 따라 다양한 결과를 초래한다고 설명하고 있습니다.

☑ **지도자 행동의 일치여부에 따른 결과**

규정행동	실제행동	선호행동	결과
일치	일치	일치	이상적 리더십
불일치	불일치	불일치	자유방임적 리더십
일치	불일치	일치	리더의 추방
불일치	일치	일치	성과가 불확실한 만족

019

다음 보기의 설명을 강화와 처벌로 나누었을 때 강화에 속하는 것으로 모두 고른 것은?

㉠ 훌륭한 시범을 보인 학습자에게 간식 선물을 준다.
㉡ 경기 중 속임수를 사용한 학습자에게 꾸중을 한다.
㉢ 멋진 동작을 성공한 학습자에게 긍정적 칭찬을 한다.
㉣ 규칙을 잘 지킨 학습자에게 훈련 후 체육관 청소를 제외해 준다.
㉤ 연습에 성실히 참여한 학습자에게 나머지 체력훈련을 제외해준다.
㉥ 연습에 성실히 참여하지 않은 학습자에게 자유훈련 시간을 뺏는다.

① ㉠, ㉡, ㉢, ㉥
② ㉠, ㉢, ㉣, ㉤
③ ㉡, ㉢, ㉣, ㉤
④ ㉡, ㉣, ㉤, ㉥

tip

강화는 좋은 행동을 증가시키기 위해 하는 행동을 의미하며 처벌은 나쁜 행동을 감소시키고자 하는 행동을 의미합니다. 좋은 행동을 증가시키기 위해 좋은 것을 주는 것을 정적 강화라고 한다면 나쁜 것을 제거해 주는 부적 강화도 강화의 한 종류입니다. 마찬가지로 처벌에도 정적처벌과 부적처벌이 있으며 실제 사례에서 이 4가지를 충분히 구분할 줄 알아야 합니다.

020

다음 보기의 대화를 읽고 운동의 심리적 효과에 대해 밑줄 친 ㉠ 의 관점을 고르고 ㉡ 의 단계를 프로차스카(Prochaska)의 변화단계 이론 중 어느 단계에 속하는지 고르시오.

- 태섭: 민기는 회사 끝나고 따로 하는 운동이 있니?
- 민기: 아니, 나는 회사 끝나고 집에 가면 9시가 넘어서 운동할 시간이 없어
- 태섭: ㉠ 운동을 하면 스트레스에 대항하는 능력이 좋아질거야, 운동도 일종의 스트레스이기 때문에 꾸준히 운동하면 스트레스에 대한 대처능력도 좋아지고 불안도 감소가 될거야
- 민기: ㉡ 맞아, 나도 그렇게 생각해서 6개월 이내에 운동을 시작해 보려고 해

	㉠	㉡		㉠	㉡
①	모노아민 가설	관심	②	모노아민 가설	준비
③	생리적 강인함 가설	관심	④	생리적 강인함 가설	준비

tip

운동이 심리적으로 효과가 나타나는지에 대해서 다양한 가설이 존재합니다. 열 발생 가설, 모노아민 가설, 뇌 변화 가설, 생리적 강인함 가설, 사회심리적 가설이 대표적이며 어느 하나의 가설만으로 운동이 심리적 효과를 보이는 메커니즘을 분명하게 설명하기에 한계가 있습니다. 각각의 가설이 어떤 특징이 있는지 잘 알고 있어야 합니다.

운동 행동을 예측하는 이론을 운동심리 이론이라고 합니다. 다양한 이론이 있지만 그 중에서 프로차스카(Prochaska)의 변화단계 이론이 시험으로 많이 출제가 됩니다. 일반인이 운동을 실천해나가는 과정을 설명하고 있는데 이 단계별 특징은 필수로 알고 있어야 합니다.

☑ 운동행동 변화단계: 무관심(시작할 의도가 없음)→관심(6개월 이내 시작할 의도)→준비(운동 중이지만 가이드라인은 미충족)→실천(가이드라인은 실천 중이지만 6개월 미만)→유지(가이드라인 실천 중이며 6개월 이상)

정답 20 ③

한국체육사

1. 출제경향 및 출제포커스
2. 4개년 기출문제(2022~2025)
3. 4개년 기출문제 해설(2022~2025)
4. 심화문제연습

한국체육사

🏃 출제경향

출제범위	2022 개수(비율)	2022 문항 번호	2023 개수(비율)	2023 문항 번호	2024 개수(비율)	2024 문항 번호	2025 개수(비율)	2025 문항 번호
체육사 연구 분야	2(10%)	1, 2	2(10%)	1, 2	1(5%)	1	2(10%)	1, 2
선사 및 부족국가시대의 체육	1(5%)	3	3(15%)	3	2(10%)	2, 3	1(5%)	3
삼국 및 통일신라시대의 체육	2(10%)	4, 5	2(10%)	4, 5	1(5%)	4	2(10%)	4, 5
고려시대의 체육	2(10%)	6, 7	2(10%)	6, 7	2(10%)	5, 6	2(10%)	6, 7
조선시대의 체육	3(15%)	8, 9, 10	3(15%)	8, 9, 10	4(20%)	7, 8, 9, 10	3(15%)	8, 9, 10
개화기의 체육	1(5%)	15	3(15%)	11, 12, 13	5(25%)	11, 12, 13, 14, 15	2(10%)	11, 14
일제강점기의 체육	2(10%)	11, 16	2(10%)	14, 15	3(15%)	16, 17, 18	2(10%)	12, 13
광복 이후의 체육	7(35%)	12, 13, 14, 17, 18, 19, 20	5(25%)	16, 17, 18, 19, 20	2(10%)	19, 20	6(30%)	15, 16, 17, 18, 19, 20

🏃 출제포커스

한국체육사는 암기가 필요한 과목이긴 하지만 생각보다 외워야 할 양이 많은 편은 아니며 또 많은 이해를 요하지 않기 때문에 수험생들이 많이 선택하는 과목 중 하나입니다. 시험 문제도 출제 범위 내에서 단원별로 골고루 출제되고 있습니다. 투자한 만큼 좋은 점수를 얻을 수 있는 과목입니다.

🏃 2025년 총평

한국체육사는 비교적 난이도가 쉬운 부분인 1단원~4단원의 문제 비중이 줄었습니다. 그러면서 기존에는 보통 5단원 개화기와 6단원 일제강점기가 많이 출제되고 7단원 광복 이후는 적게 출제되던 것에 반하여 25년에는 반대로 5~6단원의 내용이 줄어들고 7단원 광복 이후의 체육이 6문제나 출제되어 난이도가 대폭 상승하였습니다. 물론 앞부분의 내용은 어렵게 출제되지 않았기에 50점 이상은 맞을 수 있었으나 고득점까지는 다소 무리가 있었습니다.

🏃 2026년 예상

전체적인 출제 유형과 방식은 비슷할 것입니다. 다만 5단원~7단원 중 어느 부분에서 문제가 많이 나오고 또 얼마나 지엽적으로 나오냐에 따라 난이도는 달라질 수 있습니다. 결론적으로는 1~4단원은 내용이 적고 어렵지 않으니 빠르게 익히고 전체적인 투자는 5~7단원에 하는 것이 점수를 올리기 좋은 방법입니다. 다만 100점을 받아야 하는 시험이 아니기 때문에 너무 자세하게 공부하기 보다 핵심 위주의 공부를 하는 것이 더 좋습니다.

기출문제(2022년)

001
체육사에 관한 설명으로 옳지 않은 것은?
① 연구대상은 시간, 인간, 공간 등이 고려된다.
② 체육과 스포츠를 역사적 방법으로 연구하는 학문이다.
③ 연구내용은 스포츠문화사, 전통스포츠사 등을 포함한다.
④ 체육과 스포츠의 도덕적 가치판단에 대한 근거를 탐구한다.

002
<보기>에서 체육사 연구의 사료(史料)에 관한 설명으로 옳은 것만을 모두 고른 것은?

> ㉠ 기록 사료는 문헌 사료와 구전 사료가 있다.
> ㉡ 물적 사료는 물질적 유산인 유물과 유적이 있다.
> ㉢ 기록 사료 중 민요, 전설, 시가, 회고담 등은 문헌 사료이다.
> ㉣ 전통적인 분류 방식에 따르면, 물적 사료와 기록 사료로 구분된다.

① ㉠, ㉡　　　　② ㉡, ㉢
③ ㉠, ㉡, ㉣　　④ ㉡, ㉢, ㉣

003
부족국가와 삼국시대의 신체활동이 포함된 제천의식에 관한 설명으로 옳지 않은 것은?
① 신라 - 가배　　② 부여 - 동맹
③ 동예 - 무천　　④ 마한 - 10월제

004
<보기>에서 화랑도에 관한 설명으로 옳은 것만을 모두 고른 것은?

> ㉠ 법흥왕 때에 종래 화랑도 제도를 개편하여 체계화되었다.
> ㉡ 한국의 전통사상과 세속오계(世俗五戒)를 근간으로 두었다.
> ㉢ 국선도(國仙徒), 풍류도(風流徒), 원화도(源花徒)라고도 불리었다.
> ㉣ 편력(遍歷), 입산수행(入山修行), 주행천하(周行天下) 등의 활동을 했다.

① ㉠, ㉡　　　　② ㉡, ㉢
③ ㉠, ㉡, ㉣　　④ ㉡, ㉢, ㉣

005
<보기>의 (㉠)에 해당하는 용어는?

> 『구당서(舊唐書)』에 따르면, "고구려의 풍속은 책 읽기를 좋아하며, 허름한 서민의 집에 이르기까지 거리에 큰 집을 지어 이를 (㉠)이라고 하고, 미혼의 자제들이 여기에서 밤낮으로 독서하고 활쏘기를 익힌다."라고 되어 있다.

① 태학　　② 경당
③ 향교　　④ 학당

006
고려시대의 무학(武學) 전문 강좌인 강예재(講藝齋)가 개설된 교육기관은?
① 국자감(國子監)　　② 성균관(成均館)
③ 응방도감(鷹坊都監)　④ 오부학당(五部學堂)

007

<보기>에서 고려시대 무예의 특징으로 옳은 것만을 모두 고른 것은?

> ㉠ 격구(擊毬)는 군사훈련의 수단이었다.
> ㉡ 수박희(手搏戲)는 무인 인재 선발의 중요한 방법이었다.
> ㉢ 마술(馬術)은 육예(六藝) 중 어(御)에 속하며, 군자의 중요한 덕목 중 하나였다.
> ㉣ 궁술(弓術)은 문인과 무인의 심신 수양과 인격도야의 방법으로 중시되었다.

① ㉠
② ㉡, ㉢
③ ㉡, ㉢, ㉣
④ ㉠, ㉡, ㉢, ㉣

008

조선시대 무과제도에 관한 설명으로 옳지 않은 것은?

① 초시, 복시, 전시 3단계로 실시되었다.
② 무과는 강서와 무예 시험으로 구성되었다.
③ 증광시, 별시, 정시는 비정규적으로 실시되었다.
④ 선발 정원은 제한이 없었으며, 누구나 응시할 수 있었다.

009

<보기>에 해당하는 신체활동은?

> • 군사훈련의 성격을 지니고 실시된 무예 활동
> • 조선시대 왕이나 양반 또는 대중에게 볼거리 제공
> • 나라의 풍속으로 단오절이나 명절에 행해졌던 활동
> • 승부를 결정 짓는 놀이로서 신체적 탁월성을 추구하는 경쟁적 활동

① 투호(投壺)
② 저포(樗蒲)
③ 석전(石戰)
④ 위기(圍碁)

010

<보기>에서 조선시대 체육사상에 관한 설명으로 옳은 것만을 모두 고른 것은?

> ㉠ 유교의 영향으로 숭문천무(崇文賤武) 사상이 만연했다.
> ㉡ 심신 수련으로 활쏘기가 중시되었고, 학사사상(學射思想)이 강조되었다.
> ㉢ 활쏘기를 통해서 문무겸전(文武兼全) 혹은 문무겸일(文武兼一)에 도달하고자 했다.
> ㉣ 국토 순례를 통해 조선에 대한 애국심을 가지게 하는 불국토사상(佛國土思想)이 중시되었다.

① ㉠, ㉡
② ㉡, ㉢
③ ㉠, ㉡, ㉢
④ ㉡, ㉢, ㉣

011

일제강점기에 설립된 체육 단체가 아닌 것은?

① 대한국민체육회(大韓國民體育會)
② 관서체육회(關西體育會)
③ 조선체육협회(朝鮮體育協會)
④ 조선체육회(朝鮮體育會)

012

<보기>의 (㉠), (㉡)에 해당하는 여성 스포츠인이 바르게 연결된 것은?

> • 박봉식은 1948년 런던올림픽경기대회에 출전한 첫 여성 원반 던지기 선수
> • (㉠)은/는 1967년 세계여자농구선수권대회에 출전해 최우수 선수로 선정
> • (㉡)은/는 2010년 밴쿠버동계올림픽경기대회에 출전해 피겨 스케이팅 금메달 획득

	㉠	㉡		㉠	㉡
①	박신자	김연아	②	김옥자	김연아
③	박신자	김옥자	④	김옥자	박신자

013

<보기>의 (㉠), (㉡)에 해당하는 개최지가 바르게 연결된 것은?

> 우리나라는 1986년 서울아시아경기대회, 2002년 (㉠) 아시아경기대회, 2014년 (㉡) 아시아경기대회를 성공적으로 개최했다.

	㉠	㉡		㉠	㉡
①	인천	부산	②	부산	인천
③	평창	충북	④	충북	평창

014

<보기>에 해당하는 인물은?

> - 제6회, 제7회 아시아경기대회에서 수영 종목 400M, 1,500M 2관왕 2연패
> - 2008년 독도 33바퀴 회영(回泳)
> - 2020년 스포츠영웅으로 선정되어 2021년 국립묘지에 안장

① 조오련 ② 민관식
③ 김 일 ④ 김성집

015

개화기에 도입된 근대스포츠 종목으로 옳지 않은 것은?

① 농구 ② 역도
③ 야구 ④ 육상

016

광복 이전 조선체육회에 관한 설명으로 옳지 않은 것은?

① 조선체육협회보다 먼저 창립되었다.
② 조선의 체육을 지도, 장려하는 것이 목적이었다.
③ 첫 사업인 제1회 전조선야구대회는 전국체육대회의 효시이다.
④ 고려구락부를 모태로 하였고, 조선체육협회에 강제 통합되었다.

017

<보기>에서 설명하는 올림픽경기대회는?

> - 우리 민족이 일장기를 달고 출전한 대회
> - 마라톤의 손기정이 금메달, 남승룡이 동메달을 획득한 대회

① 1924년 제8회 파리올림픽경기대회
② 1928년 제9회 암스테르담올림픽경기대회
③ 1932년 제10회 로스앤젤레스올림픽경기대회
④ 1936년 제11회 베를린올림픽경기대회

018

<보기>의 (㉠), (㉡)에 들어갈 알맞은 용어로 바르게 연결된 것은?

- (㉠) 경기대회는 우리나라 여성이 최초로 금메달을 획득한 대회로, 서향순이 양궁 개인전에서 금메달을 획득했다.
- (㉡) 경기대회는 우리나라가 광복 후 최초로 마라톤에서 금메달을 획득한 대회로, 황영조가 마라톤에서 금메달을 획득했다.

	㉠	㉡
①	1984년 로스앤젤레스올림픽	1988년 서울올림픽
②	1984년 로스앤젤레스올림픽	1992년 바르셀로나올림픽
③	1988년 서울올림픽	1988년 서울올림픽
④	1988년 서울올림픽	1992년 바르셀로나올림픽

019

<보기>의 설명과 관련 있는 정권은?

- 호돌이 계획 시행
- 국민생활체육회(구 국민생활체육협의회) 창설
- 1988년 서울올림픽경기대회의 성공적인 개최
- 제41회 지바 세계탁구선수권대회 남북단일팀 출전

① 박정희 정권 ② 전두환 정권
③ 노태우 정권 ④ 김영삼 정권

020

2002년 제17회 월드컵축구대회에 관한 설명으로 옳지 <u>않은</u> 것은?

① 한국은 4강에 진출했다.
② 한국과 일본이 공동으로 개최했다.
③ 한국과 북한이 단일팀을 구성하여 출전했다.
④ 한국의 길거리 응원은 온 국민 문화축제의 장이었다.

기출문제(2023년)

001
체육사 연구에서 사관(史觀)에 관한 설명으로 적절하지 <u>않은</u> 것은?
① 유물사관, 관념사관, 진보사관, 순환사관 등이 있다.
② 체육 역사에 대한 견해, 해석, 관념, 사상 등을 의미한다.
③ 체육 역사가의 관점으로 다양한 과거의 역사적 사실을 해석한다.
④ 과거 체육과 관련된 사실을 담고 있는 역사 자료를 의미한다.

002
<보기>의 (㉠) ~ (㉢)에 들어갈 용어가 바르게 연결된 것은? (단, 시대구분은 나현성의 방식을 따름)

- (㉠) 이전은 무예를 중심으로 한 무사 체육 등의 (㉡) 체육을 강조하였다.
- (㉠) 이후는 「교육입국조서(敎育立國詔書)」를 통한 학교 교육에 기반을 둔 (㉢) 체육을 강조하였다.

	㉠	㉡	㉢
①	갑오경장(1894)	전통	근대
②	갑오경장(1894)	근대	전통
③	을사늑약(1905)	전통	근대
④	을사늑약(1905)	근대	전통

003
<보기>에서 설명하는 민속놀이는?

- 사희(柶戱)라고도 불리었다.
- 부여의 사출도(四出道)라는 관직명에서 유래되었다.
- 남녀노소 누구나 즐길 수 있으며, 장소에 크게 구애받지 않은 놀이였다.

① 바둑 ② 장기
③ 윷놀이 ④ 주사위

004
화랑도에 관한 설명으로 옳지 <u>않은</u> 것은?
① 진흥왕 때에 조직이 체계화되었다.
② 세속오계는 도의교육(道義敎育)의 핵심이었다.
③ 신체미 숭배 사상, 국가주의 사상, 불국토 사상이 중시되었다.
④ 서민층만을 대상으로 한 청소년단체로서 문무겸전(文武兼全)을 추구 하였다.

005
<보기>에서 설명하는 신체활동은?

- 가죽 주머니로 공을 만들어 발로 차는 놀이였다.
- 한 명, 두 명, 열 명 등 다양한 형식으로 실시되었다.
- <삼국사기(三國史記)>와 <삼국유사(三國遺事)>에 따르면 김유신과 김춘추가 이 신체활동을 하였다.

① 석전(石戰) ② 축국(蹴鞠)
③ 각저(角抵) ④ 도판희(跳板戲)

006

<보기>에서 민속놀이와 주요 활동 계층이 바르게 연결된 것으로만 묶인 것은?

> ㉠ 풍연(風鳶) - 귀족
> ㉡ 격구(擊毬) - 서민
> ㉢ 방응(放鷹) - 귀족
> ㉣ 추천(鞦韆) - 서민

① ㉠, ㉡
② ㉢, ㉣
③ ㉠, ㉣
④ ㉡, ㉢

007

고려시대 수박(手搏)에 관한 설명으로 옳지 않은 것은?

① 관람형 무예 경기로 성행되었다.
② 응방도감(鷹坊都監)에서 관장하였다.
③ 무인 선발의 기준과 수단이 되었다.
④ 무예 수련과 군사훈련 등의 목적으로 활용되었다.

008

<보기>에서 조선시대의 훈련원에 관한 설명으로 옳은 것을 모두 고른 것은?

> ㉠ 성리학 교육을 담당하였다.
> ㉡ 활쏘기, 마상무예 등의 훈련을 실시하였다.
> ㉢ 무인 양성과 관련된 공식적인 교육기관이었다.
> ㉣ 〈무경칠서(武經七書)〉, 〈병장설(兵將說)〉 등의 병서 습득을 장려하였다.

① ㉠, ㉡
② ㉢, ㉣
③ ㉡, ㉢, ㉣
④ ㉠, ㉡, ㉢, ㉣

009

조선시대 궁술(弓術)에 관한 설명으로 옳지 않은 것은?

① 육예(六藝) 중 어(御)에 해당하였다.
② 무관 선발을 위한 무과 시험의 한 과목이었다.
③ 대사례(大射禮), 향사례(鄕射禮) 등으로 행해졌다.
④ 왕, 무관, 유학자 등 다양한 계층에서 실시하였다.

010

<보기>에서 설명하는 조선시대의 무예서는?

> • 24종류의 무예가 기록되어 있다.
> • 정조의 명령하에 국가사업으로 간행되었다.
> • 한국, 중국, 일본의 관련 문헌 145권이 참조되었다.

① 무예제보(武藝諸譜)
② 무예신보(武藝新譜)
③ 무예도보통지(武藝圖譜通志)
④ 무예제보번역속집(武藝諸譜翻譯續集)

011

<보기>에서 설명하는 개화기 민족사립학교는?

> • 1907년에 이승훈이 설립하였다.
> • 대운동회를 매년 1회 실시하였다.
> • 체육은 주로 군사훈련의 성격을 띠었다.

① 오산학교
② 대성학교
③ 원산학사
④ 숭실학교

012

개화기의 체육사적 사실에 관한 설명으로 옳은 것은?

① 동래무예학교는 문예반 50명, 무예반 200명을 선발하였다.
② 개화기 최초의 운동회는 일본인 학교에서 주관한 화류회(花柳會)였다.
③ 양반들이 주도하여 배재학당, 이화학당, 경신학당 등 미션스쿨을 설립하였다.
④ 고종은 「교육입국조서(敎育立國詔書)」를 반포하고, 덕양, 체양, 지양을 강조하였다.

013

개화기의 체육단체에 관한 설명으로 옳은 것은?

① 청강체육부 : 탁지부 관리들이 친목 도모를 위해 1902년에 조직하였고, 최초로 연식정구를 도입하였다.
② 회동구락부 : 최성희, 신완식 등이 1910년에 조직하였고, 정례적으로 축구 시합을 하였다.
③ 무도기계체육부 : 우리나라 최초 기계체조 단체로서 이희두와 윤치오가 1908년에 조직하였다.
④ 대동체육구락부 : 체조 교사인 조원희, 김성집, 이기동 등이 주축이 되어 보성중학교에서 1909년에 조직하였고, 병식체조를 강조하였다.

014

일제강점기 체육에 관한 사실로 옳지 않은 것은?

① 박승필은 1912년에 유각권구락부를 설립해 권투를 지도하였다.
② 조선체육협회는 1920년에 동아일보사 후원으로 설립되었다.
③ 서상천은 1926년에 일본체육회 체조학교를 졸업하고, 역도를 소개 하였다.
④ 손기정은 1936년에 베를린올림픽경기대회 마라톤 종목에서 우승 하였다.

015

<보기>에서 설명하는 단체는?

- 외국인 선교사가 근대스포츠인 야구, 농구, 배구를 도입하였다.
- 1916년에 실내체육관을 준공하여, 다양한 실내스포츠를 활성화 하였다.

① 황성기독교청년회　② 대한체육구락부
③ 조선체육회　　　　④ 조선체육협회

016

<보기>에서 박정희 정부 때 실시한 체력장 제도에 관한 설명으로 옳은 것을 모두 고른 것은?

㉠ 1971년부터 실시되었다.
㉡ 1973년부터는 대학입시에 체력장 평가가 포함되었다.
㉢ 국제체력검사표준회위원회에서 정한 기준과 종목을 대상으로 하였다.
㉣ 시행 종목에는 100m 달리기, 제자리멀리뛰기, 팔굽혀 매달리기(여자), 턱걸이(남자), 윗몸일으키기, 던지기가 있었다.

① ㉠, ㉡　　　　　　② ㉢, ㉣
③ ㉠, ㉡, ㉢　　　　④ ㉠, ㉡, ㉢, ㉣

017

<보기>에서 설명하는 스포츠 경기 종목은?

- 1988년 제24회 서울올림픽경기대회에서 시범 종목으로 채택되었다.
- 2000년 제27회 시드니올림픽경기대회에서 정식 종목으로 채택되었다.
- 2007년에 정부는 이 종목을 진흥하기 위한 법률을 제정하였다.

① 유도　　　　② 복싱
③ 태권도　　　④ 레슬링

018

1948년 제5회 동계올림픽경기대회에 관한 설명으로 옳지 않은 것은?

① 개최지는 스위스 생모리츠였다.
② 제2차세계대전을 일으킨 독일과 일본도 출전하였다.
③ 광복 이후 최초로 태극기를 단 선수단이 파견되었다.
④ 이효창, 문동성, 이종국 선수는 스피드스케이팅 종목에 출전하였다.

019

대한민국에서 개최된 하계아시아경기대회가 아닌 것은?

① 1986년 제10회 서울아시아경기대회
② 2002년 제14회 부산아시아경기대회
③ 2014년 제17회 인천아시아경기대회
④ 2018년 제18회 평창아시아경기대회

020

1991년에 남한과 북한이 단일팀으로 탁구 종목에 참가한 국제경기 대회는?

① 제41회 지바세계선수권대회
② 제27회 시드니올림픽경기대회
③ 제28회 아테네올림픽경기대회
④ 제6회 포르투갈세계청소년선수권대회

기출문제(2024년)

001
<보기>에서 한국체육사에 관한 설명으로 옳은 것만을 모두 고른 것은?

> ㄱ. 한국 체육과 스포츠의 시대별 양상을 연구한다.
> ㄴ. 한국 체육과 스포츠를 역사학적 방법으로 연구한다.
> ㄷ. 한국 체육과 스포츠에 관한 역사 기술은 사실 확인보다 가치 평가가 우선한다.
> ㄹ. 한국 체육과 스포츠의 과거를 살펴보고, 이를 통해 현재를 직시하고 미래를 조망한다.

① ㄱ, ㄴ, ㄷ
② ㄱ, ㄴ, ㄹ
③ ㄱ, ㄷ, ㄹ
④ ㄴ, ㄷ, ㄹ

002
<보기>에서 신체활동이 행해진 제천의식과 부족국가가 바르게 연결된 것만을 모두 고른 것은?

> ㄱ. 무천 - 신라
> ㄴ. 가배 - 동예
> ㄷ. 영고 - 부여
> ㄹ. 동맹 - 고구려

① ㄱ, ㄴ
② ㄷ, ㄹ
③ ㄱ, ㄴ, ㄹ
④ ㄴ, ㄷ, ㄹ

003
<보기>에 해당하는 부족국가시대 신체활동의 목적은?

> 중국 역사 자료인 『위지·동이전(魏志·東夷傳)』에 따르면, "나이 어리고 씩씩한 청년들의 등가죽을 뚫고 굵은 줄로 그곳을 꿰었다. 그리고 한 장(一丈) 남짓의 나무를 그곳에 매달고 온종일 소리를 지르며 일을 하는데도 아프다고 하지 않고, 착실하게 일을 한다. 이를 큰사람이라 부른다."

① 주술의식
② 농경의식
③ 성년의식
④ 제천의식

004
<보기>에서 삼국시대의 무예에 관한 설명으로 옳은 것만을 모두 고른 것은?

> ㄱ. 신라: 궁전법(弓箭法)을 통해 인재를 등용하였다.
> ㄴ. 고구려: 경당(扃堂)에서 활쏘기 교육이 이루어졌다.
> ㄷ. 백제: 훈련원(訓鍊院)에서 무예 시험과 훈련이 행해졌다.

① ㄱ, ㄴ
② ㄱ, ㄷ
③ ㄴ, ㄷ
④ ㄱ, ㄴ, ㄷ

005
고려시대 최고 교육기관과 무학(武學) 교육이 바르게 연결된 것은?

① 성균관(成均館) - 대빙재(待賓齋)
② 성균관(成均館) - 강예재(講藝齋)
③ 국자감(國子監) - 대빙재(待聽齋)
④ 국자감(國子監) - 강예재(講藝齋)

006
고려시대의 신체활동에 관한 설명으로 옳지 않은 것은?

① 기격구(騎擊毬): 서민층이 유희로 즐겼다.
② 궁술(弓術): 국난을 대비하여 장려되었다.
③ 마술(馬術): 무인의 덕목 중 하나로 장려되었다.
④ 수박(手博): 무관이나 무예 인재의 선발에 활용되었다.

007
석전(石戰)의 성격에 관한 설명으로 옳지 않은 것은?
① 관료 선발에 활용되었다.
② 명절에 종종 행해지던 민속놀이였다.
③ 전쟁에 대비한 군사훈련에 활용되었다.
④ 실전 부대인 석투군(石投軍)과 관련이 있었다.

008
조선시대 서민층이 주로 행했던 민속놀이와 설명으로 옳지 않은 것은?
① 추천(鞦韆): 단오절이나 한가위에 즐겼다.
② 각저(角觝), 각력(角力): 마을 간의 겨룸이 있었는데, 풍년 기원의 의미도 있었다.
③ 종정도(從政圖), 승경도(陞卿圖): 관직 체계의 이해와 출세 동기 부여의 뜻이 담겨 있었다.
④ 삭전(索戰), 갈전(葛戰): 농경사회의 대표적인 민속놀이로서 농사의 풍흉(豊凶)을 점치는 의미도 있었다.

009
조선시대의 무예서에 관한 설명으로 옳지 않은 것은?
① 『무예도보통지(武藝圖譜通志)』: 정조의 명에 따라 24기의 무예가 수록, 간행되었다.
② 『무예신보(武藝新譜)』: 사도세자의 주도 하에 18기의 무예가 수록, 간행되었다.
③ 『권보(拳譜)』: 광해군의 명에 따라 『무예제보』에 수록되지 않은 4기의 무예가 수록, 간행되었다.
④ 『무예제보(武藝諸譜)』: 선조의 명에 따라 전란 중에 긴급하게 필요했던 단병기 6기가 수록, 간행되었다.

010
〈보기〉에서 조선시대의 궁술에 관한 설명으로 옳은 것만을 모두 고른 것은?

> ㄱ. 군사 훈련의 수단이었다.
> ㄴ. 무과(武科) 시험의 필수 과목이었다.
> ㄷ. 심신 수련을 위한 학사사상(學射思想)이 강조되었다.
> ㄹ. 불국토사상(佛國土思想)을 토대로 훈련이 이루어졌다.

① ㄱ, ㄴ
② ㄷ, ㄹ
③ ㄱ, ㄴ, ㄷ
④ ㄴ, ㄷ, ㄹ

011
고종(高宗)의 교육입국조서(教育立國詔書)에서 삼양(三養)이 표기된 순서는?
① 덕양(德養), 체양(體養), 지양(智養)
② 덕양(德養), 지양(智養), 체양(體養)
③ 체양(體養), 지양(智養), 덕양(德養)
④ 체양(體養), 덕양(德養), 지양(智養)

012
〈보기〉에서 설명하는 개화기의 기독교계 학교는?

> • 헐벗(H.B. Hulbert)이 도수체조를 지도하였다.
> • 1885년 아펜젤러(H. G. Appenzeller)가 설립하였다.
> • 과외활동으로 야구, 축구, 농구 등의 스포츠를 실시하였다.

① 경신학당
② 이화학당
③ 숭실학교
④ 배재학당

013
개화기 학교 운동회에 관한 설명으로 옳지 않은 것은?
① 민족의식을 고취하는 역할을 하였다.
② 초기에는 구기 종목이 주로 이루어졌다.
③ 사회체육 발달의 촉진제 역할을 하였다.
④ 근대스포츠의 도입과 확산에 기여하였다.

014
다음 중 개화기에 설립된 체육단체가 아닌 것은?
① 대한체육구락부
② 조선체육진흥회
③ 대동체육구락부
④ 황성기독교청년회운동부

015
<보기>의 활동을 주도한 체육사상가는?

- 체조 강습희 개최
- 체육 활동의 저변 확대를 위해 대한국민체육회 창립
- 체육 활동을 통한 애국심 고취를 위해 광무학당 설립

① 서재필 ② 문일평
③ 김종상 ④ 노백린

016
일제강점기의 체육사적 사실에 관한 설명으로 옳지 않은 것은?
① 원산학사가 설립되었다.
② 체조교수서가 편찬되었다.
③ 학교에서 체조가 필수 과목이 되었다.
④ 황국신민체조가 학교체육에 포함되었다.

017
<보기>에서 일제강점기의 조선체육회에 관한 설명으로 옳은 것만을 모두 고른 것은?

ㄱ. '전조선축구대회'를 창설하였다.
ㄴ. 조선체육협회에 강제로 흡수되었다.
ㄷ. 국내 운동가, 일본 유학 출신자 등이 설립하였다.
ㄹ. 종합체육대회 성격의 전조선종합경기대회를 개최하였다.

① ㄱ, ㄴ ② ㄷ, ㄹ
③ ㄴ, ㄷ, ㄹ ④ ㄱ, ㄴ, ㄷ, ㄹ

018
<보기>의 괄호 안에 들어갈 일제강점기의 체육사상가는?

( )은/는 '체육 조선의 건설'이라는 글에서 사회를 강하게 하는 것은 구성원의 힘을 강하게 하는 것이며, 그 방법은 교육이며, 여러 교육의 기초는 체육이라고 강조하였다.

① 박은식 ② 조원희
③ 여운형 ④ 이기

019
대한민국 정부의 체육정책 담당 부처의 변천 순서가 옳은 것은?
① 체육부 → 문화체육관광부 → 문화체육부
② 체육부 → 문화체육부 → 문화체육관광부
③ 문화체육부 → 체육부 → 문화체육관광부
④ 문화체육부 → 문화체육관광부 → 체육부

020
<보기>는 국제대회에서 한국 여자 대표팀이 거둔 성과를 나타낸 것이다. <보기>의 ㉠~㉢에 들어갈 종목이 바르게 제시된 것은?

- (㉠): 1973년 사라예보 세계선수권대회에서 단체전 우승 달성
- (㉡): 1976년 몬트리올 올림픽대회에서 구기 종목 사상 최초의 동메달 획득
- (㉢): 1988년 서울 올림픽대회에서 당시 최강국을 이기고 금메달 획득

	㉠	㉡	㉢
①	배구	핸드볼	농구
②	배구	농구	핸드볼
③	탁구	핸드볼	배구
④	탁구	배구	핸드볼

기출문제(2025년)

001
고구려의 씨름에 관한 물적 사료는?
① 『경국대전(經國大典)』
② 각저총(角抵塚) 벽화
③ 무녕왕릉(武寧王陵) 벽화
④ 김홍도(金弘道)의 「씨름」 풍속화

002
<보기>에서 체육사관(體育史觀)에 관한 옳은 설명을 모두 고른 것은?

ㄱ. 체육과 스포츠의 역사에 관한 견해, 관념 등을 의미한다.
ㄴ. 체육과 스포츠의 역사적 사실이나 사건 등을 기록한 것이다.
ㄷ. 진보사관, 순환사관 등에 따라 체육사적 해석이 다른 경우도 있다.
ㄹ. 체육과 스포츠의 역사 서술과 역사가의 견해 형성에 바탕이 되기도 한다.

① ㄱ, ㄴ
② ㄴ, ㄷ
③ ㄱ, ㄴ, ㄹ
④ ㄱ, ㄷ, ㄹ

003
부족국가 시대에 신체활동이 이루어진 행사가 아닌 것은?
① 대향사례(大鄕射禮)
② 성년의식(成年儀式)
③ 주술의식(呪術儀式)
④ 제천행사(祭天行事)

004
신라 화랑도의 체육활동과 사상에 관한 설명으로 옳지 않은 것은?
① 무예 활동을 통한 덕(德)의 함양
② 효(孝)와 신(信) 등의 윤리를 강조
③ 무과 별시(別試) 응시를 위한 무예 수련
④ 무사정신과 임전무퇴의 군사주의 체육 사상을 내포

005
<보기>의 ㉠~㉢에 들어갈 용어는?

고구려에 관한 사료인 (㉠)에 따르면, "풍속에 독서를 즐긴다. 천민의 집까지 이르는 거리에 큰 집을 지어 이를 (㉡)이라고 한다. 여기서 미혼의 자제들이 밤새워 책을 읽으며 (㉢)을/를 익힌다."라고 하였다.

	㉠	㉡	㉢
①	『구당서(舊唐書)』	경당(扃堂)	각저(角抵)
②	『구당서(舊唐書)』	경당(扃堂)	궁술(弓術)
③	『삼국지(三國志)』	학당(學堂)	각저(角抵)
④	『삼국지(三國志)』	학당(學堂)	궁술(弓術)

006
고려의 민속놀이에 관한 설명으로 옳은 것은?
① 석전(石戰): 공놀이
② 추천(鞦韆): 널뛰기
③ 풍연(風鳶): 연날리기
④ 축국(蹴鞠): 그네뛰기

007

<보기>에서 방응(放鷹)에 관한 설명을 모두 고른 것은?

> ㄱ. 매를 조련하여 수렵에 활용하였다.
> ㄴ. 응방도감(鷹坊都監)에서 관장하였다.
> ㄷ. 무예 훈련의 성격을 띠기도 하였다.
> ㄹ. 삼국시대에도 전담하는 관청이 있었다.

① ㄱ, ㄴ, ㄷ
② ㄱ, ㄷ, ㄹ
③ ㄱ, ㄴ, ㄹ
④ ㄴ, ㄷ, ㄹ

008

조선시대의 훈련원(訓鍊院)에 관한 설명으로 옳지 않은 것은?

① 국왕의 친위 부대였다.
② 군사의 시재(試才)를 담당하였다.
③ 무예 교육과 훈련을 담당하였다.
④ 『무경칠서(武經七書)』 등의 병서 습득을 장려하였다.

009

<보기>에서 『활인심방(活人心房)』에 관한 옳은 설명을 모두 고른 것은?

> ㄱ. 『활인심(活人心)』을 근거로 하였다.
> ㄴ. 도인법(導引法)은 신체 단련 방법이다.
> ㄷ. 조선시대에 간행된 보건 실용서이다.
> ㄹ. 양생지법(養生之法)과 도인법 등을 다루고 있다.

① ㄱ, ㄴ
② ㄷ, ㄹ
③ ㄱ, ㄴ, ㄷ
④ ㄱ, ㄴ, ㄷ, ㄹ

010

조선시대의 식년무과(式年武科)에 관한 설명으로 옳은 것은?

① 소과(小科)와 대과(大科)로 구분하여 실시하였다.
② 초시(初試), 복시(覆試), 전시(殿試)의 단계로 실시하였다.
③ 초시(初試), 복시(覆試), 전시(殿試)에는 강서 시험을 포함하였다.
④ 전시(殿試)는 목전, 철전, 기사, 기창, 격구 등 무예 종목을 실시하였다.

011

<보기>의 설명에 해당하는 체조는?

> 개화기 학교에서는 정규과목으로 체조가 편성되었으며 연령과 성별에 따라서 다양하게 실시되었다. 당시의 체조는 군사적 목적을 고려하여 규율에 반응하는 신체를 만드는 데 유효한 방법이었다.

① 유희체조
② 병식체조
③ 리듬체조
④ 기공체조

012

<보기>에 해당하는 시기는?

> 황국신민체조와 함께 검도, 유도, 궁도 등을 여학생에게 실시하게 한 것은 일본의 군국주의를 드러낸 것이었다. 학교체육의 성격은 점차 교련에 가까워졌다.

① 무단통치기
② 민족말살기
③ 문화통치기
④ 체조교습기

013

<보기>에서 문곡(文谷) 서상천(徐相天)의 활동을 모두 고른 것은?

> ㄱ. 우리나라에 역도를 도입하였다.
> ㄴ. 조선체력증진법연구회를 설립하였다.
> ㄷ. 『현대체력증진법』, 『현대철봉운동법』 등을 발간하였다.
> ㄹ. 조선체육회의 임원으로 병식체조를 개선한 교육체조를 가르쳤다.

① ㄱ, ㄴ
② ㄴ, ㄷ
③ ㄱ, ㄴ, ㄷ
④ ㄱ, ㄴ, ㄷ, ㄹ

014

<보기>의 설명에 해당하는 교육기관은?

> 이 교육기관은 개항 이후에 일본인의 세력에 대응하고자 설립되었다. 무예반에는 병서와 사격 과목이 편성되었고, 무예반의 비중이 컸다는 점에서 무비자강(武備自強)을 지향했다고 할 수 있다.

① 무예학교
② 원산학사
③ 배재학당
④ 경신학당

015

1991년에 있었던 남북한 단일팀의 국제대회 참가에 관한 설명으로 옳지 않은 것은?

① 단일팀은 '코리아', 'KOREA'라는 명칭을 사용하였다.
② 제6회 포르투갈 세계청소년축구대회에서 8강에 진출하였다.
③ 제41회 지바 세계탁구선수권대회의 여자단체전에서 우승하였다.
④ 제24회 서울 올림픽경기대회 중에 열린 남북회담을 계기로 이루어졌다.

016

제5공화국의 스포츠 정책으로 옳지 않은 것은?

① 태릉선수촌이 건립되었다.
② 국군체육부대를 창설하였다.
③ 제10회 서울 아시아경기대회를 개최하였다.
④ 야구, 축구, 씨름의 프로리그가 시작되었다.

017

광복 이후 우리나라 선수단이 최초로 참가한 올림픽경기대회는?

① 제14회 런던 하계올림픽경기대회
② 제6회 오슬로 동계올림픽경기대회
③ 제15회 헬싱키 하계올림픽경기대회
④ 제5회 생모리츠 동계올림픽경기대회

018

광복 이후 제5공화국까지의 체육에서 나타난 사상적 특징으로 옳지 않은 것은?

① 우수선수의 육성을 우선하는 엘리트주의가 나타났다.
② 「국민체육진흥법」의 국위선양은 국가주의를 나타낸다.
③ 국가 주도의 강한 신체 훈련을 앞세우는 실존주의가 나타났다.
④ 건전하고 강인한 국민성의 함양을 강조하는 건민주의가 나타났다.

019

'국민생활체육진흥종합계획(호돌이 계획)'의 내용으로 옳은 것은?

① 제24회 서울 올림픽경기대회를 대비하고자 추진되었다.
② 「국민체육진흥법」을 제정하여 스포츠 클럽을 체계적으로 관리하였다.
③ 국민생활체육협의회의 창설과 직장체육 프로그램의 보급이 이루어졌다.
④ 전문체육 육성을 위한 국가대표 연금과 우수선수 병역 혜택의 제도가 도입되었다.

020

<보기>에서 광복 이후 1940년대 말까지 체육의 내용을 모두 고른 것은?

> ㄱ. 미국 '신체육'의 영향을 받았다.
> ㄴ. 일제강점기에 해산되었던 조선체육회가 재건되었다.
> ㄷ. 조선체육동지회의 결성은 민족 체육 재건의 계기가 되었다.
> ㄹ. 학도호국단이 결성되었고, 많은 체육 교사들이 교관으로 활동하였다.

① ㄱ, ㄴ
② ㄴ, ㄷ
③ ㄱ, ㄴ, ㄷ
④ ㄱ, ㄴ, ㄷ, ㄹ

해설&정답(2022년)

001	4	002	3	003	2	004	4
005	2	006	1	007	4	008	4
009	3	010	3	011	1	012	1
013	2	014	1	015	2	016	1
017	4	018	2	019	3	020	3

2022 생활스포츠지도사 필기 기출문제 [한국체육사] 풀이 해석 바로가기!

001 | ④번은 스포츠윤리에 대한 설명이다.

002 | 민요, 전설, 시가, 회고담 등은 구전사료에 속한다.
- ☑ **사료의 종류**
  - 실물사료 : 유물이나 유적 등(물적사료)
  - 기록사료 : 문자로 기록된 형태의 모든 사료(문헌사료)
  - 구비사료 : 기억이나 증언(구술), 이야기와 노래(구전) 등

003 | 부여의 제천행사는 '영고'이다.
- ☑ 고구려(동맹), 부여(영고), 동예(무천), 신라(가배), 마한(10월제)

004 | ㉠-진흥왕 시기에 화랑도 제도를 개편하여 체계화되었다.

005 | 고구려 시대의 '경당'에 대한 설명이다.

006 | 고려시대의 교육기관 중 국자감에는 무학을 가르치는 전문 강좌인 강예재가 존재하였다.

007 | 모두 맞는 설명이다.

격구	말을 타고 공을 치는 폴로의 형태의 격구는 많은 말타기 능력이 필요하면서 일종의 군사 훈련의 수단으로 활용되었으나 후기에는 귀족의 사치와 향락의 수단으로 변질되었음
궁술	대사례, 향사례를 통해 활쏘기를 장려하였으며 예종 시기에는 양현고를 세워 활쏘기 교육을 튼튼히 하였음
마술	무마, 원기, 마상재라고도 하며 6예 중 어(御)에 속하는 승마능력은 군자의 중요한 덕목으로 중요하게 생각되었음
방응	매를 이용한 사냥 놀이로서 충렬왕시기에는 매를 관리하는 응방도감을 설치하고 방응을 관장하기도 하였음

008 | ④-선발인원은 향시와 원시 기준으로 제한이 있었으며 일부 서얼까지도 응시가 가능하였지만 과목의 특성상 무신의 집안에서 주로 세습되는 모습을 보였다.

009 | '석전'에 대한 설명이다.
①-항아리 안에 화살을 던져 넣는 놀이
②-윷놀이와 유사한 형태로 나무로 만든 주사위를 던지는 놀이
④-바둑과 유사한 놀이

010 | ④-불국토 사상은 신라 시대 화랑도에서 찾아볼 수 있는 사상이다.

011 | ①-대한국민체육회는 개화기 시기 설립되었다.
- 개화기 설립단체 : 대한체육구락부, 황성기독청년회, 대한국민체육회, 대동체육구락부
- 일제강점기 설립단체 : 조선체육회, 조선체육협회, 관서체육회, 다양한 청년회(한용단)

012 | ㉠-박신자, ㉡-김연아에 대한 설명이다.

013 | 우리나라에서 개최한 아시안게임은 1986 서울, 2002 부산, 2014 인천 등이 있다.

014 | 故 조오련 선수에 대한 내용이다.

015 | '역도'는 일제강점기에 도입된 근대스포츠이다.
- 개화기 : 체조, 육상, 수영, 축구, 야구, 농구, 연식정구
- 일제강점기 : 탁구, 배구, 스키, 골프, 럭비, 역도, 권투, 경식정구

016 | 조선체육회는 일본 주도로 설립된 '조선체육협회'에 대응하고자 창립된 우리 민족의 운동 단체이다.

017 | 1936년 일제강점기 시절 '베를린올림픽'에서 손기정 선수와 남승룡 선수가 마라톤에서 각각 금메달과 동메달을 획득하였다.

018 | ㉠-LA올림픽, ㉡-바르셀로나 올림픽이다.

019 | 호돌이 계획은 노태우 정권에서 시작한 국민생활체육진흥 3개년 계획을 부르는 별칭이다.

020 | ③-2002년 월드컵 당시 한국과 북한은 단일팀을 구성하지 않았다.

해설&정답(2023년)

001	4	002	1	003	3	004	4
005	2	006	2	007	2	008	3
009	1	010	3	011	1	012	4
013	3	014	2,3	015	1	016	4
017	3	018	2,4	019	4	020	1

2023 생활스포츠지도사 필기 기출문제 [한국체육사] 풀이 해석 바로가기!

001 | ④은 역사적 자료 '사료'에 대한 설명이다.

002 | 갑오경장(1894)을 기준으로 전통체육과 근대체육으로 구분한다.

003 | '윷놀이'에 대한 설명이다.
부여의 사출도에는 마가, 우가, 저가, 구가가 있었으며 각각 말, 소, 돼지, 개를 의미하는데 이를 동물의 빠르기로 나열하여 윷놀이에서 도, 개, 윷, 모로 사용하기도 한다.

004 | ④ 귀족과 서민층 모두 포함되었다. 화랑은 주로 우두머리 계급으로 귀족의 자제가 맡았으며 낭도들은 소귀족이나 서민들도 포함되어 있었다.

005 | '축국'에 대한 설명이다.

006 | **고려시대 계층별 민속놀이 종류**
- 귀족 - 격구, 방응, 투호
- 서민 - 축국, 씨름(각저), 추천, 풍연, 석전

007 | ② '응방도감'은 매를 이용한 사냥(방응)을 담당하던 기관이다.

008 | ㉠ 훈련원에서는 무학교육기관으로서 무관을 양성하고 무과시험을 주관 및 무예훈련을 담당하였다.

009 | ① 육예 중 '사'에 해당하였다.
☑ '어'는 말타는 능력을 의미한다.

010 | '무예도보통지'에 대한 설명이다.

011 | '오산학교'에 대한 설명이다.
- 관립학교 : 동문학, 육영공원 등
- 민간학교 : 원산학사, 오산학교, 대성학교, 휘문의숙 등
- 기독학교 : 배재학당, 이화학당, 경신학교 등

012 | ① 원산학사에 대한 설명이다.
② 화류회는 영어학교에서 최초로 실시되었다.
③ 미션스쿨은 외국인 선교사들의 주도로 설립되었다.

013 | ① - 희동구락부
② - 청강체육부
④ - 체조연구회에 대한 설명이다

014 | ②번 동아일보사의 후원으로 설립된 것은 조선체육회이다.
☑ 서상천의 체조학교 졸업년도 오기로 3번도 복수정답처리(1923년)

015 | '황성기독교청년회(YMCA)'에 대한 설명이다.

016 | 모두 맞는 설명이다.

017 | '태권도'에 대한 설명이다.

018 | ② 2차세계대전 전범국인 독일과 일본은 출전할 수 없었다.
④ 문동성 선수의 경우 훈련 중 부상으로 인하여 올림픽에 참여할 수 없었으며 중복답안으로 인정되었음

019 | 2018년에는 평창동계올림픽을 개최하였다.

020 | 분단 이후에 남북은 1991년에 만나 단일팀 구성을 위한 기본합의서를 채택하였고 제41회 지바세계탁구 선수권대회 및 제6회 포르투갈세계청소년 축구대회에 출전하였다.

해설&정답(2024년)

001	2	002	2	003	3	004	1
005	4	006	1	007	1	008	3
009	3	010	3	011	1	012	4
013	2	014	2	015	4	016	1
017	4	018	3	019	2	020	4

▶ 2024 생활스포츠지도사 필기 기출문제 [한국체육사] 풀이 해석 바로가기!

001 | ⓒ-역사 연구에서는 가치평가보다 사실 확인이 우선하여야 한다.

002 | ㉠-무천은 동예의 제천의식
㉡-가배는 신라의 제천의식에 해당한다.
☑ **부족국가별 제천의식**

> 부여-영고, 고구려-동맹, 동예-무천, 신라-가배, 마한-10월제

003 | <보기>의 내용에서 육체적인 고통을 극복하면서 어른이 되는 과정(큰사람)이 나타나므로 성년 의식에 해당한다.

004 | ㉠과 ㉡은 맞는 보기이다.
ⓒ-훈련원은 백제가 아니라 조선 시대의 무관 양성기관을 뜻한다.

005 | 고려시대의 최고 교육기관은 국자감이며 이곳에는 무학과 관련된 교육을 하는 강예재가 있었다.

006 | 고려시대의 신체활동 특징은 귀족과 서민의 계층 문화가 발달한 것이며 그 중 격구는 귀족이 향유하는 사치 문화가 되었다.

007 | 석전은 관료 선발에 활용되지 않았다. 관료 선발에 활용된 무예는 주로 궁술, 마술, 수박 등이 있다.

008 | ①,②,④번은 민속놀이에 대한 설명이며 ③은 조선시대부터 성행한 정적이면서 유희적인 활동인 '오락'에 해당한다.

009 | ③-권보는 선조의 명에 의해 간행되었다.
☑ **무예도보통지**

> 무예제보 6기(선조)와 무예신보 18기(사도세자)를 발전시킨 24기의 종합 무예서이면서 정조의 명에 따라 이덕무, 박제가, 백동수 등이 편찬을 하였다. 권법, 검법, 창 등의 무예와 마상기예가 포함되어있으며 그림과 함께 작성되어 무예를 쉽게 배우도록 한 것이 특징이다.

010 | ㉢-불국토사상은 신라 시대 화랑도와 관련된 내용으로 조선시대의 궁술과는 거리가 멀다.

011 | 고종의 교육입국조서에서 삼양의 표기 순서는 '덕양-체양-지양'의 순서이다.
☑ **고종의 교육입국조서 내용**

> 이제 짐이 교육의 강령(綱領)을 보이노니 헛이름을 물리치고 실용을 취할지어다. 곧, **덕**을 기를지니, 오륜의 행실을 닦아 속강(俗綱)을 문란하게 하지 말고, … 다음은 **몸**을 기를지니, 근로와 역행(力行)을 주로 하며, … 다음은, **지**(知)를 기를지니 사물의 이치를 끝까지 추궁함으로써 지를 닦고 성(性)을 이룩하고 …

012 | <보기>의 내용은 아펜젤러에 의해 설립된 기독교계 학교(미션스쿨) '배재학당'이다.
☑ **기타 기독교계 학교**

> 이화학당(1886): 스크랜턴 부인에 설립된 최초의 여성 교육기관
> 경신학교(1886): 언더우드에 의해 설립되었으며 고아를 대상으로 운영
> 숭실학교(1897): 베어드에 의해 평양에 설립된 교육기관

013 | ②-개화기 학교 운동회는 초기에 육상 종목 위주로 행해졌다.

014 | ②-조선체육진흥회는 일제강점기 말기(1942년)에 설립된 단체로 일본의 주관으로 설립되었다.

015 | <보기>의 내용은 체육사상가 '노백린'에 대한 설명이다.

016 | ①-원산학사는 개화기에 설립된 최초의 근대식 사립학교이므로 일제강점기의 일어난 사실로 옳지 않다.

017 | <보기>의 내용은 조선체육회에 대한 설명으로 모두 적절하다.
☑ **조선체육협회와의 비교**

> 조선체육협회는 1919년 경성야구협회 중심으로 설립된 단체로 주로 일본인 중심으로 운영되었다. 조선체육회는 이에 대항하여 1920년 창립하였으며 국내 운동가 및 유학 출신자로 구성되어 있었다.

018 | <보기>의 내용은 여운형에 대한 설명이다.

019 | 대한민국 정부의 체육정책 담당 부처의 변천 순서는 '체육부(1982)-문화체육부(1993)-문화체육관광부(2008)' 순이다.

020 | ㉠-탁구, ㉡-배구, ㉢-핸드볼에 대한 설명이다.

해설&정답(2025년)

001	2	002	4	003	1	004	3
005	2	006	3	007	1	008	1
009	4	010	2	011	2	012	2
013	3	014	2	015	4	016	1
017	4	018	3	019	3	020	4

 2025 생활스포츠지도사 필기 기출문제 [한국체육사] 풀이 해석 바로가기!

001 | 사료란 역사적인 가치를 지닌 자료를 의미한다. 고구려의 씨름에 관한 내용은 고구려 고분벽화 각저총에서 모습을 찾을 수 있다.
① - 경국대전은 조선시대의 법전이다.
② - 무령왕은 백제시대의 임금이다.
④ - 김홍도는 조선 시대의 화가이다.

002 | ㄱ, ㄷ, ㄹ은 체육사관에 대한 설명이다. 보기 ㄴ의 체육과 스포츠의 역사적 사실이나 사건 등을 기록한 것은 사료에 대한 설명이다.

003 | 대향사례는 활쏘기를 겨루면서 임금과 신하, 스승과 제자 간의 예를 갖추고 법도를 세우는 신체활동이자 행사이다. 이는 유교가 전파되는 시기와 유사하게 성행하였으며 고려시대부터 사료를 찾아볼 수 있다.

004 | 무과 별시는 조선시대에 이루어졌던 과거제도를 지칭하는 말로 신라시대의 화랑도와는 거리가 먼 설명이다.

005 | 당나라의 사료인 구당서에는 이웃 나라인 고구려에 대한 역사적인 설명이 나와 있다. 평민교육기관인 경당에서는 경전 암송뿐만 아니라 활쏘기 교육도 이루어졌다는 것을 알 수 있다.
☑ 삼국지(三國志): 중국의 삼국시대에 관한 역사서
☑ 학당(學堂): 고려시대의 유학교육기관

006 | 풍연은 연날리기를 지칭한다.
① - 석전은 돌싸움, 돌팔매질
② - 추천은 그네뛰기
④ - 축국은 공을 차고 노는 놀이를 지칭한다.

007 | ㄹ - 삼국시대에 방응을 전담하는 관청은 따로 존재하지 않았다.

008 | ① - 국왕의 친위 부대와는 관련이 없는 설명이다.
☑ 조선시대의 훈련원(訓鍊院)

> 조선 시대 군사의 시재, 무예의 훈련 및 병서의 습독을 관장했던 기관이다. 무경칠서(武經七書)란 병법과 관련한 서적으로 손자병법, 사마법 등이 그 예이다.

009 | 활인심방이란 조선시대 이황이 도가류의 의서인 '활인심'을 구하여 직접 필사한 도서이다. 여러 가지 내용 중 크게 체조와 관련한 '도인법'과 호흡과 관련한 '양생지법'이 포함되어 있어 체육사적으로 가치가 있다.

010 | 조선시대에 실시한 무과는 기본적으로 식년시(매 3년)로 행해졌다. 시험은 크게 3단계로 이루어졌으며 초시, 복시, 전시로 불리었다.
① - 소과와 대과로 구분한 것은 문과이다.
③ - 병법서 등을 보는 강서 시험은 2번째인 복시(覆試)에만 실시하였다.
④ - 3번째 전시(殿試)에서는 왕이 관장하며 기격구, 보격구 등을 보았다. 목전, 철전, 기사 등의 무예 시험은 초시(初試)에 실시되었다.

011 | 군사적 목적을 고려하여 규율에 반응하는 신체를 만드는데 유효한 체조는 '병식체조'에 대한 설명이다.

012 | 황국신민체조와 일본의 군국주의적 야욕을 드러내는 시기는 '민족 말살기'에 해당한다.

013 | 서상천은 우리나라에 역도를 도입하고 체력 증진의 중요성을 강조하였다.
ㄹ - 유억겸에 대한 설명이다.

014 | 보기는 '원산학사'에 대한 설명이다. 개항 이후 일본인의 세력에 대응하고자 설립되었으며 문예반(50명)과 무예반(200명)으로 구성되어 무예반의 비중이 큰 것으로 무비자강을 강조했다는 점에서 체육사적 가치가 있다.

015 | 서울올림픽 경기 중에는 남북회담은 이루어지지 않았다. 1990년대 초반 소련의 몰락과 함께 남북한의 고위급 회담이 성사되면서 남북한 기본 합의서가 채택되었고 체육 회담 또한 이 시기에 함께 이루어졌다.

016 | 5공화국은 대통령선거인단에 의한 대통령 간접 선출 시기로 주로 전두환 등 신군부 세력이 집권한 시기(1981년~)를 의미한다.
① - 태릉선수촌은 1966년 박정희 정부 시기에 설립되었다.

017 | 광복 이후 실제 최초로 참가한 올림픽은 제5회 생모리츠 동계올림픽이다.

018 | 강한 신체 훈련을 앞세우며 무를 중시하는 상무정신이 강조되었다.
☑ **광복 이후의 스포츠 문화 특징**

> 국가주의, 엘리트주의, 건민사상, 상무정신

019 | 노태우 정부 시기 국민 생활체육 진흥 종합계획(일명 호돌이 계획)은 엘리트 위주의 체육문화를 생활체육 중심의 대중화된 체육으로 발전시키기 위하여 추진된 계획으로 국민생활체육협의회가 창설되고 각종 직장 체육 프로그램이 보급되었다.
① - 전두환 정부 시기
②, ④ - 박정희 정부 시기의 일어난 일이다.

020 | 광복 이후는 미군정기로서 정책, 제도, 문화 등에서 미국의 큰 영향을 받았다. 이 시기에는 우선 조선체육회가 재건되었으며 조선 체육동지회가 결성되고 다양한 체육 문화 복원의 기류가 형성되었다. 학도호국단이 결성돼 많은 체육 교사들이 교관으로 활동하기도 하였다.

심화 문제 연습

001

보기는 체육사의 사료에 대한 설명이다. 옳은 설명으로 모두 고른 것은?

(가) 과거와 관련된 사실이 남아있는 모든 자료를 의미한다.
(나) 전통적인 분류 방식에 따라 크게 물적 물적사료와 인간사료로 구분한다.
(다) 물적사료는 현존하는 모든 상태의 물질적 유산으로 유물과 유적을 예로 든다.
(라) 역사 연구에서 증언이라는 명목으로 이어지는 구술 자료는 사료로의 활용이 어렵다.

① (가), (다)
② (가), (나), (다)
③ (나), (다), (라)
④ (가), (다), (라)

tip

체육사의 1~2번 문제는 주로 체육사의 개념, 사료, 시대구분, 역사관과 같은 내용이 출제됩니다. 비교적 어렵지 않게 출제되는 편으로 기출되었던 내용 중심으로 공부하여 기본 문제에서 틀리지 않도록 합니다.

☑ **전통적인 사료구분 방법**
- 물적사료: 유물이나 유적 등 물질의 형태로 존재하는 모든 것
- 기록사료: 문헌사료(문자로 기록된 사료), 구전사료(기억이나 증언의 형태의 사료)

002

다음 체육사의 시대 구분과 관련한 내용으로 옳지 <u>않은</u> 것은?

① 시대 구분은 시대별 특수성과 보편성, 타당성까지 함께 고려해야 한다.
② 주로 고대, 중세, 근대의 삼분법이나 현대를 추가한 사분법으로 분류한다.
③ 시대 구분의 불변은 절대적인 것으로 역사를 연구하는 사람에게 기준이 되어야 한다.
④ 한국체육사의 시대 구분은 주로 갑오경장을 기준으로 전통체육과 근대체육으로 나눈다.

tip

한국체육사에서 시대구분은 나현성(1995: 15)의 방식을 주로 따릅니다. 1894년 갑오경장과 그 이후의 교육입국조서 반포를 통해 우리나라가 근대 체육으로 도입했다라고 보고 있으며 그 이전을 무사체육을 강조하는 전통 체육 시기로 구분합니다. 체육사의 시대 구분은 역사가의 주관적 해석에 많은 영향을 받고 다양한 견해가 있을 수 있어 불변하는 절대적 기준이 아닌 역사를 이해하기 위한 한 가지 수단의 측면으로 볼 필요가 있습니다.

정답 01 ① 02 ③

003

다음은 보기의 내용을 보고 옳은 답변을 한 학생으로 모두 고른 것은?

- 교수: 오늘 수업은 선사·부족 국가시대의 체육에 대해서 자세히 배워보았습니다. 각자 이해한 내용을 짧게 발표해 보세요.
- 효성: 가장 중요한 단어를 뽑자면 "생존"인 것 같습니다. 살아남기 위하여 채집과 사냥이 이루어졌고 이렇게 도구를 제작하고 사용하며 동물을 사냥하는 모습에서 체육활동을 이루어졌음을 알 수 있습니다.
- 창순: 맞습니다. 이런 과정은 결국 경험자인 성인이 미경험자인 어린 사람에게 가르쳐주고 반복 연습을 시킴으로써 달성할 수 있었을 겁니다. 이런 과정을 일종의 체육교육으로도 볼 수 있을 것 같아요, 설명해주신 성년의식이 그 예가 되겠고요.
- 세현: 말 그대로 생존에 필요한 채집과 사냥이 강조되던 시기다 보니 유희적인 활동을 할 수 있는 시간이 없었을 겁니다. 놀이와 같은 유희를 할 수 있으려면 일단 의식주가 해결이 되어야하는데 이 시기엔 그럴 수 없었을 겁니다.

① 효성
② 효성, 창순
③ 창순, 세현
④ 효성, 창순, 세현

tip
선사 및 부족국가 시대에는 채집과 수렵(사냥)이 주로 이루어지던 시대입니다. 생존을 위한 체육 활동에서 국가가 발전하면서 전쟁을 위한 군사적인 활동의 모습도 보이던 시기입니다. 이 시기에는 농경이 중요하였지만 과학적인 지식이 없기 때문에 만물을 숭배하는 애니미즘이나 각종 주술의식이 함께 이루어지는 특징이 있습니다. 이런 시기라도 많은 유희적 민속놀이가 성행하였다고 보여집니다. 유희는 인간의 본능이기에 집단 내에서가 집단 간의 사냥놀이나 전쟁놀이와 같은 유희 활동이 이루어졌을 것으로 추정하고 있습니다.

004

다음의 특징을 갖는 민속놀이의 명칭은?

- 두 사람이 서로를 맞잡고 힘을 겨루는 경기이다.
- 씨름, 썰렘, 쎄기유, 삼보 등 국가마다 내용은 같지만 다른 명칭으로 불리울렸다.

① 각저
② 격구
③ 축국
④ 수박

tip
부족국가 시대 전부터 인류에게는 많은 신체활동이 요구되었고 생존을 위한 활동과 더불어 놀이나 유희 또한 항상 역사적으로 함께 변화되어왔습니다. 삼국시대는 전쟁이 빈번하게 발생하던 사회적 상황과 관련하여 군사적 활동이 많이 이루어지면서도 다양한 민속놀이와 오락 또한 성행하였던 시기였습니다.

☑ **삼국시대의 유희적 체육활동**
- 민속놀이: 각저, 격구, 축국, 수박, 석전, 방응, 마상재
- 오락활동: 추천, 투호, 저포, 위기, 쌍륙, 줄다리기, 술래잡기, 널뛰기, 장기

005

다음은 신라시대의 화랑도에 대한 설명이다. 옳지 않은 것을 고르면?

① 심신의 단련을 통한 도덕적 인간의 육성을 추구하였다.
② 국토순례를 통해 자신들의 땅이 불국토임을 확신하고자 하였다.
③ 신체의 미(美)를 중시하였으며 심신 일체적 신체관의 토대가 되었다.
④ 법률로서 제정된 정식 국가기관으로 촌락 공동체의 청소년 교육의 역할을 하였다.

📢 tip

신라 시대의 청소년 단체 "화랑도"는 매년 출제되는 중요한 내용입니다. 중요성에 비해 역사적인 자료가 많지 않아 지금까지 기출되었던 화랑도에 대한 내용만 잘 알고 있어도 대부분의 문제를 풀 수 있는 편입니다. 화랑도는 고대 한반도에서 체계적인 체육 활동을 실시했던 의미있는 청소년 단체였지만 정식 국가기관으로 먼저 제정된 것은 아니며 자생적으로 유지 운영되어 오다가 진흥왕 시대에 와서 제도화되었습니다.

006

다음 빈칸에 들어갈 교육기관으로 알맞게 짝지은 것은?

(가)	• 고려시대 지방에 설치된 교육기관 • 유학의 전파와 지방민의 교화를 목적으로 한다. • 향촌 법도와 문화의 정립을 위해 향사례를 매년 봄, 가을에 실시하였다.
(나)	• 조선시대 설치된 무사양성기관 • 관설과 민간이 존재하며 전국에 설치되어 습사를 장려하였다.

	(가)	(나)		(가)	(나)
①	향교	훈련원	②	향교	사정
③	학당	훈련원	④	학당	사정

📢 tip

삼국시대 및 고려·조선 시대에 교육기관은 자주 출제되는 문제입니다. 다양한 교육기관이 있지만 그 중에서 가장 중요한 것은 체육과 유사한 활동이 일어난 기관입니다. 활쏘기를 실시했던 고구려의 "경당", 향사례가 이루어졌던 고려시대의 "향교", 무예 교육이 이루어졌던 조선시대의 "훈련원"과 "사정" 등이 그 예가 되겠습니다.

정답 05 ④   06 ②

[7~8] 다음 보기를 읽고 문항에 답하시오.

왕이 무신들의 불평을 짐작하고 (㉠)으로 후하게 상을 주어 그들을 위로하려 한 것이었다. 그러자 한뢰는 무신이 왕의 총애를 받을까 염려하여 시기심을 품었다. 대장군 이소응이 비록 무인이었지만 얼굴이 마르고 힘도 약해 한 사람과 수박을 하였으나 이기지 못하고 달아나자 한뢰가 갑자기 나서며 이소응의 뺨을 때렸으므로 계단으로 떨어졌다. 그러자 여러 신하들이 손뼉을 치며 크게 웃었다.

<○○사절요 의종 24년>

007

<보기>의 내용 중 밑줄 친 (㉠)에 해당하는 무예 체육의 명칭은?

① 수박
② 궁술
③ 마술
④ 각력

008

보기에 해당 하는 일이 일어난 시대에 관련된 체육사적 사실이 아닌 것은?

① 예종 시기 활쏘기 교육을 담당하기 위한 기관으로 육일각이 설치되었다.
② 최고의 교육기관인 국자감에 무학교육과 관련한 과정인 강예재가 존재했었다.
③ 활쏘기 교육이 강조되었으며 왕이 행차하여 궁술로 인재를 뽑는 열사라는 제도도 있었다
④ 매를 이용한 사냥 놀이가 성행하였으며 충렬왕 시기 이를 관장하는 기관인 응방도감이 있었다.

💡 tip

<보기>에 내용은 고려시대에 일어난 무신반란에 원인이 된 "오병수박희 사건"입니다. 이 사건으로 인하여 무신정권이 세워졌으며 무인 집권기에는 무예가 더욱 발달을 하게 되었습니다. 특히 맨손과 발을 이용한 무술의 격인 "수박"은 무인에게 적극 권장되었으며 무인집권기 중 명종 시대에는 출세에 중요한 방법이 되기도 하였습니다. 활쏘기 교육도 강조가 되었으며 예종 시기에는 양현고라는 장학 기관을 설치하여 궁술을 비롯한 각종 교육을 장려하였습니다.

009

다음 중 조선시대에 실시한 무과제도에 대한 설명으로 옳지 않은 것은?

① 정규시험은 초시-복시-전시 등 3단계로 진행되며 초시에는 향시와 원시가 있었다.
② 전시에서는 불합격자가 없이 최종 선발된 28인에게 순위를 가려 품계를 부여하였다.
③ 복시에서는 병법서와 관련된 시험인 강서만 진행하였으며 전시에서 무예를 시험 보았다.
④ 3년마다 시행되는 정규시험인 식년시와 임시로 시행되는 증광시, 별시, 정시 등이 있었다.

💡 tip

고려시대와 달리 조선시대에서는 무인 선발을 위한 과거제도, 무과(武科)가 실시되었습니다. 정규시험은 3년마다 실시되었고 중간마다 비정규시험도 있었습니다. 시험은 크게 3단계로 진행되었으며 지방에서 실시하는 향시와 훈련원에서 실시하는 원시로 최초 선발하여 한양에서 2차 시험으로 강서와 무예를 시험보게 하였습니다.
3차 시험 전시에서는 28명의 최종 순위를 가려 갑, 을, 병의 등급을 차등부여하였습니다.

010

다음 보기에서 설명하는 시대에 일어난 무예와 관련된 사실 중 옳지 않은 것은?

- 주자가례(朱子家禮)를 국민의 기본규범으로 두고 삼강오륜(三綱五倫)을 도덕률로 삼았다.
- 전 국민을 병사로 삼고 겨울 농한기에 군사훈련을 습득시키는 병농일치(兵農一致)를 기저로 하였다.
- 유교적 관료국가로서 불교를 배척하고 유교를 숭상하는 배불숭유(排佛崇儒)를 국가이념으로 두었다.

① 무인과 문인, 일반 백성도 활쏘기를 예로써 익히고 체육활동으로써 즐겼다.
② 격구(擊毬)의 대중화 양상이 변질되어 사치스런 모습으로 변화하여 폐단이 심각하였다.
③ 수박희(手搏戲)는 선군종목으로 중시되면서 말기에는 전국적인 민속경기로 보급되었다.
④ 국방에 만전을 기하기 위해 정조의 명에 따라 무예도보통지(武藝圖譜通志)를 편찬하였다.

> **tip**
> 보기는 조선시대에 대한 설명입니다. 조선시대의 무예체육의 모습을 살펴보면 활쏘기의 경우 무인뿐만 아니라 문인, 일반백성에게도 강조되던 무예 활동이었습니다. 육일각(六一閣)이라고 하는 교육기관이 존재하였으며 이 곳에서 대사례로 행해졌고 지방의 향교에서도 향사례가 실시되었습니다. 격구의 경우 고려시대의 변질된 모습을 비판하면서 종목 자체로 갖는 국방적 의미를 높이 평가되어 다시 강조되었으며 무과시험의 한 과목으로도 실시되었습니다.

011

다음 보기의 (가), (나)에서 설명하는 민속놀이의 명칭으로 옳은 것은?

(가)
- 주로 정월 대보름 무렵과 사월 초파일부터 단오절에 행해졌다.
- 젊은 남성들이 양편으로 나누어 서로 마주 보고 돌을 던지는 놀이이다.
- 민중의 전통경기로서 국속(國俗), 무(武), 관중스포츠, 운동경기의 특징을 지닌다

(나)
- 초판희, 도판희라고도 불리운다.
- 긴 널빤지 한가운데에 짚단이나 가마니로 밑을 괴고 마주 보며 번갈아 뛰던 놀이이다.
- 음력 정월에 그네뛰기와 같이 전국적으로 행해지던 대표적인 민속놀이이다.

	(가)	(나)		(가)	(나)
①	석전(石戰)	판무(板舞)	②	석전(石戰)	추천(鞦韆)
③	차전(車戰)	사희(柶戲)	④	차전(車戰)	위기(圍碁)

> **tip**
> 고려 및 조선시대에 행해진 민속놀이 및 유희는 자주 출제되는 문제입니다. 각각의 놀이의 형태와 어떠한 명칭으로 불리웠는지 잘 알고 있어야 합니다. 차전(車戰)은 동채싸움이라고도 불리우며 외바퀴 수레를 만들어 편을 짜서 서로 싸우는 것을 의미합니다. 차전에 패한 편은 그해 흉년이 든다고 점쳤습니다.
> ☑ 여러 가지 민속놀이 : 추천(鞦韆) - 그네뛰기, 사희(柶戲) - 윷놀이, 위기(圍碁) - 바둑

정답 10 ② 11 ①

012

다음 보기에서 설명하는 개화기 시대에 일어난 사건으로 옳지 않은 것은?

- 이 시기는 근대 체육의 "수용기"로 불리운다.
- 1884년 갑신정변 이후 각종 학교에 체조 과목이 포함되었으며 다양한 서구 스포츠가 도입이 되던 시기이다.

① 배재학당, 이화학당, 경신학당 등의 미션스쿨에 서구의 체조 및 스포츠가 도입되었다.
② 최초의 근대적 사립교육기관인 "원산학사"가 설립되었고 문예반과 무예반이 존재하였다.
③ 고종이 교육조서(敎育詔書)를 반포하면서 덕양과 체양, 지양을 힘쓸 것을 명백히 제시하였다.
④ 영어학교에서 최초의 운동회인 '화류회'가 개최되었으며 학교 간 연합운동회로 발전하였다.

> **tip**
>
> 개화기 및 일제강점기의 시기 구분은 매우 중요합니다. 기존의 문제는 어렵게 출제되지 않았으나 위 문제처럼 개화기 내에서 자세히 시기 구분을 묻는 문제가 나오면 난이도가 어려워질 수 있어서 자세히 공부해야 할 필요가 있습니다. 보기의 내용은 기독교계 사립학교와 관립학교 정규 교육과정에 체조과목이 편성되던 '근대 체육의 수용기'를 의미합니다. 이 시기에는 미션스쿨을 중심으로 다양한 서구 스포츠가 도입이 되었으며 운동회가 활성화되면서 스포츠가 더욱 널리 행해지고 또 이를 바탕으로 한 민족운동이 일어나고 애국심을 고취시키는 기회가 되었습니다. 원산학사의 경우 수용기가 아닌 태동기에 설립된 교육기관입니다.

013

보기는 설명에 들어갈 말로 바르게 짝지어진 것은?

이곳은 근대 스포츠 활동이 가장 활발하게 전개된 곳이다. 1895년 5월 10일 관제가 공포되며 마침내 최종 설립되었다. 이곳에서는 체조가 정식 교과목으로 채택되지는 않았으나 병식체조와 기계체조를 통해 항시 신체단련을 했으며 선교사들에 의해서 다양한 서구 스포츠도 소개되었다. 대표적인 인물로는 (㉠)가 있는데 이 사람은 한국 근대 교육의 선구자로서 이 학교의 교장을 역임했다. 당시 그가 황성신문에 게재한 체육교육에 대한 글에는 "…체육 교과목을 소홀히 하여 교칙에 따르지 않는 사람이 생기면 퇴학 처분을 하리라"라는 내용이 들어있다. 이러한 내용을 미루어 보아 그는 학교 교육과정에서 체육을 매우 중요하게 생각했던 인물이었음을 알 수 있다.

	학교명	인물		학교명	인물
①	관립 외국어 학교	이종태	②	관립 외국어 학교	노백린
③	이화학당	이종태	④	이화학당	노백린

> **tip**
>
> 개화기 시대에는 다양한 근대학교가 설립이 되었습니다. 각 학교별 설립자나 실시했던 여러 체육활동들에 대해서 정확히 알고 있어야 합니다. 본문의 경우 1895에 설립된 관립 외국어 학교에 대한 설명으로 통역관 양성과 외국어 교육을 목적으로 설립이 되었지만 함께 들어온 선교사들에 의해 다양한 서구 스포츠가 도입이 되면서 최초의 운동회인 '화류회'가 실시되는 등 근대 체육 발전에 많은 영향을 미쳤습니다.

014

다음에서 설명하는 개화기 시기 설립된 체육 단체의 명칭으로 옳은 것은?

- 1904년 4월 11일 결성하여 개화기 결성된 체육 단체 중 가장 왕성한 활동을 하였다.
- 1906년 훙천사에서의 운동회, 1909년 훈련원 - 시대 대운동회를 개최하였다.
- 회장 터너와 총무 질레트 등의 노력으로 우리나라 근대 스포츠 발달에 큰 역할을 하였다.

① 대한체육구락부 ② 황성기독교청년회
③ 대한국민체육회 ④ 대동체육구락부

tip

보기의 내용은 개화기 시기 가장 왕성한 활동을 했던 '황성기독교청년회'에 대한 설명입니다. YMCA(기독교청년회)는 선교를 목적으로 설립이 되었으나 실제로는 교육·계몽·체육 등에서 많은 역할을 하였습니다. 특히 종교의 테두리 안에서 이루어진 스포츠 활동들은 일제의 간섭을 벗어나 자유롭고 활발하게 이루어지면서 근대 스포츠의 문화 발전에 많은 영향을 미쳤던 단체입니다.

015

다음 보기의 일제강점기 시기의 설명을 순서에 따라 올바르게 배열한 것은?

(가) 각 종 운동회 및 경기를 개최하고 다양한 스포츠를 지원하였다. 다만 민족을 효율적으로 지배하기 위한 기만정책으로 민족을 이간시키려는 수단으로 이용되었다.
(나) 병식체조 중심의 학교체육을 유럽과 미국의 새로운 유희적 체조로 변화시켰다. 근대적인 체육교육의 모습이 보였으나 실제로는 일제의 식민교육정책의 일환이었다.
(다) 전시 사상 교육을 위한 교육령을 공포하고 군사적 목적 달성을 위한 수단으로 체련, 교련, 무도와 같은 종목 위주의 체육교육이 이루어졌다.

① (가)-(나)-(다) ② (가)-(다)-(나)
③ (나)-(가)-(다) ④ (나)-(다)-(가)

tip

일제강점기의 시기를 크게 무단통치기, 문화통치기, 민족말살기로 구분할 수 있습니다. 각 시기별로 체육교육이 어떻게 변화하였는지 잘 알고 있어야 합니다. 무단 통치기에는 한일이 병합되면서 조선교육령이 반포되고 체육교육이 구체화되는 모습이 보였습니다. 다만 이는 우리나라의 교육발달을 위하여 실시되었다기보다는 일제의 통치를 합법화하기 위한 수단으로 보는 편이 더 맞습니다. 3·1운동 이후 거센 저항이 우려되었던 일본은 문화통치로 체제를 바꾸고 유화되는 모습을 보였습니다. 그러나 중일전쟁과 태평양전쟁이 발발하고 조선을 대륙 침략의 기지화하면서 체육교육이 군사주의적 교육으로 퇴보하는 모습을 보이게 됩니다.

정답 14 ② 15 ③

016

다음 중 일제강점기에 도입된 스포츠 문화가 아닌 것을 고르면?

① 역도
② 권투
③ 골프
④ 유도

📢 tip

체육사에서는 스포츠나 각종 체육문화가 우리나라로 도입된 시기도 중요하게 여깁니다. 특히 개화기와 일제강점기의 구분 문제 중 스포츠의 도입된 시기 문제가 자주 출제되어 해당 부분을 잘 알고 있어야 합니다.
- 개화기 도입 스포츠 : 체조, 육상, 검도, 사이클, 수영, 축구, 유도, 연식정구, 야구, 농구(체육검사근수축유연야농)
- 일제강점기 도입 스포츠 : 권투, 럭비, 테니스, 배구, 스키, 역도, 골프(권럭테배스역전골)

017

다음에서 설명하는 일제강점기 시기 체육단체와 관련된 체육사적 사실과 다른 것을 하나 고르면?

1919년 3·1 독립운동으로 일본의 조선에 대한 통치정책이 바뀌고 스포츠 활동이 본격적으로 행해졌다. 이와 더불어 변봉현(동아일보 기자)은 장래 조선운동계를 위해 운동기관을 설립할 것을 강조하였고 그 조건으로 동지의 규합과 경비의 조달을 제안하였다. 그로 인하여 1920년 7월 13일 일본유학생, 국내운동가, 동아일보사의 후원으로 조선스포츠계를 대표하는 이것이 설립되었다.

① 1920년 11월에 개최한 제1회 전조선야구대회는 전국체육대회의 효시이다.
② 고려구락부를 모체로 설립되었으며 전 조선을 대표하는 운동단체가 목표였다.
③ 보다 폭넓은 활동을 위해 조선체육협회와 통합하여 다양한 스포츠 사업을 이어나갔다.
④ 체육에 관한 조사연수 및 선전, 도서발행, 각종 경기대회를 주최하며 많은 사업을 하였다.

📢 tip

일제강점기 시기 가장 중요한 체육단체는 '조선체육회'입니다. 현재 우리나라 체육단체 중 가장 크고 중요한 역할을 하는 대한체육회의 전신이 조선체육회입니다. 조선체육협회와 비교하여 출제가 많이 되므로 비교해서 잘 알고 있어야 되겠습니다.

018

다음에서 설명하는 올림픽 대회는?

- 냉전체제를 종식 이후 동서화합을 이루었던 세계평화의 장
- 여자 핸드볼 종목에 올림픽 역사상 최초의 구기 종목 금메달을 획득
- 금12, 은10, 동11, 종합 4위로 올림픽 역사상 최대의 성과를 기록한 대회

① 1988 서울 올림픽
② 2000 시드니 올림픽
③ 2004 아테네 올림픽
④ 2008 베이징 올림픽

> **tip**
> 체육사에서는 올림픽이나 아시안게임 같은 각종 대회와 관련된 역사 문제가 출제됩니다. 여기서 주로 봐야할 것은 우리나라가 각종 대회에 참가하여 기록한 성과로써 최초로 참가한 대회, 최초의 금메달을 딴 대회와 같이 타이틀이 있는 내용이 중요합니다. 또한 우리나라에서 개최한 올림픽이나 아시안게임은 자주 출제가 되는 편이니 개최년도와 장소, 특징은 꼭 알고 있어야 하겠습니다.

019

다음 보기에서 설명하는 인물은?

> - 1932 제8회 조선신궁경기대회 마라톤 1위, 1936년 베를린 올림픽 마라톤 동메달
> - 어두운 시대적 상황에서도 제11회 베를린올림픽 마라톤 동메달을 획득하며 국민에게 희망을 전달함.
> - 대한육상연맹 이사, 도쿄올림픽 마라톤감독, 대학교수 등 다방면으로 활약하며 대한민국 육상의 역사를 써내려갔음

① 남승룡
② 손기정
③ 민관식
④ 이봉주

> **tip**
> 대한체육회에서는 매년 스포츠영웅을 선정하고 있습니다. 스포츠를 통해 이 시대에 귀감이 되고 사회통합과 국위선양에 기여한 분을 추천과 평가를 통해 선정하고 있습니다. 체육사에는 인물을 맞히는 문제가 1~2문제 출제가 되는데 2022년도의 경우 스포츠영웅이 문제로 출제가 되었습니다. 스포츠 영웅으로 선정된 분들 모두 체육사적으로 의미가 있으신 분들이기에 인물 공부를 할 겸 쭉 훑어보는 것도 좋을 듯 합니다.　　(대한체육회 홈페이지 - 체육인복지 [대한민국 스포츠영웅] 참고)

020

다음 보기의 내용을 읽고 빈칸에 들어갈 말로 알맞게 고른 것은?

> 종전의 남북체육교류가 주로 정부 차원에서 이루어졌다면 (㉠)부터는 민간기업 주도로 남북한 체육교류가 추진되었다. 현대그룹은 평양에 실내 종합체육관을 건설하여 기부하였고 그 기공식 전인 9월에 제1차 (㉠)가 열렸다. 이듬해 평양의 현지공장 설립을 앞두고 삼성전자가 평양실내체육관에 전광판을 기증한 것을 기념하며 남북통일탁구대회가 열린 것도 그 예이다.

① 1999년 남북통일농구대회
② 1999년 남북노동자축구농구대회
③ 2000년 남북통일탁구대회
④ 2001년 남북태권도시범경기

> **tip**
> 체육사에서는 남북한체육교류나 여성스포츠인에 관련된 내용도 가끔씩 출제가 됩니다. 내용의 양에 비해 문제는 1문제 정도 출제가 되므로 모든 내용을 암기하기보다는 중요하다고 생각되는 것 위주로 가볍게 읽어보면서 공부할 필요가 있습니다.
> 중요한 내용 위주로 7일완성 스포츠지도사 교재에 정리하여 담아두었으니 확인하시면 되겠습니다.

정답 19 ②　20 ①

운동생리학

1. 출제경향 및 출제포커스
2. 4개년 기출문제(2022~2025)
3. 4개년 기출문제 해설(2022~2025)
4. 심화문제연습

운동생리학

출제경향

출제범위	2022 개수(비율)	2022 문항 번호	2023 개수(비율)	2023 문항 번호	2024 개수(비율)	2024 문항 번호	2025 개수(비율)	2025 문항 번호
운동생리학의 개관	2(10%)	1, 8	2(10%)	7, 16	1(5%)	10	1(5%)	9
에너지 대사와 운동	1(5%)	17	4(20%)	1, 9, 12, 13	3(15%)	3, 4, 14	5(25%)	1, 2, 3, 4, 6
신경조절과 운동	3(15%)	6, 18, 20	3(15%)	10, 14, 18	2(10%)	7, 8	1(5%)	5
골격근과 운동	5(25%)	4, 10, 12, 14, 16	4(20%)	2, 5, 19, 20	6(30%)	1, 2, 6, 12, 19, 20	4(20%)	7, 14, 15, 18
내분비계와 운동	1(5%)	19	1(5%)	17	3(15%)	13, 15, 16	2(10%)	13, 17
호흡·순환계와 운동	7(35%)	3, 5, 7, 9, 11, 13, 15	5(25%)	3, 6, 8, 11, 15	4(20%)	4, 5, 17, 18	6(30%)	8, 10, 11, 16, 19, 20
환경과 운동	1(5%)	2	1(10%)	4	1(5%)	9	2(10%)	12, 20

출제포커스

운동생리학은 전반적으로 난이도가 있는 과목입니다. 인체와 관련하여 명칭 같은 기본적인 지식들을 외우고 있어야 하고 나아가 운동 상황에서의 우리 몸의 변화를 설명할 수 있어야 하기 때문입니다. 다만 새롭게 출제되는 내용이 거의 없으며 각 단원별로 중요한 내용이 문제 유형만 조금 달리하여 반복 출제되기 때문에 기출되었던 내용 중심으로 공부하면 기본 이상의 점수를 충분히 획득할 수 있습니다.

2025년 총평

24년도에 매우 어렵게 출제된 것에 비하여 25년도는 매년 출제되던 수준으로 다시 돌아왔습니다. 물론 생리학이라는 과목이 단시간에 공부하기에는 다소 어려운 과목이긴 하지만 대부분의 운동, 스포츠에서 생리학적 지식은 지도 활동에 큰 도움이 되기 때문에 어려워도 추천하는 과목 중 하나입니다.

2026년 예상

전체적인 난이도 수준은 비슷하게 출제될 것으로 예상됩니다. 이 과목을 공부하다 보면 처음에는 용어도 생소하고 문제 하나하나 어려워 무슨 말인지 이해가 안 되지만 기출문제를 반복해서 풀어보고 계속해서 학습하다 보면 어느 순간 깨달음이 오는 구간이 있습니다. 왜냐하면 결국 운동을 했을 때 일어나는 우리 몸의 변화는 서로 연결되어 있기 때문입니다. 그 구간만 지나면 운동생리학은 알아가는 즐거움이 가득 찬 과목이 됩니다. 선택하신 분들은 그 즐거움을 느끼셨으면 좋겠습니다.

기출문제(2022년)

001
<보기>에서 설명하는 트레이닝의 원리는?

- 트레이닝의 효과는 운동에 동원된 근육에서만 발생한다.
- 근력 향상을 위해서는 저항성 트레이닝이 적합하다.

① 특이성의 원리 ② 가역성의 원리
③ 과부하의 원리 ④ 다양성의 원리

002
체온 저하 시 생리적 반응으로 적절한 것은?
① 심박수 증가
② 피부혈관 확장
③ 땀샘의 땀 분비 증가
④ 골격근 떨림(shivering) 증가

003
지구성 트레이닝 후 최대 동-정맥 산소차(maximal arterial-venous oxygen difference) 증가에 기여하는 요인으로 적절하지 않은 것은?
① 미토콘드리아 크기 증가
② 미토콘드리아 수 증가
③ 모세혈관 밀도 감소
④ 총 혈액량 증가

004
<보기>에서 운동유발성 근육경직(exercise-associated muscle cramps)을 방지하기 위한 방법으로 적절한 것을 모두 고른 것은?

㉠ 발생하기 쉬운 근육을 규칙적으로 스트레칭 한다.
㉡ 필요 시 운동 강도와 지속 시간을 감소시킨다.
㉢ 수분과 전해질의 균형을 유지한다.
㉣ 탄수화물 저장량을 낮춘다.

① ㉠
② ㉠, ㉡
③ ㉠, ㉡, ㉢
④ ㉠, ㉡, ㉢, ㉣

005
1회 박출량(stroke volume)에 관한 설명으로 적절하지 않은 것은?
① 심실 수축력이 증가하면 1회 박출량은 증가한다.
② 평균 동맥혈압이 감소하면 1회 박출량은 증가한다.
③ 심장으로 돌아오는 정맥혈 회귀(venous return)가 감소하면 1회 박출량은 감소한다.
④ 수축기말 용적(end-systolic volume)에서 확장기말 용적(end-diastolic volume)을 뺀 값이다.

006
<보기>에서 설명하는 중추신경계 기관은?

- 시상과 시상하부로 구성된다.
- 시상은 감각을 통합·조절한다.
- 시상하부는 심박수와 심장 수축, 호흡, 소화, 체온, 식욕 및 음식 섭취를 조절한다.

① 간뇌(diencephalon) ② 대뇌(cerebrum)
③ 소뇌(cerebellum)   ④ 척수(spinal cord)

007

직립 상태에서 폐-혈액 간 산소확산 능력은 안정 시와 비교하여 운동 시 증가한다. 이에 기여하는 요인으로 적절한 것은?

① 폐포와 모세혈관 사이의 호흡막(respiratory membrane) 두께 증가
② 증가한 혈압으로 인한 폐 윗부분(상층부)으로의 혈류량 증가
③ 폐정맥 혈액 내 높은 산소분압
④ 폐동맥 혈액 내 높은 산소분압

008

건강체력 요소 측정으로만 나열되지 않은 것은?

① 오래달리기 측정, 생체전기저항분석(bioelectric impedance analysis)
② 앉아윗몸앞으로굽히기 측정, 윗몸일으키기 측정
③ 배근력 측정, 제자리높이뛰기 측정
④ 팔굽혀펴기 측정, 악력 측정

009

운동하는 근육으로의 혈류량을 증가시키는 국소적 내인성(intrinsic) 자율조절 요소로 적절하지 않은 것은?

① 수소이온, 이산화탄소, 젖산 등 대사 부산물
② 부신수질로부터 분비된 카테콜아민(catecholamine)
③ 혈관 벽에 작용하는 압력에 따른 근원성(myogenic) 반응
④ 혈관내피세포(endothelial cell)에서 생성된 산화질소, 프로스타글란딘(prostaglandin), 과분극인자(hyperpolarizing factor)

010

<보기>의 ㉠~㉢에 들어갈 용어가 바르게 나열된 것은?

【근육수축 과정】
- 골격근막의 활동전위는 가로세관(T-tubule)을 타고 이동하여 근형질세망(sarcoplasmic reticulum)으로부터 (㉠) 유리를 자극한다.
- 유리된 (㉠)은 액틴(actin) 세사의 (㉡)에 결합하고, (㉡)은 (㉢)을 이동시켜 마이오신(myosin) 머리가 액틴과 결합할 수 있도록 한다.

	㉠	㉡	㉢
①	칼륨	트로포닌	트로포마이오신
②	칼슘	트로포마이오신	트로포닌
③	칼륨	트로포마이오신	트로포닌
④	칼슘	트로포닌	트로포마이오신

011

<그림>은 폐활량계를 활용하여 측정한 폐용적(량)을 나타낸 것이다. ㉠~㉣에서 안정 시와 비교하여 운동 시 변화에 대한 설명으로 적절한 것은?

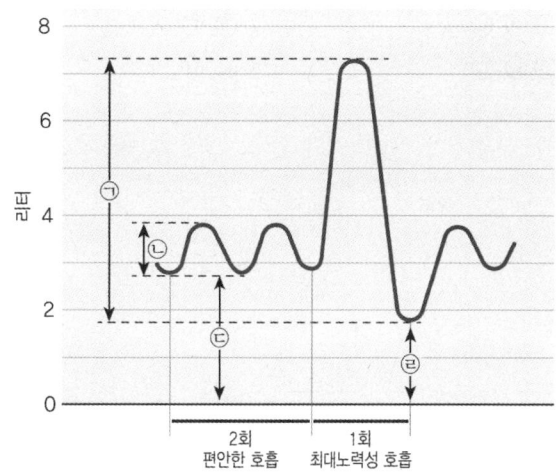

① ㉠:증가
② ㉡:감소
③ ㉢:감소
④ ㉣:증가

012

<보기> 중 저항성 트레이닝 후 생리적 적응으로 적절한 것을 모두 고른 것은?

> ⊙ 골 무기질 함량 증가
> ⓒ 액틴(actin) 단백질 양 증가
> ⓒ 시냅스(synapse) 소포 수 감소
> ㉢ 신경근접합부(neuromuscular junction) 크기 감소

① ⊙
② ⊙, ⓒ
③ ⊙, ⓒ, ⓒ
④ ⊙, ⓒ, ⓒ, ㉢

013

<보기> 중 지구성 트레이닝 후 1회 박출량(stroke volume) 증가에 기여하는 요인으로 적절한 것만 나열된 것은?

> ⊙ 동일한 절대 강도 운동 시 확장기말 용적(end-diastolic volume) 감소
> ⓒ 동일한 절대 강도 운동 시 수축기말 용적(end-systolic volume) 증가
> ⓒ 동일한 절대 강도 운동 시 확장기(diastolic) 혈액 충만 시간 증가
> ㉢ 동일한 절대 강도 운동 시 심박수 감소

① ⊙, ⓒ
② ⊙, ⓒ
③ ⓒ, ⓒ
④ ⓒ, ㉢

014

<보기>의 (⊙), (ⓒ)에 들어갈 내용이 바르게 나열된 것은?

> • 골격근의 신장성 수축은 수축 속도가 (⊙) 더 큰 힘이 생성된다.
> • 동일 골격근에서 단축성 수축은 신장성 수축에 비해 같은 속도에서 더 (ⓒ) 힘이 생성된다.

	⊙	ⓒ		⊙	ⓒ
①	빠를수록	작은	②	느릴수록	작은
③	느릴수록	큰	④	빠를수록	큰

015

혈액순환 시 혈압의 감소가 가장 크게 발생하는 혈관은?

① 모세혈관(capillary)　② 세동맥(arteriole)
③ 세정맥(venule)　　④ 대동맥(aorta)

016

스프린트 트레이닝 후 나타나는 생리적 적응이 바르게 나열된 것은?

① 속근 섬유 비대-해당과정을 통한 ATP 생산능력 향상
② 지근 섬유 비대-해당과정을 통한 ATP 생산능력 향상
③ 속근 섬유 비대-해당과정을 통한 ATP 생산능력 저하
④ 지근 섬유 비대-해당과정을 통한 ATP 생산능력 저하

017

<보기>의 (㉠), (㉡)에 들어갈 용어가 바르게 나열된 것은?

> 지방의 베타(β) 산화는 중성지방으로부터 분리된 (㉠)이 미토콘드리아 내에서 여러 단계를 거쳐 (㉡)(으)로 전환되는 과정을 뜻한다.

	㉠	㉡
①	유리지방산 (free fatty acid)	아세틸 조효소-A (Acetyl CoA)
②	유리지방산 (free fatty acid)	젖산 (lactic acid)
③	글리세롤 (glycerol)	아세틸 조효소-A (Acetyl CoA)
④	글리세롤 (glycerol)	젖산 (lactic acid)

018

<보기>의 (㉠), (㉡)에 들어갈 용어가 바르게 나열된 것은?

> 운동 시 교감신경계가 활성화되면, 골격근으로의 혈류량은 (㉠)하고 내장기관으로의 혈류량은 (㉡)한다.

	㉠	㉡		㉠	㉡
①	감소	증가	②	감소	감소
③	증가	감소	④	증가	증가

019

<보기>중 적절한 것으로만 나열된 것은?

> ㉠ 인슐린(insulin)은 혈당을 증가시킨다.
> ㉡ 성장호르몬(growth hormone)은 단백질 합성을 감소시킨다.
> ㉢ 에리스로포이에틴(erythropoietin)은 적혈구 생산을 촉진시킨다.
> ㉣ 항이뇨호르몬(antidiuretic hormone)은 수분손실을 감소시킨다.

① ㉠, ㉡ ② ㉠, ㉢
③ ㉡, ㉣ ④ ㉢, ㉣

020

<그림>은 막 전위의 변화를 나타낸 것이다. ㉠~㉣ 중 탈분극(depolarization)에 해당하는 시점은?

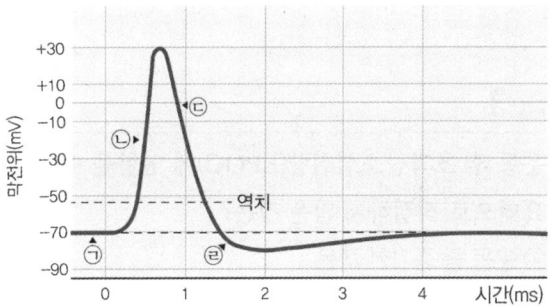

① ㉠ ② ㉡
③ ㉢ ④ ㉣

기출문제(2023년)

001
ATP를 합성하는데 사용되는 에너지원이 아닌 것은?
① 근중성지방 ② 비타민C
③ 글루코스 ④ 젖산

002
근수축에 필수적인 Ca^{2+} 이온을 저장, 분비하는 근육 세포 내 소기관은?
① 근형질세망(sarcoplasmic reticulum)
② 위성세포(satellite cell)
③ 미토콘드리아(mitochondria)
④ 근핵(myonuclear)

003
운동 후 초과산소섭취량(EPOC)에 영향을 미치는 요인으로 적절하지 않은 것은?
① 운동 중 증가한 체온
② 운동 중 증가한 젖산
③ 운동 중 증가한 호르몬(에피네프린, 노르에피네프린)
④ 운동 중 증가한 크레아틴인산(phosphocreatine, PC)

004
수중 운동 시 체온유지를 위한 요인으로 옳지 않은 것은?
① 폐활량 ② 체지방량
③ 운동 강도 ④ 물의 온도

005
운동강도 증가에 따라 동원되는 근섬유 순서로 옳은 것은?
① Type II a섬유→Type II x섬유→Type I 섬유
② Type II x섬유→Type II a섬유→Type I 섬유
③ Type I 섬유→Type II a섬유→Type II x섬유
④ Type I 섬유→Type II x섬유→Type II a섬유

006
장기간 규칙적 유산소 훈련의 결과로 최대 운동 시 나타나는 심폐기능의 적응으로 옳은 것을 모두 고른 것은?

> ㉠ 최대산소섭취량 증가
> ㉡ 심장용적과 심근수축력 증가
> ㉢ 심박출량 증가

① ㉠, ㉡ ② ㉠, ㉢
③ ㉡, ㉢ ④ ㉠, ㉡, ㉢

007
항상성 유지를 위한 신체 조절 중 부적피드백(negative feedback)이 아닌 것은?
① 세포외액의 CO_2 조절
② 체온 상승에 따른 땀 분비 증가
③ 혈당 유지를 위한 호르몬 조절
④ 출산 시 자궁 수축 활성화 증가

008

운동 중 1회 박출량(stroke volume) 증가 원인으로 옳지 않은 것은?

① 대동맥압 증가에 따른 후부하(after load) 증가
② 호흡펌프작용에 의한 정맥회귀(venous return) 증가
③ 골격근 수축에 의한 근육펌프작용 증가
④ 교감신경 자극에 의한 심근 수축력 증가

009

<보기>의 ㉠, ㉡에 들어갈 내용이 바르게 연결된 것은?

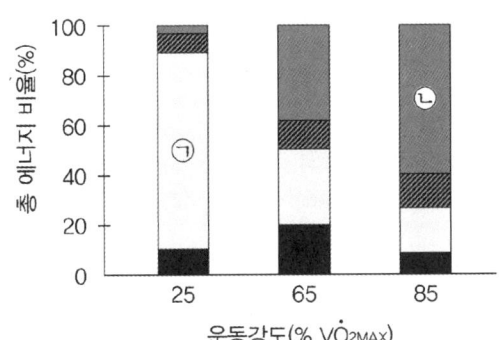

훈련한 운동 선수의 운동강도에 따른 에너지원 사용

	㉠	㉡
①	혈중 포도당	근중성지방
②	혈중 유리지방산	근글리코겐
③	근글리코겐	혈중 포도당
④	근중성지방	혈중 유리지방산

010

운동 중 소뇌의 기능에 대한 설명으로 옳은 것을 모두 고른 것은?

㉠ 골격근 운동 조절의 최종 단계 역할
㉡ 빠른 동작의 정확한 수행을 위한 통합 조절
㉢ 고유수용기로부터 유입되는 정보를 활용하여 동작 수정

① ㉠, ㉡
② ㉠, ㉢
③ ㉡, ㉢
④ ㉠, ㉡, ㉢

011

운동에 따른 환기량의 변화로 옳은 것을 모두 고른 것은?

㉠ 운동 시작 직전에는 운동 수행에 대한 기대감으로 환기량이 증가할 수 있다.
㉡ 운동 초기 환기량 변화의 주된 요인은 경동맥에 위치한 화학수용기 반응이다.
㉢ 운동 강도가 증가하면 1회 호흡량은 감소하고 호흡수는 현저히 증가한다.
㉣ 회복기 환기량은 운동 중 생성된 체내 수소이온 및 이산화탄소 농도와 관련 있다.

① ㉠, ㉡
② ㉠, ㉢
③ ㉠, ㉣
④ ㉡, ㉢, ㉣

012

<보기>의 (㉠), (㉡)에 들어갈 내용이 바르게 연결된 것은?

1개의 포도당 분해에 따른 유산소성 ATP 생성		
대사적 과정	고에너지 생산	ATP 누계
해당작용	2 ATP	2
	2 NADH	7
피루브산에서 아세틸조효소A 까지	2 NADH	12
(㉠)	2 ATP	14
	6 NADH	29
	2 FADH₂	(㉡)
합계		(㉡) ATP

	㉠	㉡		㉠	㉡
①	크랩스회로	32	②	β산화	32
③	크랩스회로	35	④	β산화	35

013

체중이 80kg인 사람이 10METs로 10분간 달리기 했을 때 소비 칼로리는? (단, 1MET = 3.5㎖ · kg^{-1} · min^{-1}, O_2 1L 당 5Kcal 생성)

① 130Kcal
② 140Kcal
③ 150Kcal
④ 160Kcal

014

<보기>는 신경 세포의 안정 시 막전위에 영향을 주는 Na$^+$과 K$^+$에 대한 그림이다. ㉠~㉣에 들어갈 내용이 바르게 연결된 것은?

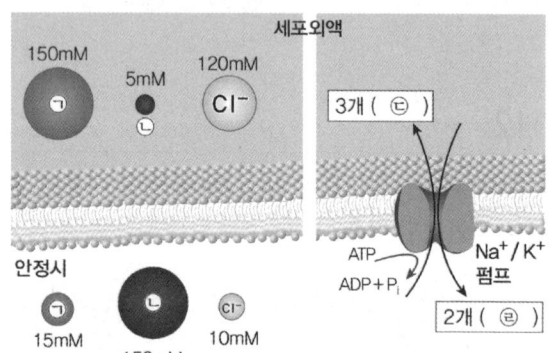

	㉠	㉡	㉢	㉣
①	K$^+$	Na$^+$	Na$^+$	K$^+$
②	Na$^+$	K$^+$	Na$^+$	K$^+$
③	K$^+$	Na$^+$	K$^+$	Na$^+$
④	Na$^+$	K$^+$	K$^+$	Na$^+$

015

<보기>의 최대산소섭취량 공식에서 장기간 지구성 훈련에 의해 증가되는 요소를 모두 고른 것은?

최대산소섭취량=㉠ 최대1회박출량×㉡ 최대심박수× ㉢ 최대동정맥산소차

① ㉠
② ㉠, ㉡
③ ㉠, ㉢
④ ㉡, ㉢

016

<보기>의 내용이 모두 증가되었을 때 향상되는 건강체력 요소는?

- 모세혈관의 밀도
- 미토콘드리아의 수와 크기
- 동정맥 산소차(arterial-venous oxygen difference)

① 유연성
② 순발력
③ 심폐지구력
④ 근력

017

1시간 이내의 중강도 운동 시 시간 경과에 따라 혈중 농도가 점차 감소하는 호르몬은?

① 에피네프린(epinephrine)
② 인슐린(insulin)
③ 성장호르몬(growth hormone)
④ 코르티솔(cortisol)

018

<보기>에서 설명하는 고유수용기는?

- 감각 및 운동신경의 말단이 연결되어 있다.
- 감마운동뉴런을 통해 조절된다.
- 근육의 길이 정보를 중추신경계로 보낸다.

① 근방추(muscle spindle)
② 골지건기관(Golgi tendon organ)
③ 자유신경종말(free nerve ending)
④ 파치니안 소체(Pacinian corpuscle)

019

근력 결정요인으로 옳지 않은 것은?

① 근육 횡단면적   ② 근절의 적정 길이
③ 근섬유 구성비   ④ 근섬유막 두께

020

상완이두근의 움직임에 대한 근육 수축 형태로 옳지 않은 것은?

① 자세를 유지할 때 - 등척성 수축
② 턱걸이 올라갈 때 - 단축성 수축
③ 턱걸이 내려갈 때 - 신장성 수축
④ 공을 던질 때 - 등속성 수축

기출문제(2024년)

001
지구성 훈련에 의한 지근섬유(Type I)의 생리적 변화로 옳지 않은 것은?
① 모세혈관 밀도 증가
② 마이오글로빈 함유량 감소
③ 미토콘드리아의 수와 크기 증가
④ 절대 운동강도에서의 젖산 농도 감소

002
유산소성 트레이닝을 통한 근육 내 미토콘드리아 변화와 관련된 설명으로 옳지 않은 것은?
① 근원섬유 사이의 미토콘드리아 밀도 증가
② 근육 내 젖산과 수소 이온(H^+) 생성 감소
③ 손상된 미토콘드리아 분해 및 제거율 감소
④ 근육 내 크레아틴인산(phosphocreatine) 소모량 감소

003
운동 중 지방분해를 촉진하는 요인으로 옳지 않은 것은?
① 인슐린 증가
② 글루카곤 증가
③ 에피네프린 증가
④ 순환성(cyclic) AMP 증가

004
운동에 대한 심혈관 반응에 관한 설명으로 옳은 것은?
① 점증 부하 운동 시 심근산소소비량 감소
② 고강도 운동 시 내장 기관으로의 혈류 분배 비율 증가
③ 일정한 부하의 장시간 운동 시 시간 경과에 따른 심박수 감소
④ 고강도 운동 시 활동근의 세동맥(arterioles) 확장을 통한 혈류량 증가

005
〈보기〉의 ㉠, ㉡에 들어갈 용어가 바르게 나열된 것은?

- 심장의 부담을 나타내는 심근산소소비량은 심박수와 (㉠)을 곱하여 산출한다.
- 산소섭취량이 동일한 운동 시 다리 운동이 팔 운동에 비해 심근산소소비량이 더 (㉡) 나타난다.

	㉠	㉡
①	1회 박출량	높게
②	1회 박출량	낮게
③	수축기 혈압	높게
④	수축기 혈압	낮게

006

골격근의 수축 특성을 결정하는 요인에 대한 설명 중 <보기>의 ㉠, ㉡에 들어갈 용어가 바르게 연결된 것은?

- 특이장력 = 근력/(㉠)
- 근파워 = 힘×(㉡)

	㉠	㉡
①	근횡단면적	수축속도
②	근횡단면적	수축시간
③	근파워	수축속도
④	근파워	수축시간

007

<보기>의 ㉠~㉢에 들어갈 용어가 바르게 나열된 것은?

수용기	역할
근방추	(㉠) 정보 전달
골지건기관	(㉡) 정보 전달
근육의 화학수용기	(㉢) 정보 전달

	㉠	㉡	㉢
①	근육의 길이	근육 대사량	힘 생성량
②	근육 대사량	힘 생성량	근육의 길이
③	근육 대사량	근육의 길이	힘 생성량
④	근육의 길이	힘 생성량	근육 대사량

008

<그림>은 도피반사(withdrawal reflex)와 교차신전반사(crossed-extensor reflex)를 나타낸 것이다. 이에 관한 설명으로 옳지 않은 것은?

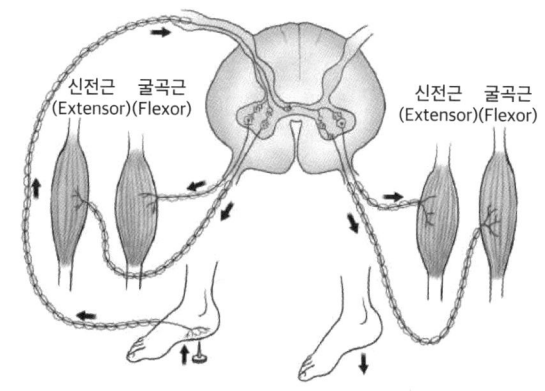

① 반사궁 경로를 통해 통증 자극에 대한 빠른 반사가 일어난다.
② 통증 수용기로부터 활동전위가 발생하여 척수로 전달된다.
③ 신체 균형을 유지하기 위해 반대편 대퇴의 굴곡근 수축이 억제된다.
④ 통증을 회피하기 위해 통증 부위 대퇴의 굴곡근과 신전근이 동시에 수축된다.

009

<보기>에서 고온 환경의 장시간 최대하 운동 시 운동수행능력을 저하시키는 요인으로 옳은 것만을 모두 고른 것은? (단, 심각한 탈수 현상은 발생하지 않는 환경)

ㄱ. 글리코겐 고갈 가속   ㄴ. 근혈류량 감소
ㄷ. 1회 박출량 감소   ㄹ. 운동단위 활성 감소

① ㄱ, ㄷ
② ㄱ, ㄴ, ㄹ
③ ㄴ, ㄷ, ㄹ
④ ㄱ, ㄴ, ㄷ, ㄹ

010

〈보기〉의 조건으로 트레드밀 운동 시 운동량은?

- 체중 = 50kg
- 트레드밀 속도 = 12km/h
- 운동시간 = 10 분
- 트레드밀 경사도 = 5%
(단, 운동량(일) = 힘×거리)

① 300 kpm
② 500 kpm
③ 5,000 kpm
④ 30,000 kpm

011

에너지 대사 과정과 속도조절효소의 연결이 옳지 않은 것은?

	에너지 대사 과정	속도조절효소
①	ATP-PC 시스템	크레아틴 키나아제 (creatine kinase)
②	해당작용	젖산 탈수소효소 (lactate dehydrogenase)
③	크렙스회로	이소시트르산탈수소효소 (isocitrate dehydrogenase)
④	전자전달체계	사이토크롬산화효소 (cytochrome oxidase)

012

〈보기〉에서 근육의 힘, 파워, 속도의 관계에 대한 설명 중 옳은 것만을 모두 고른 것은?

ㄱ. 단축성(concentric) 수축 시 수축 속도가 빨라짐에 따라 힘(장력) 생성은 감소한다.
ㄴ. 신장성(eccentric) 수축 시 신장 속도가 빨라짐에 따라 힘(장력) 생성은 증가한다.
ㄷ. 근육이 발현할 수 있는 최대 근파워는 등척성(isometric) 수축 시에 나타난다.
ㄹ. 단축성 수축 속도가 동일할 때 속근섬유가 많을수록 큰 힘을 발휘한다.

① ㄱ, ㄴ, ㄷ
② ㄱ, ㄴ, ㄹ
③ ㄱ, ㄷ, ㄹ
④ ㄴ, ㄷ, ㄹ

013

카테콜라민에 대한 설명으로 옳지 않은 것은?

① 부신피질에서 분비
② 교감신경의 말단에서 분비
③ α1 수용체 결합 시 기관지 수축
④ β1 수용체 결합 시 심박수 증가

014

〈보기〉의 에너지 대사 과정에 관한 설명 중 옳은 것만을 모두 고른 것은?

ㄱ. 해당과정 중 NADH는 생성되지 않는다.
ㄴ. 크렙스 회로와 베타산화는 미토콘드리아에서 관찰되는 에너지 대사 과정이다.
ㄷ. 포도당 한 분자의 해당과정의 최종산물은 ATP 2분자와 피루브산염 2분자(또는 젖산염 2분자)이다.
ㄹ. 낮은운동강도(예 : VO_2max 40%)로 30분 이상 운동 시 점진적으로 호흡교환율이 감소하고 지방 대사 비중은 높아진다.

① ㄱ, ㄴ
② ㄱ, ㄹ
③ ㄴ, ㄷ
④ ㄴ, ㄷ, ㄹ

015

운동 중 혈중 포도당 농도를 유지하기 위한 호르몬에 대한 설명으로 옳지 않은 것은?

① 성장호르몬 - 간에서 포도당신생합성 증가
② 코티솔 - 중성지방으로부터 유리지방산으로 분해 촉진
③ 노르에피네프린 - 골격근 조직 내 유리지방산 산화 억제
④ 에피네프린 - 간에서 글리코겐 분해 촉진 및 조직의 혈중 포도당 사용 억제

016

운동 중 수분과 전해질 균형에 관한 설명으로 옳은 것만을 모두 고른 것은?

> ㄱ. 장시간의 중강도 운동 시 혈장량과 알도스테론 분비는 감소한다.
> ㄴ. 땀 분비로 인한 혈장량 감소는 뇌하수체 후엽의 항이뇨호르몬 분비를 유도한다.
> ㄷ. 충분한 수분 섭취 없이 장시간 운동 시 체내 수분 재흡수를 위해 레닌-안지오텐신 II 호르몬이 분비된다.
> ㄹ. 운동에 의한 땀 분비는 수분 상실을 초래하며 혈중 삼투질 농도를 감소시킨다.

① ㄱ, ㄷ
② ㄱ, ㄹ
③ ㄴ, ㄷ
④ ㄴ, ㄹ

017

〈표〉는 참가자의 폐환기 검사 결과이다. 〈보기〉에서 옳은 것만을 모두 고른 것은?

참가자	1회 호흡량 (mL)	호흡률 (회/min)	분당환기량 (mL/min)	사강량 (mL)	폐포 환기량 (mL/min)
주은	375	20	( )	150	( )
민재	500	15	( )	150	( )
다영	750	10	( )	150	( )

> ㄱ. 세 참가자의 분당환기량은 동일하다.
> ㄴ. 다영의 폐포 환기량은 분당 6L/min이다.
> ㄷ. 주은의 폐포 환기량이 가장 크다.

① ㄱ, ㄴ
② ㄱ, ㄷ
③ ㄴ, ㄷ
④ ㄱ, ㄴ, ㄷ

018

1회 박출량(stroke volume) 증가 요인으로 옳지 않은 것은?

① 심박수 증가
② 심실 수축력 증가
③ 평균 동맥혈압(MAP) 감소
④ 심실 이완기말 혈액량(EDV) 증가

019

골격근 섬유에 관한 설명으로 옳은 것은?

① 근수축에 필요한 칼슘(Ca^{2+})은 근형질세망에 저장되어 있다.
② 운동 단위(motor unit)는 감각뉴런과 그것이 지배하는 근섬유의 결합이다.
③ 신경근 접합부(neuromuscular junction)에서 분비되는 근수축 신경전달물질은 에피네프린이다.
④ 지연성 근통증은 골격근의 신장성(eccentric) 수축보다 단축성(concentric) 수축 시 더 쉽게 발생한다.

020

지근섬유(Type I)와 비교되는 속근섬유(Type II)의 특성으로 옳은 것은?

① 높은 피로 저항력
② 근형질세망의 발달
③ 마이오신 ATPase의 느린 활성
④ 운동신경세포(뉴런)의 작은 직경

기출문제(2025년)

001
400m 트랙을 약 60초로 전력 질주 시 가장 많이 기여하는 에너지 공급 시스템에서 1분자의 글루코스(glucose) 분해로 얻을 수 있는 ATP 수는?
① 2
② 4
③ 16
④ 18

002
중-고강도 운동 시 필요한 ATP 합성에 사용되지 <u>않는</u> 기질(substrate)은?
① 혈중 알부민
② 혈중 포도당
③ 근육 글리코겐
④ 근육 중성지방

003
<보기>에서 장기간의 무산소 트레이닝에 따른 생리학적 적응으로 옳은 것만을 모두 고른 것은?

> ㄱ. 산화 능력 증가
> ㄴ. 근육의 수축 속도 증가
> ㄷ. 미토콘드리아 밀도 증가
> ㄹ. PCr 또는 PFK 효소의 양 및 활성도 증가

① ㄱ, ㄴ
② ㄴ, ㄹ
③ ㄱ, ㄴ, ㄹ
④ ㄱ, ㄷ, ㄹ

004
<보기>에서 설명하는 에너지 대사 과정은?

> • 무산소성 에너지 시스템이다.
> • 에너지 투자와 에너지 생산 단계로 구성된다.
> • 대사 과정의 최종 산물로 피루브산염 또는 젖산염을 생성한다.

① 지방분해(lipolysis)
② 해당과정(glycolysis)
③ 동화작용(anabolism)
④ 산화적 인산화(oxidative phosphorylation) 과정

005
<보기>에서 설명하는 감각수용기는?

> • 주동근의 수축을 억제한다.
> • 근육 손상을 예방하는 기능을 한다.
> • 근육-건 복합체의 장력 변화를 감지한다.

① 근방추
② 파치니소체
③ 골지건기관
④ 마이스너소체

006
<보기>에서 장기간 유산소 트레이닝에 의한 생리적 적응 현상으로 옳은 것만을 모두 고른 것은?

> ㄱ. 좌심실 용적 증가
> ㄴ. 마이오글로빈 함유량 증가
> ㄷ. 1회 박출량(stroke volume) 증가
> ㄹ. 골격근 내 모세혈관 밀도 증가

① ㄱ, ㄴ
② ㄱ, ㄷ, ㄹ
③ ㄴ, ㄷ, ㄹ
④ ㄱ, ㄴ, ㄷ, ㄹ

007

<보기>의 골격근 수축 과정에 관한 설명 중 ㉠~㉢에 들어갈 용어로 옳은 것은?

- 활동전위(action potential)는 가로세관(T-tubles)으로 이동하여 (㉠)에서 (㉡) 방출을 자극한다.
- (㉠)에서 방출된 (㉡)이 트로포닌(troponin)과 결합하게 되면 (㉢)의 위치를 이동시켜 마이오신 머리(myosin head)와 액틴 필라멘트(actin filament)가 강하게 결합하게 한다.

	㉠	㉡	㉢
①	원형질막	아세틸콜린	근절
②	원형질막	칼슘이온	트로포마이오신
③	근형질세망	아세틸콜린	근절
④	근형질세망	칼슘이온	트로포마이오신

008

그림의 산소-헤모글로빈 해리 곡선을 참고하여 <보기>에서 옳은 것만을 모두 고른 것은?

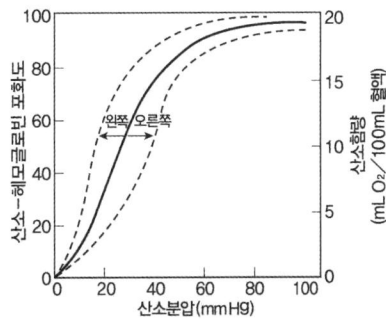

ㄱ. 운동에 의한 체온상승(예: 심부온도 상승)은 헤모글로빈의 산소 친화력(affinity)을 높인다.
ㄴ. 고강도 운동 시 동-정맥 산소 차이(arteriovenous oxygen difference)는 안정 시와 비교하여 감소한다.
ㄷ. 고강도 운동에 의한 혈중 젖산 농도 증가는 산소-헤모글로빈 해리 곡선을 오른쪽으로 이동시킨다.
ㄹ. 운동 중 증가한 혈중 이산화탄소는 헤모글로빈의 산소 해리(dissociation)를 높이는데, 이를 보어 효과(Bohr effect)라고 한다.

① ㄱ, ㄴ
② ㄱ, ㄷ
③ ㄴ, ㄹ
④ ㄷ, ㄹ

009

<보기>에서 건강관련체력 요인으로 옳은 것만을 모두 고른 것은?

ㄱ. 근력
ㄴ. 유연성
ㄷ. 근지구력
ㄹ. 신체구성
ㅁ. 심폐지구력

① ㄱ, ㄴ, ㄹ
② ㄱ, ㄷ, ㅁ
③ ㄴ, ㄷ, ㄹ, ㅁ
④ ㄱ, ㄴ, ㄷ, ㄹ, ㅁ

010

<보기>에서 동방결절(SA node)에 관한 특성으로 옳은 것만을 모두 고른 것은?

ㄱ. 심장의 페이스메이커(pacemaker)로 불림
ㄴ. 전도체계 중 가장 빠른 내인성 박동률을 가짐
ㄷ. 심실이 혈액을 충만하게 모을 수 있도록 자극전도 시간을 지연시킴
ㄹ. 다른 심장 전도 시스템보다 약 6배 빠르게 전기적 자극을 심실 전체로 전달하여 심실의 거의 모든 부위가 동시에 수축할 수 있게 함

① ㄱ, ㄴ
② ㄱ, ㄴ, ㄷ
③ ㄱ, ㄷ, ㄹ
④ ㄴ, ㄷ, ㄹ

011

안정 시와 운동 중 심장 주기에 따른 좌심실의 용적과 압력을 나타낸 곡선을 참고하여 <보기>에서 옳은 것만을 모두 고른 것은?

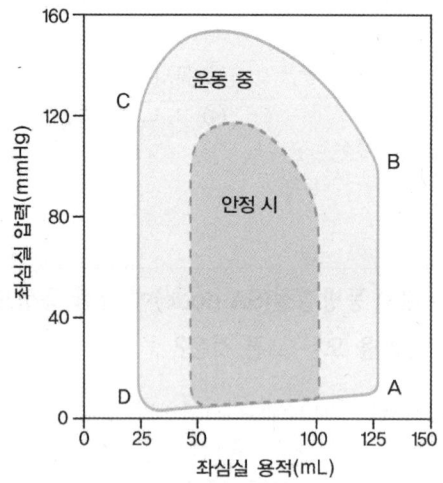

ㄱ. A~B 구간은 이첨판(bicupid valve)과 대동맥 판막(aortic valve)이 모두 닫힌 상태이며, 이를 등용적 수축(isovolumic contraction)이라고 한다.
ㄴ. 운동 중 좌심실 수축력의 증가는 C시점에서의 좌심실 용적 증가로 이어진다.
ㄷ. 안정 시와 운동 중 좌심실 박출률(%ejection fraction)은 동일하다.
ㄹ. D~A 구간의 증가는 1회 박출량 증가로 이어진다.

① ㄱ, ㄴ
② ㄱ, ㄹ
③ ㄴ, ㄷ
④ ㄷ, ㄹ

012

<보기>에서 고지대 환경에서 장기간 노출 시 나타나는 생리학적 적응으로 옳은 것만을 모두 고른 것은?

ㄱ. 심박출량 증가
ㄴ. 모세혈관 밀도 증가
ㄷ. 근육 단면적 증가
ㄹ. 산소운반능력 증가

① ㄱ, ㄷ
② ㄴ, ㄹ
③ ㄱ, ㄷ, ㄹ
④ ㄴ, ㄷ, ㄹ

013

운동 자극에 관한 신체 내 기관(organs)과 기능에 대한 설명이다. ㉠~㉢에 해당하는 것으로 옳은 것은?

기능 \ 기관	뇌하수체	부신	㉠
고온다습한 환경에서 운동 중 체액량 조절을 위한 호르몬을 분비한다.	㉡	○	×
중강도 이상 운동 중 교감신경의 영향을 받아 호르몬(㉢)을 분비한다.	×	○	×
부교감신경인 미주 신경(vagus nerve)이 위치하며, 운동 종료 후 심박수를 낮춘다.	×	×	○

○: 맞음, ×: 틀림

	㉠	㉡	㉢
①	연수	○	에피네프린
②	뇌간	×	알도스테론
③	대뇌피질	○	에피네프린
④	대뇌피질	×	알도스테론

014

단축성 수축 시 그림의 골격근 초미세구조를 참고하여 <보기>에서 옳은 것만을 모두 고른 것은?

ㄱ. I 밴드의 길이는 변하지 않는다.
ㄴ. A 밴드의 길이는 변하지 않는다.
ㄷ. 근절(sarcomere)의 길이는 짧아진다.
ㄹ. 액틴(actin)과 마이오신(myosin)의 길이는 짧아진다.

① ㄱ, ㄴ
② ㄱ, ㄹ
③ ㄴ, ㄷ
④ ㄷ, ㄹ

015

<보기>에서 속근섬유(type Ⅱ) 관한 특성으로 옳은 것만을 모두 고른 것은?

ㄱ. 피로 저항이 높음
ㄴ. 수축 속도가 빠름
ㄷ. 산화 능력이 높음
ㄹ. 칼슘이온 방출 속도가 빠름

① ㄱ, ㄴ
② ㄱ, ㄷ
③ ㄴ, ㄹ
④ ㄷ, ㄹ

016

순환계의 구조와 기능에 관한 설명으로 옳지 않은 것은?

① 혈액의 역류를 막기 위해 하지동맥 내에 판막이 존재한다.
② 호르몬 수송 및 면역기능 조절은 순환계의 기능 중 하나이다.
③ 관상동맥(coronary artery)은 심장근에 혈액을 공급하는 혈관이다.
④ 폐순환의 주요 기능은 폐에서의 가스 교환(예 이산화탄소 배출)이다.

017

<보기>에서 설명하는 호르몬은?

• 간의 글리코겐을 분해한다.
• 췌장 알파세포에서 분비된다.
• 혈중 글루코스 농도를 높인다.

① 인슐린
② 코티졸
③ 글루카곤
④ 에피네프린

018

골격근의 운동단위(motor unit) 동원에 관한 설명으로 옳지 않은 것은?

① 동원된 운동단위의 증가는 근 수축력 증가로 이어진다.
② 운동단위는 운동신경과 그에 연결된 근섬유를 지칭한다.
③ 저강도 운동(예 VO2max 30% 이하) 시 Type IIx 근섬유가 가장 먼저 동원된다.
④ Type I 근섬유의 운동단위는 Type II 근섬유 운동단위보다 활성화 역치가 낮다.

019

<보기>의 ㉠, ㉡에 들어갈 용어는?

• (㉠)은 근육조직에서 산소를 저장하고, 운반하는 데 중요한 역할을 한다.
• 적혈구용적률이 증가하면 혈액의 점성은 (㉡)한다.

	㉠	㉡
①	헤모글로빈	감소
②	헤모글로빈	증가
③	마이오글로빈	감소
④	마이오글로빈	증가

020

<보기>에서 운동 중 혈류 재분배(blood re-distribution)에 관한 설명으로 옳은 것만을 모두 고른 것은?

ㄱ. 운동 시 골격근의 산소 요구량을 충족하기 위해 비활동 조직으로의 혈류량은 감소한다.
ㄴ. 최대 운동 시 심박출량은 증가하지만 안정 시와 비교하여 기관별(예 신장, 내장, 골격근 등) 혈류 분배 비율은 동일하다.
ㄷ. 고강도 운동에 참여하는 골격근의 세동맥(arterioles) 혈관 저항은 안정 시와 비교하여 감소한다.

① ㄱ, ㄴ
② ㄱ, ㄷ
③ ㄴ, ㄷ
④ ㄱ, ㄴ, ㄷ

해설&정답(2022년)

001	1	002	4	003	3	004	3
005	4	006	1	007	2	008	3
009	2	010	4	011	3	012	2
013	4	014	1	015	2	016	1
017	1	018	3	019	4	020	2

 2022 생활스포츠지도사 필기 기출문제 [운동생리학] 풀이 해석 바로가기!

001 | 특이성의 원리에 대한 설명이다.

002 | 체온 저하 시의 생리적 반응
- 심박수 감소, 심박출량 감소
- 피부 혈관 수축 및 골격근의 수축
- 근육의 떨림 증가
- 혈액 온도 감소에 따른 최대산소섭취량 감소
- 카테콜아민 분비 증

003 | 최대 동-정맥 산소차의 증가는 조직에서의 산소추출 및 이용능력의 확대를 의미한다.
- 미토콘드리아의 수 증가
- 미토콘드리아 크기 증가
- 모세혈관 밀도 증가
- 총 혈액량 증가
- 헤모글로빈 증가
- 마이오글로빈 증가 등

004 | 운동유발성 근육경직 예방방법
- 주요 근육의 규칙적 스트레칭
- 운동강도와 지속시간 조절
- 수분과 전해질 보충 등 균형유지
- 탄수화물 저장량 증가(운동부하에 대한 저항능력 증가)

005 | 1회 박출량 : 심장이 한번 수축할 때 뿜어내는 혈액량
- ☑ 계산방법
  이완기말 혈액량 - 수축기말 혈액량
- ☑ 영향요인 : 심실의 수축력, 평균 동맥혈압, 정맥혈 회귀량, 총 혈액량 등

006 | 간뇌에 대한 설명이다.

007 | 직립 상태에서는 '중력'의 영향으로 폐를 통과하는 혈액량이 비교적 적지만 운동 시에는 폐 전체적인 혈류량이 증가하여 폐-혈액 간 산소확산 능력이 증가함

008 | 배근력 측정과 제자리 높이뛰기는 순발력을 측정하는 방법으로 건강체력요소에 속하지 않는다.

종류	요소
건강체력	근력, 근지구력, 심폐지구력, 유연성, 체지방량
운동체력	민첩성, 평형성, 순발력, 협응력, 반응시간, 스피드

009 | 부신 수질의 카테콜아민(에피네프린, 노르에피네프린)은 내인적 자율조절 요소가 아닌 호르몬에 의한 외인성 조절 요소에 속한다.

010 | 근수축과정에 대한 설명이다.

순서	특징
안정	- 근원세사가 서로 상호작용하지 않음 - ATP 분자가 십자형교에 뭉쳐있음 - 근형질세망에 많은 칼슘 저장 상태
자극 - 결합	- 근신경연접부에서 아세틸콜린 방출 - 근형질세망에서 칼슘 유리 - 트로포닌에 칼슘 부착 - 트로포마이오신 결합 - 액틴과 마이오신 결합(액토마이오신)
수축	- ATP가 분해되면서 에너지 발생 - 에너지에 의해 십자형교 회전 - 액틴이 마이오신 쪽으로 당겨짐
재충전	- ATP 재합성 - 액토마이오신이 분리 - 액틴과 마이오신 재순환
이완	- 아세틸콜린 분비 중지 - 칼슘 펌프에 의해 칼슘의 소포 재이동 - 안정 시 근육상태 유지

011 | ㉠ 폐활량 : 폐가 보유할 수 있는 최대 호흡 가스 양
☑ 운동 시 : 대체로 큰 변화가 없다
㉡ 1회 호흡량 : 한번 숨을 쉴 때마다 폐로 들어오는 공기량
☑ 운동 시 : 안정 상태의 5~6배까지 증가
㉢ 기능적 잔기량 : 정상적 호흡 후 폐에 남은 가스의 양
☑ 운동 시 : 호기 예비 용적 감소에 따라 감소
㉣ 잔기량 : 최대 호기 후 폐에 남아있는 가스의 양
☑ 운동 시 : 변하지 않는다

012 | 저항성 트레이닝 후의 생리적 적응
㉢ : 시냅스 소포의 수는 증가한다.
㉣ : 신경근접합부(연접부)의 크기는 증가한다.

013 | 지구성 트레이닝 후에는 1회 박출량이 증가되며 동일한 절대 강도의 운동에서 확장기말 용적이 증가하고 수축기말 용적이 감소함에 기인한다.
 • 이완기말 용적 증가원인 : 심실 용적증가, 충만 시간 증가, 총 혈액량 증가 등
 • 수축기말 용적 감소원인 : 심실벽 두께증가, 수축력 증대

014 | 신장성 수축에서는 수축 속도가 빠를수록 더 큰 힘을 생성한다. 단축성 수축의 경우 수축 속도가 느릴수록 더 큰 힘을 생성할 수 있으며 같은 근 수축 속도에서 더 작은 힘을 발휘한다.

015 | 세동맥에서는 혈류의 저항이 가장 강하여 평균 동맥압이 가장 크게 감소하게 된다.

016 | 스프린트 트레이닝은 전력질주와 같은 고강도의 무산소성 트레이닝이다. 무산소 대사에 유리한 속근 섬유의 발달과 해당과정을 통한 ATP 생산능력이 향상되게 된다.

017 | 지방은 중성지방과 유리지방산으로 분리되며 베타산화 과정을 통하여 아세틸 조효소-A로 변하여 분해과정을 거친다.

018 | 교감신경계가 활성화 될 때에는 골격근으로의 혈류량은 증가하고 내장기관으로의 혈류량은 감소한다.

교감 신경	심박수 증가, 혈관 수축, 혈압 상승, 신경전달물질(에피네프린, 노르에피네프린), 혈류-골격근 증가, 내장기관 감소
부교감 신경	심박수 감소, 혈관 확장, 소화와 배설 촉진, 신경전달물질(아세틸콜린), 혈류-골격근 감소, 내장기관 증가

019 | ㉠ 인슐린은 혈액 내 탄수화물을 조직으로 이동을 촉진하여 혈당을 낮추는 역할을 한다.
㉡ 성장호르몬은 단백질의 합성을 촉진시킨다.

020 | ㉠-안정막전위
㉡-탈분극
㉢-재분극
㉣-과분극

순서	특징
안정 시	세포 내 K^+ 농도 많음 / Na^+ 적음
탈분극	• Na^+ 통로 열림 • Na^+ 새포 내로 이동 양(+) 전압 변화
재분극	• Na^+ 통로 닫힘 / K^+ 통로 열림 • K^+ 세포 외로 이동 음(-) 전압 변화
과분극	• K^+ 통로 열려있음 (안정막전위 수준) • K^+의 이동으로 더욱 음(-)전하 변화

해설&정답(2023년)

001	2	002	1	003	4	004	1
005	3	006	4	007	4	008	1
009	2	010	3	011	3	012	1
013	2	014	2	015	3	016	3
017	2	018	1	019	4	020	4

▶ 2023 생활스포츠지도사 필기 기출문제 [운동생리학] 풀이 해석 바로가기!

001 | 비타민C는 에너지원이 아니다.

002 | ①번 칼슘이온은 근형질세망에 저장되어 있다가 방출된다.

003 | ④ 크레아틴인산(PC)은 운동 중 감소한다.

004 | ① '폐활량'과 수중 운동 시 체온유지는 직접적인 관련이 없다.

005 | 운동강도가 증가하면서 지근 섬유에서 속근 섬유로 추가 동원된다.
☑ 지근(Type I) → 중간근(Type II a) → 속근(Type II b)

006 | 모두 맞는 설명이다.

007 | 출산 시의 자궁 수축 활성화 현상은 양성피드백의 일종이다.

008 | ①번 대동맥압 증가 시 혈류저항으로 작용하여 1회 박출량이 감소한다.

009 | 저강도에서는 지방 대사를 주로 사용하고 고강도에서는 탄수화물을 주로 사용한다.
ㄱ - 저강도에서의 유산소 시스템에서 사용되는 혈중 유리지방산
ㄴ - 고강도에서의 무산소성 해당과정에서 사용되는 근글리코겐

010 | ㉠ - 골격근 운동 조절(체성신경)의 최종 단계는 대뇌이다.

011 | ㉡ - 운동 초기 환기량 변화의 주요인은 근육이나 관절에 내부에 위치한 수용체의 자극 반응이다.
㉢ - 운동 강도 증가 시에는 1회 호흡량과 호흡 수가 현저 히 증가한다.

012 | 유산소대사 중 크렙스회로에서 가장 많은 ATP를 생성 한다. 단 크렙스 회로 도달 전 미토콘드리아막을 통과 할 때 쓰이는 ATP를 제하면 1개의 포도당 분자는 산화적 인산화 과정을 통해 32ATP를 생성해낼 수 있다.

013 | 1MET는 안정 시 산소섭취량을 의미하며 운동 시에는 산소섭취량이 증가함에 따라 이 수치를 통해 운동강도 및 에너지 소비량을 측정할 수 있다.
☑ 3MET 이하 : 저강도, 3~6 : 중강도, 6이상 : 고강도

014 | 평상 시 세포 내액에는 K이온의 농도가 많고 Na이온 의 농도가 적은 활동상태에서는 Na이온이 세포 내액으로 들어가고 K이온이 세포 외액으로 빠져나온다.

015 | 최대심박수는 유의미한 변화를 보이지 않으며 최대하 운동 시의 최대심박수는 운동 강도에 대비하여 낮아진다.

016 | '심폐지구력'에 관련한 내용이다.

017 | '인슐린'은 1시간 이상의 중강도 운동 시 혈중 농도가 점차 감소하는 특징을 보인다.

018 | '근방추'에 대한 설명이다.

근방추	골지건기관
- 골격근 내부에 위치 - 근육의 길이 감지 - 급격한 늘어남 방지	- 근육의 끝(힘줄)에 위치 - 과도한 장력 감지 - 주동근의 수축억제 (포기)

019 | ④번 '근섬유막 두께'는 근력을 결정하는 직접적인 요인이 아니다.

020 | 공을 던지는 동작에서 상완이두근은 주동근이 아니며 상완삼두근의 단축성 수축에 의해 동작이 일어나도 상완이두근은 길항적 작용으로 길이만 늘어난다.

해설&정답(2024년)

001	2	002	3	003	1	004	4
005	4	006	1	007	4	008	4
009	2	010	3	011	2	012	2
013	1,3	014	4	015	3	016	3
017	1	018	1	019	1	020	2

📺 2024 생활스포츠지도사
필기 기출문제 [운동생리학]
풀이 해석 바로가기!

001 | ② - 지구성 훈련의 경우 유산소적 능력이 향상되며 근육 내 산소의 운반을 담당하는 마이오글로빈의 수도 증가한다.

002 | ③ - 유산소 트레이닝 시 손상된 미토콘드리아의 분해 및 제거율이 향상된다. 미토콘드리아는 제거되면 그다음 건강하면서 더 큰 새로운 미토콘드리아가 대체된다. (≒미토콘드리아 회전율)

003 | ① - 인슐린의 경우 지방의 합성을 촉진하는 요인에 해당한다.
☑ **순환성 AMP(cAMP)**

> 직접적인 에너지 생성을 하는 ATP는 특정한 물질과 결합하여 순환성 AMP(cAMP)로 전환이 되는데 이 물질의 농도가 증가하면 근육세포 내 당원분해가 촉진되고 지방조직의 지질분해가 활발하게 일어난다.

004 | ① - 점증부하운동 시 심박수와 수축기 혈압이 증가하며 이에 따라 심근산소소비량도 함께 증가하게 된다.
② - 고강도 운동의 경우 활동근으로의 혈류 분배 비율이 증가한다.
③ - 일정한 부하의 장시간 운동이 지속될 시 심박수는 증가된다.

005 | 심근산소소비량은 '심박수'와 '수축기 혈압'의 곱으로 구할 수 있으며 같은 운동이라도 다리가 팔보다 말초저항이 더 작아 혈압이 비교적 덜 증가하고 따라서 심근산소소비량 또한 낮게 나타난다.

006 | '특이장력'이란 근육의 단위면적당 발휘하는 근력으로 같은 면적이라도 발휘하는 근력이 달라질 수 있음을 의미한다. 근파워는 같은 힘을 얼마나 빠르게 수행할 수 있는가를 의미한다.
☑ **근력의 효율성과 관련한 지표**

> 1. 특이장력 : 근력/횡단면적
> 2. 근파워 : 힘*수축속도
> 3. 단위 근력당 사용한 에너지 소모량
> 4. 근섬유 수축 시의 ATPase 효소의 활성도

007 | ㉠ - 근방추는 근육의 길이가 늘어남을 감지하여 근육의 순간적인 반사적 수축을 유발한다.
㉡ - 골지건기관은 힘의 생성량을 감지하여 과도한 장력에 대해 주동근의 억제성 자극을 전달한다.
㉢ - 근육의 화학수용기에서는 산소, 이산화탄소, 수소 등의 변화를 감지하여 정보를 전달한다.

008 | ④ - 도피반사 및 교차신전반사에서는 통증을 느끼는 부위에 굴곡근을 수축시키고 이와 길항작용을 하는 신전근에 대해 억제한다.

009 | ㉠,㉡,㉢은 고온에서 장시간 최대하 운동 시의 운동수행 능력을 저하시키는 요인에 해당한다.
㉢ - 고온 환경에서 발한으로 인한 탈수 현상 발생 시 1회 박출량의 감소가 일어날 수 있으나 해당 반응은 일어나지 않는 조건이다.

010 | 50kg(체중)*100m(수직이동거리)
=5,000kg·m(kpm)이다.
☑ **경사도가 있는 트레드밀의 운동량 측정 방법**

> 운동량 계산 공식 : 체중*수직이동거리
> ※ 경사도가 있는 경우 수직이동거리로 구함
> - 수직거리 = 수평거리*경사도(5%일 경우 0.05)

011 | ②-해당작용의 속도조절효소는 'PFK(포스포프락토키나제)'이다.
☑ 젖산 탈수소효소는 해당과정의 마지막 산물인 피루브산이 젖산으로 변환될 촉매효소이며 속도조절과는 관련이 없다.

012 | ⓒ-근육이 발현할 수 있는 최대 근파워는 신장성 수축에서 일어날 수 있다.
☑ 등척성 수축은 길이가 변하지 않는 수축으로 속도변화가 없다.

013 | 카테콜라민은 부신 수질에서 분비되는 에피네프린, 노르에피네프린, 도파민과 같은 물질들을 의미한다.
①-부신 수질에서 분비된다(중복정답)
③-알파 수용체와 결합 시 기관지가 아닌 내장기관의 혈관을 수축시킨다.

014 | ㉠-해당과정 중 방출된 수소이온이 조효소 NAD와 결합하여 NADH가 생성된다. 이때 산소가 충분한 경우 전자전달계로 이동하고 산소가 부족한 경우 수소이온이 분리되기 때문에 해당과정 자체에서 NADH는 생성되는 것이 옳다.

015 | ③-노르에피네프린은 지방산의 혈액 내 방출을 촉진한다.

016 | ㉠-장시간의 중강도 운동 시 땀 분비로 인한 수분 손실로 혈장량이 감소하지만 수분 손실을 막기 위하여 알도스테론의 분비는 증가한다.
㉡-운동에 의한 땀 분비는 수분 상실을 초래하나 혈장량 감소로 인하여 삼투질 농도는 증가한다.

017 | ⓒ-폐포 환기량의 경우 다영이가 가장 크다.
☑ 사강량을 고려한 폐포환기량 계산
주은 : (375-150)*20회 = 225*20
= 4,500ml
민재 : (500-150)*15회 = 350*15
= 5,250ml
다영 : (750-150)*10회 = 600*10
= 6,000ml
☑ **분당환기량과 폐포환기량**

> 분당 환기량은 분당 호흡 횟수와 1회 호흡량을 곱한 값이며 이 중에서 일부 공기는 폐포까지 도달하지 못하게 되는데 이것을 사강량이라고 부르며 1회 호흡량에서 사강량을 제한 경우를 폐포환기량이라고 부른다.

018 | ①-심박수의 증가는 1회 박출량 증가에 직접 관련이 있는 요인은 아니며 간접적으로 심박수가 증가하면 심장이 충만되는 시간이 짧아져 상대적으로 1회 박출량이 감소할 수 있다.

019 | ②-운동단위는 운동뉴런이 지배하는 근섬유의 결합을 의미한다.
③-근신경 연접부(신경근접합부)에서는 아세틸콜린이 방출된다.
④-신장성 수축에서 지연성 근통증이 더 쉽게 발생한다.

020 | ①,③,④번은 지근 섬유에 대한 특징이며 ②번은 속근섬유에 대한 특징이다.

해설&정답(2025년)

001	1	002	1	003	2	004	2
005	3	006	4	007	4	008	4
009	4	010	1	011	2	012	2
013	1	014	3	015	3	016	1
017	3	018	3	019	4	020	2

▶ 2025 생활스포츠지도사 필기 기출문제 [운동생리학] 풀이 해석 바로가기!

001 | 400m의 트랙을 약 60초로 전력 질주하는 운동은 유산소 대사가 거의 관여할 수 없는 아주 높은 강도의 운동이다. 이 경우의 가장 많이 사용되는 에너지 시스템은 '무산소성 해당과정'이며 1분자의 글루코스를 분해하였을 때 2ATP를 얻을 수 있다.

002 | 혈중 알부민은 단백질이다. 단백질 대사는 운동 상황에서 극한의 경우가 아닌 이상 일반적으로 사용되지 않는다. 일반적으로 중-고강도의 운동 시에는
② - 혈중 포도당(글루코스)
③ - 근육 내 포도당(글리코겐)
④ - 근육 내 지방(중성지방) 등이 사용된다.

003 | ㄴ - 근육의 수축 속도 증가와
ㄹ - Cr의 양과 PFK 효소(해당과정) 활성도 증가는 무산소 트레이닝의 효과이다.
☑ ㄱ - 산화 능력 증가
  ㄷ - 미토콘드리아의 밀도 증가는 유산소 트레이닝의 효과이다.

004 | 보기의 설명은 무산소성 해당과정(젖산시스템)에 대한 설명이다.

005 | 감각수용기 중 근육의 힘줄에 위치하여 장력의 변화를 감지하는 것은 ③번 골지건기관에 대한 설명이다.
① - 근방추는 골격근 내부에 위치하며 근육의 갑작스러운 늘어남을 감지한다.
② - 파치니소체는 피부의 감각수용기로 압력과 진동을 감지한다.
④ - 마이스너소체는 피부의 감각수용기로 촉각, 느낌을 감지한다.

006 | 장기간 유산소 트레이닝 시의 생리적 적응 현상으로 보기의 설명은 모두 맞는 설명이다.
☑ **장기간 유산소 트레이닝 시의 생리적 적응(순환계 적응) 현상**

> 1. 심장의 능력이 향상됨(심장의 크기 증가, 심실벽의 두께 증가)
> 2. 산소 운반 및 이용 능력 향상(마이오글로빈 함유량, 모세혈관 밀도 등)

007 | ㄱ - 근형질세망
ㄴ - 칼슘 이온
ㄷ - 트로포마이오신(트로포닌에 부착되어 있는 섬유)에 대한 설명이다.

008 | 산소-헤모글로빈 해리 곡선은 운동 상황에서 산소를 얼마나 조직에서 사용하는가와 관련된 유용한 지표로 사용된다. 왼쪽으로 이동하면 휴식 시, 오른쪽으로 이동하면 운동 시로 판단할 수 있다. 고강도 운동 시 그래프는 오른쪽으로 이동한다.
ㄱ - 운동에 의한 체온상승은 친화력을 감소시켜 그래프를 오른쪽으로 이동시킨다.
ㄴ - 고강도 운동 시 조직에서의 산소 사용이 증가하여 동정맥 산소차는 증가한다.
☑ 보어효과

> 혈중 이산화탄소나 pH농도에 따라 산소 해리에 영향을 주는 현상

009 | 보기의 내용은 모두 건강관련체력 요인에 해당한다.
☑ 운동 관련 체력 요인 : 민첩성, 평형성, 순발력, 협응력, 반응시간, 스피드 등

010 | ㄱ - 동방결절은 스스로 작동하며 심장의 박동조율기로서의 작용을 한다.
ㄴ - 전도 체계 중 가장 빠른 내인성 박동률을 가진다. (스스로 작동함)
☑ ㄷ - 방실결절
ㄹ - 퍼킨제섬유(푸르킨예섬유)에 관련한 설명이다.

011 | ㄱ - 등용적 수축 구간이다.
ㄹ - D-A 구간의 증가는 채워지는 혈액량이 많아지는 것을 의미하며 충만한 혈액이 많을수록 1회 박출량도 증가할 수 있다.
☑ ㄴ - 수축력이 향상되면 더 많은 혈액을 방출하므로 남은 혈액의 양이 줄어든다.
ㄷ - 운동 시에는 교감신경의 자극으로 심장의 심실 수축력을 증가하여 박출률은 증가하게 된다.

012 | 고지 환경의 적응 현상은 낮은 산소분압에 대한 신체 적응으로 유산소 트레이닝의 결과와 유사하다. 다만 환경적 제약(낮은 산소분압)으로 인한 최대 운동능력은 감소할 수 있다. 산소 이용 능력 개선을 위하여 모세혈관의 밀도가 증가하고 산소 운반 능력은 향상된다.
☑ ㄱ - 심박출량은 평상 시보다 증가하지 않는다.
ㄷ - 근육의 단면적 증가와는 직접적인 관련이 없다.

013 | ㄱ - 부교감신경인 미주 신경이 위치하며 운동 종료 후 심박수를 낮추는 기관은 '연수'이다.
ㄴ - 뇌하수체에서 체액량 조절을 하는 호르몬으로 '항이뇨호르몬'이 있다.
ㄷ - 부신에서 중강도 이상의 운동에서 교감신경의 작용으로 분비하는 호르몬은 '에피네프린'이다.

014 | ㄱ - I 밴드(띠)는 길이가 줄어들 수 있다.
ㄴ - A 밴드(띠)는 길이 변화가 없다.
ㄷ - 근절의 길이는 짧아진다.
ㄹ - 액틴과 마이오신 섬유 자체의 길이는 변하지 않는다.

015 | 속근 섬유의 특징은 칼슘 이온의 방출 속도가 빨라 근육의 수축 속도가 상대적으로 빠른 편이다.
☑ ㄱ, ㄷ은 지근 섬유에 대한 설명이다.

016 | ① - 혈액 역류를 막기 위한 판막은 동맥이 아닌 정맥에 있다.

017 | 보기의 설명은 글루카곤에 대한 설명이다.

018 | ③ - Type Ⅱ x는 속근 섬유를 지칭하는 말이다. 저강도 운동에서 먼저 동원되는 근섬유는 속근 섬유가 아닌 지근 섬유(Type Ⅰ)이다.

019 | 조직에서 산소를 저장 및 운반하는 물질은 마이오글로빈이며 적혈구 용적률이 증가하면 혈액의 점성은 증가하게 된다.
- ☑ 헤모글로빈 : 혈액 내에서 산소를 운반하는 역할을 한다.

020 | ㄱ - 운동 시에는 활동근으로의 혈류가 증가하고 비활동조직(내장)으로의 혈류는 감소한다.
ㄷ - 고강도 운동에 참여하는 세동맥 혈관 저항은 안정 시 보다 감소한다.
- ☑ ㄴ - 기관별 수용체의 작용에 따라 혈류 저항은 달라지며 이로 인하여 혈류 분배 비율 또한 달라지게 된다.

심화 문제 연습

001

다음 보기 내용을 운동자극에 의한 반응과 적응으로 나누었을 때 적응에 해당하는 것으로 묶인 것은?

> ㉠ 더운 환경 자극에 노출되었을 때 피하혈관의 확장으로 발한 작용을 하는 것
> ㉡ 운동 시 대사 수요의 증가로 인하여 부신에서 아드레날린의 분비가 증가하는 것
> ㉢ 고지환경 속에서 적혈구 수의 증가, 근육 세포내 미오글로빈량의 증가가 이루어지는 것
> ㉣ 운동 중 혈중 CO_2 증가로 화학수용기가 자극받아 호흡 빈도가 증가하는 것
> ㉤ 유산소 트레이닝을 통해 심장 용적의 증가와 총 혈액량의 증가가 이루어지는 것
> ㉥ 무산소 트레이닝을 통해 운동 초기의 다중 운동단위 사용 활성화로 인한 근력 증가

① ㉠, ㉡, ㉣
② ㉠, ㉢, ㉤
③ ㉡, ㉤, ㉥
④ ㉢, ㉤, ㉥

📢 tip

운동생리학에서 먼저 알고 가야 할 개념은 반응과 적응입니다. 운동 자극이 주어졌을 때 일어나는 일시적 변화를 반응이라고 부르고 지속적인 운동자극으로 인해 신체가 반영구적으로 변화하는 것을 적응이라고 합니다. 이 개념은 사실 우리가 운동생리학에 배우고자 하는 모든 내용을 담고 있습니다. 트레이닝을 통한 인체의 긍정적인 변화들은 대부분 적응으로 볼 수 있습니다.

002

다음 보기에서 설명하는 체력 요소에 포함하지 않는 것을 고르면?

> 이들은 건강 상태와 관련성이 높은 체력 요인들이다. 특히 신체조성은 다른 요인들이 종합적으로 반영되며 장기간의 노력을 통해서 조절이 가능하고 만성질환과의 관련성이 높다.

① 심폐지구력
② 근력
③ 유연성
④ 순발력

📢 tip

신체적 능력을 의미하는 체력을 특징에 따라 크게 두가지로 구분이 가능합니다. 과거에는 방위체력과 행동체력으로 나누어 정의하였다면 현대사회에서는 생활습관의 변화에 따른 행동체력의 변화가 강조되면서 건강과 관련된 건강체력과 운동기능과 관련된 운동체력으로 나누고 있습니다. 두 가지에 속하는 체력을 구분하고 각각의 체력이 어떤 것을 의미하는지 알고 있어야 합니다.

☑ **체력구분**
- 건강관련 체력 : 심폐지구력, 근력, 근지구력, 유연성, 신체구성
- 운동기능 체력 : 민첩성, 순발력, 협응력, 평형성, 반응속도, 스피드

정답 01 ④ 02 ④

003

다음 보기의 설명은 트레이닝 원리 중 어느 것에 해당하는가?

> (가)
> - 트레이닝 목표를 개인의 특성에 입각하여 세워야 하는 것을 의미한다.
> - 운동능력, 잠재력, 성격 및 특성을 고려하여 적합한 운동을 설정한다.
>
> (나)
> - 선수들이 유전적인 한계에 도달하였을 때 향상률이 낮아지는 것을 의미한다.
> - 체력이 증가함에 따라 같은 정도의 체력 향상을 위해선 더 많은 트레이닝이 필요하다.

	(가)	(나)		(가)	(나)
①	개별성의 원리	점진성의 원리	②	개별성의 원리	수확체감의 원리
③	다양성의 원리	점진성의 원리	④	다양성의 원리	수확체감의 원리

📢 tip

운동생리학에서도 트레이닝방법론에 관련한 내용이 가끔씩 출제가 됩니다. 특히 트레이닝의 원리는 운동방법에 대한 기본적인 내용으로 출제를 떠나서 상식적으로 알고 있으면 좋은 내용입니다.

☑ **여러 가지 트레이닝 원리**
- 과부하, 점진성, 계속성, 반복성, 전면성, 개별성, 다양성, 구조휴식과 초과회복, 수확체감

004

다음 보기의 설명 중 (㉠)에 해당하는 단어로 바르게 고른 것은?

> 우리 몸은 탄수화물이나 지방과 같은 저장 연료가 분해되면서 얻어지는 에너지를 바로 생리적 일에 사용하지 않는다. 대신 (㉠)라고 하는 고에너지 분자를 합성하는데 이용된다. 이것이 분해될 때 방출되는 에너지만이 인체의 세포가 자신의 특정한 생리적 일을 수행하는데 이용될 수 있다.

① ATP(아데노신삼인산) ② PCr(크레아틴인산)
③ 포도당 ④ 지방

📢 tip

에너지 대사에서 가장 중요한 건 에너지를 사용하는 방법입니다. 에너지는 다양한 형태로 존재하지만 인체가 직접적으로 사용하는 에너지원은 ATP 하나입니다. ATP는 아데노신에 인산염이 결합된 화합물의 형태로 다양의 에너지를 갖고 있고 세포 내에서 분해될 때 자유 에너지를 방출하게 됩니다. 즉각적으로 사용할 수 있어 에너지의 현금이라고 부릅니다. 생리학에서 배우는 에너지 대사 과정도 결국 사용한 ATP를 다시 합성시키는 방법이라고 보시면 되겠습니다.

📖 **정답** 03 ② 04 ①

005

다음 보기에서 설명하는 대사과정의 특징으로 옳지 않은 것은?

> 인체가 무산소적으로 ATP를 만들어내는 과정 중 인원질 과정 외에 이 과정이 있다. 이는 포도당을 분해하는 과정으로 해당과정으로 불리우며 산소가 필요하지 않아 단시간의 높은 에너지를 필요로 하는 운동에 적극 활용되는 대사과정이다.

① 최종 산물로서 피루브산(초성포도산) 또는 젖산을 생성한다.
② 근육세포의 원형질에서만 일어나며 사립체에서는 일어나지 않는다.
③ 탄수화물(글루코스 또는 글리코겐)만 사용하며 지방은 이용하지 않는다.
④ 빠른 해당과정에서 다량 생성되는 수소이온이 근력 증가의 주요 원인이 된다.

📣 tip

> 산소를 이용하지 않는 에너지 대사과정에는 ATP-PCr 시스템과 해당과정(젖산시스템)이 있습니다. 해당과정은 말 그대로 당을 분해하는 과정인데 세포 내에 있는 포도당을 분해하는 과정에서 ATP를 생성하게 됩니다. 이러한 과정은 근육세포의 원형질에서 일어나며 대사과정의 산물로 초성포도산이 생성됩니다. 이것은 산소가 충분할 경우 사립체(미토콘드리아) 내부에서 산화적 인산화 과정을 거치지만 산소가 부족할 경우 젖산으로 남게 됩니다. 또한 대사과정에서 많은 수소이온(H^+)이 방출되는데 이것으로 인해 근피로 및 근력 저하가 일어난다고 보고 있습니다.

006

다음 보기의 설명 중 ㉠, ㉡에 해당하는 단어로 알맞게 짝지은 것은?

> 탄수화물은 무산소 과정이나 유산소 과정 모두에서 이용되지만, 지방의 대사에는 반드시 산소가 공급되어야 한다. 지방은 미토콘드리아 내에서 유산소적으로만 분해되며 최종적으로 H_2O와 (㉠)를 생성한다.
> 이러한 과정은 근육 자체나 지방조직에 저장되어 있는 중성지방으로부터 분해되어 나오는 유리지방산을 사용하는데 이것을 가공하는 과정을 (㉡)라고 한다.

	㉠	㉡		㉠	㉡
①	CO_2	베타-산화	②	CO_2	산화적 인산화
③	O_2	베타-산화	④	O_2	산화적 인산화

📣 tip

> 에너지 대사 파트에서 자주 출제되는 내용은 무산소적 대사 과정이나 유산소 대사 중 탄수화물을 사용한 방법이었습니다. 다만 저강도의 장시간 운동 수행에서 필요한 많은 에너지를 얻기 위해서는 지방의 에너지 대사 과정은 필수적으로 필요합니다. 중성지방에서 분해·유리된 지방산을 에너지를 얻기 위한 가공과정을 거치는데 이를 베타-산화라고 부릅니다. 베타-산화 과정의 산물로 아세틸조효소A가 형성되며 이후에는 포도당의 유산소적 분해과정과 동일하게 크렙스회로와 전자전달계를 거치며 ATP를 생성해냅니다.

정답 05 ④ 06 ①

007

다음 보기의 운동 상황 측정 결과에 대한 설명으로 옳지 않은 것은?

- 성별 : 남
- 나이 : 25세
- 운동지속시간 : 5분
- 심박수 : 분당 180회
- 호흡교환율(RER) = 1.0

① 최대운동 수준의 고강도 운동을 수행 중이다.
② 인원질과정(ATP-PCr) 중의 크레아틴인산은 고갈되었을 가능성이 높다.
③ 많은 에너지 생성을 위하여 탄수화물보다 지방의 대사 관여가 높을 것이다.
④ 같은 강도의 운동 지속 시 호흡교환율(RER)의 값이 1보다 크게 나타날 수 있다.

tip

많은 운동생리학적 지식은 결국 실제 검사에서 측정되는 값을 해석하기 위해 필요합니다. 위와 같은 상황에서 유추할 수 있는 것은 운동지속시간이 5분 경과하여 단시간에 고갈되는 크레아틴인산(CP)의 사용이 어렵다는 것입니다. 또 최대심박수(220-나이)에 가까운 심박수와 높은 호흡교환율로 유추하였을 때 아주 높은 강도의 운동을 수행 중인 것을 알 수 있습니다. 고강도의 운동에서는 탄수화물을 에너지원으로 무산소 대사가 일어나게 됩니다. 또한 호흡교환율은 심한 운동 강도의 경우 1보다 크게 나타날 수도 있습니다.

008

다음 신경계에 대한 설명 중 옳지 않은 것은?

① 소뇌는 항상성과 관련된 최고의 중추로 체온, 갈증, 식욕, 수면 등을 관장한다.
② 크게 중추신경과 말초신경으로 구분할 수 있고 중추신경에는 뇌와 척수가 있다.
③ 자율신경 중 교감신경은 심박수와 혈압을 증가시키고 골격근으로 가는 혈류를 확장시킨다.
④ 신체 말단에서 받은 정보를 중추로 보내는 신경을 감각신경 또는 구심성 신경이라고 한다.

tip

신경계통은 내분비계통과 함께 인체의 여러 가지 생리적 조절을 담당합니다. 그 중에서 신경계통은 빠른 작용, 내분비계통은 장기적인 느린 작용이 이루어지는데 이 두가지는 밀접한 관련이 있어서 서로 연결되어 작용하는 경우가 많아 함께 알고 있어야 합니다. 항상성과 관련이 있는 기관은 시상하부이며 소뇌는 평형 및 운동자세와 수의적 운동에 관여합니다.

☑ **신경계통 구분**
- 중추신경계통 – 뇌와 척수
- 말초신경계통 – 자율신경계통(교감신경, 부교감신경)과 체성신경계통(운동신경, 감각신경)

009

다음 보기는 신경전달 과정에서의 세포막 전압과 관련한 내용이다. 순서대로 바르게 연결한 것은?

> (가) 세포막 기준으로 약 -70mV의 전압을 유지하면서 능동적인 수송 펌프에 의해 세포막 밖에는 소듐(Na^+), 안에는 포타슘(K^+)이 많은 상태로 유지하고 있다.
> (나) 열려있는 포타슘(K^+) 통로로 평소보다 더 많은 포타슘이 밖으로 나가면서 세포막 전압이 안정 시보다 더 감소하게 된다.
> (다) 역치전압에 도달하면 소듐통로가 열리고 세포 밖의 소듐(Na^+)이 세포 내로 다량 유입되면서 세포막 안쪽의 막전압이 +30mV까지 튀어 오른다.
> (라) 세포막의 포타슘 통로가 열리면서 세포 안의 포타슘(K^+)이 세포 밖으로 확산되어 나가면서 세포막 전압이 음극상태로 되돌아간다.

① (가)-(나)-(다)-(라)
② (가)-(다)-(라)-(나)
③ (나)-(다)-(라)-(가)
④ (나)-(라)-(다)-(가)

🔊 tip

신경정보는 세포막의 전기적과정을 통해 자극이 전달됩니다. 이 과정은 크게 4단계로 나눌 수 있는데 평상시 상태에서는 세포 내 K^+이 많고 세포 밖에는 Na^+이 많습니다. 이 상태를 안정막전위라고 부르며 음전압을 띠고 있습니다. 자극이 전달되면 세포 밖에 Na^+만 들어올 수 있는 통로가 열리는데 이를 탈분극이라고 부르며 양전압을 띠게 되고 자극이 전달됩니다. 이후에 Na^+ 통로가 다시 열리게 되는 것이 아니라 K^+ 통로가 열립니다. K^+ 이온이 밖으로 방출되고 음전압을 띠면서 자극전달이 중단되는데 이를 재분극이라고 부릅니다. 과도하게 이온이 방출되면 과분극 상태가 되고 그 이후에 에너지를 사용하여 이온들을 제자리로 돌려놓고 안정막 상태를 유지하게 됩니다.

010

다음은 근섬유 형태에 따른 비교를 나타낸 표이다. 옳지 않은 설명은?

	지근섬유(Type I)	속근섬유(Type II)
①	수축속도가 느리다	수축속도가 빠르다
②	미토콘드리아, 미오글로빈 수 많음	미토콘드리아, 미오글로빈 수 적음
③	글리코겐량 많음	글리코겐량 적음
④	트로포닌과 칼슘 친화도 낮음	트로포닌과 칼슘 친화도 높음

🔊 tip

근섬유는 수축반응 속도에 따라 지근섬유와 속근섬유로 나눌 수 있습니다. 속근섬유는 지근섬유보다 수축 속도가 2배 이상 빠릅니다. 지근섬유는 수축 속도는 느리지만 산소 이용 능력이 좋고 미오글로빈 함량이 높아 붉게 보여 적근이라고도 불리웁니다. 속근섬유는 상대적으로 백근이라고도 불리우며 빠른 수축 속도와 해당 능력을 갖고 있습니다. 속근 섬유 중에서도 산소 이용 능력이 높은 섬유를 중간 근육섬유라 칭하고 Type IIa섬유라고도 부르며 기존의 속근섬유는 Type IIb로 표현하기도 합니다.

정답 09 ② 10 ③

011

다음 보기에서 설명하는 특징을 지닌 근수축 종류로 올바르게 선택한 것은?

- 관절각이 동일하게 변화하는 수축을 의미하며 동적 수축에 속한다.
- 근력 개선 효과가 뛰어나고 상해나 통증의 위험이 적어 재활훈련으로 가장 적합하다.
- 특별히 고안된 장비를 활용해야 하며 훈련자가 최대속도로 동작 수행 시 동작의 전 범위에서 근육이 발생하는 장력은 최대가 된다.

① 반사적 수축
② 등장성 수축
③ 등척성 수축
④ 등속성 수축

> **tip**
> 근수축의 형태에는 크게 등장성 수축(장력), 등척성 수축(길이), 등속성 수축(속도)으로 구분할 수 있습니다. 등장성 수축의 경우 근육에 가해지는 부하가 일정한 상태에서 근육의 길이가 짧아지거나 길어지면서 수축하는 형태인데 등장성이란 말은 동일한 장력을 의미하지만 이때 근육이 실제 발휘하는 장력은 관절에 각도에 따라 달라집니다. 따라서 길이가 변하지 않으면서 수축하는 등척성 수축(정적 수축)과 상대되는 개념으로 동적 수축을 나타내는 말로 이해하는 것이 좋습니다.

012

다음 보기 ( )에 들어갈 호르몬으로 알맞게 고른 것은?

이자의 랑게르한스섬(Langerhans island)이라는 내분비기관에서 방출되는 두가지 호르몬이다. (㉠)은 혈당이 뼈대 근육 등 여러 조직세포의 세포막을 통해 세포 내로 유입되도록 하여 혈당 수준을 낮추는 역할을 하고 (㉡)은 간에 저장된 글리코겐으로부터 혈중으로의 글루코스 방출을 촉진하는 작용을 한다. 이 둘은 상호 길항적으로 혈당을 조절하는 호르몬이다.

	㉠	㉡		㉠	㉡
①	인슐린	글루카곤	②	인슐린	코티졸
③	글루카곤	인슐린	④	글루카곤	코티졸

> **tip**
> 내분비계통에서는 보통 1문제 정도 출제가 됩니다. 호르몬에 대한 설명이 주어지고 호르몬의 명칭을 맞추는 문제가 주로 나오기에 호르몬이 생성되는 내분비기관과 명칭 그리고 특징까지 함께 알고 있어야 합니다. 이자 또는 췌장에서는 혈당을 조절하는 호르몬으로 인슐린과 글루카곤을 방출합니다. 이 두 가지는 서로 길항작용을 하는데 혈당이 높을 때 인슐린이 낮춰주고 혈당이 낮을 때 글루카곤이 높여주는 역할을 합니다.

정답 11 ④ 12 ①

013

다음 그래프와 관련하여 운동 상황 시에 변화로 적절하게 설명한 것을 고르면?

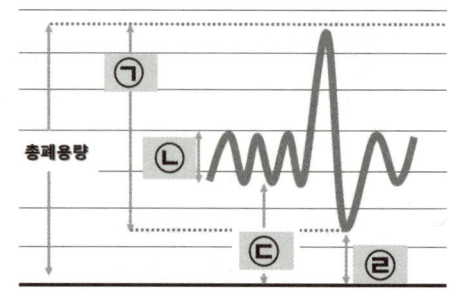

① ㉢은 강제 호기량으로 예비호기량과 잔기량을 합한 용량이 된다.
② ㉠은 1회 호흡량을 들이쉰 다음 다시 최대로 들이쉴 수 있는 양을 말한다.
③ 운동 상황 시에는 ㉡의 모양변화는 고저차가 커지면서 좌우 폭은 늘어난다.
④ ㉣은 잔기량으로 트레이닝 후 약간 감소될 수는 있으나 상당한 기간이 필요하다.

tip

그래프에서 ㉠-폐활량 ㉡-1회 호흡량 ㉢-기능적 잔기량 ㉣-잔기량을 의미합니다. 그래프는 폐의 남아있는 공기의 양을 측정한 값이기 때문에 그래프가 올라가면 들이마시는 것이고 그래프가 내려가면 숨을 내쉬는 모습입니다. 평상 시 호흡에서 운동 상황이 되면 호흡이 깊어지면서 빈도가 많아져 1회 호흡량이 더 크고 좁게 움직일 것입니다. 폐용적과 폐용량의 변화에서 중요한 것은 각 구간이 어떤 것을 의미하는지 알고 있어야 합니다. 호흡계가 트레이닝이 되었을 때에는 기능적 변화가 일어나지만 이는 폐의 크기가 유의하게 커지거나 폐활량이 크게 개선되는 것에서 기인한다기보다는 호흡계 기능이 주어진 운동부하에 적응하면서 개선되는 것으로 보는 것이 바람직 합니다.

014

운동 시 폐환기 조절 기전과 관련하여 **틀린** 설명을 고르면?

① 운동 시작 전 운동에 대한 예상으로 뇌의 호흡 중추가 활성화되어 환기량이 증가한다.
② 운동 초기에는 환기량이 천천히 늘어나는데 이는 근육이나 관절의 수용체의 자극에 기인한다.
③ 운동 중에는 대사 활동의 산물로 이산화탄소와 젖산이 증가하면서 화학수용체가 자극이 되어 환기량이 증가한다.
④ 운동 종료 직후에는 움직임이 급격히 감소되면서 관절수용체에 의해 환기량이 조절되다가 일정 수준에 이르면 안정 상태로 복귀하게 된다.

tip

운동 시 폐환기 조절 기전 문제는 가끔씩 출제되는 문제로 잘 알고 있어야 됩니다. 운동 초, 운동 중, 운동 후로 구분할 수 있습니다. 특히 운동 초반 환기량이 급격히 증가할 때와 운동이 끝난 상태에서도 높은 환기량이 유지되는 이유를 잘 알아야 합니다.

☑ 폐환기 조절 기전
- 운동 전: 운동 수행에 대한 기대감이 대뇌피질의 자극으로 환기량을 증대시킴
- 운동 초: 근육이나 관절의 수용체로부터 운동을 하는 신경 자극이 호흡중추를 자극하여 환기량이 급격히 상승함
- 운동 중: 대사과정에서 생성된 CO_2, 젖산에 의해 산성화되고 혈관에 화학수용체를 자극함
- 운동 후: 관절수용체로 전달되던 운동 자극이 급격히 감소되지만 체내 남아있는 수소이온과 이산화탄소의 배출을 위해 환기량이 서서히 감소함

정답 13 ④ 14 ②

015

다음 중 심장근육이 갖는 특징으로 옳지 않은 것은?

① 심장은 관상동맥을 통해 심근의 수축을 위한 혈액을 공급받는다.
② 심장의 근육은 수축과 이완이 가능한 횡문근(가로무늬)으로 구성되어 있다.
③ 심장은 심근 수축을 위한 신호를 운동신경으로부터 전달받아 수축한다.
④ 심장은 트레이닝을 통해 심장 용적의 크기나 심장벽의 두께가 변화할 수 있다.

tip

순환계에서는 심장의 구조와 관련된 내용이나 심전도와 같은 기본적인 내용의 문제가 자주 출제가 됩니다. 심장은 크게 4개의 방과 판막으로 구성되어있고 4개의 공간을 기능에 따라 심실과 심방으로 부르기도 합니다. 내장근과 다르게 수축이 가능한 가로무늬근이지만 자율박동세포(자율신경)에 의해 불수의적인 박동을 하는 것이 특징입니다. 보기에서 자율신경이 아닌 운동신경(체성신경)에 전달받았다고 되어있기에 틀린 내용이 되겠습니다. 또한 트레이닝을 통해 심장의 크기나 두께를 변화시킬 수 있으며 이렇게 구조적·기능적으로 변화한 심장을 '스포츠심장'이라고 부릅니다.

016

다음 중 심박출량을 결정하는 주요 요인이 아닌 것을 고르면?

① 심장의 교감신경 활성도
② 혈장 에피네프린
③ 이완기말 심실용적
④ 혈중 글루코스

tip

심박출량은 1회 박출량과 심박수의 곱으로 표현합니다. 이때 심장의 1회 박출량에 영향을 주는 요인과 심박수에 영향을 주는 요인을 비교해서 구분할 수 있어야 합니다.

☑ **심박출량 영향 요소**
- 심박수 : 심장으로의 교감, 부교감 신경 활성도, 혈장 에피네프린 수준 등
- 1회 박출량 : 이완기 말 심실용적, 심장의 수축력, 평균 동맥혈압, 정맥혈 회귀량 등

정답 15 ③ 16 ④

017

다음 보기의 열관련 장애별 대처방안 중 옳지 않은 것은?

	명칭	원인 및 증상	대처방법
①	열경련	과다한 발한, 무기질 손실 및 탈수현상	서늘한 곳으로 이동시키고 음료수나 생리식염수를 마시게 한다.
②	열탈진	과다 발한, 무기질 손실 및 심박수 증가, 두통, 현기증	서늘한 곳으로 이동시키고 발을 높게하여 혈액순환이 이루어지게 한다. 의식이 있을 경우 소량의 소금이 포함된 음료를 섭취하게 한다.
③	일사병	37도~40도 이상의 체온, 두통, 어지럼증	서늘한 곳으로 이동시키고 안정된 상태에서 휴식할 수 있도록 한다.
④	열사병	40도 이상의 체온, 땀이 멎고 피부가 건조	119에 먼저 신고하고 응급처치를 시행한다. 옷을 껴입어 빠르게 땀이 날 수 있도록 하는게 중요하다.

tip

열관련 장애가 일어났을 때의 증상과 대처방법도 가끔씩 출제되는 문제로 잘 알고 있어야 합니다. 특히 열사병의 경우 높은 체온과 함께 땀이 멎고 피부가 건조한 체온조절기전의 이상 증상이 나타나는데 이럴 경우에 신속하게 119에 구조 신고를 한 뒤 가능한 빠르게 체온을 낮추는 방법으로 응급처치를 하고 기다려야 합니다.

☑ 급격히 체온을 낮추는 방법 : 차가운 물에 몸을 담그기, 알콜이나 얼음으로 마사지, 젖은 헝겊이나 수건으로 몸을 감싸고 선풍기 바람 쐬기

018

다음 보기의 내용 중 저항성 트레이닝 후에 일어난 신체의 적응과 관련하여 가장 거리가 먼 것은?

① 모세혈관의 밀도가 증가하고 미토콘드리아의 수와 크기가 증가한다.
② 근신경적 변화로 더 많은 운동단위를 동원할 수 있는 능력이 개선된다.
③ 장기적으로 자극을 받은 위성세포에 의해 근세포핵 수의 증가와 근비대를 유발한다.
④ 액틴 단백질 및 근형질의 양이 증가하며 해당과정을 통한 ATP 생산능력이 향상된다.

tip

트레이닝 후의 신체 적응 관련 문제는 무조건 출제되는 중요한 내용입니다. 그중에서도 저항성 운동과 지구성 운동을 구분하는 문제가 자주 출제되므로 이 두 가지를 비교 구분할 수 있어야 합니다.

☑ 트레이닝 후의 적응
- 저항성 트레이닝 : 근력발달, 근비대, 속근섬유 발달, 해당능력개선(무산소성 대사)
- 지구성 트레이닝 : 심폐지구력 발달, 심혈관 개선, 지근섬유 발달, 유산소대사 능력 개선

019

다음 보기의 대화 중 옳은 설명을 한 학생을 모두 고른 것은?

- 김교수 : 오늘은 장기간 트레이닝을 통하여 일어난 순환계통의 적응에 대해서 배워보았습니다. 각자 이해한 부분을 발표하도록 합시다.
- 준근 : 우선 안정 시 1회 박출량이 증가하였습니다. 아마도 심장의 용적이 커지면서 혈액을 많이 담을 수 있게 되었고 심실벽의 두께가 증가하면서 강한 수축을 할 수 있게 되었습니다.
- 창호 : 최대심박수도 트레이닝 전과 비교하여 많이 증가하였습니다. 더 높은 운동부하를 버티기 위하여 더 높은 심박수를 유지할 수 있습니다.
- 태준 : 최대산소섭취량도 증가하였습니다. 모세혈관의 밀도가 증가하고 조직의 산소 추출 및 사용 능력이 증가하게되었고 더불어 최대동정맥 산소차도 증가하게 되었습니다.
- 우민 : 최대심박출량도 증가하게 됩니다. 최대심박출량은 최대운동 강도에서의 최대심박수와 1회 박출량의 곱으로 구할 수 있는데 이때 최대심박출량의 증가는 최대심박수 증가에 기인하게 됩니다.

① 준근, 태준
② 창호, 우민
③ 준근, 우민
④ 창호, 태준

tip

저항성 트레이닝의 경우 주로 신경계통·근골격계통적 변화를 많이 다루며 지구성 트레이닝의 경우 주로 호흡·순환계통의 변화를 많이 다루게 됩니다. 위 내용은 호흡·순환계통의 적응을 물어보는 문제입니다. 장기간 지구성 트레이닝 후에 1회 박출량이나 최대산소섭취량 같은 척도는 유의미하게 증가하나 최대심박수의 경우에는 유의미하게 변화하지 않습니다. 인간의 심장 능력에 궁극적인 한계치가 있기 때문에 최대심박출량이 증가할 때에도 최대심박수의 증가가 아니라 1회 박출량 증가에 기인한 변화입니다.

020

고지환경에서 운동 시 일어나는 반응과 적응에 대한 설명으로 옳지 않은 것은?

① 평지와 비교하여 낮은 산소 분압으로 인하여 유산소적 능력이 저하된다.
② 고지 환경에 노출될 시 수면장애, 급성고산병의 위험이 발생할 수 있어 유의해야한다.
③ 최대하 운동 시 산소부족으로 인하여 상대적 높은 강도로 인식되어 심박수가 증가한다.
④ 해수면과 같은 강도의 운동 시 심박수 증가에 기인하여 최대산소섭취량 또한 증가한다.

tip

인체 운동에 대한 환경의 영향에서 1문제 정도 출제가 됩니다. 크게 고온, 저온, 고지(고산), 수중 환경으로 나눌 수 있으며 각 상황에서 운동을 할 때 일어나는 반응과 적응을 잘 알고 있어야 풀 수 있습니다. 그 중에서 고지 환경과 관련한 문제가 가장 많이 출제가 되며 고지 상황에서는 낮은 산소 분압으로 인한 에너지 대사 능력 감소를 경험하고 이에 따른 심박수 증가, 최대산소섭취량 감소 등이 발생합니다. 하지만 고지 환경에서 트레이닝 후 해수면 수준에서 운동수행을 할 때 유의미한 경기력 향상 결과가 보고 되고 있습니다.

정답 19 ① 20 ④

운동역학

1. 출제경향 및 출제포커스
2. 4개년 기출문제(2022~2025)
3. 4개년 기출문제 해설(2022~2025)
4. 심화문제연습

운동역학

🏃 출제경향

출제범위	2022 개수(비율)	2022 문항 번호	2023 개수(비율)	2023 문항 번호	2024 개수(비율)	2024 문항 번호	2025 개수(비율)	2025 문항 번호
운동역학 개요	2(10%)	1, 5	1(5%)	1	1(5%)	20	1(5%)	1
운동역학의 이해	1(5%)	2	2(10%)	5, 6	1(5%)	6	2(10%)	3, 4
인체역학	2(10%)	3, 4	4(20%)	2, 7, 16, 20	4(20%)	12, 15, 17, 18	2(10%)	5, 19
운동학의 스포츠 적용	3(15%)	6, 7, 8	5(25%)	3, 8, 9, 10, 18	5(25%)	1, 4, 9, 14, 16	4(20%)	7, 8, 11, 17
운동역학의 스포츠 적용	7(35%)	9, 10, 11, 12, 13, 14, 20	4(20%)	11, 13, 15, 17	6(30%)	2, 3, 7, 10, 11, 13	7(35%)	6, 9, 10, 12, 13, 14, 15
일과 에너지	2(10%)	15, 16	3(15%)	12, 14, 19	1(5%)	19	2(10%)	16, 18
다양한 운동 기술의 분석	3(15%)	17, 18, 19	1(5%)	4	2(10%)	5, 8	1(5%)	2

🏃 출제포커스

운동역학은 가장 적은 수험생이 선택하는 과목입니다. 과학적인 원리를 공부하고 운동 상황에 맞게 적용을 하기 때문에 이를 어려워하거나 겁이 나 선택을 하지 않는 경향이 있습니다. 다만 시험 문제는 기본적인 물리 수준에서 움직임과 연관하여 출제되기 때문에 기본적인 이해력을 바탕으로 학습하신다면 다른 과목 못지 않게 좋은 점수를 획득할 수 있습니다.

🏃 2025년 총평

25년도의 운동역학은 다소 어렵게 출제되었습니다. 우선 그동안 다루지 않았던 생체역학과 관련한 다양한 개념 문제가 새롭게 출제되었고 어렵지는 않지만 시간이 걸리는 계산 문제가 몇 문제 출제되었습니다. 실제로 나머지 문제는 기존의 유형 수준으로 출제되었으나 위 두 가지 유형의 문제로 인하여 난이도가 대폭 상승하였습니다.

🏃 2026년 예상

더 어려워지지는 않겠지만 예년 수준으로 내려갈 것이라고는 예상하기 어렵습니다. 운동역학은 스포츠 지도 시 실질적으로 큰 도움이 되는 과목입니다. 그렇기에 지도사 준비를 하면서 모든 분들이 꼭 경험했으면 싶은 과목이지만 아무래도 난이도가 높고 시험에 합격하는 것이 먼저이기에 대부분의 수험생은 잘 선택하지 않는 과목입니다. 이 때문인지 문제는 그동안 매우 쉽게 출제되었던 편이지만 아이러니하게도 실제 사용하는 역학적 지식과는 괴리가 다소 있다는 문제점이 계속 제기되었습니다. 따라서 25년 수준의 난이도로 출제될 가능성이 높습니다.

기출문제(2022년)

001
운동역학(Sports Biomechanics) 연구의 목적과 내용이 아닌 것은?
① 동작분석
② 운동장비 개발
③ 부상 기전 규명
④ 운동 유전자 검사

002
인체의 움직임을 표현하는 용어로 옳지 않은 것은?
① 굽힘(굴곡, flexion)은 관절을 형성하는 뼈들이 이루는 각이 작아지는 움직임이다.
② 폄(신전, extension)은 관절을 형성하는 뼈들이 이루는 각이 커지는 움직임이다.
③ 벌림(외전, abduction)은 뼈의 세로축이 신체의 중심선으로 가까워지는 움직임이다.
④ 발등굽힘(배측굴곡, dorsi flexion)은 발등이 정강이뼈(경골, tibia) 앞쪽으로 향하는 움직임이다.

003
인체의 무게중심에 관한 설명으로 옳지 않은 것은?
① 무게중심의 높이는 안정성에 영향을 준다.
② 무게중심은 인체를 벗어나 위치할 수 없다.
③ 무게중심은 토크(torque)의 합이 '0'인 지점이다.
④ 무게중심의 위치는 자세의 변화에 따라 달라진다.

004
<그림>에서 인체 지레의 구성으로 바르게 묶인 것은?

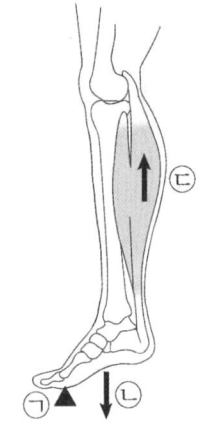

	㉠	㉡	㉢
①	받침점	힘점	저항점
②	저항점	받침점	힘점
③	받침점	저항점	힘점
④	힘점	저항점	받침점

005
운동학적(kinematic) 및 운동역학적(kinetic) 변인에 대한 설명으로 옳지 않은 것은?
① 질량(mass)은 크기만을 갖는 물리량이다.
② 시간(time)은 크기만을 갖는 물리량이다.
③ 힘(force)은 크기만을 갖는 물리량이다.
④ 거리(distance)는 시작점에서 끝점까지 이동한 궤적의 총합으로 크기만을 갖는 물리량이다.

006

각운동에 대한 설명으로 옳지 않은 것은?

① 각속도(angular velocity)는 각변위를 소요시간으로 나눈 값이다.
② 각가속도(angular acceleration)는 각속도의 변화를 소요시간으로 나눈 값이다.
③ 1라디안(radian)은 원(circle)에서 반지름과 호의 길이가 같을 때의 각으로 57.3°이다.
④ 시계 방향으로 회전된 각변위(angular displacement)는 양(+)의 값으로 나타내고, 반시계 방향으로 회전된 각변위는 음(-)의 값으로 나타낸다.

007

투사체 운동에 대한 설명으로 옳은 것은? (단, 공기저항은 고려하지 않음)

① 투사체에 작용하는 외력은 존재하지 않는다.
② 투사체의 수평속도는 초기속도의 수평성분과 크기가 같다.
③ 투사체의 수직속도는 9.8 m/s로 일정하다.
④ 투사높이와 착지높이가 같을 경우, 38.5°의 투사각도로 던질 때 최대의 수평거리를 얻을 수 있다.

008

골프 스윙 동작에서 임팩트 시 클럽헤드의 선속도를 증가시키는 방법으로 옳지 않은 것은?

① 스윙 탑에서부터 어깨관절을 축으로 회전반지름을 최대한 크게 해서 빠른 몸통회전을 유도한다.
② 임팩트 전까지 손목 코킹(cocking)을 최대한 유지하여 빠른 몸통회전을 유도한다.
③ 임팩트 시점에는 팔꿈치를 펴서 회전반지름을 증가시킨다.
④ 임팩트 시점에는 언코킹(uncocking)을 통해 회전반지름을 증가시킨다.

009

힘(force)의 개념에 대한 설명으로 옳지 않은 것은?

① 힘의 단위는 N(Newton)이다.
② 힘은 합성과 분해가 가능하다.
③ 힘이 작용한 반대 방향으로 가속도가 발생한다.
④ 힘의 크기가 증가하면 그 힘을 받는 물체의 가속도가 증가한다.

010

압력과 충격량에 관한 설명 중 옳지 않은 것은?

① 유도에서 낙법은 신체가 지면에 닿는 면적을 넓혀 압력을 증가시키는 기술이다.
② 권투에서 상대방의 주먹을 비켜 맞도록 동작을 취하여 신체가 받는 압력을 감소시킨다.
③ 높은 곳에서 뛰어내릴 때 무릎관절 굽힘을 통해 충격 받는 시간을 늘리면 신체에 가해지는 충격력의 크기는 감소된다.
④ 골프 클럽헤드와 볼의 접촉구간에서 충격력을 유지하면서 접촉시간을 증가시키면 충격량은 증가하게 된다.

011

마찰력(Ff)에 대한 설명으로 옳은 것은?

① 아스팔트 도로에서 마찰계수는 구름 운동보다 미끄럼 운동일 때 더 작다.
② 마찰력은 물체 표면에 수직으로 작용하는 힘과 관계가 있다.
③ 최대정지마찰력은 운동마찰력보다 작다.
④ 마찰력은 물체의 이동 방향과 같은 방향으로 작용한다.

012

양력에 대한 설명으로 옳지 <u>않은</u> 것은?

① 양력은 물체가 이동하는 방향의 반대 방향으로 작용한다.
② 양력은 베르누이 원리(Bernoulli principle)로 설명된다.
③ 양력은 형태의 비대칭성, 회전(spin) 등에 의해 발생한다.
④ 양력은 물체의 중심선과 진행하는 방향이 이루는 공격각(angle of attack)에 의해 발생한다.

013

충돌에 관한 설명으로 옳지 <u>않은</u> 것은?

① 탄성(elasticity)은 충돌하는 물체의 재질, 온도, 충돌강도 등에 따라 그 정도가 달라진다.
② 탄성은 어떠한 물체에 힘이 가해졌을 때, 그 물체가 변형되었다가 원래 상태로 되돌아가려는 성질을 말한다.
③ 복원계수(반발계수, coefficient of restitution)는 단위가 없고 0에서 1사이의 값을 갖는다.
④ 농구공을 1 m 높이에서 떨어뜨려 지면으로부터 64 cm 높이까지 튀어 올랐을 때의 복원계수는 0.64이다.

014

다이빙 공중회전 동작을 수행할 때 신체 좌우축(mediolateral axis)을 기준으로 회전속도를 가장 크게 만드는 동작으로 적절한 것은? (단, 해부학적 자세를 기준으로)

① 두 팔을 머리 위로 올리고, 머리를 뒤로 최대한 젖힌다.
② 신체를 최대한 좌우축에 가깝게 모으는 자세를 취한다.
③ 상체와 두 다리를 최대한 폄 시킨다.
④ 두 팔을 머리 위로 올리고, 두 다리는 최대한 곧게 뻗는 자세를 취한다.

015

일률(파워, power)에 대한 설명으로 옳은 것은?

① 단위는 J(Joule)이다.
② 힘과 속도의 곱으로 구한다.
③ 이동거리는 고려하지 않는다.
④ 소요시간을 길게 하면 증가한다.

016

<그림>의 장대높이뛰기에서 역학적 에너지의 변화 과정을 순서대로 나열한 것은?

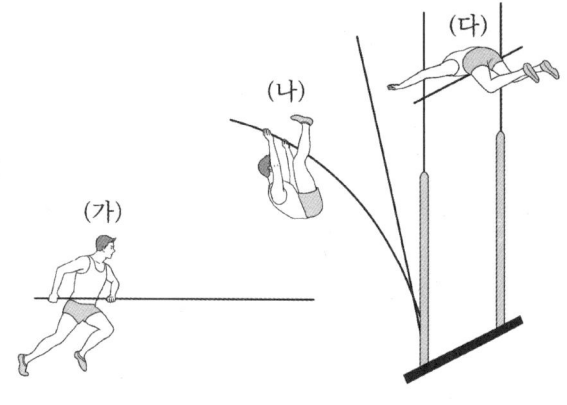

	㉠		㉡		㉢
①	탄성에너지	→	운동에너지	→	위치에너지
②	탄성에너지	→	위치에너지	→	운동에너지
③	위치에너지	→	운동에너지	→	탄성에너지
④	운동에너지	→	탄성에너지	→	위치에너지

017

<보기>의 (㉠), (㉡) 안에 들어갈 내용이 바르게 묶인 것은?

(㉠)은 다양한 장비를 활용하여 동작 및 힘 정보를 수치화하고 분석하는 방법이다. (㉡)을 통해 객관적이고 정확한 정보를 획득할 수 있으며, 주관적인 판단을 배제할 수 있다.

	㉠	㉡
①	정성적 분석	정량적 분석
②	정량적 분석	정성적 분석
③	정성적 분석	정성적 분석
④	정량적 분석	정량적 분석

018

달리기 출발구간 분석에서 <표>의 ㉠, ㉡, ㉢에 들어갈 측정장비가 바르게 나열된 것은?

측정장비	분석 변인
㉠	넙다리곧은근(대퇴직근, rectus femoris)의 활성도
㉡	압력중심의 위치
㉢	무릎 관절 각속도

	㉠	㉡	㉢
①	동작분석기	GPS 시스템	지면반력기
②	동작분석기	지면반력기	지면반력기
③	근전도분석기	GPS 시스템	동작분석기
④	근전도분석기	지면반력기	동작분석기

019

지면반력의 측정과 활용에 관한 설명으로 옳은 것은?

① 지면반력기는 수직 방향으로 작용하는 힘만 측정할 수 있다.
② 지면반력기에서 산출된 힘은 인체의 근력으로 지면에 가하는 작용력이다.
③ 높이뛰기 도약 동작분석 시 지면반력기에 작용한 힘의 소요시간을 측정할 수 있다.
④ 보행 분석에서 발이 지면에 착지하면서 앞으로 미는 힘은 추진력, 발 앞꿈치가 지면으로부터 떨어지기 전에 뒤로 미는 힘은 제동력을 의미한다.

020

<그림>과 같이 팔꿈치 관절을 축으로 쇠공을 들고 정적(static) 동작을 유지하기 위해서 위팔두갈래근(상완이두근, biceps brachii)이 발생시켜야 할 힘(FB)의 크기는?

- 손, 아래팔(전완), 쇠공을 합한 무게는 50 N이다.
- 팔꿈치 관절점(EJ)에서 위팔두갈래근의 부착점까지의 거리는 2 cm이다.
- 팔꿈치 관절점에서 손, 아래팔, 쇠공을 합한 무게중심(CG)까지의 거리는 20 cm이다.
- 위팔두갈래근은 아래팔에 90°로 부착되었다고 가정한다.

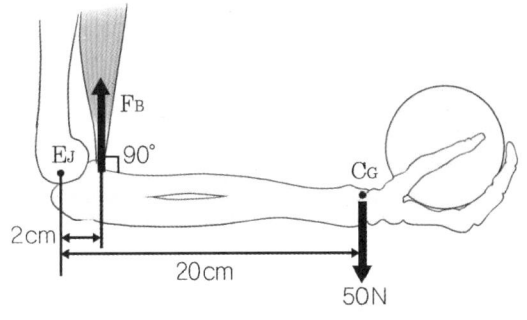

① 100 N ② 400 N
③ 500 N ④ 1,000 N

기출문제(2023년)

001

운동역학(sports biomechanics)의 내용으로 적절한 것은?

① 스포츠 현상을 사회학적 연구 이론과 방법으로 설명하는 학문이다.
② 운동에 의한 생리적·기능적 변화를 기술하고 설명하는 학문이다.
③ 스포츠 수행에 영향을 주는 심리적 요인을 설명하는 학문이다.
④ 스포츠 상황에서 인체에 발생하는 힘과 그 효과를 설명하는 학문이다.

002

근육의 신장(원심)성 수축(eccentric contraction)이 아닌 것은?

① 스쿼트의 다리를 굽히는 동작에서 큰볼기근(대둔근, gluteus maximus)의 수축
② 팔굽혀펴기의 팔을 펴는 동작에서 위팔세갈래근(상완삼두근, triceps brachii)의 수축
③ 턱걸이의 팔을 펴는 동작에서 넓은등근(광배근, latissimus dorsi)의 수축
④ 윗몸일으키기의 뒤로 몸통을 펴는 동작에서 배곧은근(복직근, rectus abdominis)의 수축

003

단위 시간당 이동한 변위(displacement)를 나타내는 벡터량은?

① 속도(velocity)
② 거리(distance)
③ 가속도(acceleration)
④ 각속도(angular velocity)

004

지면반력기(force plate)를 통해 얻을 수 있는 변인이 아닌 것은?

① 걷기 동작에서 디딤발에 가해지는 힘의 방향
② 외발서기 동작에서 디딤발 압력중심(center of pressure)의 이동거리
③ 서전트 점프 동작에서 발로 지면에 힘을 가한 시간
④ 달리기 동작의 체공기(non-supporting phase)에서 발에 작용하는 힘의 크기

005

인체의 시상(전후)면(sagittal plane)에서 수행되는 움직임이 아닌 것은?

① 인체의 수직축(종축)을 중심으로 회전하는 피겨스케이팅 선수의 몸통분절 움직임
② 페달링하는 사이클 선수의 무릎관절 굴곡/신전 움직임
③ 100m 달리기를 하는 육상 선수의 발목관절 저측/배측굴곡 움직임
④ 앞구르기를 하는 체조 선수의 몸통분절 움직임

006

<보기>에서 복합운동(general motion)에 해당하는 것을 모두 고른 것은?

㉠ 커브볼로 던져진 야구공의 움직임
㉡ 페달링하면서 직선구간을 질주하는 사이클 선수의 대퇴(넙다리) 분절 움직임
㉢ 공중회전하면서 낙하하는 다이빙 선수의 몸통 움직임

① ㉠ ② ㉠, ㉢
③ ㉡, ㉢ ④ ㉠, ㉡, ㉢

007

인체 무게중심에 대한 설명으로 옳은 것은? (단, 공기저항은 무시함)

① 무게중심은 항상 신체 내부에 위치한다.
② 체조 선수는 공중회전하는 동안 무게중심을 지나는 축을 중심으로 회전하게 된다.
③ 지면에 선 상태로 팔을 위로 올리면 무게중심은 아래로 이동한다.
④ 서전트 점프 이지(take-off) 후, 공중에서 팔을 위로 올리면 무게중심은 위로 이동한다.

008

농구 자유투에서 투사된 농구공의 운동에 대한 설명으로 옳은 것은?(단, 공기저항은 무시함)

① 농구공 질량중심의 수직속도는 일정하다.
② 최고점에서 농구공 질량중심의 수평속도는 0m/s가 된다.
③ 최고점에서 농구공 질량중심은 수평방향으로 등속도 운동을 한다.
④ 최고점에서 농구공 질량중심은 수직방향으로 등속도 운동을 한다.

009

<그림>과 같이 공이 지면(수평 고정면)에 충돌하는 상황에 관한 설명으로 옳은 것은? (단, 공의 충돌 전 수평속도 및 수직속도는 같음)

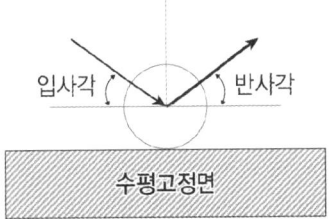

① 충돌 후, 무회전에 비해 백스핀된 공의 수평속도가 크다.
② 충돌 후, 무회전에 비해 톱스핀된 공의 수직속도가 크다.
③ 충돌 후, 무회전에 비해 톱스핀된 공의 반사각이 크다.
④ 충돌 후, 무회전된 공과 백스핀된 공의 리바운드 높이는 같다.

010

<그림>에서 달리기 선수의 질량은 60kg이며 오른발 착지 시 무게중심의 수평속도는 2m/s이다. A와 B의 면적이 각각 80N·s와 20N·s일 때, 오른발 이지(take-off) 순간 무게중심의 수평속도는?

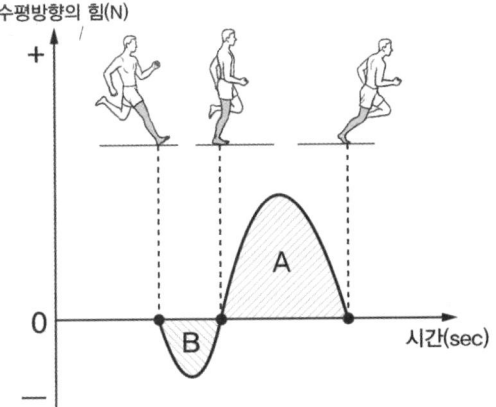

① 3m/s ② 4m/s
③ 5m/s ④ 6m/s

011

<보기>의 (㉠), (㉡)에 들어갈 용어가 바르게 연결한 것은?

> 농구선수는 양손 체스트패스 캐치 동작에서 공을 몸쪽으로 당겨 받는다. 그 과정에서 공을 받는 (㉠)은 늘리고 (㉡)은 줄일 수 있다.

	㉠	㉡
①	시간	충격력(impact force)
②	충격력	시간
③	충격량(impulse)	시간
④	충격력	충격량

012

역학적 일(work)을 하지 않은 것은?

① 역도 선수가 바닥에 있던 100kg의 바벨을 1m 높이로 들어 올렸다.
② 레슬링 선수가 상대방을 굴려서 1m 옆으로 이동시켰다.
③ 체조 선수가 철봉에 매달려 10초 동안 정지해 있었다.
④ 육상 선수가 달려서 100m를 이동했다.

013

마그누스 효과(Magnus effect)에 관한 내용이 아닌 것은?

① 레인에서 회전하는 볼링공의 경로가 휘어지는 현상
② 커브볼로 투구된 야구공의 경로가 휘어지는 현상
③ 사이드스핀이 가해진 탁구공의 경로가 휘어지는 현상
④ 회전(탑스핀)이 걸린 테니스공이 아래로 빠르게 떨어지는 현상

014

스키점프 동작의 역학적 에너지에 대한 설명으로 옳지 않은 것은?(단, 공기저항은 무시함)

① 운동에너지는 지면 착지 직전에 가장 크다.
② 위치에너지는 수직 최고점에서 가장 크다.
③ 운동에너지는 스키점프대 이륙 직후부터 지면 착지 직전까지 동일하다.
④ 역학적 에너지는 스키점프대 이륙 직후부터 지면 착지 직전까지 보존된다.

015

<보기>의 그림에 제시된 덤벨 컬(dumbbell curl) 운동에서 팔꿈치관절 각도(θ)와 팔꿈치관절에 발생되는 회전력(torque)의 관계를 옳게 나타낸 그래프는?(단, 덤벨 컬 운동은 등각속도 운동임)

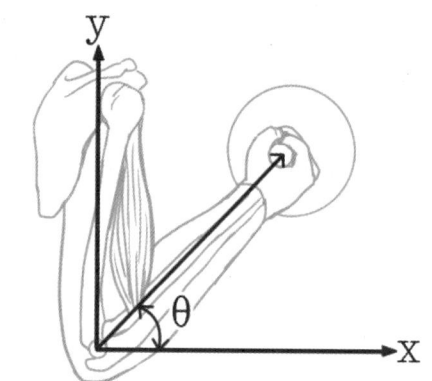

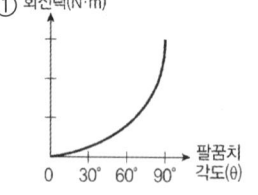
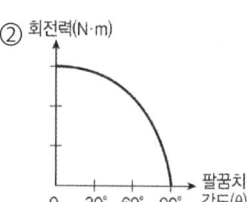
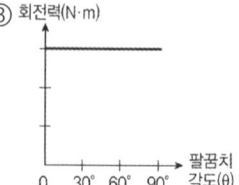
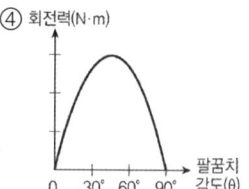

016

인체 지레에 대한 설명 중 옳은 것은?

① 지레에서 저항팔이 힘팔보다 긴 경우에는 힘에 있어서 이득이 있다.
② 1종지레는 저항점이 받침점과 힘점 사이에 있는 형태로, 팔굽혀펴기 동작이 이에 속한다.
③ 2종지레는 받침점이 힘점과 저항점 사이에 있는 형태로, 힘에 있어서 이득이 있다.
④ 3종지레는 힘점이 받침점과 저항점 사이에 있는 형태로, 운동의 범위와 속도에 있어서 이득이 있다.

017

<보기>의 (㉠)~(㉣)에 들어갈 내용을 바르게 연결한 것은?

다이빙 선수의 공중회전 동작에서는 다이빙 플랫폼 이지(take-off) 직후에 다리와 팔을 회전축 가까이 위치시켜 관성모멘트를 (㉠)시킴으로써 각속도를 (㉡)시켜야 한다. 입수 동작에서는 팔과 다리를 최대한 펴서 관성모멘트를 (㉢)시킴으로써 각속도를 (㉣)시켜야 한다.

	㉠	㉡	㉢	㉣
①	증가	감소	증가	감소
②	감소	증가	증가	감소
③	감소	감소	증가	증가
④	증가	감소	감소	감소

018

30m/s의 수평투사속도로 야구공을 던질 때, 야구공의 체공시간이 2초라면 투사거리는? (단, 공기저항은 무시함)

① 15m ② 30m
③ 60m ④ 90m

019

일률(power)의 단위가 아닌 것은?

① $N \cdot m/s$ ② $kg \cdot m/s^2$
③ Joule/s   ④ Watt

020

<보기>의 (㉠)~(㉢)에 들어갈 내용을 바르게 연결한 것은?

신체의 정적 안정성을 높이기 위해서는 기저면(base of support)을 (㉠), 무게중심을 (㉡), 수직 무게중심선을 기저면의 중앙과 (㉢) 위치시키는 것이 효과적이다.

	㉠	㉡	㉢
①	좁히고	높이고	가깝게
②	좁히고	높이고	멀게
③	넓히고	낮추고	가깝게
④	넓히고	낮추고	멀게

기출문제(2024년)

001

뉴턴(I. Newton)의 3가지 법칙과 관련이 없는 것은?

① 외력이 가해지지 않으면, 정지하고 있는 물체는 계속 정지하려 한다.
② 가속도는 물체에 가해진 힘에 비례한다.
③ 수직 점프를 할 때, 지면을 강하게 눌러야 높게 올라갈 수 있다.
④ 외력이 가해지지 않으면, 물체가 가진 각운동량은 변하지 않는다.

002

<보기>에서 힘(force)에 관한 설명으로 옳은 것을 모두 고른 것은?

> ㄱ. 움직임을 일으키는 원인으로 에너지이다.
> ㄴ. 질량과 가속도의 곱으로 결정된다.
> ㄷ. 단위는 N(Newton)이다.
> ㄹ. 크기를 갖는 스칼라(scalar)이다.

① ㄱ, ㄴ   ② ㄱ, ㄹ
③ ㄴ, ㄷ   ④ ㄷ, ㄹ

003

쇼트트랙 경기에서 원운동을 할 때 원심력과 구심력에 관한 설명으로 옳은 것은?

① 원심력과 구심력은 크기가 같고, 방향이 반대이다.
② 원심력은 원운동을 하는 선수의 질량과 관계가 없다.
③ 원심력을 극복하는 방법으로 반지름을 작게 하여 원운동을 한다.
④ 신체를 원운동 중심의 방향으로 기울이는 것은 접선 속도를 크게 만들기 위함이다.

004

선운동량 또는 충격량에 관한 설명으로 옳은 것은?

① 선운동량은 질량과 속도를 더하여 결정되는 물리량이다.
② 충격량은 충격력과 충돌이 가해진 시간의 곱으로 결정되는 물리량이다.
③ 시간에 따른 힘 그래프에서 접선의 기울기는 충격량을 의미한다.
④ 충격량이 선운동량으로 전환되기 위해서는 먼저 충격량이 토크로 전환되어야 한다.

005

운동학적(kinematic) 분석과 운동역학적(kinetic) 분석에 관한 설명으로 옳지 않은 것은?

① 일률, 속도, 힘은 운동역학적 분석요인이다.
② 운동학적 분석은 움직임을 공간적·시간적으로 분석한다.
③ 근전도 분석, 지면반력 분석은 운동역학적 분석방법이다.
④ 신체중심점의 위치변화, 관절각의 변화는 운동학적 분석요인이다.

006

<보기>에서 물리량에 대한 설명으로 옳은 것만 고른 것은?

> ㄱ. 압력은 단위면적당 가해지는 힘이며 벡터이다.
> ㄴ. 일은 단위시간당 에너지의 변화율이며 벡터이다.
> ㄷ. 마찰력은 두 물체의 마찰로 발생하는 힘이며 스칼라이다.
> ㄹ. 토크는 회전을 일으키는 효과이며 벡터이다.

① ㄱ, ㄴ   ② ㄱ, ㄹ
③ ㄴ, ㄷ   ④ ㄷ, ㄹ

007

<보기>에서 항력과 관련된 설명으로 옳은 것만 고른 것은?

ㄱ. 육상의 원반 투사 시, 최적의 공격각(attack angle)은 $\frac{항력}{양력}$이 최대일 때의 각도이다.
ㄴ. 야구에서 투구 시 공에 회전을 넣어 커브 구질을 만든다.
ㄷ. 파도와 같이 물과 공기의 접촉면에서 형성된 난류에 의하여 발생하기도한다.
ㄹ. 날아가는 골프공의 단면적(유체의 흐름방향에 수직인 물체의 면적)에 비례한다.

① ㄱ, ㄴ
② ㄱ, ㄹ
③ ㄴ, ㄷ
④ ㄷ, ㄹ

008

2차원 영상분석에서 배율법(multiplier method)에 관한 설명으로 옳지 않은 것은?

① 동작이 수행되는 평면에 직교하게 카메라를 설치한다.
② 분석대상이 운동평면에서 벗어나면 투시오차(perspective error)가 발생할 수 있다.
③ 체조의 공중회전(somersault)과 트위스트(twist)와 같은 운동 동작을 분석하는 데 주로 활용된다.
④ 기준자(reference ruler)는 영상평면에서의 분석대상 크기를 실제 운동 평면에서의 크기로 조정하기 위해 사용된다.

009

<보기>에서 각운동에 관한 설명으로 옳은 것만 고른 것은?

ㄱ. 각속력은 벡터이고, 각속도(angular velocity)는 스칼라이다.
ㄴ. 각속력(angular speed)은 시간당 각거리(angular distance)이다.
ㄷ. 각가속도(angular acceleration)는 시간당 각속도의 변화량이다.
ㄹ. 각거리는 물체의 처음과 마지막 각위치의 변화량이다.

① ㄱ, ㄴ
② ㄱ, ㄹ
③ ㄴ, ㄷ
④ ㄷ, ㄹ

010

<보기>의 ㉠~㉣에 들어갈 내용이 바르게 제시된 것은?

- (㉠)가 커질수록 부력도 커진다.
- (㉡)가 올라갈수록 부력은 작아진다.
- (㉢)는 수중에서의 자세 변화에 따라 달라진다.
- (㉣)은 물에 잠긴 신체의 부피에 비례하여 수직으로 밀어 올리는 힘이다.

	㉠	㉡	㉢	㉣
①	신체의 밀도	신체의 온도	무게중심의 위치	부력
②	유체의 밀도	신체의 온도	무게중심의 위치	항력
③	신체의 밀도	물의 온도	부력중심의 위치	항력
④	유체의 밀도	물의 온도	부력중심의 위치	부력

011

<보기>와 같이 조건을 (A)에서 (B)로 변경하였을 때, ㉠~㉢에 들어갈 내용으로 바르게 나열한 것은? (단, 각운동량 그리고 줄과 공의 질량은 변화가 없는 것으로 가정)

(A)

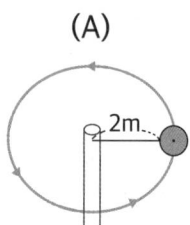

- 회전축에서 공의 중심까지 거리 : 2m
- 회전속도 : 1회전/sec

(B)

회전축에서 공까지의 거리를 1m로 줄이면, 회전반경이 (㉠)로 줄어들고 관성모멘트가 (㉡)로 감소하기 때문에 공의 회전속도는 (㉢)로 증가한다.

	㉠	㉡	㉢
①	$\frac{1}{2}$	$\frac{1}{2}$	2회전/sec
②	$\frac{1}{2}$	$\frac{1}{4}$	2회전/sec
③	$\frac{1}{4}$	$\frac{1}{2}$	4회전/sec
④	$\frac{1}{2}$	$\frac{1}{4}$	4회전/sec

012

인체에 적용되는 지레(levers)의 원리에 관한 설명으로 옳지 않은 것은?

① 1종 지레에서 축(받침점)은 힘점과 저항점(작용점) 사이에 위치하고 역학적 이점이 1보다 크거나 작을 수 있다.
② 2종 지레는 저항점이 힘점과 축 사이에 위치하고 역학적 이점이 1보다 크다.
③ 3종 지레에서 힘점은 축과 저항점 사이에 위치하고 역학적 이점이 1보다 크다.
④ 지면에서 수직 방향으로 발뒤꿈치를 들고 서는 동작(calf raise)은 2종 지레이다.

013

<그림>의 수직점프(vertical jump) 동작에 관한 운동역학적 특성을 바르게 설명한 것은? (단, 외력과 공기 저항은 작용하지 않는 것으로 가정)

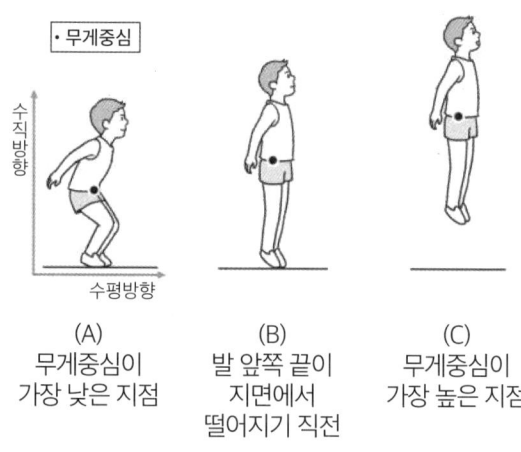

(A) 무게중심이 가장 낮은 지점 (B) 발 앞쪽 끝이 지면에서 떨어지기 직전 (C) 무게중심이 가장 높은 지점

① (A)부터 (B)까지 한 일(work)은 위치에너지의 변화량과 같다.
② (A)부터 (B)까지 넙다리네갈레근(대퇴사두근, quadriceps)은 신장성 수축(eccentric contraction)을 한다.
③ (B)부터 (C)까지 무게중심의 수직가속도는 증가한다.
④ (C) 지점에서 인체 무게중심의 수직속도는 0m/sec이다.

014
회전운동에 관한 설명으로 옳지 않은 것은?
① 회전하는 물체의 접선속도는 각속도와 반지름의 곱으로 구한다.
② 회전하는 물체의 각속도는 호의 길이를 소요시간으로 나누어 구한다.
③ 인체의 관성모멘트(moment of inertia)는 회전축의 방향에 따라 변한다.
④ 토크는 힘의 연장선이 물체의 중심에서 벗어난 지점에 작용할 때 발생한다.

015
인체의 무게중심에 관한 설명으로 옳지 않은 것은?
① 무게중심은 인체 외부에 위치할 수 있다.
② 무게중심의 위치는 안정성에 영향을 준다.
③ 무게중심은 토크의 합이 '0'인 지점이다.
④ 무게중심의 위치는 동작의 변화와 관계없이 일정하다.

016
중력가속도의 개념에 관한 설명으로 옳지 않은 것은?
① 중력가속도의 크기는 9.8m/sec^{2}이다.
② 중력가속도는 지구 중심방향으로 작용한다.
③ 인체의 무게는 질량과 중력가속도의 곱으로 산출한다.
④ 토스한 배구공이 상승하는 과정에서는 중력가속도의 영향을 받지 않는다.

017
인체의 근골격계에 관한 설명으로 옳은 것은?
① 골격근의 수축은 관절에서 회전운동을 일으키지 못한다.
② 인대(ligament)는 골격근을 뼈에 부착시키는 역할을 한다.
③ 작용근(주동근, agonist)은 의도한 운동을 발생시키는 근육이다.
④ 팔꿈치관절에서 굽힘근(굴근, flexor)의 수축은 관절의 각도를 커지게 한다.

018
기저면의 변화를 통해 안정성을 증가시킨 동작으로 옳지 않은 것은?
① 산에서 내려오며 산악용 스틱을 사용하여 지면을 지지하기
② 씨름에서 상대방이 옆으로 당기자 다리를 좌우로 벌리기
③ 평균대 외발서기 동작에서 양팔을 좌우로 벌리기
④ 스키점프 착지 동작에서 다리를 앞뒤로 교차하여 벌리기

019
역학적 일(work)과 일률(power)의 개념을 바르게 설명한 것은?
① 일의 단위는 watt 또는 joule/sec이다.
② 일률은 힘과 속도의 곱으로 산출한다.
③ 일률은 이동한 거리를 고려하지 않는다.
④ 일은 가해진 힘의 크기에 반비례한다.

020
운동역학을 스포츠 현장에 적용한 사례로 적절하지 않은 것은?
① 멀리뛰기에서 도약력 측정을 위한 지면반력 분석
② 다이빙에서 각운동량 산출을 위한 3차원 영상분석
③ 축구에서 운동량 측정을 위한 웨어러블 센서(wearable sensor)의 활용
④ 경기장 적응을 위해 가상현실을 활용한 양궁 심상훈련 지원

기출문제(2025년)

001
운동역학의 내용과 목적이 아닌 것은?
① 운동 기술의 향상
② 운동수행 시 힘의 측정
③ 운동수행 안전성의 향상
④ 인체 내 에너지 대사의 측정

002
<보기>에서 설명하는 동작분석 방법으로 옳지 않은 것은?

> 동작을 측정하거나 계산하지 않는 비수치적 방법으로 지도자의 시각적 관찰로 움직임의 오류를 찾아 운동 기술 향상을 도모한다.

① 정량적 자료로 분석한다.
② 현장에서 즉각적인 분석이 가능하다.
③ 지도자 성향에 따라 결과가 달라진다.
④ 분석의 결과는 객관성을 담보할 수 없다.

003
운동의 종류에 관한 설명으로 옳지 않은 것은?
① 직선운동은 병진운동의 한 종류이다.
② 곡선운동은 회전운동에 포함되는 운동이다.
③ 병진운동은 직선운동과 곡선운동 모두를 말한다.
④ 복합운동은 병진운동과 회전운동이 혼합된 운동이다.

004
운동역학 사슬(kinetic chain)에 관한 설명으로 옳지 않은 것은?
① 힘의 적용 대상이 연결된 일련의 사슬고리이다.
② 사슬에 있는 연결 동작은 힘 전달에 영향을 미친다.
③ 닫힌형 운동역학 사슬(CKC)은 기능적이며, 스포츠에 특화될 수 있다.
④ 열린형 운동역학 사슬(OKC)에는 스쿼트, 팔굽혀펴기와 같은 동작이 있다.

005
신체에 작용하는 역학적 부하(load)에 관한 정의로 옳지 않은 것은?
① 전단응력(shear): 조직의 장축을 따라 대칭으로 가해지는 힘
② 인장응력(tension): 두 힘이 서로 떨어지게끔 반대 방향으로 가해지는 힘
③ 압축응력(compression): 반대쪽의 두 힘이 서로 향하는 방향으로 가해지는 힘
④ 휨(bending): 축에서 벗어나는 두 힘이 가해져 한쪽에서 인장응력, 다른 한쪽에서 압축응력이 발생하는 힘

006
<보기>에서 내력(internal force)에 관한 설명으로 옳은 것만 모두 고른 것은?

> ㄱ. 다이빙 동작에서 작용하는 중력
> ㄴ. 높이뛰기의 도약 동작에서 선수가 발휘한 힘
> ㄷ. 환경과의 상호작용으로 시스템에 작용하는 힘
> ㄹ. 내력만으로 인체 전체의 위치는 이동할 수 없음

① ㄱ, ㄴ
② ㄴ, ㄹ
③ ㄱ, ㄷ, ㄹ
④ ㄴ, ㄷ, ㄹ

007

<보기>에서 제시한 A 학생의 항속 구간 평균 보행속도는? (단, 반올림하여 소수점 둘째 자리까지 표기)

A 학생이 총 30m의 직선 구간을 걸었을 때, 가속과 감속 구간 각 5m씩 총 10m를 제외한 항속 구간에서의 스텝 수는 25회였고, 16초가 소요되었다.

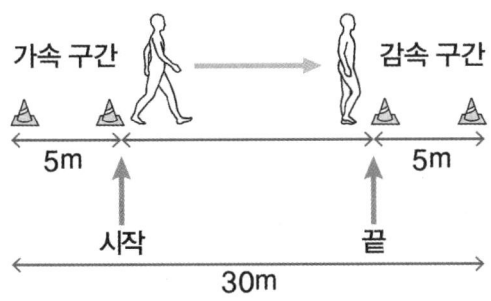

① 0.80 m/s ② 1.25 m/s
③ 1.56 m/s ④ 1.88 m/s

008

각가속도에 관한 설명으로 옳지 않은 것은?
① 회전하는 물체의 각가속도가 0이 되면 물체는 멈추게 된다.
② 각가속도는 각속도의 변화량을 시간의 변화량으로 나눈 값이다.
③ 처음 각속도가 30°/s에서 6초 후 90°/s로 변화했을 때 평균각가속도는 10°/s² 이다.
④ 각속도가 양(+)의 방향으로 선형적인 증가를 할 때 각가속도는 일정한 양(+)의 값을 가진다.

009

그림에 관한 설명으로 옳지 않은 것은? (단, 착지전략을 제외한 모든 조건은 동일함)

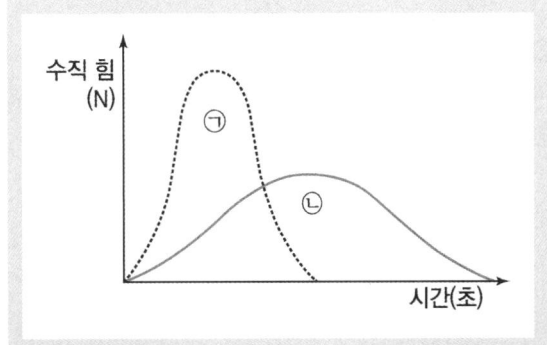

그림은 기계체조 선수가 경기 중 각 1회의 ⓐ 뻣뻣한 착지와 ⓑ 부드러운 착지를 수행하였을 때 착지구간에서 시간에 따른 수직힘의 변화를 나타낸다.

① ⓐ과 ⓑ의 운동량의 변화량은 동일하다.
② ⓐ의 경우 신체에 작용하는 수직 충격력이 더 크다.
③ ⓐ의 경우 신체에 작용하는 수직 충격량이 더 크다.
④ 착지 직전의 무게중심의 속도는 ⓐ과 ⓑ 모두 동일하다.

010

<보기>에서 임팩트 직후 골프공의 선속도는? (선운동량 보존의 법칙 적용)

- 골프 클럽의 질량: 600g, 골프공의 질량: 40g
- 스윙 시 클럽의 임팩트 직전 선속도: 50m/s, 임팩트 직후 선속도: 45m/s (외부에서 따로 작용하는 힘은 없으며, 운동량의 손실 없이 정확하게 전달됨을 가정함)

① 65m/s ② 70m/s
③ 75m/s ④ 80m/s

011

스포츠에 적용된 각속도(angular velocity)에 관한 사례로 옳지 <u>않은</u> 것은?

① 숙련된 운동선수일수록 각속도를 잘 조절한다.
② 철봉의 대차돌기(휘돌기) 하강 국면에서 발의 무게중심점은 일정한 각속도를 유지한다.
③ 골프 클럽헤드의 각속도는 0에서 시작하여 최댓값으로 증가했다가 다시 0으로 돌아온다.
④ 야구에서 배트의 각속도가 일정하다면 회전반경이 클수록 임팩트된 공의 선속도는 증가한다.

012

인체의 움직임에서 토크(torque)에 관한 개념이 적용된 사례로 옳지 <u>않은</u> 것은?

① 사지의 근육은 각 관절을 돌림시키는 토크를 생성한다.
② 덤벨 컬 시 덤벨의 무게는 팔꿈치를 펴는 토크를 가진다.
③ 외적 토크보다 내적 토크가 크면 근육은 신장성 수축을 한다.
④ 동일한 힘을 낼 때 팔꿈치 각도 90°보다 굽히거나 폄에 따라 모멘트팔이 짧아져 내적 토크도 감소한다.

013

<보기>에서 설명한 내용 중 인체의 관성모멘트(moment of inertia)를 감소시킨 사례로 옳은 것만 모두 고른 것은?

> ㄱ. 피겨스케이팅에서 양팔을 벌리고 회전한다.
> ㄴ. 달리기 시 체공기(swing phase)에 있는 다리를 굽힌다.
> ㄷ. 다이빙에서 공중 앞돌기 시 터크(움크린) 자세를 만든다.
> ㄹ. 골프 아이언 헤드의 질량 분포를 양 끝으로 넓게 하여 클럽 헤드의 관성을 조작한다.

① ㄱ, ㄴ
② ㄴ, ㄷ
③ ㄱ, ㄴ, ㄷ
④ ㄱ, ㄷ, ㄹ

014

그림에 관한 설명으로 옳지 <u>않은</u> 것은? (단, 공의 높이는 무게중심을 기준으로 함)

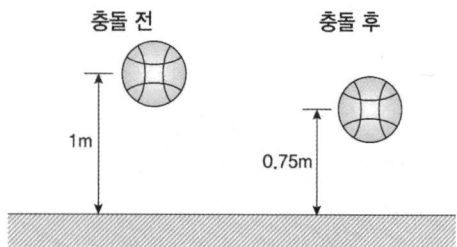

① 비탄성충돌이다.
② 충돌 전, 후 농구공의 속도는 다르다.
③ 운동에너지가 보존되지 않았다는 것을 의미한다.
④ 반발계수(복원계수, coefficient of restitution)는 0.75이다.

015

압력중심점(center of pressure, COP)에 관한 설명으로 옳지 <u>않은</u> 것은?

① 압력중심점은 균형능력을 평가하기 위한 자료로 활용된다.
② 보행 시 한발 지지기(stance phase)에서 압력중심점은 변한다.
③ 허리를 앞으로 굽혔을 때, 압력중심점은 기저면 밖에 위치한다.
④ 압력중심점이란 지면에 접촉하는 부분 중 지면반력 전체가 작용된다고 가정되는 어느 한 점을 말한다.

016

일과 에너지에 관한 설명으로 옳지 <u>않은</u> 것은?

① 에너지는 일을 할 수 있는 능력이다.
② 위치에너지는 운동에너지로 변환될 수 있다.
③ 질량이 일정하면 속도 변화는 운동에너지의 변화를 의미한다.
④ 어떤 물체가 에너지를 갖기 위해서는 움직임이 있어야만 한다.

017

<보기>에서 설명한 A 선수의 이동 거리와 변위가 옳은 것은?

육상 장거리 종목의 선수 A는 트랙의 길이가 400m인 경기장을 총 25바퀴를 달렸고, 28분 30초의 기록으로 결승점을 통과했다.

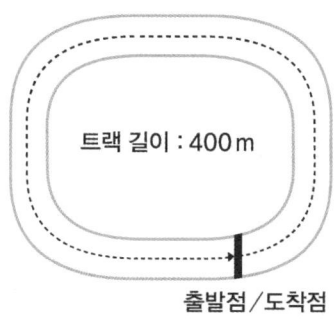

	이동거리(m)	변위(m)		이동거리(m)	변위(m)
①	0	400	②	0	10,000
③	10,000	10,000	④	10,000	0

018

<보기>에서 수행한 일과 일률이 바르게 나열된 것은?

- 물체에 2초 동안 2N의 힘을 가하여 2m를 움직였을 때 수행한 일은 (㉠) J이며 일률은 (㉡) J/s이다(단, 힘의 작용방향과 물체의 이동방향은 일치함).

	㉠	㉡		㉠	㉡
①	2	1	②	2	2
③	4	2	④	4	4

019

인체의 안정성을 결정짓는 요인이 아닌 것은?

① 기저면의 크기와 관련이 있으며 형태와는 관련이 없다.
② 무게중심선이 기저면 밖에 있으면 불안정한 상태가 된다.
③ 무게중심선이 기저면의 중심에 가까울수록 안정성은 높아진다.
④ 무게중심의 높이와 관련이 있으며 낮을수록 안정성은 높아진다.

020

마찰력에 관한 설명으로 옳지 않은 것은?

① 최대정지마찰력은 운동마찰력보다 크다.
② 마찰력은 마찰계수와 물체 질량의 곱으로 구한다.
③ 마찰력은 물체 표면에 수직으로 작용하는 힘(수직항력, normal force)과 관계가 있다.
④ 마찰력은 접촉면과 평행하게 작용하며 물체의 운동 방향과 반대 방향으로 작용한다.

해설&정답(2022년)

001	4	002	3	003	2	004	3
005	3	006	4	007	2	008	1
009	3	010	1	011	2	012	1
013	4	014	2	015	2	016	4
017	4	018	4	019	3	020	3

2022 생활스포츠지도사 필기 기출문제 [운동역학] 풀이 해석 바로가기!

001 | ④ - 운동 유전자 검사는 운동역학의 연구 목적과 거리가 멀다.

002 | 뼈의 세로축이 신체의 중심선으로 가까워지는 동작은 '모음(내전)'이다.

여러 가지 인체 움직임

굽힘(굴곡)	두뼈의 각도가 관절을 기준으로 작아짐
폄(신전)	두뼈의 각도가 관절을 기준으로 커짐
모음(내전)	뼈의 세로축이 신체 중심선에 가까워짐
벌림(외전)	뼈의 세로축이 신체 중심선에 멀어짐
돌림(회전)	중심축을 기준으로 회전하는 움직임
휘돌림(회선)	중심축을 기준으로 원뿔형태로 움직임
엎침(회내)	손바닥이 아래나 뒤로 가는 움직임
뒤침(회외)	손바닥이 위나 앞으로 가는 움직임
가쪽 번짐	외번, 엄지발가락 쪽을 올림
안쪽 번짐	내번, 새끼발가락 쪽을 올림

003 | ② - 인체의 무게중심은 인체 동작에 따라 바뀌며 인체를 벗어나 위치도 가능하다.

004 | 저항점(작용점)이 가운데 있고 발가락쪽(받침점)과 종아리쪽(힘점)이 양 옆에 있는 '2종 지레'의 형태를 보인다.

☑ **인체지레 쉽게 구분하기**
- 1종 지레 : 받침점이 가운데, 힘의 방향이 바뀜
- 2종 지레 : 작용점이 가운데, 힘에서 이득
- 3종 지레 : 힘점이 가운데, 속도-거리에서 이득

005 | ③ - 힘은 크기와 방향을 갖는 대표적인 물리량이다.

006 | ④ - 각운동의 방향을 표시할 때 시계방향의 회전을 -로, 시계방향의 회전을 +로 표현한다.

007 | ① - 수평방향의 외력은 없으나 수직방향으로는 중력이 외력으로 작용한다.
③ - 수직속도에 작용하는 중력은 일정하나 수직속도는 최고점까지 감소했다가 점차 증가한다.
④ - 최대거리를 얻을 수 있는 투사각도는 45°이다.

008 | ① - 스윙 탑(정점)에서부터 클럽과 팔을 모두 피는 경우에는 회전반지름이 너무 커 각속도가 줄어들고 선속도도 함께 감소한다.

009 | ③ - 힘이 작용하면 물체가 변형되거나 또는 그 방향으로 가속하게 된다.

| 010 | ① - 지면에 닿는 신체면적을 넓히면 단위 면적 당 전달되는 충격량을 감소시킬 수 있다.

| 011 | ① - 대부분의 일반 운동상황에서는 구름운동(바퀴)이 미끄럼 운동보다 마찰이 적다.
③ - 최대정지마찰력은 항상 운동마찰력보다 크다.
④ - 마찰력은 물체의 이동방향과 반대로 작용한다.

| 012 | ① - 양력은 물체가 이동하는 방향에 수직 방향으로 작용하여 물체를 띄우거나 가라앉히는 역할을 한다.

| 013 | ④ - 농구공의 복원계수는 충돌 전 속도와 충돌 후 속도의 상대비로 결정되며 높이를 통해서 구할 경우에는 낙하된 높이와 튀어오른 높이의 상대비에 루트 값으로 계산할 수 있으며 복원계수는 0.8이 된다.

| 014 | ② - 회전축을 중심으로 신체를 모을 때 관성모멘트가 감소하면서 빠른 회전이 가능하다.

| 015 | ① - 일률의 단위는 와트나 파워를 사용한다.
③ - 이동거리가 없을 경우 일로 볼 수 없다.
④ - 소요시간이 길어지면 일률은 감소한다.

| 016 | 달리기(운동에너지) - 장대(탄성에너지) - 도약(위치에너지)로 변화한다.

| 017 | '정량적 분석'에 대한 설명이다.

| 018 | ㉠ - 근육의 활성도는 근전도분석기를 통해 알 수 있다.
㉡ - 압력중심, 무게중심의 위치는 지면반력기를 이용해 알 수 있다.
㉢ - 무릎 관절의 각속도는 동작 분석기를 통해 측정할 수 있다

| 019 | ① 힘의 방향, 회전력을 모두 측정할 수 있다. (수직 방향만을 측정하는 것은 체중계를 예로 들 수 있다)
② 근력으로 지면에 가하는 작용력에 대한 반작용력을 측정한다.
④ 추진력과 제동력의 설명이 바뀌었다.

| 020 | 현재 50N의 저항무게와 20cm의 모멘트 암의 곱은 1,000N·cm이며 이와 근육이 발휘하는 힘을 같게 하기 위하여 위팔두갈래근이 발휘해야하는 힘을 계산하면
※ 1,000N·cm = 2cm × xN
xN = 500N·cm 이므로
최소 500N의 힘이 필요하다.

해설&정답(2023년)

001	4	002	2	003	1	004	4
005	1	006	4	007	2	008	3
009	4	010	1	011	1	012	3
013	1	014	3	015	2	016	4
017	2	018	3	019	2	020	3

2023 생활스포츠지도사
필기 기출문제 [운동역학]
풀이 해석 바로가기!

001 | ④번 운동역학에 대한 설명이다.

002 | 팔굽혀펴기에서 팔을 펴는 동작은 상완삼두근 단축성 수축으로 일어난다.

003 | - 단위 시간당 이동한 변위는 '속도'이다.
- 단위 시간당 이동한 거리는 '속력'이다.

004 | 공중에서는 발에 작용하는 힘의 크기를 측정할 수 없다.

005 | 수직축을 중심으로 회전하는 운동은 수평면 상에서 일어나는 움직임이다.

006 | 모두 복합운동에 속한다.

007 | ① 무게중심은 신체 외부에 위치할 수 있다.
③ 팔을 위로 올리면 무게중심은 위로 이동한다.
④ 공중에서 무게중심 이동 궤적은 변하지 않는다(자세에 변화에 따라 신체 내외부에 있을 수 있음)

008 | ① 수직속도는 등가속 운동하며 최고점까지 상승 시에 줄어들고 최고점에서 하강 시에 증가한다.
② 수평속도는 일정하게 등속운동한다.
④ 수직방향으로 등가속 운동을 한다.

009 | ① 백스핀되었을 때 수평속도는 줄어든다.
② 공의 수직속도에는 변화가 없다.
③ 그림 상황에서 반사각은 작아지게 된다.

010 | A구간과 B구간은 달리기 동작에서 한 쪽 다리가 지면에 닿아있는 구간을 수평성분에 방해가 되는 억제 구간과 증가되는 추진 구간으로 나누어 충격량을 계산한 그래프이다. 착지 전 선수의 운동량을 계산하였을 때 질량과 속도의 곱으로 표현하여 120Ns로 표현할 수 있고 B와 A구간을 지났을 때 선수는 수평성분으로 60Ns만큼의 충격량(힘)을 얻었으므로 체중으로 나누었을 때 속도가 1m/s 증가함을 유추할 수 있다. 즉 2m/s 속도로 달리던 선수가 B-A구간을 지나 1m/s의 수평성분을 더 얻었으므로 3m/s로 계산할 수 있다.

011 | 작용시간을 늘리면 단위 시간당 충격력을 줄일 수 있다.

012 | 일은 작용한 힘과 이동한 거리가 있어야 하는데 힘은 작용했지만 정지해있는 경우 일을 했다고 볼 수 없다.

013 | 볼링공의 경로가 휘어짐은 마그누스의 효과보다는 마찰의 관점에서 보는 것이 더 적절하다.

014 | 스키점프대 이륙 직후에 가장 큰 위치에너지가 운동 에너지로 변화하면서 착지 직전에 운동에너지가 가장 크다.

015 | 회전력은 회전힘과 중심축까지의 거리를 곱해주어야 하는데 계산공식에 따라 관절 각도가 90°의 경우 모멘트팔의 길이가 가장 길어 가장 큰 토크를 발휘한다. 보기의 그림에서 관절각이 90°인 경우는 θ(세타)가 0°이므로 0°에서 가장 큰 회전력을 보이고 점차 줄어드는 그래프를 찾으면 2번이다.

016 | ① 힘에서 이득을 보려면 힘팔이 길어야 한다.
② 1종지레는 받침점이 가운데 있다.
③ 2종지레는 작용점(저항점)이 가운데 있다.

017 | 각운동량이 일정한 상태에서 각속도(회전속도)를 증가시키기 위해서는 관성모멘트를 감소시켜야 한다.

018 | 초당 30m를 이동하는 야구공에 다른 저항 없이 체공 시간이 2초라면 총 60m를 이동할 수 있다.

019 | ②번은 힘(뉴턴)을 표현한 단위이다.

020 | ☑ **안정성을 높이기 위한 조건**
기저면(넓게), 무게중심(낮게), 무게중심선(중앙에)

해설&정답(2024년)

001	모두정답	002	3	003	1	004	2
005	1	006	2	007	4	008	3
009	3	010	4	011	4	012	3
013	4	014	2, 3	015	4	016	4
017	3	018	3	019	2	020	4

2024 생활스포츠지도사 필기 기출문제 [운동역학] 풀이 해석 바로가기!

001 | ①-제1법칙 관성에 대한 설명
②-제2법칙 가속도에 대한 설명
③-제3법칙 작용반작용에 대한 설명으로 뉴턴의 3가지 법칙과 관련이 있다.
④번은 각운동량 보존의 법칙이며 이 또한 뉴턴의 법칙에 포함된다. 정답없음으로 모두 정답 인정됨.

002 | ㉠-움직임을 일으키는 원인은 '힘'이다.
㉣-힘은 크기와 방향을 갖는 벡터의 물리량이다.
☑ 물리량 구분
> 스칼라(크기) : 거리, 속력, 길이, 넓이, 시간, 질량, 에너지
> 벡터(크기와 방향) : 변위, 속도, 가속도, 힘, 무게, 운동량

003 | ②-원심력은 원운동하는 물체의 관성력이므로 질량과 관련이 있다.
③-원심력은 질량이나 속도가 커질수록, 반지름이 작아질수록 더 커진다.
④-원운동 중심의 방향으로 기울이는 것은 접선속도를 크게 만들기 위함이 아닌 구심방향으로의 힘을 증가시키기 위한 동작이다.

004 | ①-선운동량은 질량과 속도의 곱으로 결정한다.
③-시간에 따른 힘 그래프에서 접선의 기울기는 힘의 변화율로 볼 수 있다.
※ 그래프에서의 면적이 충격량이다.
④-충격량이 충격력으로 작용되어야 한다. 토크로 작용될 시에는 선운동이 아닌 각운동이 일어나게 된다.

005 | ①-속도는 운동학적 분석 요인에 해당한다.

006 | ㉡-단위시간당 에너지의 변화율은 '일률'이며 스칼라의 물리량이다.
㉢-마찰력은 벡터의 물리량이다.

007 | ㉠-최적의 공격각은 양력효율지수가 가장 높을 때를 말하며 양력/항력이 최대일 때를 말한다.
㉡-공에 회전을 넣어 커브 구질을 만드는 것은 항력이 아닌 양력과 관련한 내용이다.

008 | ③-공중회전이나 트위스트의 운동 동작은 평면 상에서 측정하기 어려워 3차원 영상분석을 사용하는 것이 좋다.

| 009 | ㉠-각속력은 스칼라, 각속도는 벡터이다.
㉣-각거리는 물체가 움직인 전체 각도를 의미한다.

| 010 | ㉠-유체의 밀도가 커질수록 부력도 커진다.
㉡-물의 온도가 올라갈 때 밀도가 작아지면서 부력 또한 작아진다.
㉢-부력중심의 위치는 유체를 밀어낸 물체(수중에서의 자세변화)에 따라 달라질 수 있다.
㉣-부력에 대한 설명이다.

| 011 | ㉠-2m의 반지름을 1m로 줄였기 때문에 1/2이 된다.
㉡-관성모멘트는 회전반경의 제곱에 비례하여 1/4가 된다.
㉢-각운동량이 일정할 때 관성모멘트가 1/4로 줄었기 때문에 각속도는 4배로 증가한다.

| 012 | ③-3종 지레의 경우 역학적 이점이 1보다 항상 작다.

☑ **인체지레**

> 1종지레(작받힘) : 힘의 작용 방향을 바꿈, 힘팔과 작용팔의 길이에 따라 역학적 이점이 달라짐
> 2종지레(받작힘) : 힘에서 이득을 보는 구조, 역학적 이점이 항상 1보다 큼
> 3종지레(받힘작) : 힘에서 손해를 보는 구조, 역학적 이점이 항상 1보다 작음

| 013 | ①-위치에너지와 운동에너지의 변화량과 같다.
②-대퇴사두근의 단축성 수축에 기인한다.
③-무게중심에 중력이 작용하기에 수직가속도(중력)는 항상 일정하다.

| 014 | ②-회전하는 물체의 각속도는 호의 길이가 아닌 회전한 각도를 소요시간으로 나누어야 한다.
※ 문제출제오류(A형, B형 문제지 인쇄 관련)로 3번 문항까지 정답으로 인정됨

| 015 | ④-무게중심의 위치는 인체의 경우 바뀔 수 있으며 외부에 위치할 수도 있다.

| 016 | ④-중력가속도의 영향을 받는다.

| 017 | ①-골격근의 움직임 특성에 따라 회전운동을 일으킬 수 있다.
②-인대는 **뼈와 뼈**를 연결하는 조직이며 골격근을 뼈에 부착시키는 것은 힘줄이다.
④-팔꿈치관절의 굽힘은 관절 각을 작아지게 한다.

| 018 | ③-양팔을 좌우로 벌리는 동작은 관성모멘트를 증가시켜 회전안정성을 늘리기 위한 동작이다.

| 019 | ①-일의 단위는 J(줄)이며 와트는 일률의 단위이다.
③-일률은 일을 시간으로 나눈 값이며 거리를 고려한다.
④-일은 힘과 거리의 곱이므로 가해진 힘이 클수록 커지는 비례의 관계를 나타낸다.

| 020 | ④-스포츠심리학 또는 스포츠심리기술과 관련이 있는 내용이다.

해설&정답(2025년)

001	4	002	1	003	2	004	4
005	1	006	2	007	2	008	1
009	3	010	3	011	2	012	3
013	2	014	4	015	3	016	4
017	4	018	3	019	1	020	2

 2025 생활스포츠지도사 필기 기출문제 [운동역학] 풀이 해석 바로가기!

001 | ④ - 인체 내 에너지 대사의 측정은 운동역학이 아닌 운동생리학과 관련이 있다.

002 | 정성적 분석은 주관적인 관점에서 평가 분석하는 것이며 정량적 분석은 양을 측정하여 객관적인 근거를 통해 분석하는 것이다. 보기는 정성적인 분석 방법을 설명하고 있으며 ①번의 정량적 분석은 틀린 설명이다.

003 | ② - 곡선운동은 회전운동이 아닌 선운동(병진운동)에 해당한다.

☑ **여러 가지 운동의 종류**

병진운동 (선운동)	직선운동, 곡선운동
회전운동 (각운동)	축이 내부에 있는 회전 축이 외부에 있는 회전
복합운동	선운동과 각운동이 결합된 복합적인 운동

004 | 운동역학 사슬이란 인체 분절과 같이 하나의 힘이 작용할 때 그것에 영향을 받는 일련의 사슬고리 구조를 의미한다. 이때 분절로부터 가장 먼 쪽이 다른 물체나 벽체에 고정이 되어있는지에 따라 열린 운동역학 사슬과 닫힌 운동역학 사슬로 설명한다.
④ - 스쿼트, 팔굽혀펴기는 신체 끝부분이 바닥에 닿아있는 닫힌 운동역학 사슬에 해당한다.

005 | 응력은 발생한 힘이 단위 면적당 작용하는 힘을 의미한다. 이때 물체에 작용하는 힘과 작용 방향에 따라 물체를 압박, 비틀림, 전단, 굽힘, 끊어짐, 늘어짐(인장, 장력)이 일어날 수 있다.
① - 전단응력은 장축을 따라 비대칭으로 가해지는 힘이다.
☑ ② - 인장응력은 양쪽 끝에서 잡아당기는 형태로 두 힘이 서로 떨어진다.
③ - 압축응력은 안쪽으로 압박하는 형태의 힘이다.
④ - 굽힘(휨)은 축에서 힘이 벗어나 작용하여 물체를 휘게 한다.

006 | 인체 역학에서 내적인 힘은 주로 근육이 작용하는 직접적인 힘과 그 힘에 영향을 받은 간접적 힘이며 외적인 힘은 신체 외부로부터 작용하는 힘이며 대부분 중력에 의해서 발생한다.
☑ ㄱ, ㄷ은 외력에 해당한다.

007 | 전체 30m의 거리에서 가속구간과 감속 구간 각각 5m씩을 제외하면 항속 구간은 20m가 나온다. 평균 보행속도는 이동한 거리를 소요된 시간으로 나누는 것이므로 20m/16s를 계산하면 1.25m/s가 된다.

008 | ① - 회전하는 물체의 각가속도가 0이면 물체는 회전을 유지한다.
☑ ② - 각가속도는 각속도의 변화량을 시간의 변화량으로 나눈 값을 의미한다.
③ - 처음 각속도 30°/s에서 6초 후 90°/s로 변화하였을 경우 90°-30°(각속도의 변화량)/6s이므로 10도/s²가 된다.
④ - 각속도가 양의 방향(시계 반대 방향)으로 증가하는 것은 각가속도가 존재한다는 의미이며 선형적이라는 것은 각가속도가 일정하다는 것을 의미한다.

009 | ③ - ㉠과 ㉡의 그래프는 수직 힘과 시간의 곱으로 나타낸 그래프로 충격량을 설명하고 있다. 이때 두 그래프의 다른 점은 단위 시간 동안 발생하는 충격력에 차이가 있다. ㉠ 그래프의 경우 착지하는 시간이 짧으면서 순간 발생하는 충격력이 더 크게 된다. 보기의 설명에서 수직 충격량의 경우 두 개의 그래프 모두 동일하다.

010 | 임팩트 직후 골프공의 선속도는 스윙 시의 클럽이 만들어낸 운동량이 골프공을 타격한 후 어떻게 변화하였는지에 따라 임의로 구할 수 있다.
먼저 임팩트 직전의 골프 클럽의 운동량은 0.6kg*50m/s로 30kgm/s가 된다. 임팩트 직후 클럽의 질량은 변화가 없기에 선속도의 변화량을 통해 운동량을 구할 수 있다. 임팩트 직후 운동량은 0.6kg*45m/s이므로 27kgm/s가 나오며 결론적으로 3kgm/s만큼 골프공으로 운동량이 전이된 것을 알 수 있다. 이 운동량이 초기의 골프공이 갖는 운동량과 같기에 수식에 대입해 보면 0.04kg*(골프공의 선속도)=3kgm/s이고 양변을 0.04로 나누면 선속도는 0.75m/s가 된다.

011 | 철봉의 대차돌기 하강 국면에서는 발의 무게 중심점에 중력이 작용하고 이 힘은 토크를 발생시켜 인체의 각속도를 증가시킨다.

012 | ③ - 내적 토크보다 외적토크가 클 때 신장성 수축이 일어난다.

013 | ㄱ - 양팔을 벌리면 질량 분포가 증가하여 관성모멘트가 증가한다.
ㄴ - 체공기에 있는 다리를 굽히면 질량 분포가 감소하여 관성모멘트가 감소한다.
ㄷ - 터크 자세는 웅크린 동작으로 질량 분포가 감소하며 관성모멘트가 감소한다.
ㄹ - 질량 분포를 양 끝으로 넓게 하면 관성모멘트가 증가한다.

014 | 반발계수(복원계수)는 충돌 전과 후의 두 물체가 갖는 상대속도의 비로 구할 수 있다. 또는 수직 낙하 운동의 경우에는 되튀어오르는 높이로 구할 수 있으며 이때에는 떨어뜨린 높이 대비 튀어 오른 높이에 제곱근으로 구할 수 있다. 보기의 그림을 통해 계산하였을 때 반발계수는 0.75가 아닌 0.86 정도로 계산된다.

015 | 압력 중심점은 압력이 가해지는 면적에서 힘의 전달이 되는 중심 지점을 의미한다.
③ - 서 있는 동작에서 허리를 앞으로 굽혔다 해도 압력 중심점은 발의 기저면 안에 위치하게 된다.

016 | ④ - 위치에너지는 움직임이 없어도 높이를 통해 잠정적으로 에너지를 보유할 수 있다.

017 | 이동 거리는 전체 이동한 정도를 의미하므로 400m*25바퀴로 10,000m가 되며 변위는 출발 지점과 끝 지점을 잇는 최단 거리인데 주어진 조건에서 출발점과 도착점이 같으므로 0m가 된다.

018 | 일은 작용한 힘과 이동한 거리의 곱으로 표현한다. 따라서 2N*2m이므로 4Nm 또는 4J 로 표현할 수 있다. 일률도 단위시간 동안의 일로서 4Nm를 단위시간 2초로 나누게 되면 2Nm/s 또는 2j/s 가 된다.

019 | ① - 인체의 안정성은 기저면의 크기나 형태와도 관련이 있다.

020 | ② - 마찰력은 마찰계수와 물체 질량의 곱이 아닌 수직항력의 곱으로 구한다.

심화 문제 연습

001

다음 중 운동역학의 연구 목적으로 거리가 먼 것을 고르면?

① 인체 움직임의 과학적인 원리를 통해 운동 기술의 향상을 목표로 한다.
② 장기적이고 규칙적인 운동에 의한 신체의 반영구적인 변화를 분석한다.
③ 운동수행을 과학적으로 분석 및 평가하며 운동장비의 개발에 도움을 준다.
④ 스포츠 동작의 기술을 분석하고 새로운 움직임을 개발하고 적용할 수 있다.

tip

운동역학의 정의나 목적을 묻는 문제가 자주 출제됩니다. 조금만 읽어보면 쉽게 풀 수 있는 문제이므로 꼭 맞추고 가야합니다. 2번은 운동역학이 아닌 운동생리학에 대한 설명입니다.

002

인체 움직임에 대한 구분 중 수직축(종축)을 중심으로 한 수평면(횡단면)상의 운동을 고르면?

① 체조에서 더 높은 도약을 만들기 위한 손짚고 옆돌기 동작
② 다이빙 동작에서 도약 후 상체를 숙이며 몸을 웅크리는 터크 동작
③ 피겨 스케이팅에서 앞을 바라본 상태에서 전진하며 실시한 악셀 동작
④ 스노우보드 프리스타일 종목에서 점프 후 공중에서 몸을 뒤로 회전하는 백플립 동작

tip

인체와 움직임과 관련된 기초적인 역학지식은 1문제 정도로 출제되는 편이지만 운동역학을 이해하는데 토대가 되면서 가장 중요한 내용이기에 잘 알고 있어야 합니다. 어렵게 나오는 편은 아니고 크게 3가지 정도에서 출제가 되는데 첫 번째는 해부학적 자세에서의 움직임(굴곡-신전, 외전-내전 등)에 대한 문제, 두 번째는 운동면과 운동축에 대한 개념, 세 번째는 뼈, 근육, 관절에 대한 기초적인 지식들입니다.

- ☑ **운동면와 운동축**
  - 좌우축-전후면: 앞구르기와 같은 형태, 좌우축이 중심이기에 앞뒤로 움직이게 됩니다.
  - 전후축-좌우면: 옆돌기와 같은 형태, 전후축이 중심으로 옆 방향으로 움직이게 됩니다.
  - 수직축-수평면: 턴 동작과 같은 형태, 수직축이 중심으로 수평으로 회전하는 모습입니다.

003

다음 보기에서 (㉠) 빈칸에 들어갈 말과 ㉡ 과 관련한 연구영역으로 알맞게 짝지어진 것은?

> - 김교수: 오늘은 알아볼 동작은 슬로프에서 스키를 타고 활강하며 내려오는 동작입니다. 이런 동작을 지난 시간에 배웠던 운동의 종류에서 어떤 운동에 속하나요?
> - 학생들: (㉠) 입니다!
> - 김교수: 맞아요, 이러한 동작은 <u>㉡ 결국 중력이라고 하는 외력이 인체 무게중심에 추진력으로 작용하고 신체를 경사면 아래로 이동시키게 됩니다. 그 과정에서 신체의 근력, 무게중심의 이동, 스키와 설면의 마찰, 스키의 탄성력을 활용하여 어떻게 다양한 동작을 만들어내는지 알아볼 겁니다.</u>

	㉠	㉡		㉠	㉡
①	병진운동	운동학	②	병진운동	운동역학
③	회전운동	운동학	④	회전운동	운동역학

🔖 tip

운동역학의 이해에서도 1문제 정도 출제가 됩니다. 먼저 알아야 할 것은 연구 영역입니다. 크게 정역학과 동역학으로 구분할 수 있고 동역학은 다시 상태변화, 주로 속도를 연구하는 '운동학'과 힘을 주로 연구하는 '운동역학'으로 나눌 수 있습니다.

☑ **운동의 종류**
- 선운동(병진운동): 직선운동(상-하, 좌-우의 곧은 움직임), 곡선운동(상-하, 좌-우가 병합된 움직임)
- 각운동(회전운동): 물체나 신체가 하나의 축(내부 또는 외부)을 기준으로 움직이는 경우
- 복합운동: 선운동과 각운동이 결합된 운동으로 대부분의 신체 운동이 여기에 속함

004

다음 근수축의 형태에 관한 설명으로 옳지 않은 것은?

① 단축성 수축은 근육의 길이가 짧아지며 수축하여 구심성 수축으로도 불리운다.
② 신장성 수축은 내적토크가 외적토크보다 강하여 근육의 길이가 길어지며 수축한다.
③ 등척성 수축은 근육의 길이가 거의 변하지 않는 수축 형태로 철봉에 매달리기가 예이다.
④ 등속성 수축은 운동 상황에서 관절각의 변화(각속도)가 일정한 형태로 특수 장비가 필요하다.

🔖 tip

근수축 형태를 묻는 문제는 운동생리학과 운동역학에서 모두 출제가 되고 있는 내용입니다. 근수축 종류는 크게 등장성, 등척성, 등속성으로 나눌 수 있습니다. 여기서 등(等)은 '같다'라는 뜻으로 등장성은 장력, 등척성은 길이, 등속성은 속도를 의미합니다. 등장성은 근육이 짧아지면서 수축하는 단축성 수축과 길어지면서 힘을 발휘하는 신장성 수축으로 나눌 수 있습니다. 이는 관절을 기준으로 하여 각운동으로 표현할 수 있으며 끌어당기고 버티는 힘을 토크(회전력)로 설명할 수 있습니다. 단축성(구심성) 수축은 내적토크가 외적토크보다 강하여 내적 방향(안쪽)으로 이동하며 근육이 짧아지는 모습을 보이고 신장성(원심성) 수축은 반대의 모습을 보입니다.

📖 **정답** 03 ② 04 ②

005

다음은 인체 평형과 안정성에 관련한 요인을 구분한 표이다. 다음 설명 중 옳지 않은 것은?

	신체 안정성을 높이는 동작	신체 안정성을 낮추는 동작
①	기저면을 크게 한다	기저면을 작게 한다
②	무게중심을 낮춘다	무게중심을 높인다
③	신체중심선을 바깥에 가깝게 한다	신체중심선을 안쪽에 가깝게 한다
④	질량이나 무게를 크게 한다	질량이나 무게를 작게 한다

tip
동작 안정성에 영향을 주는 주요요인은 기저면 크기, 무게중심 높이, 신체중심선의 위치, 질량, 마찰력 등이 있습니다. 각 요인별로 안정성에 어떤 영향을 주는지 잘 알고 있어야 합니다.

☑ **무게중심과 관련하여 알아야 하는 3가지**
- 무게중심은 물체나 인체의 무게를 균등하게 나누는 지점이다.
- 무게중심이 신체중심선을 벗어날 경우 토크(회전력)가 작용한다.
- 인체의 무게중심은 자세의 변화에 따라 인체를 벗어나 위치가 가능하다.

006

보기의 동작이 해당하는 인체지레의 종류에 대한 설명으로 옳은 것은?

> 발뒤꿈치를 들어 발끝으로 땅을 딛고 서있는 동작

① 받침점이 가운데 있고 힘점과 작용점이 양 끝에 있다.
② 윗몸일으키기 운동 동작의 경우 이 지레의 기능을 수행하고 있다.
③ 힘팔의 길이가 작용팔의 길이보다 길어 역학적 이점이 항상 1보다 크다.
④ 물체를 들거나 스포츠의 다양한 동작의 대부분이 동작이 이 형태와 관련이 있다.

tip
인체의 구조적 특성 중 인체지레에 대한 내용도 1문제 정도 꾸준히 출제되고 있습니다. 지레의 형태는 힘점, 받침점, 작용점의 위치에 따라 3가지로 구분합니다. 각각의 특징과 인체 동작에서의 예시를 함께 알고 있어야 합니다.

☑ **인체지레의 종류**
- 1종지레 : 받침점이 가운데 있는 형태로 힘의 방향을 바꿔줌
  예) V자 싯업, 고개를 앞뒤로 끄덕이는 동작, 삼두근의 수축으로 전완 신전
- 2종지레 : 작용점이 가운데 있는 형태, 힘에서 이득을 보는 형태
  예) 팔굽혀펴기, 발뒤꿈치를 들어 서있는 동작
- 3종지레 : 힘점이 가운데 있는 형태, 속도와 거리에서 이득을 보는 형태
  예) 하체가 고정된 윗몸일으키기, 물체를 들고 있는 동작

정답 05 ③ 06 ③

009

다음 보기를 읽고 바르게 설명한 학생을 모두 고른 것은?

- 교수 : 오늘 배운 각운동과 관련된 운동학적 개념을 짧게 이야기해봅시다.
- 필구 : 각운동도 선운동과 크게 다르지 않습니다. 물체가 회전한 전체 각도가 각거리라면 처음과 마지막 위치 지점 간의 각도 차이를 각변위로 부릅니다.
- 찬양 : 각도를 다양한 방식으로 표현하는 것을 배웠습니다. 호의 길이와 반지름이 같을 때 중심각은 57.3°로 일정하며 이를 1라디안이라고 부릅니다.
- 병식 : 회전방향을 표현하고자 할 때 시계방향의 회전을 양(+)의 값, 반시계방향의 회전을 음의 값(-)으로 말합니다. 이것은 각거리로서 스칼라에 해당하게 됩니다.

① 찬양
② 필구, 찬양
③ 필구, 병식
④ 필구, 찬양, 병식

tip

각운동도 선운동과 마찬가지로 각변위, 각거리, 각속도, 각속력, 각가속도로 표현하게 됩니다. 선운동과 다른 점은 회전으로 발생하는 움직임 특징, 각도가 되겠습니다. 각도의 표현방식과 단위는 필수적으로 알고 있어야 합니다. 물체가 회전한 궤적의 처음과 마지막 각위치의 변화는 각변위로 방향에 따라 시계방향(-) 음의 값, 반시계방향(+) 양의 값으로 표현하고 벡터의 물리량에 속합니다.

010

다음 보기의 ㉠과 ㉡에서 설명하는 뉴턴의 운동법칙으로 가장 적절하게 짝 지은 것은?

사람이 걷거나 뛰는 과정은 이 운동법칙과 연관이 있다. ㉠ 모든 힘은 크기가 같고 방향이 반대로 작용을 하는데 사람이 걷거나 뛸 때 다리는 지구를 밀고 지구는 다리를 되밀어 준다. 다만 ㉡ 지구는 질량이 매우 크므로 가속되지 않지만 사람은 질량이 작아 쉽게 가속되는 것이다.

	㉠	㉡		㉠	㉡
①	속도의 법칙	관성의 법칙	②	속도의 법칙	작용·반작용의 법칙
③	작용·반작용의 법칙	관성의 법칙	④	작용·반작용의 법칙	가속도의 법칙

tip

뉴턴의 운동 법칙은 상식적이지만 자주 출제되는 내용이기 때문에 꼭 알고 있어야 합니다.
대부분의 문제는 쉽게 출제가 되어 세 가지 법칙에 대해 기본적인 개념만 알고 있어도 풀 수 있습니다. 위 문제의 경우 ㉡ 보기를 조금 헷갈리게 만들어 보았습니다. 뉴턴의 제1운동 법칙은 관성의 법칙입니다. 관성이란 물체가 운동을 하는 상태에서나 정지한 상태에서 원래의 상태를 유지하려는 속관인데 모든 물체는 관성을 지니고 있으며 관성의 크기는 질량에 비례합니다. ㉡의 경우 사람의 질량이 상대적으로 작아 관성이 작고 이로 인해 쉽게 움직임이 일어난다는 관점에서 "관성의 법칙"이 더 적절한 예가 되겠습니다.

007

보기의 운동 상황에 대한 운동학적 설명으로 옳지 않은 것은?

- 쇼트트랙 선수가 1,000m 경기에 참가하였다.
- 트랙 한 바퀴는 약 111m이며 출발선과 결승선은 같다.
- 9바퀴를 돌아 결승선까지의 도착시간은 1분 20초가 소요되었다.

① 선수는 등가속운동을 하였다.
② 선수의 속력은 12.5m/s 이다.
③ 선수가 이동한 변위는 0m이다.
④ 선수가 이동한 거리는 1,000m이다.

tip

선운동의 운동학적 분석에서 기본적으로 변위-거리, 속도-속력의 개념을 잘 알고 있어야 합니다. 변위는 움직임의 시작된 지점과 끝 지점 사이의 간격을 의미하며 거리는 전체 움직인 길이를 의미합니다. 변위를 시간으로 나눈 값이 속도이며 거리를 시간으로 나눈 값은 속력입니다. 쇼트트랙의 경우 짧은 트랙을 빠른 속도로 돌아야하기에 속도조절이 관건인 종목입니다. 직선구간에서는 최대한 빠른 속도를 내면서 곡선구간에 진입하고 원심력이 강한 곡선구간에서는 속도를 최대한 유지하기 위한 동작을 구사해야 합니다.

008

투사체 운동에서 투사궤도에 영향을 주는 요인이 아닌 것은?

① 투사속도
② 투사각도
③ 투사높이
④ 투사시간

tip

어떠한 힘에 의해 공중으로 던져진 물체의 운동을 투사체 운동이라고 부릅니다. 스포츠 상황에서 여러 모습은 이 투사체 운동을 하게 됩니다. 이때 투사체 운동을 운동학적으로 분석하면 결국 전체 움직임의 형태는 앞으로 나아가려는 '수평성분(수평속도)'과 위로 올라가려는 '수직성분(수직속도)'에 의해 결정이 됩니다. 이때 수평 거리(범위)에 영향을 주는 요인은 세 가지입니다.

☑ **투사거리에 영향을 주는 요인**
- **투사속도**: 거리에 가장 큰 영향, 크면 클수록 투사거리는 증가함, 수직운동의 경우 체공시간과 관련이 있음
- **투사각도**: 궤도에 가장 큰 영향, 투사점과 착지점이 같으며 외력이 없을 때 45°가 최대거리이나 실제 이론치보다 낮게 작용함
- **투사높이**: 상승시간과 하강시간에 관련이 있음, 높이가 높을수록 체공시간이 길어짐

정답 07 ① 08 ④

011

다음 보기의 상황에 대한 설명으로 옳지 않은 것은?

① 공기와 만나는 A지점의 유속이 느려진다.
② B지점이 A지점보다 압력이 상대적으로 크게 된다.
③ 마그누스 효과에 의해 공은 정상 경로보다 아래 방향으로 움직인다.
④ 배구 스파이크 상황에서 수비수는 공이 빠르게 떨어지는 경험을 하게된다.

📣 tip

마그누스 효과는 물체가 회전하면서 유체 속을 지나갈 때 압력이 높은 쪽에서 낮은 쪽으로 휘어지며 움직이는 현상을 말합니다. 이것은 베르누이의 원리와 관련이 있는데 밀도가 일정할 때 유체의 속도가 증가하면 압력이 낮아지고, 속도가 감소하면 압력이 높아집니다. 그림에서 공이 오른쪽으로 이동하면 상대적으로 공기는 왼쪽으로 이동하는 형태와 같습니다. 그럴 경우 A지점에서 물체와 유체의 방향이 반대가 되면서 유속이 느려지고 이로 인해 압력이 증가하게 됩니다.

012

빈칸에 들어갈 말로 알맞게 짝지어진 것은?

양력이란 물체가 유체 속에서 이동할 때 주변 유체의 압력에 의해 (㉠) 방향으로 받는 힘을 의미한다. 다만 모든 물체가 유체 속에서 양력을 받는 것은 아니며 3가지의 상황에서 주로 양력이 발생하게 된다.
1. 유체 속에서 물체가 회전할 경우
2. 물체가 비대칭적으로 생겼을 경우(비행기 날개)
3. 이동하는 물체가 유체에 각을 세우고 움직일 경우
특히 3번의 경우 물체의 주축과 유체의 흐름 방향 사이에 형성되는 각을 (㉡)이라고 부르며 양각 또는 받침각이라고도 한다.

	㉠	㉡		㉠	㉡
①	수평	반사각	②	수평	공격각
③	수직	반사각	④	수직	공격각

📖 정답 11 ②   12 ④

> **tip**
>
> 양력은 물체의 이동에 수직으로 작용하는 힘을 의미합니다. 주로 대부분에 상황에서 물체를 위로 띄우는 상황이 많지만 움직임 형태에 따라 아래 수직 방향으로도 작용할 수 있습니다. 양력에 영향을 주는 요인은 물체와 유체의 상대속도, 표면적의 크기, 밀도, 회전 등 다양한 요인이 있지만 물체의 각도도 영향을 주게 됩니다. 역학에서는 물체와 유체 사이에 형성되는 각을 공격각(angle of attack)이라고 부릅니다.

013

다음 보기의 설명에 대한 평균 힘의 크기로 적절한 것은?

> 100m 달리기 경기에서 70kg의 선수가 출발하여 4초 후 10m/s의 속도가 되었을 경우에 신체를 가속하기 위해 발휘한 평균 힘의 크기

① 100N
② 125N
③ 150N
④ 175N

> **tip**
>
> 힘의 크기를 계산하기 위한 공식은 F=ma입니다. 여기서 m은 질량, a는 가속도를 의미하며 가속도는 (나중속도-처음속도/시간)으로 구할 수 있습니다. 풀이해보면 질량은 70kg, 가속도는(10m/s-0m/s)/4s로 70kg·2.5m/s²은 175N이 됩니다.

014

다음은 각운동의 운동역학적 개념과 관련한 설명이다. 옳지 않은 것은?

① 회전을 일으키는 힘을 토크라고 한다.
② 작용하는 토크가 회전중심축을 통과할 때 가장 큰 회전력을 생성한다.
③ 각운동량이 보존되는 상태에서 관성모멘트와 각속도는 서로 반비례한다.
④ 회전운동에 대한 관성을 관성모멘트라고 부르며 질량과 질량의 분포 특성에 따라 결정된다.

> **tip**
>
> 각운동의 운동역학적 접근에서 가장 중요한 것은 '토크'와 '관성모멘트'입니다. 토크란 회전을 일으키는 힘을 의미하는데 물체가 회전하는 축에서 벗어난 지점에 힘이 가해지면 회전을 하게 됩니다. 이때 중심축까지의 거리를 모멘트암이라고 하는데 이 거리에 따라 토크가 작아지거나 커질 수 있습니다.

015

다음의 운동 상황 중 관성모멘트를 증가시키는 동작을 모두 고른 것은?

(가) 피겨스케이팅 종목에서 토룹 점프 후 양팔을 몸에 붙여 빠른 회전을 만드는 경우
(나) 외줄타기에서 균형을 잡기 위해 양팔을 벌리거나 부채와 같은 도구를 손에 드는 경우
(다) 육상 장거리 달리기에서 뒤쪽에 있는 다리를 앞으로 가져올 때 무릎을 최대한 접어 앞으로 가져오는 동작
(라) 스노우보드 빅에어 종목에서 공중동작을 마친 뒤 착지지점을 확인하고 몸을 펴서 회전을 멈추는 경우

① (가), (나)
② (가), (다)
③ (나), (라)
④ (다), (라)

tip
회전운동에 대한 관성의 크기를 관성모멘트라고 부릅니다. 관성모멘트는 '질량'과 '질량의 분포 특징'에 따라 결정됩니다. 물체의 질량은 크기에 따라 비례하고 질량의 분포가 물체의 질량중심점에 가까울수록 관성모멘트는 작아지고 멀어질수록 커지게 됩니다. 이는 스포츠 상황과 밀접한 관련이 있는데 신체가 공중에 있는 각운동량이 보존되는 상태에서 몸의 자세를 변경하는 것만으로 몸의 회전량을 바꿀 수 있기에 다양한 자세를 구사할 수 있게 됩니다.

016

구심력과 원심력에 대한 설명으로 옳지 않은 것은?

① 회전운동이 이루어지기 위해 중심을 향한 힘이 작용해야하며 이를 구심력이라고 한다.
② 등속원운동의 상황에서 구심력은 물체의 속도는 변화시키지 않으면서 방향만 변화시킨다.
③ 원심력이란 실제로 존재하는 힘이라기보다는 구심력에 반대되는 관성에 의한 효과에 가깝다.
④ 줄에 매달려 원운동하던 물체가 끊어졌을 때 물체는 구심방향과 접선방향이 합성된 방향으로 날아간다.

tip
원운동이 일어나기 위해선 축을 중심으로 지속적인 힘이 가해져야 하는데 이를 구심력이라고 합니다. 구심력이 작용하면 물체는 축의 중심으로 잡아당기는 힘과 접선방향으로 날아가려는 힘이 합성된 방향으로 원운동을 합니다. 이때 안 쪽으로 잡아당기는 힘에 반대로 바깥으로 나가려고 하는 힘이 느껴지는데 이를 원심력이라고 부르며 실제로 존재하진 않지만 일종의 관성력으로 볼 수 있습니다. 등속원운동에서 구심력과 크기는 같고 방향은 반대입니다. 구심력이 더 커질 경우 원의 크기는 작아지게되고 원심력이 더 커질 경우 원은 더 큰 반경을 그립니다. 순간적으로 구심력이 사라질 경우에는 물체는 접선의 방향으로 움직이게 됩니다.

정답 15 ③ 16 ④

017

다음 보기의 설명을 읽고 해당 동작의 일률(W)을 계산하시오.

체중 90kg의 역도 선수가 1500N의 힘으로 바벨을 들고 3초간 버티고 있을 경우

① 0W
② 300W
③ 500W
④ 1500W

tip

일과 일률에서는 기본적인 개념과 함께 공식을 활용하여 간단한 계산을 할 수 있어야 합니다. 일이란 물체의 운동 상태를 변화시키기 위해 저항을 극복하는 것으로 줄(J)이라 표현하고 작용한 힘과 이동한 거리의 곱으로 구할 수 있습니다. 만일 1500N의 힘으로 물체를 2m 이동시켰다면 1500N×2m=3000Nm로 3000J로 표시할 수 있습니다. 일률은 단위시간 당 얼마나 빠르게 일을 했는지를 나타내는데 예를 들어 3000Nm의 일을 수행하는데 3초가 걸렸다면 계산식으로 3000Nm/3s=1000Nm/s=1000W가 됩니다. 위 문제의 경우 힘이 작용하였지만 물체가 이동한 거리가 없기 때문에 일을 했다고 볼 수 없습니다.

018

다음 보기의 빈칸에 들어갈 단어로 알맞게 짝지어진 것은?

스키점프대 꼭대기에서 대기 중인 선수는 가장 큰 (㉠)에너지를 가지고 있다. 이후 활강하면서 (㉠)에너지가 (㉡) 에너지로 바뀌며 시속 80km~90km의 속도까지 증가한다. 스키점프는 거리점수와 착지 시의 자세점수의 합으로 순위를 정하는데 높은 거리점수를 얻기 위해선 결국 높은 (㉡) 에너지를 만드는 것이 관건이다.

	㉠	㉡		㉠	㉡
①	운동	위치	②	운동	탄성
③	위치	운동	④	위치	탄성

tip

에너지란 물리적으로 얼마나 많은 일을 할 수 있는지를 나타낸 것을 의미합니다. 에너지는 전기, 열, 화학 등 다양한 형태로 존재하는데 운동역학에서는 주로 위치에너지, 운동에너지, 탄성에너지를 다루며 이 세가지를 '역학적 에너지'라고 부릅니다. 대부분의 운동상황에서 역학적 에너지는 사라지지 않고 보존됩니다. 농구공을 2m 위에서 들고 있을 때 이 농구공은 아래로 움직일 수 있는 위치에너지를 갖고 있습니다. 농구공을 떨어뜨리면 위치에너지는 점점 감소하지만 이는 위치에너지가 사라지는 것이 아니라 운동에너지로 바뀌게 되는 겁니다. 따라서 전체 역학적 에너지는 보존되게 됩니다.

[19~20] 다음 문제는 계산하여 답을 구하는 문제입니다.

019

다음 보기를 읽고 정답을 고르면? ($1J = 1kgm/s^2$)

> 600g의 농구공을 10m/s의 속도로 패스하였을 때 농구공이 갖는 운동에너지를 구하시오

① 10J ② 30J
③ 60J ④ 100J

020

다음 보기를 읽고 정답을 고르면?

> 탄성계수가 0.8인 배구공을 수직으로 25m까지 올렸다가 바닥에 떨어졌을 때 리바운드되는 배구공의 높이를 구하시오
> (단, $\sqrt{0.64} = 0.8$)

① 16m ② 18m
③ 20m ④ 22m

tip

운동역학에서는 간단한 계산 문제가 1~2문제 정도 출제가 됩니다. 따라서 운동역학에서 다루는 다양한 공식을 알고 적용할 수 있어야 대입해서 풀 수 있습니다.

19. 운동에너지($\frac{1}{2}mv^2$) = $\frac{1}{2} \times 0.6kg \times 10m/s^2 = 30kgm/s^2$

20. 복원(탄성)계수($e = \sqrt{\frac{h}{H}}$) = $0.8 = \sqrt{\frac{h}{25}} = \sqrt{0.64}$, $h = 0.64 \times 25 = 16m$

☑ **필수 암기 공식** (d 변위, t 시간, m 질량, F 힘(N), r 반지름, w 각속도, h 높이)

속도	$v = \frac{d}{t}$	가속도	$a = \frac{v_f - v_o}{t}$	힘	$F = ma$
일	$J = F \times d$	일률	$F \times S$	구심력	mrw^2
선운동량	$P = mv$	각운동량	$H = Iw$	충격량	$I = Ft$
운동에너지	$\frac{1}{2}mv^2$	위치에너지	$mg \cdot h$	복원계수	$e = \left[\frac{u_A - u_B}{v_A - v_B}\right], \sqrt{\frac{h}{H}}$

정답 19 ② 20 ①

스포츠윤리

1. 출제경향 및 출제포커스
2. 4개년 기출문제(2022~2025)
3. 4개년 기출문제 해설(2022~2025)
4. 심화문제연습

스포츠윤리

🏃 출제경향

출제범위	2022 개수(비율)	2022 문항 번호	2023 개수(비율)	2023 문항 번호	2024 개수(비율)	2024 문항 번호	2025 개수(비율)	2025 문항 번호
스포츠와 윤리	8(40%)	1, 2, 3, 4, 7, 8, 10, 11	6(30%)	2, 4, 5, 6, 9, 13	8(40%)	6, 9, 10, 12, 13, 16, 17, 19	4(20%)	2, 9, 14, 17
경쟁과 페어플레이	3(15%)	5, 9, 17	3(15%)	1, 8, 16	4(20%)	7, 8, 11, 14	2(10%)	7, 8
스포츠와 불평등	1(5%)	18	3(15%)	3, 14, 19	2(10%)	3, 5	4(20%)	4, 15, 18, 20
스포츠에서 환경과 동물윤리	1(5%)	12	1(5%)	15	2(10%)	4, 15	2(10%)	6, 10
스포츠와 폭력	2(10%)	13, 14	1(5%)	10	1(5%)	2	2(10%)	3, 16
경기력 향상과 공정성	1(5%)	6	4(20%)	7, 11, 12, 18	1(5%)	20	2(10%)	5, 19
스포츠와 인권	3(15%)	16, 19, 20	1(5%)	17	1(5%)	18	1(5%)	11
스포츠 조직과 윤리	5(5%)	15	1(5%)	20	1(5%)	1	3(15%)	1, 12, 13

🏃 출제포커스

스포츠윤리 과목은 대부분의 수험생이 선택하는 과목입니다. 다른 과목에 비해 내용이 많지 않고 이해도 어렵지 않아 단시간에 실력을 올리기에 좋은 과목입니다. 윤리는 어떤 행동에 대한 기준이나 규범을 의미하는데 옳고 그름만 구분할 수 있으면 풀 수 있는 쉬운 문제도 다소 출제가 됩니다.

🏃 2025년 총평

다소 어렵게 출제되었던 24년도와 비교해 난이도는 조금 낮아졌습니다. 전체적인 출제 유형이나 난이도가 알맞게 구성된 것 같습니다. 출제 범위가 불분명하던 일반윤리의 동양사상과 서양사상 내용이 23년도부터 3개년간 출제되지 않으면서 이제 스포츠윤리학 하나의 학문으로서 자리를 잡은 모양새입니다.

🏃 2026년 예상

앞으로의 문제 수준이나 유형은 25년도와 유사하게 유지될 가능성이 높습니다. 스포츠윤리학에서 다루는 고유의 내용 위주로 공부하면 충분히 60점 이상 획득할 수 있습니다. 물론 시험에는 다소 상식적인 수준의 문제가 있을 수도 있고 어쩌면 높은 사고력을 요구하는 문제나 꽤 지엽적인 문제가 있을 수는 있지만 중요한 것은 경쟁과 페어플레이, 공정성, 불평등, 폭력, 환경과 동물윤리, 규칙과 반칙 등과 같은 스포츠윤리학의 고유 핵심 내용입니다.

기출문제(2022년)

001
'도덕적 선(善)'의 의미를 내포한 것은?
① 축구 경기에서 득점과 연결되는 '좋은' 패스
② 피겨스케이팅 경기에서 고난도의 '좋은' 연기
③ 농구 경기에서 상대 속공을 차단하는 수비수의 '좋은' 반칙
④ 경기에 패배했음에도 불구하고 상대팀에게 박수를 보내는 '좋은' 매너

002
<보기>에서 (㉠), (㉡)에 들어갈 용어가 바르게 연결된 것은?

> 롤스(J. Rawls)는 (㉠)이 인간 발전의 조건이며, 모든 이의 관점에서 선이 된다고 하였다. 스포츠는 신체적 (㉡)을 훈련과 노력으로 극복하며, 기회의 균등이 정의로 작용하고 있음을 보여준다.
> 즉 인간이 갖는 신체적 능력의 (㉡)은 오히려 (㉠)을 개발할 기회를 마련해주며, 이를 통해 스포츠 전체의 선(善)이 강화된다.

	㉠	㉡		㉠	㉡
①	탁월성	평등	②	규범성	조건
③	탁월성	불평등	④	규범성	불평등

003
<보기>에서 가치판단에 해당하는 것만을 모두 고른 것은?

> ㉠ 체조경기에서 선수들의 연기는 아름답다.
> ㉡ 건강을 위해서는 고지방 음식을 피해야 한다.
> ㉢ 합이 끝난 후 상대방에게 인사를 하는 것은 옳은 행위이다.
> ㉣ 이상화는 2010년 밴쿠버동계올림픽경기대회에서 금메달을 획득 하였다.

① ㉠, ㉢
② ㉡, ㉢
③ ㉠, ㉡, ㉢
④ ㉠, ㉡, ㉢, ㉣

004
<보기>에서 설명하는 윤리 이론으로 적절한 것은?

> • 모든 스포츠인의 권리는 동등하게 보장되어야 한다.
> • 스포츠 규칙 제정은 공평성과 평등의 원칙에 근거해야 한다.
> • 선수의 행동이 좋은 결과를 얻었다면 도덕적으로 옳은 것이다.

① 공리주의
② 의무주의
③ 덕윤리
④ 배려윤리

005
아곤(agon)과 아레테(arete)에 관한 설명으로 옳지 않은 것은?
① 아곤은 경쟁과 승리를 추구한다.
② 아곤은 타인과의 비교를 전제하지 않는다.
③ 아레테는 아곤보다 더 포괄적인 개념이다.
④ 아레테는 신체적·도덕적 탁월성을 추구한다.

006

스포츠 경기에 적용되는 과학기술에 관한 설명으로 옳지 않은 것은?

① 유전자 치료를 통한 스포츠 수행력의 향상은 일종의 도핑에 해당한다.
② 야구의 압축배트, 최첨단 전신수영복 등은 경기의 공정성 확보에 기여한다.
③ 도핑 시스템은 선수의 불공정한 행위를 감시하고 적발하는 데 도움이 된다.
④ 태권도의 전자호구, 축구의 비디오 보조 심판(VAR : Video Assistant Referees)은 기록의 객관성과 신뢰성을 높인다.

007

<보기>에서 ㉠, ㉡에 들어갈 용어가 바르게 연결된 것은?

> 독일의 철학자 (㉠)는 인간의 행위에 대한 탐구를 통해 성공적인 삶을 실현하는 사회적 조건으로 (㉡)을 들고 있다. 인간은 누구나 타인에게 (㉡)을 받고 싶은 욕구가 있다. 스포츠에서 승리에 대한 욕구는 가장 원초적인 (㉡)투쟁이라고 할 수 있다.

	㉠	㉡
①	호네트(A. Honneth)	인정
②	호네트(A. Honneth)	보상
③	아렌트(H. Arendt)	인정
④	아렌트(H. Arendt)	보상

008

<보기>에서 의무론적 도덕 추론에 해당하는 것만을 모두 고른 것은?

> ㉠ 의무론적 도덕 추론은 가언적 도덕 추론이라고도 한다.
> ㉡ 스포츠지도자, 선수 등의 행위 주체에 초점을 맞추고 있다.
> ㉢ 행위의 결과에 상관없이 절대적인 도덕규칙에 따라 판단을 내린다.
> ㉣ 선의지는 도덕적인 선수가 갖추어야 할 내적인 태도이자 도덕적 행위의 필요충분조건이다.
> ㉤ 정정당당하게 경기에 임하려는 선수의 착한 의지는 경기결과에 상관없이 그 자체로 선한 것이다.

① ㉠, ㉡, ㉢
② ㉠, ㉢, ㉣
③ ㉡, ㉣, ㉤
④ ㉢, ㉣, ㉤

009

<보기>의 ㉠~㉢에 해당하는 정의의 유형이 바르게 연결된 것은?

> ㉠ 유소년 축구 생활체육지도자 A는 남녀학생 구분없이 경기에 참여하도록 했다. 또한 장애 학생에게도 비장애 학생과 동일한 참여 시간을 보장했다.
> ㉡ 테니스 경기에서는 공정한 경기를 위해 코트를 바꿔가며 게임을 하도록 규칙을 적용한다.
> ㉢ B지역 체육회는 당해 연도에 소속 선수의 경기실적에 따라 연봉을 차등 지급하기로 결정했다.

	㉠	㉡	㉢
①	평균적	절차적	분배적
②	평균적	분배적	절차적
③	절차적	평균적	분배적
④	분배적	절차적	평균적

010

셸러(M. Scheler)의 가치 서열 기준과 이를 스포츠에 적용한 사례로 연결이 적절하지 않은 것은?

① 지속성 - 도핑으로 메달을 획득하는 것보다 지속적으로 훈련을 하여 경기에 참여하는 것이 가치가 더 높다.
② 만족의 깊이 - 자신의 실수를 인정하여 패배하는 것이 속임수를 쓰고 승리하여 메달을 획득하는 것보다 가치가 더 높다.
③ 근거성 - 올림픽 경기에서 메달 획득으로 병역 혜택을 받는 것보다 올림픽 정신을 토대로 세계적인 선수들과 정정당당하게 겨루는 것이 가치가 더 높다.
④ 분할 향유 가능성 - 상위 팀이 상금(몫)을 독점하는 것보다는 적더라도 보다 많은 팀이 상금(몫)을 받도록 하는 것이 가치가 더 높다.

011

<보기>의 ㉠에 해당하는 레스트(J. Rest)의 도덕성 구성요소는?

> (㉠)은/는 스포츠 현장에서 발생하는 특정 상황 속에 내포된 도덕적 이슈들을 감지하고 그 상황에서 어떠한 행동을 할 수 있으며 그 행동들이 관련된 사람들에게 어떤 영향을 미칠 수 있는가를 상상하는 것을 말한다.

① 도덕적 감수성(moral sensitivity)
② 도덕적 판단력(moral judgement)
③ 도덕적 동기화(moral motivation)
④ 도덕적 품성화(moral character)

012

<보기>의 설명과 관계있는 자연중심주의 사상가는?

> - 생태윤리에 대한 규칙: 불침해, 불간섭, 신뢰, 보상적 정의
> - 스포츠에 의한 환경오염 발생 시 스포츠 폐지 권고
> - 인간의 욕구를 위해 동물의 생존권을 유린하는 스포츠 금지

① 베르크(A. Berque)
② 테일러(P. Taylor)
③ 슈바이처(A. Schweitzer)
④ 하이젠베르크(W. Heisenberg)

013

<보기>에서 설명하는 사건과 거리가 먼 것은?

> - 1964년 리마에서 개최된 페루·아르헨티나의 축구 경기에서 경기장 내 폭력으로 300여 명 사망
> - 1969년 온두라스와 엘살바도르의 축구 전쟁
> - 1985년 벨기에 헤이젤 경기장에서 열린 리버풀과 유벤투스의 경기에서 응원단이 충돌하여 39명 사망

① 경기 중 관중의 폭력
② 아파르트헤이트(Apartheid)
③ 위협적 응원문화
④ 훌리거니즘(hooliganism)

014

폭력을 설명한 학자의 개념과 그에 대한 설명이 바르게 연결된 것은?

① 푸코(M. Foucault)의 '분노' - 스포츠 현장에서 인간 내면의 분노로 시작된 폭력은 전용되고 악순환을 반복하는 경향이 있다.
② 아리스토텔레스(Aristotle)의 '규율과 권력' - 스포츠계에서 위계적 권력 관계는 폭력으로 변질되어 표출된다.
③ 홉스(T. Hobbes)의 '악의 평범성' - 폭력이 관행화 된 스포츠계에서는 폭력에 대한 죄책감이 없어진다.
④ 지라르(R. Girard)의 '모방적 경쟁' - 자신이 닮고자 하는 운동선수를 모방하게 되듯이 인간 폭력의 원인을 공격 본능이 아닌 모방적 경쟁 관계에서 찾는다.

015

<보기>의 ㉠~㉢에 해당하는 용어로 바르게 연결된 것은?

스포츠 조직에서 (㉠)은/는 기업의 가치경영을 넘어 정성적 규범기준까지 확장된 스포츠 사회·윤리적 가치체계를 의미한다. 이러한 체계가 실효성 있게 작동되기 위해서는 경영자의 윤리적 (㉡)와 경영의 (㉢) 확보가 선행되어야 한다.

	㉠	㉡	㉢
①	기업윤리	공동체	투명성
②	윤리경영	실천의지	투명성
③	기업윤리	실천의지	공정성
④	윤리경영	공동체	공정성

016

체육의 공정성 확보와 체육인의 인권보호를 위해 설립된 스포츠윤리 센터의 역할로 적절하지 않은 것은?

① 스포츠비리 및 체육계 인권침해에 대한 실태조사
② 스포츠비리 및 체육계 인권침해 방지를 위한 예방교육
③ 신고자 및 가해자에 대한 치료와 상담, 법률 지원, 임시보호 연계
④ 체육계 인권침해 및 스포츠비리 등에 대한 신고 접수와 조사

017

<보기>의 내용과 관련 있는 용어는?

- 상대 존중, 최선, 공정성 등을 포함
- 경쟁이 갖는 잠재적 부도덕성의 제어
- 스포츠 참가자가 마땅히 따라야 할 준칙과 태도
- 스포츠의 긍정적 가치를 유지하려는 도덕적 기제

① 테크네(techne)
② 젠틀맨십(gentlemanship)
③ 스포츠맨십(sportsmanship)
④ 리더십(leadership)

018

<보기>의 대화에서 나타나는 스포츠 차별은?

- 영은 : 저 백인 선수는 성공하기 위해서 얼마나 많은 노력과 땀을 흘렸을까
- 상현 : 자기를 희생하면서도 끝없는 자기관리와 투지의 결과일 거야
- 영은 : 그에 비해 저 흑인 선수가 구사하는 기술은 누구도 가르칠 수 없는 묘기이지
- 상현 : 아마도 타고나지 않으면 할 수 없는 거지. 천부적인 재능이야

① 성차별
② 스포츠 종목 차별
③ 인종차별
④ 장애차별

019

<보기>의 설명과 관련 있는 제도는?

> 학생선수가 일정 수준의 학력기준에 도달하지 못한 경우에는 별도의 기초학력보장 프로그램을 운영한다. 학교의 장은 필요한 경우 학생선수의 경기대회 출전을 제한할 수 있다.

① 최저학력제
② 체육특기자 제도
③ 운동부의 인권보장제
④ 학생선수의 생활권 보장제도

020

<보기>에서 스포츠 인권에 대한 내용을 모두 고른 것은?

> ㉠ 모든 사람은 평등하게 스포츠와 신체활동에 참여할 권리를 가진다.
> ㉡ 국가 차원에서 체계적인 스포츠 인권 정책을 마련해야 한다.
> ㉢ 스포츠의 종목이나 대상에 따라 권리가 상대적으로 보장되어야 한다.
> ㉣ 국가는 장애인이 스포츠 활동 참여의 권리를 동등하게 보장받도록 노력해야 한다.

① ㉠, ㉢
② ㉠, ㉣
③ ㉠, ㉡, ㉢
④ ㉠, ㉡, ㉣

기출문제(2023년)

001
스포츠맨십(sportsmanship) 행위가 아닌 것은?
① 패자에게 승리의 우월성 과시
② 악의없는 순수한 경쟁
③ 패배에 대한 겸허한 수용
④ 승자에 대한 아낌없는 박수

002
<보기>에서 스포츠에 관한 결과론적 윤리관에 해당하는 것으로만 고른 것은?

> ㉠ 경기에서 지더라도 경기규칙은 반드시 준수해야 한다.
> ㉡ 개인의 최우수선수상 수상보다 팀의 우승이 더 중요하다.
> ㉢ 운동선수는 훈련과정보다 경기에서 승리하는 것이 더 중요하다.
> ㉣ 스포츠 경기는 페어플레이를 중시하기 때문에 승리를 위한 불공정한 행위를 해서는 안된다.

① ㉠, ㉡   ② ㉠, ㉣
③ ㉡, ㉢   ④ ㉢, ㉣

003
스포츠에서 나타나는 인종차별에 관한 설명으로 적절하지 않은 것은?
① 경기실적 향상을 위해 우수한 외국 선수를 귀화시키기도 한다.
② 개인의 운동기량을 인종 전체로 일반화시켜 편견과 차별이 심화되기도 한다.
③ 스포츠미디어는 인종에 대한 편견과 차별을 재생산하기도 한다.
④ 일부 관중들은 노골적으로 특정 인종을 비하하는 모욕 행위를 표출하기도 한다.

004
스포츠윤리 이론 중 덕윤리의 특징으로 적절하지 않은 것은?
① 스포츠 상황에서의 행위의 정당성보다 개인의 인성을 강조한다.
② 비윤리적 행위는 궁극적으로 스포츠인의 올바르지 못한 품성에서 비롯된다.
③ '어떠한 행위를 하는 선수가 되어야 하는가'보다 '무엇이 올바른 행위인지'를 판단하는 데 더 주목한다.
④ 스포츠인의 미덕을 드러내는 행동은 옳은 것이며, 악덕을 드러내는 행동은 그릇된 것으로 간주한다.

005
<보기>에서 스포츠윤리의 역할로 적절한 것으로만 고른 것은?

> ㉠ 스포츠 상황에서 행동의 옳고 그름을 판단할 수 있는 원리 탐구
> ㉡ 스포츠 현상을 사실적으로 기술하는 방법 탐구
> ㉢ 스포츠 현상의 미학적 탐구
> ㉣ 윤리적 원리와 도덕적 덕목에 기초하여 스포츠인에게 요구되는 행위 탐구

① ㉠, ㉡   ② ㉠, ㉣
③ ㉡, ㉢   ④ ㉡, ㉣

006

<보기>의 괄호 안에 공통으로 들어갈 용어는?

- 칸트(I. Kant)에게 도덕성의 기준은 (　　)이다.
- 칸트에 의하면, 페어플레이도 (　　)이/가 없으면 도덕적이라 볼 수 없다.
- (　　)은/는 도덕적인 선수가 갖추어야 할 내적인 태도이자 도덕적 행위의 필요충분 조건이다.

① 행복　　　　　　② 선의지
③ 가언명령　　　　④ 실천

007

<보기>에서 스포츠 선수의 유전자 도핑을 반대해야 하는 이유로 적절한 것을 모두 고른 것은?

㉠ 선수의 신체를 실험 대상화하여 기계나 물질로 이해하도록 만들기 때문
㉡ 유전자조작 인간과 자연적 인간 사이에 갈등을 초래하기 때문
㉢ 생명체로서 인간의 본질을 훼손하고 존엄성을 부정하기 때문
㉣ 선수를 우생학적 개량의 대상으로 만들기 때문

① ㉠, ㉢　　　　　② ㉡, ㉢
③ ㉠, ㉡, ㉣　　　④ ㉠, ㉡, ㉢, ㉣

008

<보기>의 괄호 안에 들어갈 정의(justice)의 유형은?

운동선수의 신체는 훈련으로 만들어지기도 하지만 유전적 요인으로 결정되는 경우가 많다. 농구와 배구선수의 키는 타고난 우연성에 해당한다. 일반적으로 스포츠 경기에서는 이러한 불평등 문제에 (　　) 정의를 적용하지 않는다. 왜냐하면 스포츠는 전적으로 개인의 자발적인 선택의 문제이기 때문이다.

① 자연적　　　　　② 절차적
③ 분배적　　　　　④ 평균적

009

<보기>에서 A선수의 판단 근거가 되는 윤리이론의 난점에 관한 설명으로 적절한 것은?

농구경기 4쿼터 종료 3분 전, 감독에게 의도적 파울을 지시받은 A선수는 의도적 파울이 팀 승리에 기여할 수 있지만, 상대 선수에게 위험을 가하거나 자칫 부상을 입힐 수 있기 때문에 도덕적으로 옳지 않다고 판단했다.

① 사회 전체의 이익을 고려하지 않는 경우가 발생한다.
② 상식적이고 보편적인 도덕직관과 충돌하는 판단을 내릴 수 있다.
③ 행위의 결과를 즉각 산출하기 어려울 경우에 명료한 지침을 제시하지 못할 수 있다.
④ 도덕을 수단적으로 인식한다는 점에서 근본적인 도덕개념들과 양립하기 어렵다.

010

<보기>의 괄호 안에 공통으로 들어갈 용어는?

- 예진 : 스포츠에는 규칙으로 통제된 (　　)이 존재해. 대표적으로 복싱과 태권도와 같은 투기종목은 최소한의 안전장치가 마련되고, 그 속에서 힘의 우열이 가려지는 것이지. 따라서 스포츠 내에서 폭력은 용인된 폭력과 그렇지 않은 폭력으로 구분할 수 있어!
- 승현 : 아니, 내 생각은 달라! 스포츠 내에서의 폭력과 일상 생활에서의 폭력은 본질적으로 동일하지. 그래서 (　　)은 존재할 수 없어

① 합법적 폭력　　　② 부당한 폭력
③ 비목적적 폭력　　④ 반사회적 폭력

011

<보기>에서 국제수영연맹(FINA)이 기술도핑을 금지한 이유는?

> 2008년 베이징올림픽 수영종목에서는 25개의 세계신기록이 쏟아져 나왔다. 주목할만한 것이 23개의 세계신기록이 소위 최첨단 수영복이라 불리는 엘지알 레이서(LZR Racer)를 착용한 선수들에 의해 수립되었다는 것이다. 그러나 이 같은 수영복을 하나의 기술도핑으로 간주한 국제수영연맹은 2010년부터 최첨단 수영복의 착용을 금지하였다.

① 효율성 추구
② 유희성 추구
③ 공정성 추구
④ 도전성 추구

012

<보기>에서 나타난 현준과 수연의 공정시합에 관한 관점이 바르게 연결된 것은?

> • 현준: 승부조작은 경쟁적 스포츠의 본래적 가치를 훼손시키는 행위지만, 경기규칙을 위반하지 않았다면 윤리적으로 문제없는 것이 아닌가?
> • 수연: 나는 경기규칙을 위반하지 않았다 하더라도, 스포츠의 역사적·사회적 보편성과 정당성 속에서 형성되고 공유된 에토스(shared ethos)에 충실해야 한다고 생각해! 그래서 스포츠의 가치를 근본적으로 훼손시키는 승부조작은 추구해서도, 용인되어서도 절대 안돼!

	현준	수연
①	물질만능주의	인간중심주의
②	형식주의	비형식주의
③	비형식주의	형식주의
④	인간중심주의	물질만능주의

013

<보기>의 ㉠, ㉡과 관련된 맹자(孟子)의 사상이 바르게 연결된 것은?

> ㉠ 농구 경기에서 자신과 부딪쳐서 부상을 당해 병원으로 이송되는 상대 선수를 걱정해 주는 마음
> ㉡ 배구 경기에서 자신의 손에 맞고 터치 아웃된 공을 심판이 보지 못해서 자기 팀이 득점을 했을 때 스스로 부끄러워하는 마음

	㉠	㉡
①	수오지심(羞惡之心)	측은지심(惻隱之心)
②	측은지심(惻隱之心)	수오지심(羞惡之心)
③	사양지심(辭讓之心)	시비지심(是非之心)
④	측은지심(惻隱之心)	사양지심(辭讓之心)

014

장애인의 스포츠 참여를 지원하는 방법으로 적절하지 않은 것은?

① 장애인이 접근 가능한 장소의 확보
② 활동에 필요한 장비 및 기구의 안정적 지원
③ 비장애인과의 통합수업보다 분리수업 지향
④ 일회성 체험이 아닌 지속적인 클럽활동 보장

015

스포츠의 지속 가능한 발전에 관한 설명으로 적절하지 않은 것은?

① 새로운 스포츠 시설의 개발 금지
② 스포츠 시설의 개발과 자연환경의 공존
③ 건강한 인간과 건강한 자연환경의 공존
④ 스포츠만의 환경 운동이 아닌 국가적, 국제적 협력과 공조

016

<그림>은 스포츠윤리규범의 구조이다. ㉠~㉢에 해당하는 용어가 바르게 연결된 것은?

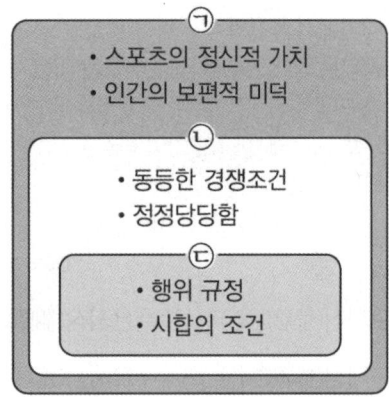

	㉠	㉡	㉢
①	규칙준수	스포츠맨십	페어플레이
②	스포츠맨십	페어플레이	규칙준수
③	페어플레이	규칙준수	스포츠맨십
④	스포츠맨십	규칙준수	페어플레이

017

국민체육진흥법(시행 2022.8.11.) 제18조의3 '스포츠윤리센터의 설립'에 관한 사항으로 옳지 않은 것은?

① 스포츠윤리센터는 문화체육관광부 장관이 감독한다.
② 스포츠윤리센터의 정관에 기재할 사항은 국무총리령으로 정한다.
③ 스포츠윤리센터가 아닌 자는 스포츠윤리센터 또는 이와 비슷한 명칭을 사용하지 못한다.
④ 스포츠윤리센터의 장은 문화체육관광부 장관의 승인을 받아 관계 행정 기관 소속 임직원의 파견 또는 지원을 요청할 수 있다.

018

<보기>에서 국제육상경기연맹(IFFA)이 출전금지를 판단한 이유는?

> 2011년 대구세계육상선수권대회에서 남아프리카공화국의 의족 스프린터 피스토리우스(O. Pistorius)는 비장애인육상경기에 참가 신청을 했으나, 국제육상경기연맹은 경기에 사용되는 의족의 탄성이 피스토리우스에게 유리하다는 이유로 출전을 허용하지 않았다고 한다.

① 인종적 불공정
② 성(性)적 불공정
③ 기술적 불공정
④ 계급적 불공정

019

스포츠에서 나타나는 성차별의 원인이 아닌 것은?

① 사회적 성 역할의 고착화
② 차이를 차별로 정당화하는 논리
③ 신체구조와 운동능력에 대한 편견
④ 여성성을 해치는 스포츠에의 여성 참가 옹호

020

스포츠에서 심판윤리에 관한 설명으로 옳지 않은 것은?

① 심판의 사회윤리는 협회나 종목단체의 도덕성과 밀접한 관련이 있다.
② 심판은 공정하고 엄격한 도덕적 원칙을 적용해야 한다.
③ 심판의 개인윤리는 청렴성, 투명성 등의 인격적 도덕성을 의미한다.
④ 심판은 '이익동등 고려의 원칙'에 따라 전력이 약한 팀에게 유리한 판정을 할 수 있다.

기출문제(2024년)

001

<보기>에서 설명하는 법령은?

이 법은 국민 모두가 스포츠 및 신체활동에 자유롭고 평등하게 참여하여 건강하고 행복한 삶을 영위할 수 있도록 스포츠의 가치가 교육, 문화, 환경, 인권, 복지, 정치, 경제, 여가 등 우리 사회 영역 전반에 확산될 수 있게 국가와 지방자치단체가 그 역할을 다하며, 개인이 스포츠 활동에서 차별받지 아니하고, 스포츠의 다양성, 자율성과 민주성의 원리가 조화롭게 실현되도록 하는 것을 기본 이념으로 한다.

① 스포츠클럽법
② 스포츠기본법
③ 국민체육진흥법
④ 학교체육진흥법

002

<보기>에서 스포츠에서 발생하는 폭력의 유형과 특징으로 옳은 것만을 모두 고른 것은?

ㄱ. 직접적 폭력은 가시적, 파괴적이다.
ㄴ. 직접적 폭력은 상해를 입히려는 의도가 있는 행위이다.
ㄷ. 구조적 폭력은 비가시적이며 장기간 이루어진다.
ㄹ. 구조적 폭력은 의도가 노골적이지 않지만 관습처럼 반복된다.
ㅁ. 문화적 폭력은 언어, 행동양식 등의 상징적 행위를 통해 가해진다.
ㅂ. 문화적 폭력은 위해를 '옳은 것'이라 정당화하여 '문제가 되지 않게' 만들기도 한다.

① ㄱ, ㄷ, ㅁ
② ㄱ, ㄷ, ㄹ, ㅂ
③ ㄱ, ㄴ, ㄷ, ㄹ, ㅁ
④ ㄱ, ㄴ, ㄷ, ㄹ, ㅁ, ㅂ

003

스포츠에서 여성에 대한 차별이 발생하거나 심화되는 원인으로 볼 수 없는 것은?

① 생물학적 환원주의
② 남녀의 운동 능력 차이
③ 남성 문화에 기반한 근대스포츠
④ 여성 참정권

004

<보기>에서 (가)의 문제를 해결하기 위해 생명중심주의 입장에서 (나)를 제시한 학자는?

(가)
스포츠에서 환경문제가 발생하는 근본 원인은 스포츠의 사회 문화적 가치와 환경 혹은 자연의 보전 가치 사이의 충돌이다.

(나)
- 불침해의 의무: 다른 생명체에 해를 끼쳐서는 안 된다.
- 불간섭의 의무: 생태계에 간섭해서는 안 된다.
- 신뢰의 의무: 낚시나 덫처럼 동물을 기만하는 행위를 해서는 안 된다.
- 보상적 정의의 의무: 부득이하게 해를 끼친 경우 피해를 보상해야 한다.

① 테일러(P. Taylor)
② 베르크(A. Berque)
③ 콜버그(L. Kohlberg)
④ 패스모어(J. Passmore)

005

〈보기〉의 ⊙~ⓒ에 들어갈 용어로 바르게 묶인 것은?

- (⊙) : 생물학적, 형태학적 특징에 따라 분류된 인간 집단
- (ⓒ) : 특정 종목에 유리하거나 불리한 인종이 실제로 존재 한다는 사고 방식
- (ⓒ) : 선수의 능력 차이를 특정 인종의 우월이나 열등으로 과장하여 차등을 조장하는 것

	⊙	ⓒ	ⓒ
①	인종	인종주의	인종 차별
②	인종	인종 차별	젠더화 과정
③	젠더	인종주의	인종 차별
④	젠더	인종 차별	젠더화 과정

006

〈보기〉의 축구 경기 비디오 판독(VAR)에서 심판B의 판정 견해를 지지하는 윤리 이론에 가장 부합하는 것은?

심판A : 상대 선수가 부상을 입었지만 퇴장은 가혹하다.
심판B : 그 선수가 충돌을 피할 수 있는 시간은 충분했다. 그러나 그는 피하려 하지 않았다. 따라서 퇴장의 처벌은 당연하다.

① 최대다수의 최대행복   ② 의무주의
③ 쾌락주의   ④ 좋음은 옳음의 근거

007

〈보기〉에 담긴 윤리적 규범과 관련이 없는 것은?

나는 운동선수로서 경기의 규칙을 숙지하고 준수하여 공정하게 시합을 한다.

① 페어플레이(fair play)
② 스포츠딜레마(sport dilemma)
③ 스포츠에토스(sport ethos)
④ 스포츠퍼슨십(sport personship)

008

〈보기〉의 사례로 나타나는 품성으로 스포츠인에게 권장하지 않는 것은?

- 경기 규칙의 위반은 옳지 않음을 알면서도 불공정한 파울을 행하기도 한다.
- 도핑이 그릇된 일이라는 점을 알고 있지만, 기록갱신과 승리를 위해 도핑을 강행한다.

① 데크네(techne)
② 아크라시아(akrasia)
③ 에피스테메(episteme)
④ 프로네시스(phronesis)

009

〈보기〉의 내용과 가장 밀접한 것은?

- 정정당당하게 경기에 임하라.
- 어떠한 경우에도 최선을 다해라.
- 운동선수는 페어플레이를 해야 한다.

① 모방욕구
② 가언명령
③ 정언명령
④ 배려윤리

010

〈보기〉의 내용에 해당하는 윤리적 태도는?

나는 경기에 참여할 때마다, 나의 행동 하나하나가 가능한 많은 사람이 만족하는데 기여할 수 있도록 노력한다.

① 행위 공리주의   ② 규칙 공리주의
③ 제도적 공리주의   ④ 직관적 공리주의

011

<보기>의 설명에 해당하는 스포츠에서의 정의 (Justice)는?

> 정의는 공정과 준법을 요구한다. 모든 선수에게 동등한 기회를 보장해야 한다는 공정의 원칙은 지켜지지 않을 때가 있다. 스포츠에서는 완전한 통제가 어려운 불평등을 줄이기 위해 공수 교대, 전후반 진영 교체, 홈·원정 경기, 출발 위치 제비뽑기 등을 한다.

① 자연적 정의 ② 평균적 정의
③ 분배적 정의 ④ 절차적 정의

012

<보기>의 ㉠~㉢에 해당하는 용어가 바르게 제시된 것은?

> 공자의 사상은 (㉠)(으)로 설명할 수 있다. (㉡)은/는 마음이 중심을 잡아 한쪽으로 치우치지 않는 상태를 의미하고, (㉢)은/는 나와 타인의 마음이 서로 다르지 않다는 뜻으로 배려와 관용을 나타낸다. 공자는 (㉢)에 대해 "내가 원하지 않은 일을 남에게 하지 말라(己所不欲 勿施於人)"는 정언명령으로 규정한다. 이는 스포츠맨십과 상통한다.

	㉠	㉡	㉢
①	충효(忠孝)	충(忠)	효(孝)
②	정의(正義)	정(正)	의(義)
③	정명(正名)	정(正)	명(名)
④	충서(忠恕)	충(忠)	서(恕)

013

<보기>의 주장과 가장 밀접한 관련이 있는 것은?

> 스포츠 경기에서 승자의 만족도는 '1'이고, 패자의 만족도는 '0'이라고 말하는 사람이 있다. 그러나 스포츠 경기에서 양자의 만족도 합은 '0'에 가까울 수 있고, '2'에 가까울 수도 있다. 승자와 패자의 만족도가 각각 '1'에 가까울 수 있기 때문이다.

① 칸트 ② 정언명령
③ 공정시합 ④ 공리주의

014

<보기>의 설명에 해당하는 반칙의 유형은?

> - 동기, 목표가 뚜렷하다.
> - 스포츠의 본질적인 성격을 부정하는 의미로 해석할 수 있다.
> - 실격, 몰수패, 출전 정지, 영구 제명 등의 처벌이 따른다.

① 의도적 구성 반칙 ② 비의도적 구성 반칙
③ 의도적 규제 반칙 ④ 비의도적 규제 반칙

015

<보기>의 대화에서 '윤성'의 윤리적 관점은?

> 진서: 나 어젯밤에 투우 중계방송 봤는데, 스페인에서 엄청 인기더라구! 그런데 동물을 인간 오락의 대상으로 삼는 것은 윤리적으로 허용될 수 없는 거 아니야?
> 윤성: 난 다르게 생각해! 스포츠 활동은 인간의 이상을 추구하기 위한 것이고, 그 이상의 실현을 위해 동물은 수단으로 활용될 수 있는 거 아닐까? 승마의 경우 인간과 말이 훈련을 통해 기량을 향상시키고 결국 사람 간의 경쟁에 동물을 도구로 활용한다고 볼 수 있잖아.

① 동물해방론 ② 동물권리론
③ 종차별주의 ④ 종평등주의

016

<보기>의 사례에서 나타나는 윤리적 태도와 가장 밀접한 관련이 있는 것은?

> 선수는 윤리적 갈등을 겪을 때면, 우리 사회에서 오랫동안 본보기가 되어온 위인들을 떠올린다. 그리고 그 위인들처럼 행동하려고 노력한다.

① 맥킨타이어(A. MacIntyre)
② 의무주의(deontology)
③ 쾌락주의(hedonism)
④ 메타윤리(metaethics)

017

스포츠윤리의 특징으로 적절하지 <u>않은</u> 것은?

① 스포츠 경쟁의 윤리적 기준이다.
② 올바른 스포츠 경기의 방향이 된다.
③ 보편적 윤리로는 다룰 수 없는 독자성이 있다.
④ 스포츠인의 행위, 실천의 기준이다.

018

<보기>에서 학생운동선수의 학습권 보호와 관련된 것으로 옳은 것만 모두 고른 것은?

> ㄱ. 최저 학력 제도
> ㄴ. 리그 승강 제도
> ㄷ. 주말 리그 제도
> ㄹ. 학사 관리 지원 제도

① ㄱ, ㄴ, ㄷ
② ㄱ, ㄴ, ㄹ
③ ㄱ, ㄷ, ㄹ
④ ㄴ, ㄷ, ㄹ

019

<보기>의 주장에 나타난 윤리적 관점은?

> 스포츠 행위의 도덕적 가치는 사회에 따라, 또는 사람에 따라 다를 수 있다. 물론 도덕적 준거가 없는 것은 아니다.

① 윤리적 절대주의
② 윤리적 회의주의
③ 윤리적 상대주의
④ 윤리적 객관주의

020

<보기>의 대화에서 논란이 되고 있는 도핑의 종류는?

> 지원: 스포츠 뉴스 봤어? 케냐의 마라톤 선수 킵초게가 1시간 59분 40초의 기록을 세웠대!
> 사영: 우와! 2시간의 벽이 드디어 깨졌네요! 인간의 한계는 끝이 없나요?
> 성현: 그런데 이번 기록은 특수 제작된 신발을 신고 달렸으니 킵초게 선수의 능력만으로 달성했다고 볼 수 없는거 아니야? 스포츠에 과학기술의 도입은 필요하지만, 이러다가 스포츠에서 탁월성의 근거가 인간에서 기술로 넘어가는 거 아니야?
> 혜름: 맞아! 수영의 전신 수영복, 야구의 압축 배트가 금지된 사례도 있잖아!

① 약물도핑(drug doping)
② 기술도핑(technology doping)
③ 브레인도핑(brain doping)
④ 유전자도핑(gene doping)

기출문제(2025년)

001
스포츠윤리센터의 주요 역할에 해당하지 않는 것은?
① 체육 관련 입시 비리에 관한 조사
② 스포츠 산업 종사자의 직업 안정성 확보와 처우 개선
③ 스포츠 비리 및 스포츠 인권 침해 방지를 위한 예방 교육
④ 승부 조작 또는 편파 판정 등 불공정에 관한 신고 접수와 조사

002
스포츠에 관한 가치 판단에 해당하지 않는 것은?
① 도핑을 이용한 실력 향상은 옳지 않다.
② 스포츠에서 희생과 헌신은 승리보다 가치가 있다.
③ 하얀색 복장 착용은 윔블던 테니스대회의 규정이다.
④ 스포츠에서 승리 추구는 규정 준수보다 더 중요하다.

003
<보기>의 스포츠 상황에 부합하는 개념과 해석은?

> 태권도 겨루기에서 소극적인 자세로 경기에 임하는 선수는 제재를 받는다. 적극적이고 공격적인 태도의 요구는 투쟁심을 독려하는 것이지만, 그 폭력적인 성향이 지나치면 또 다른 제재의 대상이 되기도 한다. 이처럼 스포츠는 폭력적인 성향의 분출을 자극함과 동시에 그것을 감시하고 제어한다.

① 게발트(Gewalt) - 스포츠 폭력의 부당성
② 게발트(Gewalt) - 스포츠 폭력의 이중성
③ 희생양(Scapegoat) - 스포츠 폭력의 부당성
④ 희생양(Scapegoat) - 스포츠 폭력의 이중성

004
'타이틀 나인(Title IX)'에 따른 스포츠계의 변화로 가장 적절한 것은?
① 미국 프로야구리그의 도핑 실태에 관한 보고서 발간
② 남아프리카공화국에서 흑인에 대한 차별 정책의 시행
③ 학교 스포츠 프로그램에서 의도적인 성차별 발생 시 재정 지원의 제한
④ 공공 및 민간 스포츠 시설의 출입구 등에 휠체어 이동 통로의 설치 및 확충

005
세계도핑방지기구(World Anti-Doping Agency)가 정한 '금지 방법'의 분류 목록에 해당하지 않는 것은?
① 기술 도핑
② 화학적, 물리적 조작
③ 유전자 및 세포 도핑
④ 혈액 및 혈액 성분의 조작

006
레건(T. Regan)의 동물권리론에 가장 부합하는 태도는?
① 모든 동물에게 자유를 보장하고 스포츠에 동물을 이용하지 않도록 한다.
② 세계시민주의적 사고에 따라 재활승마에서는 기수와 말의 친화를 강조한다.
③ 천연 거위털 셔틀콕의 성능이 인조 거위털 셔틀콕보다 더 좋으므로 생산을 장려한다.
④ 경마나 소싸움은 합법적으로 동물을 활용할 수 있는 종목이며 경제적으로도 유용하다.

007

<보기>의 대화 내용에 해당하는 정의(justice)의 유형에 가장 가까운 것은?

A: 오늘 테니스 경기 봤어? 한쪽 코트는 해가 정면에서 비치고 다른 쪽은 완전 그늘이더라.
B: 응. 그런 조건이면 한쪽 선수가 불리할 것 같아.
C: 그래서 테니스는 계속 코트를 바꾸면서 경기를 진행해.
A: 그러면 시합을 시작할 때 코트나 서브권은 어떻게 정해?
C: 동전 던지기로 정하는 경우가 많아.

① 평균적 정의
② 절차적 정의
③ 분배적 정의
④ 보상적 정의

008

롤랜드(S. Loland)가 분류한 규칙 위반의 유형에 연결한 사례로 옳지 않은 것은?

① 의도적 구성 규칙 위반 - 축구 경기에서 수비수가 실점을 당하지 않기 위해 손으로 공을 막았다.
② 의도적 규제 규칙 위반 - 육상 100m 경기에서 경쟁 선수를 방해하기 위해 레인을 침범했다.
③ 비의도적 구성 규칙 위반 - 골프 경기 중 페어웨이에서 흙이 묻은 볼을 무의식적으로 닦고 진행했다.
④ 비의도적 규제 규칙 위반 - 농구 경기 중 상대 수비를 피하는 과정에서 의도치 않게 3걸음을 걷고 슛을 쏘았다.

009

칸트(I. Kant)의 의무론에서 <보기> 속 A와 B의 태도에 부합하는 행위 유형은?

선생님: 도핑을 하면 경기 결과가 달라질 수 있는데, 여러분은 왜 하지 않나요?
A: 저는 도핑이 공정하지 못한 행위이기 때문에 하지 않아요. 제 실력으로 인정받고 싶어요.
B: 저는 사실 도핑 검사에 걸리면 처벌을 받으니까 하고 싶어도 못하고 있어요.

	A	B
①	의무에서 나온 (aus Pflicht) 행위	의무에 합치하는 (pflichtmäßig) 행위
②	의무에 합치하는 (pflichtmäßig) 행위	의무에 위배되는 (pragmatische) 행위
③	의무에 합치하는 (pflichtmäßig) 행위	의무에서 나온 (aus Pflicht) 행위
④	의무에 위배되는 (pragmatische) 행위	의무에서 나온 (aus Pflicht) 행위

010

부올레(P. Vuolle)가 분류한 스포츠 환경이 아닌 것은?

① 시설(built) 환경 - 농구, 탁구
② 개발(developed) 환경 - 골프, 스키
③ 가상(virtual) 환경 - e스포츠, 버츄얼 태권도
④ 순수(genuine) 환경 - 스쿠버다이빙, 트레일러닝

011

뒤르켐(E. Durkheim)의 도덕교육론에 근거한 스포츠윤리 교육의 내용과 방법으로 옳지 않은 것은?

① 감독의 지도에 의존하는 도덕적 판단력을 길러준다.
② 스포츠를 통한 도덕적 습관과 행동의 변화에 초점을 맞춘다.
③ 스포츠윤리 교육을 스포츠 인성 교육의 유용한 틀로 활용한다.
④ 스포츠맨십을 경험하는 실천적 교육으로 도덕적 인격 형성을 유도한다.

012

스포츠조직의 윤리경영에 관한 설명으로 옳지 않은 것은?

① 스포츠조직을 투명하고 합리적으로 운영한다.
② 과대 선전 등으로 스포츠 소비자를 속이지 않는다.
③ 스포츠 시설 운영에서 공해, 소음 등으로 인한 사회적 비용을 고려한다.
④ 스포츠센터의 운영 수익을 더 늘이기 위해 지도자의 노동 강도를 높인다.

013

<보기>의 사례에서 ⊙에 해당하는 심판의 자질과 ⓒ에 해당하는 맹자의 사단(四端)은?

> 배구 경기의 주심인 ⊙ A 심판은 최근 개정된 규정을 정확하게 숙지하지 못하여 오심을 범했다. 부심으로 경기를 관장하던 B 심판은 오심임을 알았으나 A 심판에 대한 징계가 걱정되어 침묵했다.
> 시합이 끝난 후 ⓒ B 심판은 양심의 가책을 지우지 못하고 활동을 중단했다.

	⊙	ⓒ
①	심판의 청렴성	사양지심(辭讓之心)
②	심판의 전문성	수오지심(羞惡之心)
③	심판의 자율성	시비지심(是非之心)
④	심판의 공정성	측은지심(惻隱之心)

014

공리주의 윤리 규범을 스포츠에 바르게 적용한 것이 아닌 것은?

① 스포츠에서 결과에 따른 만족을 중시한다.
② 스포츠 규칙 제정은 공정과 평등의 원칙에 근거한다.
③ 스포츠 상황에서 행위의 유용성보다 인성의 바름을 강조한다.
④ 스포츠에서 소수보다 다수의 이익을 우선하는 것이 정당화될 수 있다.

015

<보기>에서 장애 차별의 개선을 위한 스포츠 실천의 조건만을 고른 것은?

> ㄱ. 참여 종목과 대회는 지도자의 결정에 맡겨야 한다.
> ㄴ. 비장애인과 분리하여 수업하는 것을 원칙으로 한다.
> ㄷ. 활동 장비와 기구에 대한 재정적인 지원을 확보해야 한다.
> ㄹ. 다양한 사람과의 관계를 통해 사회성 함양의 기회를 제공해야 한다.

① ㄱ, ㄴ
② ㄴ, ㄷ
③ ㄴ, ㄹ
④ ㄷ, ㄹ

016

<보기>의 내용에 부합하는 철학자와 개념의 연결이 옳은 것은?

> • 지도자와 선배의 체벌과 폭력이 일상화되어 있다.
> • 악은 포악한 괴물이나 악마처럼 괴이하지 않고 합숙소 생활과 같은 일상에 함께 있다.
> • 폭력을 멈추게 할 방법은 행위의 내용과 책임을 묻고 반성하는 '사유' 또는 '이성'에 있다.

① 홉스(T. Hobbes) - 리바이어던
② 홉스(T. Hobbes) - 악의 평범성
③ 아렌트(H. Arendt) - 리바이어던
④ 아렌트(H. Arendt) - 악의 평범성

017

의무주의 윤리 규범에 근거할 경우, <보기>의 괄호 안에 들어갈 내용으로 옳은 것은?

> 나는 반칙을 하지 않으려고 노력한다. 왜냐하면 (　　) 때문이다.

① 퇴장을 당하면 손해를 보기
② 반칙을 하는 것은 옳지 않기
③ 나의 플레이를 보는 사람들을 만족시켜야 하기
④ 사람들이 나를 훌륭한 선수라고 칭송할 것이기

018

<보기>는 트랜스젠더 여성의 여성 스포츠 참여에 관한 설명이다. 이를 지지하는 견해의 근거가 <u>아닌</u> 것은?

> 국제올림픽위원회(IOC)는 2016년 1월에 올림픽 대회를 비롯한 국제 경기대회에서 외과적인 수술을 받지 않은 성 전환자들도 선수로 출전할 수 있도록 허용해야 한다는 새로운 지침을 발표했다.
> 이에 따라 트랜스젠더 선수들은 꼭 성 전환 수술을 받지 않더라도 일정 요건만 충족하면 올림픽 등 국제 대회에 참가할 수 있게 되었다.

① 전통적인 젠더 이분법을 극복하고 양성 평등을 지향
② 트랜스젠더 여성의 스포츠 접근권은 공정성보다 우선
③ 트랜스젠더에 대한 차별과 배제가 아닌 관용과 포용의 정책
④ 트랜스젠더 여성 선수가 불공평한 이득을 가져 스포츠 본연의 의미 변화

019

함무라비 법전의 탈리오 법칙(Lex Talionis)이 정확하게 적용된 상황은?

① 농구 경기에서 한 경기에 5개의 파울을 한 선수를 퇴장시킨다.
② 축구 경기에서 부상 선수가 발생하면 선수의 안전을 위해 공을 밖으로 걸어낸다.
③ 야구 경기에서 빈볼을 맞게 되면, 상대팀에게도 동일하게 빈볼을 던져 보복을 한다.
④ 수영과 육상 경기의 결승전에서 준결승의 기록이 좋은 선수를 가운데 레인에 우선으로 배정한다.

020

인종 차별과 관련된 사례로 맞지 <u>않은</u> 것은?

① 1936년 베를린 올림픽경기대회에서 히틀러는 육상 종목 4관왕 제시 오웬스에게 시상 거부
② 1948년 런던 올림픽경기대회에서 독일과 일본 선수의 참가를 불허
③ 1968년 멕시코 올림픽경기대회 시상식에서 미국의 토미 스미스와 존 카롤로스의 저항 표현
④ 2008년 미국여자프로골프협회(LPGA) 출전 선수의 영어 사용 의무화

해설&정답(2022년)

001	4	002	3	003	1,2,3	004	1
005	2	006	2	007	1	008	3,4
009	1	010	4	011	1	012	2
013	2	014	4	015	2	016	3
017	3	018	3	019	1	020	4

📺 2022 생활스포츠지도사 필기 기출문제 [스포츠윤리] 풀이 해석 바로가기!

001 | '도덕적 선'이란 도덕적인 성품이나 도덕적인 가치가 훌륭한 것을 의미하며 보기 ①, ②, ③번은 유용성을 의미하는 '도구적 선'에 가깝다.

002 | ㉠-탁월성, ㉡-불평등이다.

☑ **롤스의 정의와 관련된 원칙**
- 제1원칙: 평등한 자유의 원칙(소수의 권리 보장)
- 제2원칙
  1) 기회균등의 원칙(우대받는 직책이나 지위에 대해 누구나 접근할 수 있어야 한다)
  2) 차등의 원칙(재산이나 권력이 차등배분될 때에도 최소 수혜자에게 이득이 가도록 해야한다)

003 | ㉠-미적 가치판단
㉡-사리분별적 가치판단
㉢-도덕적 가치판단
㉣-사실판단으로
③번이 답이나 ①번과 ②번도 답으로 볼 수 있어 복수정답 처리함

004 | '공리주의'에 대한 설명이다.

결과론	행위 그 자체보다 행위의 결과를 중시(결과가 유익하면 행위는 올바르다) 예 공리주의 - 벤담 - 공리적 • 비상식적인 도덕적 판단 가능 • 근본 개념과 양립 불가
의무론	행위가 도덕규칙을 따르는가(행위의 본질을 강조하는 이론) 예 본질주의 - 칸트 - 정언적 • 도덕 규칙이 서로 상충하는 경우가 있다. • 전체의 이익을 대변할 수 없는 경우가 있다.
덕론	행위 자체보다 행위자에 초점 (행위자가 스스로 유덕한 행동판단) • 구체성 및 엄격한 분석 적용이 어렵다 • 미덕과 악덕의 구분이 모호

005 | ②-아곤은 승리를 추구하는 가치이기에 타인과의 비교를 전제한다.

006 | ②-최첨단 기술이 접목된 장비, 기술들은 선수의 선택을 넘어 승리를 위해 착용해야하는 당위적 문제가 소요 된다면 경제력이 충분한 선수와 아닌 선수 간의 불공정한 경쟁 요소가 된다

007 | 독일의 철학자 악셀 호네트는 인간의 자아실현 욕구는 "인정"에서 비롯된다고 주장했다.

☑ **한나 아렌트(H. Arendt)**
독일의 사회학자로 권력은 개인의 소유물이 될 수 없으며 이런 소유화된 권력은 폭력이라고 설명한다. 아렌트는 사유하지 않는 것 또한 악의 근본이기 때문에 이를 항상 깨우쳐야 하며 이렇게 누구도 사유하지 않아 불평등이 지속되는 사회의 문제점을 '악의 평범성' 이라고 설명했다.

| 008 | ㉠-의무론적 도덕추론은 정언적 도덕 추론이다.
㉡-행위자 주체에 초점을 맞추는 것은 덕론적 추론에 가깝다.
㉢, ㉣, ㉤는 의무론적 도덕 추론에 대한 설명이다.
☑ ㉡ 보기는 덕론적 도덕 추론에 대한 보기 문항으로 출제된 것으로 보이나 표현상 애매모호하여 의무론적 도덕추론으로도 볼 수 있어 중복 정답 처리

| 009 | ㉠-평균적 정의
㉡-절차적 정의
㉢-분배적 정의
☑ 쉽게 생각해보는 정의의 종류

평균적 정의	같아야 하는 것은 같게(환경, 규칙)
분배적 정의	달라야 하는 것은 다르게(점수, 평가)
절차적 정의	절차상 모두에게 최대한 공정하게

| 010 | ④-많은 사람이 나누지 않고 가치를 그대로 향유할 수 있는 가치가 좋다.
☑ 셸러의 가치 서열 기준 5가지
1) 지속성: 변하지 않고 지속되는 가치가 더 좋다.
2) 분할향유가능성: 나눠갖지 않는 가치가 더 좋다.
3) 근거성: 다른 가치에 의존하지 않는 것이 좋다.
4) 만족의 깊이: 만족이 클수록 좋은 가치다.
5) 독립성: 누구에게나 가치있는 보편적 가치가 좋다.

| 011 | ①번 도덕적 감수성에 대한 설명이다.
☑ 레스트의 도덕성 구성요소

감수성	도덕적 문제를 알아차릴 수 있는 능력
판단력	옳고 그름을 판단할 수 있는 능력
동기화	도덕성을 우선하여 행동하는 것
품성화	매사에 도덕적 행동을 하는 것

| 012 | 생태윤리 사상가 '폴 테일러'에 대한 설명이다.

| 013 | ②번 아파르트헤이트는 남아공이 실시한 인종차별정책의 대표적인 사건으로 보기와는 거리가 멀다.

| 014 | ①-아리스토텔레스의 '분노'
②-푸코의 '규율과 권력'
③-한나 아렌트의 '악의 평범성'에 대한 설명이다.

| 015 | ㉠-윤리경영
㉡-실천의지
㉢-투명성이다.

| 016 | ③번 가해자에 대한 치료 및 상담, 법률지원까지는 지원하지 않는다.

| 017 | 스포츠맨십에 대한 설명이다.
☑ ①번 테크네는 기술, 제작과 관련한 의미이다.

| 018 | ③번 인종차별에 관련한 대화이다.

| 019 | '최저학력제'에 대한 설명이다.

| 020 | ㉢-스포츠 종목이나 대상에 따라 권리가 상대적으로 보장되어서는 안되며 보편적이고 공정하게 보장되어야 한다.

해설&정답(2023년)

001	1	002	3	003	1	004	3
005	2	006	2	007	4	008	4
009	1	010	1	011	3	012	2
013	2	014	3	015	1	016	2
017	2	018	3	019	4	020	4

2023 생활스포츠지도사 필기 기출문제 [스포츠윤리] 풀이 해석 바로가기!

001 | ①번은 스포츠맨십 행위와 거리가 멀다.

002 | ㉠과 ㉣은 의무론적 윤리관에 해당한다.

003 | 우수한 외국 선수의 귀화는 인종차별 사례와 거리가 멀다.

004 | ③번은 덕론적 윤리관보다는 의무론적 윤리관에 대한 설명에 더 가깝다.

005 | ㉡, ㉢ 보기는 스포츠윤리의 고유의 역할과 거리가 멀다.

006 | ②번 '도덕적 선의지'에 대한 설명이다.

007 | 모두 맞는 보기이다.

008 | '평균적 정의'에 대한 설명이다.

009 | 보기는 의무론적 윤리관에 입각한 행동으로 볼 수 있다. ②, ③, ④번 문항은 결과론적 윤리관이 가지고 있는 난점에 해당한다.

010 | '합법적 폭력'에 대한 설명이다.
☑ 태권도의 발차기, 복싱의 주먹 타격 등 종목의 특성에 따라 필연적으로 발생하는 폭력의 유형

011 | 보기의 사례는 '공정성'을 추구하기 위한 정책으로 볼 수 있다.
☑ 선수나 팀의 경제력이 스포츠 경기 결과에 영향을 줄 수 있다면 공정성에 위배가 된다.

012 | 형식주의와 비형식주의에 대한 설명이다.

형식주의	정해져있는 공식 규칙만 잘 지키며 참여하는 것
비형식주의	공식 규칙 이외에 문화, 관습도 함께 지키는 것

013 | ㉠-측은지심(남을 불쌍히 여기는 마음)
㉡-수오지심(옳지 못함을 부끄러워하는 마음)

014 | 장애인의 사회적응력 향상과 비장애인의 이해능력 향상을 위하여 통합수업도 병행하는 것이 좋다.

015 | ①번 무조건적인 시설의 개발 금지를 의미하는 것은 아니다.

016 | 스포츠맨십은 페어플레이보다 더 포괄적인 개념이다.

017 | ②번 국무총리령이 아니라 대통령령으로 정한다.

018 | 보기의 사례는 기술적 요소로 인해 발생하는 불공정에 속한다.

019 | ④번 성차별을 일으키는 원인으로 보기 어렵다.

020 | ④번 심판은 공명정대하게 판정해야한다.

해설&정답(2024년)

001	2	002	4	003	4	004	1
005	1	006	2	007	2	008	2
009	3	010	1	011	4	012	4
013	모두정답	014	1	015	3	016	1
017	3	018	3	019	3	020	2

📱 2024 생활스포츠지도사
필기 기출문제 [스포츠윤리]
풀이 해석 바로가기!

001 | <보기>는 스포츠기본법에 대한 설명이다.

002 | 요한 갈퉁의 '폭력의 삼각형'의 내용이며 보기의 지문은 모두 맞는 설명이다.

☑ **요한 갈퉁의 폭력의 삼각형**

> 직접적 폭력 : 가시적이고 파괴적인 폭력, 상해를 입히려는 의도가 있음
> 구조적 폭력 : 비가시적이며 장기간 이루어짐, 의도가 노골적이지 않으나 관습적인 폭력
> 문화적 폭력 : 언어, 행동양식 등 상징적 행위를 통해 가해지는 폭력

003 | ④-여성의 참정권 보장은 여성 차별의 심화 원인으로 보기 어렵다.

004 | <보기>는 자연중심, 생태중심의 학자 '테일러'의 4가지 행위규칙에 대한 설명이다.

005 | ㉠-인종에 대한 설명
㉡-사고 방식에 관련하였으므로 인종주의를 의미한다.
㉢-차등을 조장하는 행동이므로 인종 차별에 해당한다.
☑ 젠더(gender)란 생물학적 성별과 구분되는 사회적인 성별을 의미하는 용어로 사용된다.

006 | ①,③,④은 공리주의에서 사용하는 개념이며 <보기>는 의무론적 윤리체계에 관련된 내용이므로 ②번 의무주의가 가장 관련이 있다.

007 | ②-스포츠딜레마는 스포츠 상황에서 두가지 이상의 선택을 해야할 때 어려움을 겪는 것을 의미하며 보기의 상황과는 관련이 없다.
☑ 에토스 : 도덕성을 의미하며 스포츠에토스는 스포츠 상황에서 지켜야할 도덕성이나 성품을 의미한다.

008 | <보기>는 아리스토텔레스의 아크라시아를 의미한다.

☑ **아리스토텔레스의 3가지 지식**

> 에피스테메 : 참과 거짓을 구분할 수 있는 학문적 지식
> 테크네 : 기술에 관련한 지식이나 제작 능력
> 프로네시스 : 실천적이며 반성적인 지식과 판단 능력
> 아크라시아 : 자제력이 없는 상태로 프로네시스가 부족할 때 나타남.

009 | <보기>는 칸트의 정언명령에 해당한다.

010	보기의 내용은 공리의 원리를 개인의 행동(행위)에 대해 기준으로 하는 '행위 공리주의'에 대한 설명이다.
011	④-최대한의 공정한 합의를 의미하므로 절차적 정의에 해당한다.
012	충(忠): 마음의 중심을 잡는 것 서(恕): 다른 사람을 헤아리는 배려의 마음 ☑ 의(義): 도덕적 행동 이전에 개인이 갖고 있는 자질이나 본바탕
013	문제 출제 오류로 인하여 모두 정답 처리
014	동기와 목표가 뚜렷함에서 의도를 찾을 수 있고 스포츠의 본질적인 성격과 관련이 있기 때문에 구성 반칙으로 볼 수 있다. ☑ 반칙의 종류 의도적 구성 반칙: 파괴적 반칙, 본질적 성격 부정, 강한 제제 비의도적 구성 반칙: 무지적 반칙, 규칙을 모르는 경우 발생 의도적 규제 반칙: 전술적 반칙, 명확한 의도를 지니고 있음 비의도적 규제 반칙: 일반적 반칙, 우연에 의해 일어날 수 있음
015	진서는 반종차별주의, 윤성은 종차별주의에 해당한다.
016	<보기>는 ①번 덕론적 윤리체계의 멕킨타이어에 대한 설명이다. ☑ 메타윤리: 어떤 행동이 옳은 것인가가 일반윤리라면 옳다는 것은 무엇인가와 같이 윤리학에 대한 근본적인 물음을 하는 연구를 의미함
017	③-스포츠윤리는 보편적 윤리의 문제와 별개로 존재하지 않는다.
018	㉡-리그 승강 제도는 학생운동선수의 학습권 보호와는 직접적인 관련이 없다.
019	③-도덕적 가치가 사회나 사람에 따라 다르게 적용되는 것은 '상대주의'에 대한 설명이다.
020	<보기>는 여러 가지 도핑 중 '기술도핑'에 해당한다.

해설&정답(2025년)

001	2	002	3	003	2	004	3
005	1	006	1	007	2	008	모두정답
009	1	010	3	011	1	012	4
013	2	014	3	015	4	016	4
017	2	018	4	019	3	020	2

2025 생활스포츠지도사 필기 기출문제 [스포츠윤리] 풀이 해석 바로가기!

001 | ②-스포츠산업 종사자의 직업 안정성 확보와 처우 개선은 스포츠윤리센터의 주요 역할과 관련이 적다.

002 | 판단은 크게 객관적인 진술 형태의 사실 판단과 옳고 그름, 좋고 나쁨, 아름다움 등과 관련한 가치판단이 있다. ①,②,④번은 가치판단에 해당하며 ③번만 사실 판단에 해당한다.

003 | 독일어로 폭력을 의미하는 게발트는 어떤 주체가 다른 주체를 폭력으로 지배하고 통제한다는 뜻으로서 스포츠에서는 힘을 발현해서 또 다른 힘을 억제한다는 폭력의 이중적인 특징을 보여주고 있다.

004 | 타이틀 나인(Title IX)은 1972년 미국에서 통과된 법으로 학교 내에서 성차별을 금지하는 법 조항을 의미한다. 이는 법조문에 성차별, 양성평등에 관한 내용이 역사적으로 처음 등장하는 것으로 큰 의미가 있다.

005 | ①-기술 도핑은 세계도핑방지기구에서 정한 금지 방법에 해당하지 않는다.
☑ 세계도핑방지기구(WADA)의 3가지 금지방법

> 산소 운반능력 향상, 화학적-물리적 조작, 유전자 도핑 등

006 | 레건의 '동물권리론'은 동물도 내재적 가치를 가진 주체적인 행위자이므로 인간에게 동물이 유용한지 등을 판단하여 수단으로 취급하여서는 안 되며 스스로 살아갈 동물의 권리를 보호하여야 한다고 주장하였다.
☑ 피터 싱어의 '동물해방론'

> 공리주의에 따라 고통을 나쁜 것으로 인식하고 고통을 주는 행위를 제한하였으며 고통을 느낄 수 있는 능력만큼 동물을 고려해야 한다고 주장하는 이론

007 | 보기의 대화는 ②번 '절차적 정의'에 대한 설명이다. 스포츠상황에서 일어날 수 있는 불평등한 상황에 대해서 최대한 공정하게 운영하기 위한 절차를 마련하는 것을 의미한다.

008 | 이의신청으로 모두정답 처리되었음

009 | 칸트의 의무론에서는 가장 도덕적인 행동은 바른 행동을 하고자 하는 선의지에서 나오며 이런 행동은 의무로부터 나와야 한다고 주장한다. 특정한 행동이 의무 자체에서 나왔는지 또는 의무에서는 나오지는 않았지만, 의무에 해당하였는지(합치) 또는 맞지 않았는지(위배)로 구분할 수 있다. A의 경우는 도덕적인 행동을 의무로 이행하기에 '의무에서 나온 행위', B는 이해타산적 동기에 의해 행동하나 바른 행동이므로 '의무에 합치하는 행위'가 된다.

010 | ①번 부올레의 분류 기준에 따르면 가상환경은 포함되어 있지 않다.

☑ **부올레의 환경 분류**

> 순수환경(자연 그대로), 개발환경(실외), 시설환경(실내)

011 | 뒤르켐의 경우 미성숙한 아동들에게 규율정신, 집단 애착, 자율성을 기르면서 도덕적인 합리성과 자율성을 갖추는 것을 강조한다. 따라서 ①번의 설명은 다소 거리가 멀다.

012 | ④ - 윤리적인 경영의 모습으로 옳지 않다.

013 | ㉠ - 심판의 전문성
㉡ - 양심의 가책을 느끼고 부끄러움을 느끼는 수오지심에 해당한다.

☑ **맹자의 사단(四端)**

측은지심	남을 불쌍히 여기는 마음
수오지심	옳지 못함을 부끄러워하는 마음
사양지심	겸손하여 남에게 사양하는 마음
시비지심	옳고 그름을 가릴 줄 아는 마음

014 | ③ - 공리주의에서는 행위의 유용성을 추구하며 인성의 바름은 주로 덕론이나 본질주의와 관련이 있다.

015 | 장애차별을 위해서는 참여종목을 스스로 선택할 수 있게 자율성을 존중하며 일반인과의 통합을 목표로 운영한다. 활동 장비와 기구에 대한 재정적인 지원 또한 필요하다.

016 | 사유하지 않는 것이 악의 근본이며 잘못된 관행이 습관처럼 일상화되어 행해지는 것은 한나 아렌트의 '악의 평범성'에 대한 설명이다.

☑ **홉스의 리바이어던**

> 인간은 자연적 본성으로 인하여 서로 협력하는 사회생활을 하지 못하는데 그들을 압도할 수 있는 거대한 힘을 가진 리바이어던(구약성서 '욥기'의 바다괴물)으로서 인간을 다스리는 것이 필요하다고 주장함

017 | 정언명령은 '당연히 그러해야 한다'를 내포하고 있다. 보기에서 ②에 해당한다.

☑ 1, 3, 4번의 경우 조건이나 이유에 따른 행동을 설명하므로 '가언명령'에 해당한다.

018 | ④ - 설명은 보기의 사례를 지지하는 견해로 볼 수 없다.

019 | 고대 함무라비 법전과 유대교의 율법에서는 피해자의 피해는 가해자에게 동일한 손해로 돌려주어야 한다는 것을 정의로 보았으며 이처럼 피해의 정도와 똑같은 벌을 범죄자에게 부과하는 보복을 '탈리오 법칙'이라고 한다.

020 | 1948년의 런던 올림픽경기에서 독일과 일본 선수의 참가를 불허한 것은 인종 차별의 사례가 아니라 전범국에 대한 페널티이다.

심화 문제 연습

001

스포츠 윤리의 개념과 정의에 대한 설명으로 가장 거리가 먼 것은?

① 스포츠 행위에 대한 도덕적 판단, 표준, 규칙을 의미한다.
② 스포츠인에게 요구되는 바람직한 행동의 규범적 기준을 제시한다.
③ 도덕적 문제에 비판적이고 자주적인 사고를 할 수 있는 도덕성과 인격을 형성한다.
④ 스포츠 사회에서 발생하는 여러 문제점들을 명확하게 규범하고 평가 및 변화시키려 한다.

> **tip**
>
> 스포츠윤리는 말 그대로 스포츠를 할 때 어떤 행동이 규범적으로 옳고 가치있는 행동인지를 알려주는 학문입니다. 다른 문화와 달리 스포츠 자체의 고유의 특징들이 많기 때문에 일반 사회의 윤리와 다른 점이 많고 그렇기에 생각해 볼 점도 많은 것이 특징입니다. 스포츠사회에서 발생하는 문제점을 다루는 학문은 스포츠사회학에 가깝습니다.

002

다음 보기에서 설명하는 내용으로 알맞게 짝지어진 것은?

> (가) 일반적인 행동관습으로 개인의 심성이나 양심, 덕행, 사회적 기대를 의미한다.
> (나) 특정 사회에 직업에 요구되는 행동규범으로 개인적, 사회적 특징을 지닌다.

	(가)	(나)		(가)	(나)
①	도덕	가치	②	도덕	윤리
③	윤리	가치	④	윤리	윤리

> **tip**
>
> 도덕과 윤리는 비슷한 말 같지만 정확히는 구분되어 사용됩니다. 먼저 도덕은 일반 사회의 모든 사람에게 요구되는 행동관습을 의미합니다. 주로 "사람은 ~ 해야돼, 하면 안돼"와 같이 일반적인 규칙으로 해석할 수 있습니다. 윤리는 모든 사람이 아닌 특정 사회나 직업에게 요구되는 규범을 의미합니다. 보편적인 개념의 도덕보다 개인의 상태에 따라 특수하게 적용되는 규범으로 "공무원이라면 ~ 행동해야 돼"와 같이 볼 수 있습니다. 도덕과 윤리는 상반되는 개념은 아니지만 상충될 수는 있습니다. 예를 들면 "사람에게 폭력을 행해서는 안된다"와 같은 도덕 규칙이 복싱 선수의 스포츠윤리와는 함께 사용할 수 없기 때문입니다.

003

다음 밑줄 친 ㉠과 ㉡에 해당하는 가치판단의 종류와 도덕원리 검토방법으로 올바른 것은?

이탈리아 밀라노에서 열린 2023 세계선수권대회 여자 사브르 64강 전에서 우크라이나의 올하 하를란과 러시아 출신의 안나 스미르노바 선수가 만났다. 경기는 우크라이나의 하를란이 승리를 하였으나 사건은 경기 후 벌어졌는데 스미르노바 선수가 하를란에게 악수하려자 하를란이 검을 내민 채 악수를 하지 않고 피스트를 벗어났다. 스미르노바는 항의 뜻을 표현했고 국제펜싱연맹(FIE)은 하를란을 스포츠맨답지 못한 행동으로 실격처리하였다. 인터뷰에서 하를란은 "㉠ 그 선수와 악수하고 싶지 않았다. 정상적인 세상이라면 세상이 변하는 만큼 규칙도 바뀌어야 한다고 생각한다" 라고 대답했다. 이에 FIE는 "㉡ 경기 결과가 나온 뒤 두 선수는 악수를 해야한다" 라는 규정이 명확히 있으므로 규정을 지키지 않은 행동에 대해 실격처리는 옳다라고 설명하였다.

	㉠	㉡		㉠	㉡
①	도덕적	포섭	②	사리분별적	보편화
③	미적	역할교환	④	도덕적	반증사례

📣 tip

스포츠 윤리의 기본적 이해에서는 가치판단의 종류와 도덕원리 검토방법을 잘 알고 있어야합니다. 판단은 논리나 기준에 의해 판정하는 것을 의미하는데 크게 사실판단과 가치판단으로 나눌 수 있습니다. 가치판단의 경우 특징에 따라 미적 판단, 도덕적 판단, 사리분별적 판단으로 나눌 수 있고 보기 ㉠의 내용의 경우 도덕적 판단에 가깝습니다. 옳고 그름의 기준을 찾는 도덕원리의 검토방법에서 ㉡ 경우는 상위 원리나 개념에 근거하여 설명을 하기에 '포섭의 원리'에 해당하게 됩니다.

☑ **도덕원리 검토방법 :** 포섭(상위규칙에 위배되는가), 반증사례(다른 사례는 없는가), 역할교환(다른 사람에게도 적용할 수 있는가), 보편화결과(모두에게 적용될 수 있는가)

004

다음의 보기에 해당하는 윤리체계의 입장과 가장 거리가 먼 예시를 고르면?

- 도덕적 강조점을 행위 자체보다 행위의 결과에 둔다.
- 대표적으로 공리주의가 있으며 최선의 결과를 낳을 가능성이 가장 큰 행위를 강조한다.

① "올바른 행동을 하는 이유는 최선의 결과를 가져오기 위해서야"
② "다수의 행복을 위해서는 소수가 배려받지 못해도 어쩔 수 없어"
③ "이익을 비교하는 건 도덕적 결함이 있을 수 있지만 윤리적 판단에 도움이 될 수 있어"
④ "자신이 한 행동이 다른 사람도 모두 지켜야하는 행동이라면 옳은 행동으로 볼 수 있어"

📣 tip

윤리적 문제의 해결방법에 대한 접근은 크게 결과론, 의무론, 덕론으로 구분할 수 있습니다. 결과론은 윤리적 행위의 결과가 유익할 시 옳은 행동으로 보는 관점입니다. 따라서 행동의 결과가 모두에게 유익하지는 않지만 가장 많은 사람이 만족했다면 옳은 행동이라 판단합니다. 의무론의 경우는 도덕 규칙이 중요합니다. 우리 사회가 중요시하는 도덕 규칙이 모두 지켜졌을 때 옳은 행동이 됩니다. 행위의 결과가 많은 사람들에게 유익할 지라도 행위가 도덕 규칙을 어겼을 경우에는 옳지 않은 행동으로 봅니다. 덕론적 관점은 행위자에게 초점을 맞추고 있습니다. 위 두 관점의 경우 행위가 유익한가? 또는 행위가 도덕 규칙을 위반하는가가 중요했다면 덕론의 관점에서는 행위자가 어떤 마음과 도덕성을 가지고 행동했는가에 관심을 둡니다.

📖 정답 03 ①   04 ④

005

다음 보기는 동양사상에 관련한 설명이다. 같은 관점의 설명으로 알맞게 짝 지어진 것은?

㉠ '인'과 '예'를 강조하였으며 인간 사회 속에서의 도덕적인 행동을 강조하였다.
㉡ 8가지 올바름이라는 팔정도(八正道)를 실천수행방법으로 강조한다.
㉢ 사람은 측은지심, 수오지심, 사양지심, 시비지심의 4가지 마음을 가지고 태어난다.
㉣ 사회 구성원은 자신의 역할에 맞는 행동을 해야한다는 정명(正名)을 강조한다.
㉤ 내면의 자연스러운 도덕성의 발현과 있는 그대로의 무위(無爲)를 주장하였다.
㉥ 행위자의 마음을 중시하며 고통과 고난의 수레바퀴에서의 해탈(解脫)을 강조한다.

① ㉠㉡㉤   ② ㉠㉢㉣
③ ㉡㉣㉥   ④ ㉢㉤㉥

tip

동양사상은 자주 출제되는 내용입니다. 학자 중심으로 출제되는 서양사상에 비해 동양사상은 유교, 불교, 도교와 같은 사상 중심으로 문제가 출제됩니다. 각각의 사상에서 중요한 핵심 내용을 잘 알고 인물별로 강조하는 내용도 함께 알고 있어야 합니다.

☑ 동양사상 핵심키워드
- 유교: 인의예지, 성인, 군자, 공자, 맹자, 10덕, 4단 7정론, 정명, 서, 호연지기, 극기복례
- 불교: 행복, 깨달음, 보살, 부처, 번뇌, 고통, 무념무상, 해탈, 열반, 내세, 팔정도, 참선
- 도교: 무위자연, 상선약수, 만물은 평등, 현묘한 덕, 겸양, 노자, 장자, 도, 소국

006

다음 보기는 콜버그(L. Kohlberg)의 도덕성 발달 이론 중 어느 단계에 해당하는가?

- 야구 경기 중 큰 점수 차이로 지고 있는 상황에서 우리 팀의 주축 타자가 상대 투수의 투구에 두 번이나 몸에 맞음.
- 코치는 이에 대한 앙갚음으로 상대방 주전 타자에게 빈볼을 던지라고 지시함.
- '나'는 빈볼로 인해 아무 잘못도 없는 상대 선수가 다칠 것을 알고는 있었으나 우리 팀의 사기를 제고하고 팀에 대한 애정을 보여주고자 빈볼을 던지게 됨

① 벌과 복종의 단계   ② 개인적 욕구 충족의 단계
③ 대인 간 기대 단계   ④ 법과 질서의 단계

tip

스포츠윤리에서는 서양사상에 대한 문제도 출제가 됩니다. 다만 동양사상에 비해 워낙 많은 사상가와 이론이 있다보니 관련한 내용을 모두 공부하고 가기에는 다소 어려움이 있습니다. 23년도에는 출제가 안 되었지만 이후에 다시 출제가 될 수 있기에 공부는 하시되 깊은 내용이나 새로운 것을 공부하기보다는 기출 되었던 내용 수준에서만 학습하시는 것을 추천드립니다.

☑ 콜버그의 도덕성 발달 6단계

전 인습적 수준		인습적 수준		후 인습적 수준	
벌과 복종 (처벌 회피)	상과 기대 (욕구 충족)	대인관계 (타인의인정)	법과 질서 (규범준수)	사회계약 (도덕적융통성)	보편적 윤리 (인간의존엄성)

007

카이요와(R. Caillois)의 놀이 분류에 대한 설명이다. 명칭과 뜻, 대처방법이 알맞게 짝지어진 것은?

	명칭	뜻	대처방법
①	아곤	경쟁	자신이 최고라는 것을 인정받고 싶은 욕구 예 대부분의 스포츠
②	알레아	탁월성	어떤 한계를 뛰어넘을 수 있는 훌륭함이나 그런 상태 예 자신의 기록 경신, 최선을 다하는 태도
③	미미크리	현기증	어지러움을 추구하면서 지각의 안정을 파괴하고 명철한 의식을 기분 좋은 공포 상태에 도달하는 것 예 등산, 그네, 스키, 왈츠 등
④	이링크스	모의	자기의 인격을 일시적으로 잃어버리고 다른 인격으로 분장하여 허구의 세계에서 노는 것 예 탈춤, 연극, 모창, 서바이벌 게임 등

tip

카이요와의 놀이가 갖는 특징은 스포츠윤리나 스포츠사회학에서 가끔씩 출제가 되는 내용이기에 잘 알고 있어야 합니다. 놀이는 크게 4가지의 특성을 갖고 있으며 아곤(경쟁), 알레아(행운), 미미크리(역할), 이링크스(스릴)로 나눌 수 있습니다.

008

아곤과 아레테에 대한 설명으로 옳지 않은 것은?

① 아곤은 경쟁에서 승리하는 것을 추구한다.
② 아레테의 목표는 타인과의 경쟁이 아닌 자신의 한계이다.
③ 스포츠에서는 승리보다 탁월성을 추구하는 것이 바람직하다.
④ 스포츠에서 아곤적 요소는 과도한 경쟁을 초래하기에 지양해야되는 태도이다.

tip

스포츠 경기에 참가하는 태도를 승리 추구 방식과 탁월성 추구 방식으로 나눌 수 있습니다. 상대방과의 경쟁에서 승리를 추구하는 방식은 아곤적 요소에 해당하며 자신의 한계에 도전하여 탁월성을 발휘하고자 하는 방식은 아레테적 요소에 해당됩니다. 스포츠에서는 탁월성을 추구하는 것이 스포츠에 대한 긍정적 의미를 갖게 하여 중요하게 여겨지지만 아곤적 요소도 스포츠에서 긴장과 흥미를 유발하고 본질적인 동기를 갖게 함으로써 아레테적 요소와 함께 중요한 기능을 합니다.

정답 07 ① 08 ④

009

보기의 사례에서 설명하는 윤리적 가치를 바르게 고르면?

- 요르단 여자 프로 축구 리그 결승전에서 한 선수의 히잡이 벗겨지자 상대방 팀 선수들이 모여 둥글게 벽을 쌓아 선수를 가려주고 히잡을 정돈할 수 있게 함
- 마라톤 경기 중 실수로 코스를 이탈한 1등 주자를 앞선 2등 주자가 결승선에서 상대방을 기다려 주고 승리를 양보한 경우

① 스포츠맨십 ② 페어플레이
③ 공정성 ④ 규칙준수

tip

스포츠맨십과 페어플레이에 관련한 내용은 항상 출제되는 내용이므로 잘 알고 구분할 수 있어야 합니다. 페어플레이란 정정당당한 승부를 의미하며 규칙을 준수하며 경기에 최선을 다하는 모습을 의미합니다. 스포츠맨십이란 더 넓은 의미에서 스포츠인으로서 가져야 할 태도를 의미하며 페어플레이를 포함한 개념입니다. 보기의 사례는 경기 규칙에는 없지만 상대방에 대한 일반적이고 보편적인 배려와 태도를 보여주고 있으므로 스포츠맨십에 속하게 됩니다.

010

보기에 밑줄 친 ㉠ 에 해당하는 규칙과 ㉡ 의 내용이 해당하는 규칙의 입장을 바르게 연결한 것은?

축구 경기는 손을 공에 대지 않고 발을 이용해 공을 상대의 골대에 넣어 점수를 얻는 경기이다. 경기를 치르는 ㉠ 양쪽 팀은 필드에 각각 11명씩 출전시킬 수 있으며 골키퍼를 제외한 모든 선수들은 스로인 상황을 제외하면 손을 사용할 수 없다. 축구 경기에서도 스포츠맨십을 찾아볼 수 있는데 ㉡ 선수가 경기 도중 부상을 당할 경우에 공을 소유한 팀이 공을 빠르게 바깥으로 내보내고 선수를 치료할 시간을 만들어 준다. 그 다음 인플레이 전환 후 볼을 다시 상대편에게 넘겨주는 것이 그 예이다.

	㉠	㉡		㉠	㉡
①	구성적 규칙	형식주의	②	구성적 규칙	비형식주의
③	규제적 규칙	형식주의	④	규제적 규칙	비형식주의

tip

규칙과 반칙은 스포츠가 갖는 독특한 특징이므로 문제로 자주 출제가 됩니다. 여기서 알아야 할 것은 규칙의 종류와 규칙을 받아들이는 태도가 있습니다. 규칙은 크게 구성적 규칙과 규제적 규칙으로 나눌 수 있는데 경기의 전반적인 진행 방법을 담고 있는 것이 구성적 규칙이며 개인의 행동을 규제하는 것 " ~ 행동을 하면 안된다" 같은 것을 규제적 규칙이라고 합니다. 이러한 규칙을 준수함에 있어서 경기 상황에서 정해진 공식 규칙만 지키며 참여하는 형태를 형식주의, 규칙과 더불어 스포츠 전반적인 문화나 관습까지 함께 지키려는 것이 비형식주의적 참여가 되겠습니다.

- ☑ 반칙의 종류
  - 구성적 규칙 반칙: 경기 중 손을 사용하여 축구공을 조작하였을 경우
    - 예 손을 공에 대지 않고 발을 이용한다(구성적 규칙): 경고 또는 퇴장 등 엄격한 처벌
  - 규제적 규칙 반칙: 경기 중 상대방에게 백태클을 한 경우
    - 예 수비수는 백태클을 해선 안된다(규제적 규칙): 규정과 상황에 따라 처벌

011

다음 보기의 대화에서 유추하였을 때 만족한 정의를 모두 고른 것은?

- 김교장: 3일간 헝그리스키 대회 심사위원으로 수고해주셔서 감사드립니다. 간단하게 평가회를 갖고 마치도록 하겠습니다.
- 박감독: 기술점수 평가에 있어서 점수 부여가 원활하게 이루어진 것 같습니다. 세 분의 평가위원이 대체로 높은 기술에는 높은 점수를, 낮은 기술에는 낮은 점수를 비슷하게 주어 객관도가 올라간 듯 합니다.
- 이감독: 첫날의 순서 배정도 선수들이 만족하였습니다. 순서가 너무 빠르면 설질을 파악하기 힘들고 또 너무 느리면 앞 사람의 영향을 많이 받게 되는데 추첨을 통해 배정하니 불만을 가지는 선수가 없었습니다.
- 최감독: 날씨는 조금 아쉬웠습니다. 둘째 날부터는 첫째 날 기록에 따라 순서를 배정하게 되는데 둘째 날 경기 후반부에 폭우가 오면서 경기가 지연되었다 재개되었는데 아무래도 기상 상황이 선수들의 퍼포먼스 발휘에 영향을 미쳤을 것 같습니다.

① 분배적 정의, 절차적 정의
② 분배적 정의, 평균적 정의
③ 절차적 정의, 평균적 정의
④ 평균적 정의, 분배적 정의, 절차적 정의

tip

정의의 종류는 크게 평균적 정의, 분배적 정의, 절차적 정의로 구분할 수 있습니다. 먼저 평균적 정의는 같아야 하는 것은 모두에게 같아야 옳은 것을 의미합니다. 축구 경기로 따지면 경기 인원 수나 골대 크기 등이 예가 되겠습니다.
분배적 정의는 차등과 관련이 있습니다. 점수를 배분하는 종목의 경우 난이도가 높은 기술과 낮은 기술에 다른 점수를 주어야 하는데 이것이 분배적 정의가 되겠습니다.
마지막은 절차적 정의입니다. 일이 진행되는 전반적인 과정, 절차 상에 불공정한 요소가 없도록 하는 것을 의미합니다. 스포츠 상황의 경우 절차상 다소 경기에 영향을 주는 요소가 생길 수 있는데 그럴 때 가장 공정하고 모두가 합의할 수 있는 방법으로 진행해야 절차적 정의를 충족할 수 있게 됩니다.

012

다음 대화에서 밑줄 친 ⊙과 같은 관점의 성차별 접근 원인으로 옳은 것은?

근대 올림픽의 부활에서도 여성들의 참여는 제한적이었다. 근대올림픽의 창시자인 쿠베르탱은 ⊙ 여성은 격렬한 운동을 수행하기 힘든 신체를 가지고 있다는 신념으로 여성의 스포츠 참여를 반대하였다.

① 여성성의 대립성
② 성역할의 고착화
③ 신체 조건의 편견
④ 구성원의 관심 부족

tip

스포츠에서의 성차별은 현대에 이르러서야 제법 완화되었다고 볼 수 있습니다. 이는 그동안의 지속되어온 여성의 처우개선을 위한 다양한 활동이 있었기 때문입니다. 스포츠에서 일어나는 성차별의 원인을 몇가지 찾아볼 수 있는데 첫 번째는 스포츠의 공격적인 요인이 남성의 영역에 속하여 여성에게는 스포츠가 적합하지 않다는 성역할의 고착화 때문입니다. 두 번째는 여성의 신체는 생리적으로 스포츠활동에 부적합하며 몸을 상하게 한다는 인식이었으나 이는 명백히 잘못된 견해임을 알 수 있습니다. 세 번째는 스포츠에 참여하는 여성은 여성성을 잃게 되어 매력적이지 못하다는 것입니다.

013

다음과 같은 사례를 극복하기 위한 방법으로 옳지 않은 것은?

> 이탈리아 프로축구팀 AC밀란과 우디네세의 경기에서 AC밀란의 골키퍼 마이크 메냥은 경기도중 인종차별적 모욕을 받았다. 상대팀 팬들이 원숭이 소리를 내며 조롱하였던 것이다. 메냥은 주심에게 피해 사실을 알리고 AC밀란 선수 일동은 경기장 밖으로 철수하였다. 이탈리아 경찰은 우디네세 출신의 4명을 적발하여 5년간 경기장 출입금지를 내렸고 사무국은 우디네세의 다음 홈경기를 무관중으로 치르게 하는 징계를 내렸다.

① 스포츠 경기에서는 인종을 초월한 실력으로 정정당당히 경쟁해야한다.
② 다양한 경험과 문화적 관점을 지닌 사람들과 상호작용하며 같이 사는 법을 배운다.
③ 스포츠조직 내 통합적 문화와 권력구조를 창출하는 방법을 평등한 방식으로 도모한다.
④ 특정 인종과 민족에게 핵심 요직을 배분함으로써 안정적이며 효과적인 권력 구조를 형성한다.

tip

스포츠와 불평등 단원에서는 1~2문제 정도 출제가 됩니다. 주로 성차별, 인종차별, 장애차별 등에 관련한 내용들이며 대체적으로 읽어보면 풀 수 있는 문제가 대부분 입니다. 내용을 가볍게 읽어보면서 개념을 잡고 각각의 차별과 관련하여 최근의 사회적 이슈나 또는 대표적 사례 등도 함께 알고 있으면 좋습니다.

014

학자별 환경에 대한 입장, 관점이 다른 한 명을 고르면?

	학자명	설명
①	한스 요나스	"자연은 인간과 분리된 단순한 대상이 아니라 인간과는 불가분의 관계이다"
②	슈바이처	"선이란 생명을 보존하고 발전시키는 것이며, 악이란 생명을 해치거나 없애는 것이다"
③	토마스 아퀴나스	"의로운 사람은 동물을 따뜻이 돌보는 반면 신앙없는 인간은 무자비하게 취급한다"
④	테일러	"자연을 보호하는 목적은 인간의 건강한 생존을 위해서가 아니라 외경의 대상인 자연을 존중하는데 있다"

tip

스포츠와 환경윤리에서 가장 중점적으로 보아야하는 것은 인간중심적 접근과 자연중심적 접근입니다. 인간중심적 접근은 인간만이 본질이며 그 외의 개체는 도구적으로 보는 관점입니다. 자연을 소중히 하는 것도 본질인 인간을 위해서라는 관점입니다. 자연중심적 관점은 인간은 자연과 마찬가지로 만물 중의 하나로서 동등한 존재로 보는 것입니다.

☑ **환경윤리학의 이론과 학자**
- 인간중심주의: 프로타고라스, 토마스 아퀴나스, 칸트, 베이컨, 페스모어, 베르크
- 자연중심주의: 슈바이처, 테일러, 레오폴드, 네스, 한스 요나스

정답 13 ④ 14 ③

015

지속가능한 스포츠의 발전을 위해 반드시 준수해야 할 필수계율이 아닌 것은?

① 필요성의 계율
② 역사성의 계율
③ 다양성의 계율
④ 효율성의 계율

> **tip**
>
> 지속가능한 발전이란 인간의 욕구와 자연의 욕구가 서로 공존할 수 있는 발전을 의미합니다. 자연환경이 더 이상 인간의 욕구 해소를 위한 도구나 자유시장 이데올로기의 제물이 되어서는 안 되기에 스포츠 발전을 할 때 세 가지 규율을 강조합니다.
>
> ☑ **지속가능한 발전을 위한 3가지 필수계율**
> - 필요성의 계율: 전문적이고 과학적인 분석으로 환경조성의 필요성을 정확히 진단해야함
> - 역사성의 계율: 자연의 역사도 환경 및 습관적 특징이 있기에 존중하고 고려해야함
> - 다양성의 계율: 각종 개발로 인하여 자연의 다양성이 감소하기에 보존하고자 노력해야함

016

스포츠 상황에서 발생하는 다양한 종차별 형태와 그것에 대한 개선방안을 알맞게 짝지은 것은?

<종차별 형태>
(가) 중세 토너먼트 같은 시합에서 말을 타고 경쟁하거나 소싸움과 같은 동물 간의 싸움을 통해 동물을 경쟁의 도구로 이용하는 것
(나) 스페인의 투우와 같이 사람과 동물의 대결을 통한 오락적 요소나 밀렵, 수렵, 낚시 등 유희를 목적으로 동물을 이용하는 것
(다) 의학이나 다양한 실험연구에서 인간 대신 동물을 대체의 수단으로 활용하는 것

<개선방안>
㉠ 현실적으로 인간이 채식만으로 살아가기는 어렵기 때문에 최소한의 필요만큼 용인하되 오로지 유희만을 목적으로한 활동은 재고한다. 관람문화의 경우 이익동등의 고려 원칙을 준수한다.
㉡ 경기를 없애는 방법이 제일 좋으나 현실적인 개선방안을 찾아야 한다. 특히 동물을 다루는 사람들에게 체계적이고 지속적인 윤리교육을 실시하고 윤리의식을 강화시킨다.
㉢ 동물실험윤리위원회에서 제시하는 3R 원칙(대체, 감소, 개선)을 준수하고자 노력한다.

	(가)	(나)	(다)		(가)	(나)	(다)
①	㉠	㉡	㉢	②	㉠	㉢	㉡
③	㉡	㉢	㉠	④	㉡	㉠	㉢

> **tip**
>
> 스포츠와 관련된 인간의 다양한 활동 중에는 동물과 관련된 종목이 많고 또 이로 인하여 많은 문제가 제기되고 있습니다. 윤리적 관점에서 인간중심으로 접근하는 종차별주의와 동물중심으로 접근하는 반종차별주의가 있습니다. 다만 반종차별주의의 경우 종차별을 반대하지만 그것이 인간과 동물의 조건 없는 평등을 주장하는 것은 아닙니다. 서로 간의 차이를 인정하고 그 차이에 맞는 처우를 해야한다는 입장입니다.

정답 15 ④ 16 ④

017

다음 보기의 설명은 스미스의 스포츠 폭력 유형 중 어느 것에 속하는가?

> 아이스하키는 다른 스포츠 종목과 달리 상대 팀 선수와 신체접촉이 많고 빠르게 진행되며 격렬한 몸싸움이 허용된다. 그러다보니 선수들이 감정이 격해질 경우 이성을 잃은 상태가 될 수 있는데 하키스틱이라는 도구를 들고 있기에 자칫 생명에 큰 위험이 될 수 있다. 그러다보니 하키에서는 선수들간의 싸움이 벌어졌을 때에는 주먹으로만 정정당당하게 싸우는 것을 암묵적으로 허용하는데 이를 하키파이트(hockey fight)라고 부른다

① 단순한 신체접촉 수준
② 불명확한 폭력 수준
③ 준범죄적 폭력 수준
④ 범죄적 폭력 수준

tip

스포츠와 폭력 파트에서도 1문제 정도 꾸준히 출제됩니다. 주로 쉬운 문제나 또는 폭력에 대한 학자별 관점을 묻는 문제가 출제되었습니다. 보기의 스미스의 스포츠 폭력 유형은 스포츠 상황에서 일어나는 폭력을 수준에 따라 4가지의 단계로 설명합니다. 출제 가능성이 높은 문제이기에 잘 알고 갈 필요가 있습니다.

☑ **스미스의 스포츠 폭력 유형**
- 단순한 신체접촉: 태클, 바디체크(몸싸움)
- 불명확한 폭력: 야구의 빈볼, 하키의 주먹싸움
- 준범죄적 폭력: 경기 중 선수 간 난투극, 권투 종목에서의 하체 공격
- 범죄적 폭력: 위험하고 극단적인 공격행동

018

도핑의 효과적인 금지방법으로 가장 적절하지 않은 것은?

① 스포츠윤리 및 선수의 도덕교육을 강화한다.
② 도핑 방지 예방교육을 통하여 근본적인 윤리 의식의 변화를 유도한다.
③ 도핑과 관련되어 적발 시에 선수자격정지, 벌금 등 강경한 처벌을 한다.
④ 선수들과의 신뢰를 향상시키기 위해 도핑검사 수준을 불필요하게 강화하지 않는다.

tip

도핑과 관련된 내용도 자주 출제가 됩니다. 전반적으로 어렵게 나오는 편은 아니니 잘 읽고 상식적으로 풀 수 있습니다. 도핑의 종류에 대해서도 함께 알고 있으면 좋습니다.

☑ **도핑의 종류**: 산소운반능력 향상, 화학적·물리적 조작, 유전자 수준의 조작

019

다음 중 스포츠윤리센터에 대한 설명으로 옳지 않은 것은?

① 체육과 스포츠의 공정성 확보와 체육인의 인권 보호를 위해 설립되었다.
② 체육계 비리 및 인권침해를 예방하기 위한 교육과 홍보 활동을 실시한다.
③ 체육계 비리 및 인권침해에 대한 신고접수 및 조사를 실시하며 피해자를 지원한다.
④ 체육계 비리 사건 발생 시 체육단체 내부에서 자체 조사 후 중대 사안의 경우 이관된다.

> **tip**
>
> 스포츠윤리센터는 체육인 인권보호 및 스포츠비리 근절을 위해 2020년 8월 5일 공식 출범하였습니다. 비리 및 인권침해에 대한 신고 접수 및 조사를 담당하며 피해자 상담 및 지원도 병행합니다. 그동안은 체육계에서 인권침해나 비리가 발생할 경우 체육단체 내부에서 자체 조사 및 징계가 결정되다보니 조사와 처벌이 제대로 이루어지지 않았습니다. 이에 공정하고 객관적이며 독립된 전담기구의 필요성에 따라 스포츠윤리센터가 설립이 되었습니다.

020

다음 보기의 빈칸에 들어갈 말로 알맞게 짝지어진 것은?

- 막스 베버는 정치와 윤리를 논하면서 윤리를 크게 ___㉠___ 과 ___㉡___ 으로 분류한다.
- ___㉠___ 란 스포츠조직에서 순수하게 규칙과 정적인 기준에 근거해서 윤리적 판단을 내린 후에 그 결과에 대해서 책임을 지지 않는다는 윤리를 말한다.
- ___㉡___ 란 참여자 개인의 독자적인 기준에 따라 윤리적 판단을 내린 후에는 그 결과에 대해서 스스로 책임을 지는 현실적인 의미의 윤리를 말한다.

	㉠	㉡		㉠	㉡
①	심정윤리	사회윤리	②	심정윤리	책임윤리
③	책임윤리	사회윤리	④	책임윤리	심정윤리

> **tip**
>
> 마지막 스포츠 조직과 윤리에서는 거의 문제가 출제되지 않거나 심판윤리에 대한 내용이 가끔씩 출제됩니다. 다만 스포츠지도자는 스포츠조직에서 결국 일종의 경영자의 역할을 수행하면서 다양한 프로그램을 추진하게 됩니다. 그 경우에 프로그램의 결과에 대한 도덕적 책임을 물을 수 있는데 이때 막스베버와 요나스의 "심정윤리"와 "책임윤리"을 적용할 수 있습니다. 다시 말하면 책임윤리란 스포츠조직에서 스포츠지도사와 같은 계층에게 더욱 필요한 윤리로서 다양한 스포츠지도의 결과들이 자신의 행위에 귀속된다는 자세를 가질 필요가 있습니다.

정답 19 ④ 20 ②

실전모의고사(봉투형)
정답 및 해설

해설&정답(실전모의고사)

1과목 | 스포츠사회학(11)

출제범위	2023 개수(비율)	실전 모의고사 문항	비율
스포츠 사회학의 이해	1(5%)	1, 2	10%
스포츠와 정치	2(10%)	3, 4, 14	15%
스포츠와 경제	2(10%)	5, 6	10%
스포츠와 교육	1(5%)	7	5%
스포츠와 미디어	3(15%)	8, 20	10%
스포츠와 사회계급/계층	2(10%)	9, 17	10%
스포츠와 사회화	3(15%)	10, 11, 18	15%
스포츠와 일탈	3(15%)	12, 13, 19	15%
미래사회의 스포츠	2(10%)	15, 16	10%

001	3	002	1	003	1	004	2
005	4	006	3	007	2	008	3
009	2	010	2	011	2	012	1
013	3	014	4	015	1	016	4
017	4	018	3	019	4	020	3

001 | 구조기능주의에 대한 설명이다.

002 | '자유성'과 '쾌락성'은 놀이가 갖는 고유의 특성이다.

003 | 상징적 요소에 감정적 애착을 형성하는 것
- 동일화 : 자신과 타인이 혼동되어 동화된 상태
- 조작 : 인위적으로 사실을 꾸미거나 관심을 돌리는 행위

004 | 보기의 지문은 ②번 '블랙 파워 살루트'에 대한 설명이다.

005 | 코클리의 관중흥미요소 3가지 : 경기의 불확실성, 경기의 재정적 보상, 선수나 팀의 대한 애정(선수의 탁월한 기량) 등

006 | (가) 사회결집력 약화, (나) 부정적 외부효과의 예이다.
- 경제적 손실 : 대회 운영에 사용되는 사회적 비용 등
- 무리한 시설 건설 : 대회 유치를 위해 건설되는 시설 등

007 | 학원스포츠는 학생선수를 육성하고 대외적인 경기 활동에서 우수한 기량을 발휘하는 것을 목적으로 한다.

008 | 쿨 매체 스포츠의 경우 미디어가 전달하는 정보가 불분명하기에 수용자가 이를 알아차리기 위하여 높은 감각의 참여와 몰입이 일어난다.

009 | 개인의 가치나 유용성 정도에 따라 지위를 배열하는 것은 투민의 스포츠계층 형성과정 중 '평가' 단계에 속한다.
- 호감 : 특정 역할의 모델이 되는 것(같은 포지션)
- 권위 : 명예와 공경에 관련한 평가(감독, 코치)

010 | 스포츠 참가의 가치 성향은 공정, 기능, 승리로 나눌 수 있다.
- 공정 : 스포츠맨십과 공평성을 최우선으로 여김
- 승리 : 과정보다 승리 또는 성공이 최우선의 가치임

011 | ⓒ, ⓔ은 '코칭'에 해당한다.

012 | 케년에 따르면 일탈을 1차적 일탈과 2차적 일탈로 나눌 수 있다. 1차적 일탈은 자신의 직업을 등한시 하는 수준이며 2차적 일탈은 스포츠 도박을 일삼는 수준이다.

013 | 전략적인 시간 끌기, 파울 작전 등은 규칙 안에서 이루어지는 행동으로 '동조'의 유형에 속한다.

014 | 스포츠 워싱(Sports Washing)에 대한 설명이다.

015 | 민족주의에 대한 설명이다. 제국주의와 구분할 수 있어야 한다.
☑ 제국주의 : 식민 통치를 위하여 스포츠를 이용하는 것

016 | 로이의 스포츠가 갖는 사회문화적 중요성 3가지
<탁월성 추구, 정서적 감흥 유발, 집합적 표상의 매개체>

017 | ㉠ - 집단, 하강
㉡ - 개인, 상승 이동을 찾아볼 수 있다.

018 | 스포츠를 통한 태도 형성요인 : 방어기제 약화, 모방, 입장의 전환, 조건에의 부합, 동조행동, 역할행동 등

019 | ④ - '참여자의 동원' 단계에 대한 설명이다.

020 | ③ - 문화규범이론에 대한 설명이다.

2과목 | 스포츠교육학(22)

출제범위	2023 개수(비율)	실전 모의고사 문항	비율
스포츠교육의 배경과 개념	1(5%)	1, 2	10%
스포츠교육의 정책과 제도	3(15%)	3, 4, 5	15%
스포츠교육의 참여자 이해론	1(5%)	6	5%
스포츠교육의 프로그램론	2(10%)	7	5%
스포츠교육의 지도방법론	12(60%)	8~18	55%
스포츠교육의 평가론	2(10%)	19	5%
스포츠교육자의 전문적 성장	0(0%)	20	5%

001	2	002	3	003	4	004	2
005	1	006	4	007	1	008	4
009	3	010	4	011	1	012	3
013	2	014	1	015	4	016	3
017	3	018	2	019	3	020	2

001 | 헬리슨(Hellison)의 인간주의 체육교육에 대한 설명이다.

002 | 심동적 영역의 목표 6가지 : 반사동작, 기초동작, 지각능력, 신체 능력, 숙련 동작, 동작적 의사소통

003 | 학교체육 및 학생선수의 활동에 필요한 사업은 대한체육회가 직접 실시하지 않는다.

004 | 스포츠기본법(시행 2022. 6. 16.) 제3조 정의의 내용이다. 스포츠는 '자발적'으로 행해지며 회원의 정기적인 체육활동을 위해 모인 단체를 '스포츠클럽'이라 부른다.

005 | 각종 스포츠정책 및 지원과 관련한 문제이다. 보기는 국민체력100에 대한 설명이다.

006 | 전문스포츠지도사에 응시하기 위해서는 만 18세 이상이면서 단순히 실력만 출중해서는 안 되며 해당 경기종목에 4년 이상의 경기경력이 있어야 한다.

007 | 마튼스의 전문체육프로그램 개발 6단계 : 선수에게 필요한 기술파악 – 선수이해 – 상황분석 – 우선순위결정 및 목표설정 – 지도방법 선택 – 연습계획 수립

008 | 보기의 내용은 포괄형 스타일에 대한 설명이다.
☑ 자검형의 경우 난이도를 학습자가 선택하지 않는다.

009 | 유도발견형 스타일에서 과제 수행 전 행동기대를 진술 할 경우 학습자가 미리 결과를 유추하려고 하여 유도발견의 기쁨과 의미가 없어지고 연습형의 특징이 된다.
☑ 수렴발견형은 과제 수행 전 행동기대를 소개한다.

010 | 보기의 모든 내용이 포함되어있어야 한다.

011 | • 학습에 대한 태도 : 회피적(교수의 요청에 응하지 않음)
• 동료에 대한 시각 : 경쟁적(승부욕이 강함)
• 수업절차에 대한 반응 : 의존적(지도를 전적으로 따름)

012 | ③ – 집단 연구에 대한 설명이다.

013 | 리그형(라운드로빈)의 경우 게임수는 n(n-1)/2이다.
☑ 팀의 경우 6(6-1)/2 = 15경기 *2라운드 = 30경기
토너먼트형(엘리미네이션) 게임수는 n-1이다.
☑ 6팀의 경우 총 5게임

014 | 보기의 단계는 '전이' 수준에 속한다.

015 | 일반적으로 수업 지도에 있어 '노하우'로 부를 수 있는 지도방법은 메츨러의 상황적 지식, 슐만의 내용교수법 지식과 관련이 있다.

016 | 상규적 행동은 사전에 약속하고 루틴화(자동화)해야 한다.

017 | 보기의 토큰기법, 대용보상기법의 내용이다.
☑ 바람직한 행동 게임 : 좋은 행동을 하는 개인이나 팀에게 점수나 보상을 주어 게임처럼 경쟁심과 재미를 유발하는 방법

018 | **시덴탑의 교수기능발달 5단계(초다동교자)**
☑ 초기곤란 – 다양한 기능 – 동시적 처리 – 적절한 교수기능 사용 – 자신감과 예측력의 단계

019 | 학습자가 의존하지 않게 운동수행의 결과와 보상을 적절한 수준으로 제공해야 한다.

020 | 보기의 내용은 무형식적 성장을 의미한다.
• 형식적 성장 : 학교, 교육기관
• 비형식적 성장 : 친구나 주변 지인 등

3과목 | 스포츠심리학(33)

출제범위	2023 개수(비율)	실전 모의고사 문항	비율
스포츠심리학의 개관	1(5%)	1	5%
운동학습과 제어	9(45%)	2~9	40%
운동발달	2(10%)	10	5%
스포츠수행의 개인적 요인	5(25%)	11~16	30%
스포츠수행의 사회적 요인	2(10%)	17,18	10%
운동심리학	1(5%)	19	5%
스포츠심리상담	0(0%)	20	5%

001	4	002	3	003	3	004	2
005	1	006	2	007	3	008	1
009	4	010	3	011	4	012	3
013	2	014	3	015	4	016	1
017	2	018	2	019	4	020	1

001 | '운동심리학'에 대한 설명이다.

002 | 운동능력은 종류가 제한적이지만 운동기술은 종류가 무궁무진하다.

003 | 피드백 정보에 근거한 운동학습은 폐쇄회로적 관점에 속하며 오래 걸리거나 빠른 움직임을 설명하지 못한다.

004 | '협응'과 '제어'에 대한 설명이다.

005 | '가이던스'에 대한 설명이다.
- 어트랙터 : 움직임에서 반복적으로 사용하는 패턴
  ☑ 다른 동작 학습 시 도움이 될 수도 있다.
- 어포던스 : 행동의 기회 가능성을 상상하는 것

006 | ①-뉴웰
③-젠타일
④-번스타인의 구분방법이다.

007 | 연속적이면서 단순한 기술은 기술을 세분화하기 어렵기 때문에 전습법으로 연습하는 것이 효과적이다.

008 | 쏜다이크의 '동일요소이론'에 대한 설명이다.

009 | ①-정욱과 가장 많은 상호작용을 수행함 : 총 6회
②-정욱이에게 제공한 피드백의 절대빈도 : 4회
③-준석이에게 제공한 피드백의 상대빈도 : 50%

010 | 보기의 내용은 최고 수행의 단계(18세~30세)이다.

011 | ① 긍정적인 요인(활력)도 측정한다.
② 우수선수의 높은 긴장은 수행에 도움을 준다.
③ 우수선수일수록 활력의 요소가 높다(빙산모양).

012 | ㉠-다차원적 불안이론
㉡-인지 재구성

013 | '탈진'에 대한 설명이다.
☑ 소진 : 이전 같은 경기력을 발휘하지 못하는 수준의 상태로 과훈련이 원인이 된다.

014 | (가), (다)는 수행목표(자기목표)에 해당한다.

015 | ④-'과제의 난이도'는 4가지 자신감 원천에 속하지 않으며 신체적·정서적 상태가 포함이 된다.

016 | 동작의 조절력을 위해 실패하는 동작을 상상해볼 수는 있으나 반복적으로 상상할 경우 수행능력 향상에 좋은 영향을 주지 않는다.

017 | 사회적 태만 현상을 감소시키기 위해서는 대집단보다 소집단 위주의 그룹을 구성하여야 한다.

018 | ①-정적처벌
③-정적강화
④-부적강화

019 | 보기는 프로차스카의 변화단계 중 '준비'단계에 속한다. 준비단계에는 실질적인 도움이 주어져야 한다.
①-유지단계
②-실천단계
③-관심단계

020 | '관심집중'은 상담자가 내담자에게 집중하는 것을 의미한다.

4과목 | 한국체육사(44)

출제범위	2023 개수(비율)	실전 모의고사 문항	실전 모의고사 비율
체육사 연구 분야	2(10%)	1,2	10%
선사 및 부족국가시대	3(15%)	3,4	10%
삼국 및 통일신라시대	2(10%)	5~7	15%
고려시대의 체육	2(10%)	8,9	10%
조선시대의 체육	3(15%)	10~12	15%
개화기의 체육	3(15%)	13~15	15%
일제강점기의 체육	2(10%)	15,16	10%
광복 이후의 체육	1(5%)	1	5%
경기 및 종목사	3(15%)	19	5%
남북한체육사 또는 인물사	1(5%)	20	5%

001	4	002	1	003	2	004	3
005	2	006	3	007	1	008	4
009	4	010	1	011	2	012	4
013	2	014	3	015	2	016	2
017	4	018	1	019	3	020	1

001 | 거트만의 특징분류 중 조직이 공식적이고 규칙이 표준화되어있고 성문화(문서화)되어있는 것은 '근대체육'의 특징이다.

002 | 보기는 우리나라의 민족적 역사의 정당성을 강조하는 민족주의 사관에 대한 설명이다.

003 | 보기는 부족국가 시대이다. 이 시대에도 국가 간 전쟁 및 침탈이 빈번하였으며 그로 인한 군사적 체육의 모습도 찾아 볼 수 있었다.

004 | 공을 발로 차는 놀이 '축국'에 대한 설명이다.
※ 각저(씨름), 격구(폴로), 수박(태권도)와 유사하다.

005 | 세속오계는 유교와 불교의 덕목을 함께 가지고 있다.
- 유교적 덕목 : 사군이충, 사친이효, 교우이신
- 불교적 덕목 : 임전무퇴, 살생유택

006 | '양현고'는 고려시대의 예종이 설치한 활쏘기 교육기관이다.

007 | 돌팔매질을 하며 승부를 겨루는 '석전'에 대한 설명이다.

008 | ①-성균관과 서원은 조선시대의 교육기관이다.
②-훈련원과 사정은 조선시대의 교육기관이다.
③-조선시대에 대한 설명이다.

009 | '풍연'은 고려시대 서민층의 대표적인 민속놀이이다.
- 고려시대 귀족 : 격구, 방응, 투호
- 고려시대 서민 : 축국, 씨름, 추천, 풍연, 석전

010 | 정규시험(식년시), 비정기시험(별시, 증광시)으로 구분하며 훈련원에서 실시하는 시험을 훈련(원시)라고 부른다.

011 | 이순신의 '난중일기'에서는 조선시대의 활쏘기 모습을 여러 찾아볼 수 있다.

012 | 석전은 국속, 무, 관중스포츠, 운동경기로의 4가지 특징을 지니고 있다.
①-무로서의 석전
②-국속의로서의 석전
③-관중스포츠로서의 석전에 대한 설명이다.

013 | '갑오개혁'을 통해 신분제와 과거제가 폐지되었다.

014 | '이화학당'에 대한 설명이다.

015 | '문일평'에 대한 설명이다.

016 | ①-배구는 일제강점기부터 활동이 주로 보여진다.
③-서상천에 의해 도입되었다.
④-개화기, 허치슨과 핼리팩스에 의해 도입되었다.

017 | 'YCMA'는 일제의 탄압정책에서도 기독교 단체활동이라는 보호아래 해산되지 않고 많은 활동을 할 수 있었다.

018 | '국민생활체육진흥 3개년계획 - 호돌이 계획'은 노태우 정부 시기에 이루어졌다.

019 | 1976년 몬트리올, 1992년 바르셀로나 올림픽에 대한 설명이다.

020 | '백옥자'에 대한 설명이다.

5과목 | 운동생리학(55)

출제범위	2023 개수(비율)	실전 모의고사 문항	비율
운동생리학의 개관	2(10%)	1~3	15%
에너지 대사와 운동	4(20%)	4~7	20%
신경조절과 운동	3(15%)	8~10	15%
골격근과 운동	4(20%)	11~14	25%
내분비계와 운동	1(5%)	15	5%
호흡·순환계와 운동	5(25%)	16~19	20%
환경과 운동	1(10%)	20	5%

001	3	002	3	003	4	004	2
005	3	006	4	007	4	008	1
009	2	010	1	011	4	012	4
013	2	014	1	015	4	016	1
017	1	018	3	019	2	020	1

001 | '항상성'에 대한 설명이다.

002 | 신체를 구성하고 있는 물질의 비율을 신체조성이라고 한다. 보기는 신체조성을 측정하는 여러 가지 방법이다.

003 | FITT-VP원리를 고려한 트레이닝을 계획하여야 한다.
- FITT: 빈도(Frequceny), 강도(Intensity), 형태(Type), 시간(Time)
- VP: 운동량(Volume), 점증(Progression)

004 | 해당과정에서 당분은 산소가 부족할 경우에 '젖산'이라는 부산물로 남게 되고 산소가 충분할 경우 아세틸CoA로 변환되어 산화적 인산화 과정을 거친다.

005 | 젖산염의 일부는 간으로 이동하여 당을 새로 만드는 과정(코리사이클)을 거친다.

006 | 3대 영양소는 탄수화물, 단백질, 지방이며 5대 영양소는 여기에 무기질, 비타민을 추가한다. 식이섬유는 포함되지 않는다.

007 | 신경성, 내인성, 호르몬성 조절 반응은 상호 긴밀하게 연결되어 작용한다.

008 | '지연성근통증'에 대한 설명이다.

009 | ①-'소뇌'에 대한 설명
③-'대뇌'에 대한 설명
④-'척수'에 대한 설명이다.

010 | 근신경연접부에서는 신경전달물질로 '아세틸콜린'이 분비되며 이것이 소포에 저장되어 있는 '칼슘'의 방출을 일으킨다.

011 | ①-골격근은 수의적으로 조절이 가능하다.
②-속근섬유에 대한 설명이다.
③-지근섬유에 대한 설명이다.

012 | (가), (나), (다) 모두 근피로가 유발되는 원인에 속한다.

013 | 근수축과정: 안정-자극결합-수축-재충전-이완이다.

014 | 지구성 트레이닝 시에 골격근은 지근섬유의 발달이 크게 이루어진다.

015 | '프랭크-스탈링의 법칙'에 대한 설명이다.

016 | '엔돌핀'에 대한 설명이다.

017 | 트레이닝 후의 순환계적 적응의 특징은 산소 추출 및 이용 능력이 발달하면서 최대동정맥 산소차가 '증가'하게 된다.

018 | ① - 심방의 수축이 일어난다.
② - 동방결절의 자극이 심실 전체로 먼저 확산한다.
④ - 분당 심박수가 많아지는 것은 심장이 빠르게 박동한다는 뜻으로 R-R의 간격은 짧아지게 된다.

019 | 카보넨 공식을 활용한 목표심박수 구하기
☑ [220 - 나이 - 안정시 심박수] × 운동강도 = 안정시 심박수
[220 - 30 - 70] × 0.7 + 70
+ 120 × 0.7 + 70 = 84 + 70 = 154

020 | ② - 1회 박출량도 감소한다.
③ - 발한으로 인한 수분손실이 상당히 크므로 수분의 보충이 더 필요하다.
④ - 습도가 높을 경우 기화가 잘 일어나지 않아 열 배출이 어렵다.

6과목 | 운동역학(66)

출제범위	2023 개수(비율)	실전 모의고사 문항	비율
운동역학 개요	1(5%)	1	5%
운동역학의 이해	2(10%)	2, 3	10%
인체역학	4(20%)	4, 5	10%
운동학의 스포츠 적용	5(25%)	5~10	25%
운동역학의 스포츠 적용	4(20%)	11~16	30%
일과 에너지	3(15%)	17, 18	10%
다양한 운동기술의 분석	1(5%)	19, 20	10%

001	3	002	2	003	3	004	1
005	1	006	3	007	4	008	1
009	4	010	3	011	4	012	2
013	4	014	4	015	3	016	3
017	2	018	2	019	4	020	1

001 | 운동의 심리적 효과 분석은 운동심리학과 관련한 내용이다.

002 | 해부학적 자세에서 손목은 어깨보다 아래에 있지만 몸통 부위에서는 더 멀다. 고개를 좌우로 돌리는 동작은 수직축을 중심으로 한 수평면 상의 운동이다.

003 | 실제 운동 상황에서는 순수한 선운동이나 각운동보다는 대부분 복합운동의 형태로 움직임이 일어난다.

004 | 근육의 긴장도는 인체의 안정성에 영향을 주는 주요 요인으로 보기 어렵다.

005 | 작용하는 힘과 저항하는 힘은 항상 축까지와의 거리를 곱하여 계산하여야 한다. 지레의 형태는 저항점이 가운데 있는 2종 지레이며 저항하는 힘은 700N×1.2m로 840이며 동작을 유지하고 있기 때문에 작용하는 힘도 같아야 한다.
※ 840N = (   )N × 1.5m ∴ F = 560N

006 | 거리를 시간으로 나눈 값은 '속력'이며 일반적인 운동상황에서는 속도와 속력을 구분하지 않고 '평균속도'라고 부르기도 한다.

007 | 투사체 운동에서 투사높이가 착지높이보다 높은 경우에는 45°보다 낮게 던져야 최대 거리를 얻을 수 있다.

008 | 강체란 외부적 힘에 의해 물체의 형태가 변하지 않는 고체를 의미한다.
② - 회전반경에 비례한다.
③ - 회전반경이 커야 큰 선속도를 얻을 수 있다.
④ - 회전반경이 작아야 많은 회전을 할 수 있다.

009 | 골프 스윙 동작은 등속원운동하지 않고 가속과 감속이 복합적으로 일어나며 동작이 일어난다.

010 | 2π 는 360°이다.
☑ mils는 방위각을 의미하며 한바퀴를 6400등분한 값으로 북쪽을 기준으로 6400mils는 360° 또는 0°이며 3200mils는 180°를 의미한다.

011 | 물체에 작용하는 힘은 물체의 운동상태를 변화시키거나 물체의 형태도 변형시킬 수 있다.

012 | '운동마찰력'에 대한 설명이다.
① - 관성에 의해 정지해있으려는 마찰력
③ - 바퀴와 같은 물체가 미끄러지지 않고 구르면서 발생하는 마찰력
④ - 물체가 운동하기 직전에 보이는 가장 큰 정지마찰력

013 | '파동항력(조파항력)'에 대한 설명이다.

014 | '각작용반작용의 법칙'에 대한 설명이다.

015 | 충격량은 운동량의 변화량이다. B선수의 운동량의 변화량은 (단위생략) 충돌 전 0에서 충돌 후 60*3=180이 되었다. A선수의 충돌 전 운동량은 90*3=270이기 때문에 차이를 계산하면 90이 되므로 A선수는 오른쪽 방향으로 1m/s의 속도를 가지고 이동할 것이다.

016 | ㉠ - 중력
㉡ - 구심력
㉢ - 원심력이다.

017 | 역학적 일을 한 경우는 힘을 발휘하고 발휘한 방향으로의 위치의 변화가 있는 경우이다. ①은 위치의 변화가 없고 ③은 힘과 위치변화의 방향이 일치하지 않는다. ④은 발휘한 힘이 없다.

018 | '역학적 에너지 보존 법칙'에 대한 설명이다.

019 | 신체를 앞으로 숙이는 자세는 수평성분을 증가시키기 위한 동작이다.

020 | 근전도 분석으로는 근육의 형태와 양을 정확하게 측정하기 어렵다.

7과목 | 스포츠윤리(77)

출제범위	2023 개수(비율)	실전 모의고사 문항	비율
스포츠와 윤리	6(30%)	1~5,19	30%
경쟁과 페어플레이	3(15%)	6~11	25%
스포츠와 불평등	3(15%)	12~14	15%
스포츠에서 환경과 동물윤리	1(5%)	15,16	10%
스포츠와 폭력	1(5%)	17	5%
경기력 향상과 공정성	4(20%)	-	0%
스포츠와 인권	1(5%)	18	5%
스포츠 조직과 윤리	1(5%)	20	5%

001	3	002	4	003	2	004	1
005	2	006	3	007	1	008	4
009	4	010	2	011	1	012	3
013	2	014	4	015	2	016	1
017	1	018	4	019	3	020	4

001 | 스포츠윤리는 크게 개인윤리, 직업윤리, 사회윤리의 특징을 지닌다.

002 | '창의적 중도'에 대한 설명이다.

003 | 최대 다수의 최대 행복을 추구하는 공리주의적 관점은 결과론적 윤리체계에 속한다.

004 | 보기 지문은 '유교' 사상과 가장 관련이 있다.

005 | 청소년 스포츠에서 승리 추구 방식은 미성숙한 인간에게 과도하면서 무비판적인 노력을 강요시킬 수 있기 때문에 탁월성을 추구하는 것이 바람직하다.

006 | 덕 윤리의 대표 학자 매킨타이어에 대한 내용이다. 핵심적인 아이디어는 세 가지이다.
1. 도덕은 아는 것을 넘어 실천을 하는 것이 중요하다
2. 우리의 도덕은 전통의 역사를 가지고 있으며 모두에게 일관적으로 적용이 되는 산물이다.
3. 모든 개인에게는 내재된 선이 존재하며 이를 사회적으로 타인과 관계를 맺으며 발현해내야 한다.

007 | '아레테'에 대한 설명이다.
☑ 로고스 : 이성, 파토스 : 감성, 테크네 : 기술, 능숙함

008 | ④은 스포츠맨십의 예시로 보기 어렵다.

009 | 스포츠 진화론의 관점에서 스포츠 규칙이 갖는 3가지 특징은 '임의성, 공평성, 제도화'이다.

010 | ②번 보기는 '형식주의'에 대한 설명이다.

011 | '평균적 정의'에 대한 설명이다.
- 분배적 정의 : 달라야 하는 것은 다르게 부여함
- 절차적 정의 : 최대한 공정한 방식의 절차

012 | 상호 스포츠 간의 참여 기회를 제한하여서는 안된다.

013 | 일반인과의 통합 수업 프로그램을 통하면 장애인의 사회 통합능력을 증진시킬 수 있고 일반인으로 하여금 장애인에 대한 인식의 개선을 유도할 수 있어 지향해야한다.

014 | 지문은 인종차별에 관련한 내용이다. ④번 보기는 성 차별에 관련한 내용으로 거리가 멀다.

015 | 생태윤리학자 테일러가 주장한 4가지 행위 규칙에 대한 설명이다.

016 | 동물실험 시 지켜야할 윤리 기준(3R)
- 대체 : 가급적 동물 시험을 다른 개체로 대체함
- 개선 : 통증을 최소화하는 방향으로 실험을 개선함
- 감소 : 사용되는 동물의 수를 감소해야함

017 | '훌리거니즘'에 대한 설명이다.

018 | 문제발생 시에는 구성원과 대면하여 갈등을 해결하는 것이 좋다.

019 | '파이디아'와 '루두스'에 대한 설명이다.

020 | 정책 결정 모형의 3가지 종류에 대한 설명이다.
- 객관적 기술자 : 연구 결과 등 객관적 사실만 참고
- 고객 옹호자 : 수요자의 입장을 고려한 봉사적 자세
- 쟁점 옹호자 : 자신의 가치에 맞는 정책 추진

행그리스포츠 실전모의고사 OMR 답안지

헝그리스포츠 실전모의고사 OMR 답안지

*컴퓨터용 검정색 수성 사인펜만 사용

*과목명당 1개의 과목만 선택하여 표기(마킹)하시기 바라며, 과목을 표기(마킹)하지 않을 경우 해당과목은 0점 처리됩니다.

과목명 1		과목명 2		과목명 2		과목명 2		과목명 2	
스포츠사회학 ⑪		스포츠사회학 ⑪		스포츠사회학 ⑪		스포츠사회학 ⑪		스포츠사회학 ⑪	
스포츠교육학 ㉒		스포츠교육학 ㉒		스포츠교육학 ㉒		스포츠교육학 ㉒		스포츠교육학 ㉒	
스포츠심리학 ㉝		스포츠심리학 ㉝		스포츠심리학 ㉝		스포츠심리학 ㉝		스포츠심리학 ㉝	
한국체육사 ㊹		한국체육사 ㊹		한국체육사 ㊹		한국체육사 ㊹		한국체육사 ㊹	
운동생리학 ㊺		운동생리학 ㊺		운동생리학 ㊺		운동생리학 ㊺		운동생리학 ㊺	
운동역학 ㊻		운동역학 ㊻		운동역학 ㊻		운동역학 ㊻		운동역학 ㊻	
스포츠윤리 ㊼		스포츠윤리 ㊼		스포츠윤리 ㊼		스포츠윤리 ㊼		스포츠윤리 ㊼	
특수체육론(장애인) ㊽		특수체육론(장애인) ㊽		특수체육론(장애인) ㊽		특수체육론(장애인) ㊽		특수체육론(장애인) ㊽	
유아체육론(유소년) ㊾		유아체육론(유소년) ㊾		유아체육론(유소년) ㊾		유아체육론(유소년) ㊾		유아체육론(유소년) ㊾	
노인체육론(노인) ⑩⑩		노인체육론(노인) ⑩⑩		노인체육론(노인) ⑩⑩		노인체육론(노인) ⑩⑩		노인체육론(노인) ⑩⑩	

번호	1	2	3	4
1	①	②	③	④
2	①	②	③	④
3	①	②	③	④
4	①	②	③	④
5	①	②	③	④
6	①	②	③	④
7	①	②	③	④
8	①	②	③	④
9	①	②	③	④
10	①	②	③	④
11	①	②	③	④
12	①	②	③	④
13	①	②	③	④
14	①	②	③	④
15	①	②	③	④
16	①	②	③	④
17	①	②	③	④
18	①	②	③	④
19	①	②	③	④
20	①	②	③	④

(위 답안 블록이 5개 과목 영역에 동일하게 반복됨)

자격 - 등급

고 시 장

성 명

수험번호

[서명 또는 날인]

감독확인

행그리스포츠 실전모의고사 OMR 답안지

* 컴퓨터용 검정색 수성 사인펜만 사용
* 과목명 당 1개의 과목만 선택하여 표기(마킹)하시기 바라며, 과목을 표기(마킹)하지 않을 경우 해당과목은 0점 처리됩니다.

과목명 1
- ⑪ 스포츠사회학
- ⑫ 스포츠교육학
- ⑬ 스포츠심리학
- ⑭ 한국체육사
- ⑮ 운동생리학
- ⑯ 운동역학
- ⑰ 스포츠윤리
- ⑱ 특수체육론(장애인)
- ⑲ 유아체육론(유소년)
- ⑳ 노인체육론(노인)

번호	1	2	3	4
1	①	②	③	④
2	①	②	③	④
3	①	②	③	④
4	①	②	③	④
5	①	②	③	④
6	①	②	③	④
7	①	②	③	④
8	①	②	③	④
9	①	②	③	④
10	①	②	③	④
11	①	②	③	④
12	①	②	③	④
13	①	②	③	④
14	①	②	③	④
15	①	②	③	④
16	①	②	③	④
17	①	②	③	④
18	①	②	③	④
19	①	②	③	④
20	①	②	③	④

과목명 2
- ⑪ 스포츠사회학
- ⑫ 스포츠교육학
- ⑬ 스포츠심리학
- ⑭ 한국체육사
- ⑮ 운동생리학
- ⑯ 운동역학
- ⑰ 스포츠윤리
- ⑱ 특수체육론(장애인)
- ⑲ 유아체육론(유소년)
- ⑳ 노인체육론(노인)

(4개 동일 답안란 반복)

번호	1	2	3	4
1	①	②	③	④
2	①	②	③	④
3	①	②	③	④
4	①	②	③	④
5	①	②	③	④
6	①	②	③	④
7	①	②	③	④
8	①	②	③	④
9	①	②	③	④
10	①	②	③	④
11	①	②	③	④
12	①	②	③	④
13	①	②	③	④
14	①	②	③	④
15	①	②	③	④
16	①	②	③	④
17	①	②	③	④
18	①	②	③	④
19	①	②	③	④
20	①	②	③	④

자격 - 등급

고 시 장

성 명

수험번호: 0~9 마킹란

감독 확인 [서명 또는 날인]

일 시

참고문헌

- 권순용, 조욱연, 「스포츠사회학(2017)」, 대한미디어
- 김선진, 「운동학습과 제어(2023)」, 대한미디어
- 김병준, 「스포츠심리학의 정석(2021)」, 레인보우북스
- 김정효, 「스포츠윤리학(2024)」, 레인보우북스
- 도널드 뉴만 저/채윤원 등역, 「뉴만 kinesiology 근육뼈대계통의 기능해부학 및 운동학(2018)」, 범문에듀케이션
- 손환, 「한국근대스포츠의 발자취(2020)」, 경인문화사
- 예종이, 「생체역학(1999)」, 태근문화사
- 유정애, 「스포츠교육개론(2009)」, 대한미디어
- 유정애 등, 「체육수업모형(2021)」, 대한미디어
- 임번장, 「스포츠 사회학 개론(2010)」, 레인보우북스
- 임번장, 「스포츠 사회학 개론(2022)」, 한국학술정보
- 정일규, 「휴먼 퍼포먼스와 운동생리학(2011)」, 대경북스
- 정일규, 「휴먼 퍼포먼스와 운동생리학 제2전정판(2023)」, 대경북스
- 주명덕, 이기청, 「운동역학(2009)」, 대한미디어
- 최대혁, 최희남, 전태원, 「파워 운동생리학(2008)」, 라이프사이언스
- 최의창, 「체육교육탐구(2003)」, 태근문화사
- 하남길, 「체육사 신론(2010)」, 경상대학교 출판부
- 하남길 외, 「체육과 스포츠의 역사(2016)」, 경상대학교 출판부
- 한국스포츠교육학회, 「스포츠교육학(2020)」, 대한미디어
- 한국스포츠사회학회, 「스포츠사회학(2022)」, 레인보우북스
- 한국운동생리학회, 「운동생리학(2022)」, 대한미디어
- 한국운동역학회, 「운동역학(2021)」, 대한미디어
- 한국체육철학회, 「스포츠윤리(2022)」, 대한미디어
- 한국체육사학회, 「한국체육사(2022)」, 대한미디어
- 한국체육철학회, 「스포츠와 윤리적 삶(2015)」, 대한미디어
- 황진, 김상범, 김병준, 김영숙, 「스포츠심리학(2021)」, 대한미디어

2026 헝그리스포츠 생활/전문 스포츠지도사 2급 파이널 모의고사
기출문제집 + 100% 무료강의

발행일 2025년 9월 12일
발행인 박유진
발행처 직업상점
편저자 한현근
디자인 서시영

※ 낙장이나 파본은 교환해 드립니다.
※ 이 책의 무단 전제 또는 복제행위는 저작권법 제136조에 의거하여 처벌을 받게 됩니다.

정 가 28,000원   **ISBN** 979-11-94695-19-6

헝그리스포츠 2급류 체육지도자 필기시험 문제지
(2급 전문 / 2급 생활)

※노인, 유소년, 장애인은 미포함

문제유형	A형
시험일시	202○.○.○○. (토) 10:00~11:40

- 유의사항 -

- 2급 전문, 2급 생활 자격증 응시자 : 선택과목 중 5개 과목 선택 (필수과목 없음)
- 2급 장애인 자격증 응시자 : 선택과목 중 4개 과목, 필수과목 중 **특수체육론** 선택
- 유소년 자격증 응시자 : 선택과목 중 4개 과목, 필수과목 중 **유아체육론** 선택
- 노인 자격증 응시자 : 선택과목 중 4개 과목, 필수과목 중 **노인체육론** 선택

- 과목코드 및 페이지 -

선택과목	• 스포츠사회학(과목코드 : 11)	2p
	• 스포츠교육학(과목코드 : 22)	4p
	• 스포츠심리학(과목코드 : 33)	7p
	• 한국체육사(과목코드 : 44)	10p
	• 운동생리학(과목코드 : 55)	13p
	• 운동역학(과목코드 : 66)	15p
	• 스포츠윤리(과목코드 : 77)	18p
필수과목	• 특수체육론(과목코드 : 11)	
	• 유아체육론(과목코드 : 11)	
	• 노인체육론(과목코드 : 11)	

실전모의고사

1과목 | 스포츠사회학(11)

001

<보기>에서 설명하는 사회학의 주요 이론은?

- 사회의 항상성 유지와 존속을 위한 사회적 구성요소의 역할을 분석한다.
- "전체로서의 사회는 부분들의 합성에 의해서 이루어진 새로운 형질의 실체이다" - 뒤르켐(E. Durkheim)

① 비판이론
② 갈등이론
③ 구조기능주의
④ 상징적 상호작용론

002

다음 보기의 내용을 읽고 밑줄 친 ⓒ이 ⓐ과 비교하여 가지고 있는 고유의 특성으로 옳지 않은 것은?

많은 학자들은 스포츠가 ⓐ 놀이(Play)에서 기원하여 게임(Game)을 거쳐 ⓒ 스포츠(Sports)로 발전한다고 설명하는 진화론적인 관점에 대해서 일반적으로 동의하고 있다.

① 자유성
② 제도화
③ 불확실성
④ 신체활동성

003

다음 내용 중 (   )에 들어갈 말과 예시로 적절하게 고른 것은?

- (   )은 특정한 개념을 체계화하고 사회체계를 유지하기 위한 감정적 애착심을 형성하는데 기여한다.
- 예시)

① 상징 : 선수들이 착용하는 유니폼에 부착된 국기
② 상징 : 하나의 팀에 팬이 되어 팀과 자신을 일체화하는 것
③ 동일화 : 개인별 유니폼에 부착된 국기와 팀명
④ 동일화 : 정치적 사안과 맞물려 스포츠를 대신 이용하는 경우

004

다음 보기에서 설명하는 정치적 사건은?

1968년 19회 멕시코 올림픽에서는 미국의 흑인 육상선수들이 시상대 위에서 검은 장갑과 검은 양말을 신는 등 인종차별에 대해 항변하는 시위를 하였으며 이로 인해 국제사회에 인종차별에 대한 관심을 상기시켰다.

① 검은 구월단 사건
② 블랙 파워 살루트
③ 아파르트 헤이트
④ 미시시피 버닝 사건

005

코클리(J. Coakley)가 제시한 관중의 흥미를 유발하기 위한 4가지 요인이 아닌 것은?

① 높은 재정적 보상
② 경기 결과의 불확실성
③ 선수나 팀에 대한 애정
④ 자본주의적 시장 경제체계

006

다음 보기의 내용과 스포츠 메가 이벤트의 부정적 효과가 서로 알맞게 짝지어진 것은?

- (가) : 이벤트 개최 과정에서 상대적으로 많은 이득을 얻는 계층과 손해를 보는 계층이 필연적으로 발생하게 되어 계층 간의 갈등이 유발될 수 있다.
- (나) : 환경오염, 교통혼잡, 물가 상승 등의 요인을 고려하지 않는다.

	(가)	(나)
①	경제적 손실	부정적 외부효과
②	경제적 손실	무리한 시설 건설
③	사회결집력 약화	부정적 외부효과
④	사회결집력 약화	무리한 시설 건설

007

학원스포츠에 대한 설명으로 옳지 않은 것을 고르면?

① 학원스포츠란 전문적인 운동에 참여하는 학생선수들이 소속된 학교의 운동부에서 이루어지는 활동을 의미한다.
② 스포츠를 통한 교육적 목표달성이 목적이며 일반학생으로 하여금 신체적·심리적·정신적 건강의 증진을 도모한다.
③ 학생선수의 학습권을 보장하기 위하여 제시된 학업성적 기준에 미달하는 경우 운동부 활동에 참가 제한을 한다.
④ 공부하는 학생선수를 육성하기 위하여 주말리그제도를 운영하고 전국단위 경기대회의 참가일수를 연간 3~4회로 제한하고 있다.

008

맥루한(McLuhan)의 스포츠 미디어 이론에서 설명하는 쿨 매체 스포츠(Cool Media Sports)에 대한 설명으로 옳지 않은 것을 고르면?

① 동적스포츠, 팀스포츠, 득점스포츠 등을 포함한다.
② 경기가 빠른 속도감과 높은 변화 가능성을 지니고 있다.
③ 미디어가 전달하는 정보가 분명하여 수용자의 감각참여성과 감각 몰입성이 높다.
④ 대표적인 쿨 매체 스포츠 종목에는 경마, 농구, 럭비, 배구, 미식축구, 아이스하키 등이 있다.

009

투민(M. Tumin)의 스포츠 계층 형성과정의 설명 중 다음에서 설명하는 단계와 밑줄 친 부분이 해당하는 평가적 판단을 고르시오.

> 이 단계는 개인이 가지고 있는 가치나 유용성의 정도에 따라 각기 다른 위치에 지위를 적절하게 배열하는 일을 의미한다. 특정 지위나 선수 혹은 감독이 매스컴이나 대중의 주목을 받거나 <u>명성을 얻는 것</u>도 이 과정에 속한다.

	단계	판단		단계	판단
①	평가 단계	호감	②	평가 단계	인기
③	서열화 단계	호감	④	서열화 단계	인기

010

웨브(Webb)의 스포츠에 참가하는 개인의 가치성향 중 다음 보기에서 설명하는 가치로 가장 적절한 것은?

> - 최대로 발휘하고 공정하게 경쟁하며 과정에 한층 가치를 둔다.
> - 공정성 측면에서 이것은 목적 그 자체가 되지만 이는 경쟁에 있어 수단이 되는 과정을 결과나 성과보다 더욱 중요시하는 입장이다.

① 공정 ② 기능
③ 승리 ④ 보상

011

다음 보기의 내용 중 사회학습이론에서 "강화"에 해당하는 것으로 모두 고른 것은?

> ㉠ 자녀가 태권도 대회에서 우승하여 부모가 칭찬함
> ㉡ 부모가 자녀에게 운동을 해야하는 이유를 알려줌
> ㉢ 지도자가 일반인에게 운동 기술을 가르쳐 줌
> ㉣ 지도자가 지각하는 사람에게 수업 후 청소를 지시함

① ㉠, ㉡ ② ㉠, ㉣
③ ㉡, ㉢ ④ ㉢, ㉣

012

다음 보기의 설명은 케년(G. Kenyon)의 스포츠 참가 일탈 유형 분류 중 어느 것에 해당하는가?

> - ○○회사 김과장은 최근 골프를 시작하였다.
> - 매일 골프연습장을 다니며 주말마다 라운딩을 다닌다.
> - 하루종일 골프 생각만 하다보니 근무 시간에는 골프 관련 영상만 찾아보고 업무처리에도 지장이 생기고 있다.

① 일차적 일탈 ② 이차적 일탈
③ 긍정적 일탈 ④ 간접적 일탈

013

머튼(K. Merton)의 아노미 이론에 대한 설명으로 옳지 <u>않은</u> 것은?

① 아노미란 목표와 수단이 괴리한 무규범 상태를 의미한다.
② '동조'는 수단과 방법을 수용하며 규칙 안에서 승리를 추구한다.
③ '의례주의'는 참여에만 의의를 두고 최선을 다하지 않는 행동으로 전략적인 시간 끌기, 파울 작전 등이 그 예이다.
④ '반역(반항)'은 자신만의 수단이나 방법을 동원하여 새로운 목표를 달성하는 것으로 도피주의자와 달리 적극적인 변화를 주장한다.

014

다음 보기에서 설명하는 사회현상의 명칭으로 올바른 것은?

> 국가나 기업이 스포츠경기·대회 등을 이용하여 부정적 이미지를 씻어내는 행위

① 클린 스포츠(Clean Sports) ② 화이트 스포츠(White Sports)
③ 스포츠 리무브(Sports remove) ④ 스포츠 워싱(Sports Washing)

015

다음 보기의 대화에서 설명하는 스포츠의 세계화의 원인으로 적절한 것은?

> - 태현 : 스포츠는 공식적으로 국가 간의 경쟁이 허용된 영역이야 그러니 대외적으로 나라를 알릴 수 있는 기회로 활용할 수 있어
> - 성환 : 맞아, 일제강점기 시절 베를린 올림픽 마라톤에서 우승을 차지한 손기정 선수가 시상대에서 고개를 들지 못했던 사례도 궁극적으론 같은 것 같아

① 민족주의 ② 제국주의
③ 종교전파 ④ 테크놀로지의 발달

016

로이(Loy)가 제시한 스포츠가 사회문화적 현상으로 중요하게 간주되는 이유에 속하지 <u>않는</u> 것을 고르면?

① 감흥(excitement)
② 탁월성추구(the pursuit of excellence)
③ 집합적표상(collective representation)
④ 고기술/고감성(High Tech/High Touch)

017

다음 보기의 밑줄 친 ㉠과 ㉡은 로이(Loy)의 사회이동 분류 중 어느 것에 속하는가?

> 지난 시즌 레스터 시티 FC는 ㉠ EPL(영국프리미어리그)에서 18위를 기록하며 충격적인 강등을 당하였다. 하지만 새로운 감독 체제에서 팀을 빠르게 리빌딩하여 챔피언십리그 선두를 달리며 다시 승격을 준비하고 있다. 레스터와 경기를 앞둔 버밍엄에는 우리나라의 백승호 선수가 합류할 예정이다. ㉡ 전북 현대 모터스에서 뛰고 있는 백승호 선수는 3년 만에 다시 유럽 무대로 나선다. 객관적으로 K리그 보다 높은 수준으로 평가받은 영국챔피언십 리그에서의 멋진 활약을 기대하고 있다.

	㉠	㉡
①	개인이동, 상승이동	집단이동, 하강이동
②	개인이동, 하강이동	집단이동, 상승이동
③	집단이동, 상승이동	개인이동, 하강이동
④	집단이동, 하강이동	개인이동, 상승이동

018

마쓰다(松田)의 스포츠를 통한 태도 형성 6가지 요인에 속하지 않는 것은?

> 스포츠를 통한 사회화 과정에서 우리가 갖는 태도는 어떠한 매커니즘에 의하여 형성되는지 원리에 대하여 6가지 요인으로 나눌 수 있다. 방어기제의 약화, ( ), ( ), ( ), 역할행동이 그 예가 된다.

① 모방
② 입장의 전환
③ 정보에의 접촉
④ 조건에의 부합

019

집합행동의 이론 중 스멜서(Smelser)가 제시한 부가가치이론에 대한 설명으로 옳지 않은 것은?

① 집합행동이 발생한 장소와 시간 및 양식에 대하여 설명하려는 이론이다.
② 6가지 결정 요인이 순차적으로 조합을 이루어야 비로소 집합행동이 발생한다.
③ '구조적 요인'이란 특정 집합행동이 일어나는 데 필요한 사회 구조적·문화적 선행요건을 말한다.
④ '사회통제기제'란 모든 조건이 선행된 상태에서 이 기회를 이용하여 사람들을 자극하고 목표를 향해 집합적으로 행동하도록 하는 것을 의미한다.

020

스포츠 미디어 대중전달 이론 중 사회관계 이론에 대한 설명으로 적절하지 않은 것을 고르면?

① 개인이 가지고 있는 비공식적 사회관계가 미디어 소비에 영향을 미친다.
② 중요타자란 사회화와 관련된 밀접한 상호작용을 하는 부모, 친구, 선생님 등을 의미한다.
③ 다른 이론과 다르게 개인이 미디어를 선택하는 것이 아니라 대중매체가 중요한 사상이나 가치를 선택하고 제시한다.
④ 주요 영향 요인으로는 스포츠를 하는 중요타자의 수, 중요타자와의 상호작용 정도, 여가 활동 중 스포츠의 비중, 청소년기의 스포츠 참가 기회 등이 있다.

2과목 | 스포츠교육학(22)

001

다음 보기에서 설명하는 스포츠 교육의 역사적 패러다임은?

> 스푸트니크 인공위성 발사 이후 시기의 가장 영향력 있던 2가지 사회적 동향은 과학과 수학에 대한 관심과 (   )적 교육에 대한 관심이었다. 이 철학은 교육 분야에서 열린교육, 정서교육, 가치관 확립 등등을 강조하게 만들었고, 성적과 평가를 위한 경쟁을 경시하게 만들었다.

① 시덴탑(Sidentop)의 스포츠 교육 모형
② 헬리슨(Hellison)의 인간주의 체육교육
③ 토마스 우드(T. Wood)의 신(New)체육
④ 루돌프 라반(R. Laban)의 휴먼무브먼트와 움직임 교육

002

할로(Harlow)가 제시한 심동적 영역의 목표에 속하지 않는 것을 고르면?

① 반사동작
② 지각능력
③ 분석능력
④ 기본적 기초동작

003

국민체육진흥법(시행2023. 9. 15.) 제33조 대한체육회와 관련하여 대한체육회가 담당하는 사업과 활동에 속하지 않는 것은?

① 체육인의 복지 향상
② 국가대표 은퇴선수 지원사업
③ 체육대회의 개최와 국제 교류
④ 학교체육 및 학생선수의 활동에 필요한 사업

004

스포츠기본법(시행 2022. 6. 16.) 제3조 정의와 관련하여 보기의 내용 중 빈칸에 들어갈 말로 적절한 것은?

> 제3조(정의) 이 법에서 사용하는 용어의 뜻은 다음과 같다.
> • 1항 "스포츠"란 건강한 신체를 기르고 건전한 정신을 함양하여 질 높은 삶을 위하여 (㉠) 으로 행하는 신체활동을 기반으로 하는 사회문화적 행태를 말하며…
> (중략)
> • 7항 "(㉡)"이란 회원의 정기적인 체육활동을 위하여 「스포츠클럽법」제6조에 따라 등록을 하고 지역사회의 체육활동 진흥을 위하여 운영되는 법인 또는 단체를 말한다.

	㉠	㉡		㉠	㉡
①	자발적	체육단체	②	자발적	스포츠클럽
③	전문적	체육단체	④	전문적	스포츠클럽

005

다음 보기에서 설명하는 스포츠복지 지원 사업의 명칭으로 올바른 것은?

- 국민의 체력 및 건강 증진에 목적을 두고 체력상태를 과학적 방법에 의해 측정·평가를 하여 운동 상담 및 처방을 해주는 대국민 무상 스포츠복지 서비스이다.
- 만 4세~6세 유아기와 만11세 이상 대한민국 국민이면 누구나 참여 가능하며, 전국 체력인증센터에서 제공한다.

① 국민체력100
② 국민건강체조
③ 스포츠강좌 이용권 지원
④ 행복나눔스포츠교실 운영

006

스포츠교육의 영역 분류에 대한 설명으로 옳지 않은 것을 고르면?

① 크게 학교체육, 생활체육, 전문체육으로 구분할 수 있다.
② 학교스포츠클럽 및 방과후 체육활동을 지도하는 자를 "스포츠강사"라고 부른다.
③ 생활체육이란 지역 사회에서 일반인들을 대상으로 이루어 지는 체육활동을 의미한다.
④ 전문스포츠지도사에 응시하기 위해서는 18세 이상이면서 응시하는 경기 종목의 실력이 출중해야한다.

007

보기의 마튼스(R. Martens)가 제시한 전문체육프로그램 개발 단계 중 (   )에 들어갈 말을 순서대로 나열한 것은?

- 1단계 선수에게 필요한 기술파악
- 2단계 (   )
- 3단계 (   )
- 4단계 우선순위 결정 및 목표설정
- 5단계 (   )
- 6단계 연습계획 수립

① 선수 이해-상황 분석-지도방법 선택
② 상황 분석-선수 이해-지도방법 선택
③ 선수 이해-지도방법 선택-상황 분석
④ 지도방법 선택-선수 이해-상황 분석

008

모스턴(M. mosston)의 수업 스타일 중 다음 보기의 특징을 지닌 수업 스타일의 명칭은?

- 학생은 같은 과제라도 자신의 난이도에 맞게 수행함
- 학생은 스스로 평가하며 교사는 관찰하면서 의사결정에 대한 피드백과 가치중립적 피드백만 제공함

① 지시형 스타일
② 연습형 스타일
③ 자검형 스타일
④ 포괄형 스타일

009

모스턴(M. Mosston)의 유도발견형 교수 스타일에 대한 설명으로 옳지 않은 것은?

① 교사는 계열적이고 논리적으로 질문을 설계한다.
② 학생들은 교사의 주어진 질문을 따라가며 해답을 발견한다.
③ 학습자의 인지적 능력에 초점을 맞추기 위하여 과제 수행 전에 행동기대를 소개한다.
④ 새로운 주제를 소개할 때 유용하며 집단적으로 사용할 수 있지만 학습자와 1대1의 상황에서 가장 효과적이다.

010

모스턴(M. Mosston)의 상호학습형 스타일에서 교사가 관찰자에게 제공하는 과제 활동지에 포함되어야 할 사항으로 모두 고른 것은?

(가) 명확한 과제 설명
(나) 과제를 보여주는 그림이나 스케치
(다) 관찰자의 역할을 상기시키는 내용
(라) 피드백을 사용할 때의 언어적 예시
(마) 운동수행 중 발생할 수 있는 특정 문제

① (가), (나)
② (가), (나), (다)
③ (가), (나), (다), (라)
④ (가), (나), (다), (라), (마)

011

리치먼과 그라샤(Reichmann & Grasha)의 학습 선호와 관련하여 밑줄 친 내용을 미루어 보았을 때 선수는 어떤 유형에 속하는가?

2018년 평창 동계올림픽 스켈레톤에서 금메달을 딴 윤성빈 선수는 자존감이 강하고 승부욕이 대단한 것으로 알려져 있다. 인터뷰 회고에 따르면 윤성빈 선수는 홀어머니 밑에서 자라고 있고 성적도 대학 진학에 한참 모자라 스스로 미래를 포기한 것처럼 보였다고 한다. <u>처음에 선수 추천을 하였을 때에도 전화도 받지 않고 두 번째 만났을 때에는 머리를 짧게 자르고 오라는 교수의 요청에도 긴 머리를 휘날리며 배워보려는 자세가 보이지 않았다고 한다.</u> 하지만 훈련이 시작되고 높은 훈련 강도를 모두 소화해내며 천부적인 능력을 보여주었다. <u>종목에 대하여 백지 상태였기 때문에 코치의 지도를 전적으로 따랐는데 하나만 알려줘도 열을 흡수하는 능력을 보여주었다고 한다.</u>

<리치먼과 그라샤(Reichmann & Grasha)의 학습 선호>
- 학습에 대한 태도 (참여적 / 회피적)
- 교사나 동료에 대한 시각 (협력적 / 경쟁적)
- 수업절차에 대한 반응 (독립적 / 의존적)

① 회피적 / 경쟁적 / 의존적
② 회피적 / 협력적 / 독립적
③ 참여적 / 협력적 / 독립적
④ 참여적 / 경쟁적 / 의존적

012

메츨러(M. Metzler)의 체육수업모형 중 협동학습 모형에 대한 설명으로 옳지 않은 것은?

① '서로를 위해 서로 함께 배우기'라는 주제를 갖고 있다.
② 협동학습모형은 '팀보상, 개인책무성, 평등한기회'를 기본 전제로 이루어 진다.
③ 과제구조 중 직소(Jigsaw) 모형은 팀이 학습 과정에 협동하고 학습결과를 서로 공유하는 것을 초점으로 교사에 의해 팀이 선정되고 과제를 할당하는 방식이다.
④ 학습영역의 우선 순위는 인지적 과제의 경우 1순위는 정의적, 인지적 영역이며 심동적 과제의 경우 정의적, 심동적 영역으로 두 과제 모두 정의적 영역은 항상 우선된다.

013

다음 보기의 상황을 고려하여 작성한 토너먼트 방법 중 바르게 설명한 사람을 모두 고르면?

<○○광역시 생활체육 행복농구리그 개최>
• 일시 : 2024년도 상반기(1월~7월)
• 참가팀 : 6개팀
• 경기방식
  1) 예선(1월~5월 중) : 라운드 로빈 토너먼트 방식 2라운드
  2) 본선(6월~7월 중) : 엘리미네이션 토너먼트(예선순위적용)
  ...
• 서준 : 예선 라운드 수가 2번이니 예선 총 경기 수는 15경기야
• 성환 : 본선 경기의 게임 수는 참가팀 수와 같으니 6경기야
• 태현 : 예선의 경우 비길 경우가 있으니 승,무,패에 대한 점수제를 하는 것도 좋을 것 같아

① 서준
② 태현
③ 서준, 태현
④ 성환, 태현

014

헬리슨(Hellison)의 개인적·사회적 책임감 지도 모형 중 보기의 책임감 수준은 어느 단계에 속하는가?

• 지역 사회 환경에서 타인을 가르친다.
• 집에서 개인적으로 체력 프로그램을 실행할 수 있다.

① 전이
② 참여와 노력
③ 돌봄과 배려
④ 자기 방향 설정

015

다음 보기의 내용은 메츨러(M. Metzler)와 슐만(Sulman)의 교사 지식 분류 중 어느 것에 속하는가?

배드민턴 숏서브 지도를 하면서 "네트에 가장 가깝게 지나가면서 빠르게 상대방 서비스 라인까지 떨어뜨리는 것"을 알게 하고자 네트에 헌 셔틀콕을 하나 꽂아두고 맞춰서 떨어뜨리도록 하였다

<참고>
• 메츨러의 분류 : 명제적, 절차적, 상황적 지식
• 슐만의 분류 : 내용, 지도방법, 교육과정, 교육환경, 내용교수법, 학습자와 학습자 특성, 교육목적 지

메츨러 분류	슐만의 분류
① 명제적 지식	지도방법 지식
② 절차적 지식	내용교수법 지식
③ 상황적 지식	지도방법 지식
④ 상황적 지식	내용교수법 지식

016

다음 연습 중의 지도자 행동에 대한 설명으로 옳지 않은 것을 고르면?

① 정확하고 실제성 있는 시범을 보이는 것이 효과적이다.
② 학습에 방해되는 요인은 적절히 통제하여 주의집중을 유도한다.
③ 출석 부르기, 용변처리, 물마시기 등과 같은 상규적 행동은 일어나는 순간의 상황에 따라 적절하게 지도하는 것이 좋다.
④ 학습자와의 상호작용은 많으면 많을수록 유익하며 질문, 단서, 피드백을 제공하여 효과적인 학습이 이루어지도록 해야한다.

017

다음 보기에서 설명하는 행동수정 전략의 명칭으로 옳은 것을 고르면?

• 한코치 : 오늘부터 수업에서 대답을 잘 하시거나 열심히 참여하시는 분들에게 쿠폰을 드릴 겁니다.
• 수강생 : 우와 좋아요! 쿠폰을 모으면 좋은 게 있을까요?
• 한코치 : 모아온 개수에 따라 다른데 수업 끝나고 시원한 음료수부터 다음 달 수강료 할인까지 다양한 혜택을 드리려고 합니다.

① 행동공표
② 행동계약
③ 대용보상(토큰)기법
④ 바람직한 행동 게임

018

시덴탑(Sidentop)의 교수기능 발달 단계 중 다음과 같은 특징을 보이는 단계는?

- 한 가지 기능을 습관적으로 사용할 수 있는 정도
- 수업이 효과적으로 잘 이루어지는 것을 목표로 하면서 다양한 피드백과 과제제시를 수업에 활용함

① 다양한 교수기능의 학습단계
② 교수기능의 동시적 처리 단계
③ 자신감과 예측력의 습득 단계
④ 교수기능의 적절하고 효과적인 사용 단계

019

다음 중 평가의 목적 및 효과로 적절하지 않은 것을 고르면?

① 교수 학습 과정의 효과성을 판단하기 위한 기준이 된다.
② 학습 진행 상태를 점검하면서 지도활동을 조정할 수 있다.
③ 운동수행의 결과와 보상을 제공하여 학습자를 의존시킨다.
④ 학습자의 역량을 판단하여 다음 이수 과정 선택에 도움을 준다.

020

다음 보기의 내용은 스포츠교육 전문인의 성장 중 어느 것에 속하는가?

- 단기간의 세미나, 워크숍, 컨퍼런스 참여
- 공식화된 교육기관 밖에서 행해지는 조직적인 학습기회
- 자발적으로 이루어지며 지속적이면서 광범위하게 이루어질 수 있다.

① 형식적 성장
② 무형식적 성장
③ 비형식적 성장
④ 탈형식적 성장

3과목 | 스포츠심리학(33)

001

다음 보기에서 설명하는 스포츠심리학의 하위분야 명칭으로 옳은 것은?

- 이 분야의 관점은 신체활동에 영향을 주는 사회인지적 요인을 찾아내는 것이다.
- 운동의 따른 심리적 효과와 운동행동의 변화와 지속 실천에 대한 연구를 주로 다룬다.

① 운동학습
② 운동제어
③ 운동발달
④ 운동심리학

002

보기는 운동능력과 운동기술을 비교한 표이다. 다음을 읽고 틀린 설명을 고른 것은?

	운동능력	운동기술
①	유전적으로 결정	후천적으로 습득
②	안정적이고 영속적	연습과 경험으로 변화
③	종류가 다양	종류가 제한적(20~30개)
④	다양한 기술 수행의 기초가 됨	다양한 능력을 바탕으로 하여 나타남

003

움직임 제어와 관련하여 정보처리이론에 대한 설명으로 옳지 않은 것을 고른 것은?

① 기억체계에 저장되어 있는 중추적 표상에 의해 인간 운동이 발현된다는 이론이다.
② 피드백에 근거한 운동학습과 운동프로그램에 근거한 운동학습으로 구분할 수 있다.
③ 피드백 정보에 근거한 운동학습은 개방회로적 관점으로 오래 걸리거나 빠른 움직임을 설명하지 못한다는 단점이 있다.
④ 슈미트(R.Schmitt)는 운동프로그램이 갖고 있는 기억과 신형의 문제를 일반화된 운동프로그램으로 설명하였다.

004

다이나믹 시스템 이론의 관점에서 아래 보기에 (____)에 들어갈 말로 적절한 것은?

- (㉠) 은/는 개인이 목표를 성취하기 위해 유용한 자유도를 최소한의 수로 제한하는 과정이다.
- (㉡) 은/는 제한된 자유도를 다양한 방법으로 조작하여 행동 단위를 구성하는 과정을 말한다.

	㉠	㉡		㉠	㉡
①	협응	조직	②	협응	제어
③	제어	조직	④	제어	협응

005

다음 보기에서 설명하는 기법의 명칭은?

- 신체적·언어적·시각적 방법을 사용하여 학습자의 운동수행에 직접적으로 도움을 주는 과정
- 학습자의 수행오류를 줄여주고 위험한 동작에 대한 두려움을 없애주며 부상을 예방하기위해 사용됨
- 지나치게 의존할 시 학습의 지장을 줄 수 있어 적절한 시기에 제거해야함

① 가이던스(guidance)
② 어트랙터(attractor)
③ 어포던스(affordance)
④ 정신연습(mental practice)

006

피츠(Fitts)가 주장한 운동학습 단계의 순서로 옳은 것은?

① 협응 → 제어
② 인지 → 연합 → 자동화
③ 움직임 개념 습득 → 고정화 및 다양화
④ 자유도 고정 → 자유도 풀림 → 반작용의 활용

007

운동기술의 연습과 관련한 설명으로 옳지 않은 것을 고른 것은?

① 무선연습은 구획연습에 비해 맥락간섭이 잘 일어난다.
② 긴 연습을 버틸 수 없는 학습자에게는 분산연습이 효과적이다.
③ 연속적이면서 단순한 기술은 분습법으로 연습하는 것이 효과적이다.
④ 분절화란 전체 기술을 일정 구획별로 나누어 연습 후 결합하는 방법이다.

008

다음 보기에서 설명하는 이론은?

- 쏜다이크(Thorndike)가 주장한 전이 효과에 대한 이론
- 정적 전이가 발생하는 이유를 두 운동기술 간의 자극과 반응 유사성이 높기 때문이라고 설명함

① 동일요소 이론
② 인지 평가 이론
③ 동기 분위기 이론
④ 성취목표 성향 이론

009

다음은 운동 수행 중에 제공한 피드백의 결과이다. 내용을 읽고 바르게 해석한 설명을 고르면?

- 수업일시 : 2024.4.27.(토) 13:00~15:00
- 수업장소 : 국민체육센터 3층 대강당
- 수업내용 : 다양한 농구 드리블
- 평가방법 : 드리블 시행 중에 실시한 상호작용을 기록

시행	1	2	3	4	5	6	7	8	9	10
정욱	P		P		N		C	C		P
준석	P	P				P	P			
재현		P	C			P	P			
강희		N		C	C		P			P

※ 상호작용 구분(긍정적 : P, 부정적 : N, 단서제공 : C)
※ 단, 단서의 제공은 피드백에 포함하지 않음

① 강희와 가장 활발한 상호작용을 하였다.
② 정욱이에게 제공한 피드백의 절대빈도는 6회이다.
③ 준석이에게 제공한 피드백의 상대빈도는 40%이다.
④ 재현이에게 제공한 긍정적 피드백의 상대빈도는 33.3%이다.

010

다음 보기의 학습자는 갤러휴의 운동발달 구분 중 어느 단계에 해당하는가?

- 이 시기의 학습자는 자아정체감을 확립하며 신체적으로 완성된 운동 수행 능력을 보여준다.
- 생활스포츠지도사로서 주로 지도해야 할 대상이다.

① 기본 움직임
② 전문적 움직임
③ 최고 수행의 단계
④ 성장과 세련의 단계

011

다음 그래프는 모건(Morgan)의 빙산형 프로파일 연구이다. 그래프를 바르게 해석한 것을 고르면?

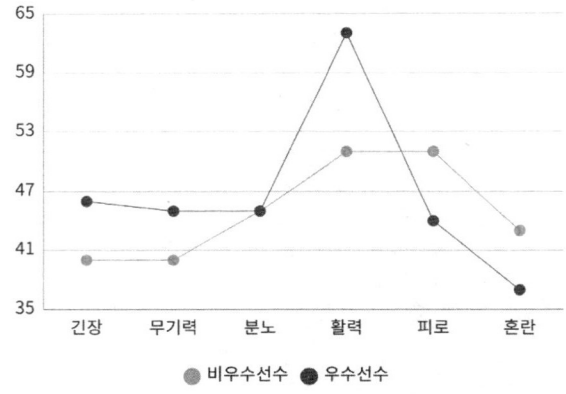

① 이 검사는 부정적 기분 상태만을 측정할 수 있다.
② 비우수선수는 우수선수 보다 운동 수행 중 긴장도가 높다.
③ 우수선수일수록 활력 요소가 낮아 그래프가 빙산의 모습을 그린다.
④ 효과적이고 훌륭한 트레이닝은 선수의 활력 요소를 증가시킨다는 것을 의미한다.

012

다음 보기의 밑줄 친 ㉠에 해당하는 불안 이론과 ㉡이 의미하는 불안 감소기법으로 알맞게 짝 지어진 것은?

- 건희 : 진영이를 보면 평소 경기에서는 ㉠ 적당히 긴장했을 때 참 잘하는 것 같아. 그런데 간혹 강팀과의 경기에서 작전에 대한 주문이 많으면 평소보다 잘 못하는 것 같아
- 진영 : 맞아, 나는 머릿 속이 복잡할 때는 경기력도 잘 안나오더라고 어떤 좋은 방법이 없을까?
- 건희 : 그럴 땐 ㉡ 생각을 바꿔보는 것도 좋을 것 같아. 내가 통제가 가능한지 생각해보고 그렇지 않다면 생각을 하지 않는 게 더 도움이 될 수 있어

	㉠	㉡
①	적정수준이론	인지 재구성
②	적정수준이론	점진적 이완
③	다차원적 불안이론	인지 재구성
④	다차원적 불안이론	점진적 이완

013

다음 보기에서 설명하는 개념으로 적절한 것은?

- 스포츠 상황에서 과훈련은 최종적으로 이것을 유발함
- 훈련스트레스가 축적되고 심리적·정서적으로 고갈이 된 상태를 의미함
- "많이 할수록 좋다"는 식의 고전적 지도 전략의 역효과를 설명할 수 있는 근거가 됨

① 소진 ② 탈진
③ 몰입 ④ 불안

014

다음 성취목표의 성향이론 중 '과제(학습)목표'에 해당하는 것으로 모두 고른 것은?

(가) 올림픽 유도 경기에서 3위 이상으로 입상하는 것
(나) 100m 달리기에서 자신의 기록을 넘고자 하는 것
(다) 축구 경기에서 한일전은 무조건 이겨야 한다는 것
(라) 체조 경기에서 자신이 실패하던 동작을 성공시키는 것

① (가), (나) ② (나), (라)
③ (가), (다) ④ (다), (라)

015

반듀라(Bandura)가 제시한 자기효능감 이론의 4가지 자신감 원천이 아닌 것을 고르면?

① 성공경험 ② 대리경험
③ 사회적 설득 ④ 과제의 난이도

016

다음 심상의 다양한 효과의 설명 중 가장 적절하지 않은 것을 고르면?

① 실패하는 동작만 반복적으로 상상하여 실제 수행에서 기술적인 실수를 하지 않도록 유도한다.
② 시합 중 중요한 요인을 심상을 통해 재확인함으로써 재집중할 수 있는 요인을 생각하게 한다.
③ 이완되는 이미지로 긴장과 불안을 해소하거나 힘을 내게 하는 이미지를 상상하여 에너지 수준을 향상시킬 수 있다.
④ 경기 회상이나 미래 경기를 상상하는 것으로 경기 기간 동안 인내심과 노력의 강도를 유지할 수 있다.

017

사회적 태만 현상을 감소시킬 수 있는 방안으로 모두 고른 것은?

(가) 소집단 보다 대집단 위주의 그룹 구성
(나) 집단 간의 수행을 비교할 수 있는 기준 존재
(다) 동료의 수행이 나쁠 것으로 예상된다고 알려줌
(라) 자신의 노력이 집단 성과에 반드시 공헌함을 강조
(마) 타인이 자신의 집단 수행을 평가할 수 있는 상황을 강조

① (가), (나), (라) ② (나), (다), (라), (마)
③ (가), (나), (라), (마) ④ (가), (나), (다), (라), (마)

018

다음 보기의 상황을 읽고 승민이가 해야할 행동으로 가장 적절한 것을 고르면?

- 승민 : 수업만 시작하면 옆에 수강생하고 떠들거나 수업과 다른 질문을 하는 수강생이 있어 어떻게 해야될까?
- 재민 : 일단 떠들거나 방해하는 행동이 줄어야겠지, 내 생각에는 정적처벌보다는 부적처벌이 더 바람직할 것 같아

① 수업에 방해되는 행동을 할 때 꾸지람을 준다.
② 수업 중에는 허락없이 말을 할 수 없도록 한다.
③ 수업에 잘 참여하는 모습을 보일 때 칭찬을 한다.
④ 부정행동을 하지 않을 때 청소 당번에서 제외해준다.

019

다음 보기의 상황에서 프로차스카(Prochaska)의 변화단계 이론에 근거하여 가장 적절한 중재전략을 고르면?

- 의도만 있고 제대로 실천으로 옮기지 못하는 상태
- 운동할 준비는 되어있으나 실패에 대한 걱정이 크다.
- 이번달 내에 운동을 본격적으로 시작할 계획이다.

① 다른 사람의 운동 멘토가 되기 위해 스포츠지도사 자격증을 따도록 권유한다.
② 목표설정, 운동계약, 스스로 격려 등으로 지속적으로 운동을 하고자 하는 동기를 유발한다.
③ 운동이 주는 혜택에 대한 정보를 제공하고 운동을 못하도록 방해하는 요인을 찾아 대책을 마련하게 한다.
④ 피트니스 회비가 얼마인지 운동을 일정에 어떻게 포함시킬 것인지 구체적이고 이해하기 쉬운 정보를 제공한다.

020

스포츠 심리상담의 기법에 대한 설명 중 가장 적절하지 않은 것을 고르면?

① '관심집중'은 내담자의 관심을 끌수 있는 행동을 상담자가 하면서 주의를 집중시킨다.
② '신뢰형성'은 상담의 성립은 물론 상담 단계로 진행하기 위한 상담 초기의 중요한 기초 기술이다.
③ '경청'은 내담자의 언어적 메시지(말) 뿐만 아니라 비언어적 메시지(표정, 제스쳐, 자세, 목소리)도 듣는 것을 의미한다.
④ '공감적이해'란 내담자와 같은 입장이 되어 그 사람이 느끼고 생각하는 바를 상담자도 유사하게 혹은 같게 느끼고 있다고 알려주면서 공감을 유도하는 것을 의미한다.

4과목 | 한국체육사(44)

001

다음 보기의 전통체육과 근대체육을 비교하는 설명을 읽고 옳지 않은 것을 고르면?

① 우리나라의 전통체육과 근대체육은 갑오개혁(1894)을 기점으로 나눈다.
② 전통체육의 내용은 주로 무사들의 무예 중심이나 귀족층의 유희와 오락, 서민층의 놀이와 오락 등이 있다.
③ 근대체육은 근대식 학교를 중심으로 이루어진 체조의 교육과 각종 서구 스포츠 종목의 보급을 내용으로 한다.
④ 거트만의 구분 방법에 따르면 전통적 체육의 특징은 조직이 공식적이고 규칙이 표준화되고 성문화 되어있다.

002

다음 보기에서 설명하는 역사관으로 가장 적절한 것은?

> 1914년 학교체조교수요목의 제정을 통해 체육교육이 모든 학교에 적용되었다. 이로 인해 학교체육은 보통체조, 병식체조 중심에서 스웨덴 체조로 전환되었고 유희가 도입되면서 근대적 체육이 도입되는 모습을 보였으나 이는 일본의 식민지 교육정책의 일환으로 시행되었던 것이다. 즉 개화기 학교체육이 지니고 있던 우리의 성격을 말살하고 일본화의 정착을 시도했던 것이다.

① 민족주의 사관 ② 유물론적 사관
③ 관념론적 사관 ④ 순환론적 사관

003

다음과 같은 시기에 관련한 내용으로 옳지 않은 것을 고른 것은?

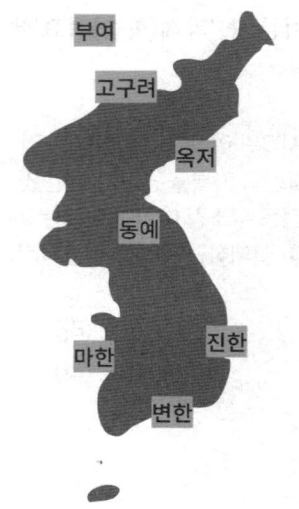

① 채집과 사냥 위주로 식량을 마련하였다.
② 씨족과 같은 부족 중심의 국가로 상호 간의 침략이 적어 군사훈련의 중요성이 적었던 시기이다.
③ 파종과 수확을 할 때 하늘에 제사를 지내는 제천행사가 벌어졌으며 그림의 고구려의 국가에서는 이 행사를 "동맹"이라고 불렸다.
④ 유희에 대한 자세한 기록은 없지만 삼국시대의 기록에서 많은 유희적 놀이가 성행하였으므로 이 시대에도 많은 유희활동이 있었을 것으로 유추한다.

004

다음 보기에서 설명하는 민속놀이의 명칭은?

- 신라에서는 농주(弄珠), 기구(氣球)라는 이름으로 불렸다.
- 가죽주머니에 겨, 털, 공기를 넣어 만든 것을 발로 차던 놀이이다.
- 삼국시대의 경우 주로 상류층이 즐기던 놀이로「삼국사기」와「삼국유사」에도 그 기록을 찾을 수 있다.

① 각저
② 격구
③ 축국
④ 수박

005

다음 보기는 신라시대 화랑도 교육의 핵심 방향이었던 세속오계이다. 이 중 유교적 덕목에 속하는 것들로만 바르게 묶인 것은?

<세속오계(世俗五戒)>
- 사군이충(事君以忠): 충성으로 임금을 섬겨야 한다.
- 사친이효(事親以孝): 효도로써 부모를 섬겨야 한다.
- 교우이신(交友以信): 믿음으로 친구를 사귀어야 한다.
- 임전무퇴(臨戰無退): 전투에 임할 때에는 물러서지 않는다.
- 살생유택(殺生有擇): 죽고 살리는 것에는 가림이 있어야 한다.

① 임전무퇴, 살생유택
② 사군이충, 사친이효, 교우이신
③ 사군이충, 임전무퇴, 살생유택
④ 사친이효, 교우이신, 임전무퇴

006

다음 사료에서 설명하는 시기의 궁술의 특징으로 옳지 않은 것을 고르면?

- 고구려 사람들은 어려서부터 글 읽기와 활쏘기를 함께 익혔으며, 일반에까지 사풍(射風)이 퍼졌다.『신당서』
- 백제 비류왕(304~344) 시절 궁의 서쪽에 사대(射臺)를 만들고 매달 초하루와 보름에 활쏘기 연습을 했을 것으로 추정된다.

① 고구려의 경당에서는 활쏘기를 교육했다.
② 신라에서는 활쏘기로 인재를 뽑는 '궁전법'이 시행되었다.
③ 백제에서는 활쏘기 교육을 담당하는 '양현고'를 설치하였다
④ 고구려의 시조인 '주몽'은 활을 잘 쏘는 사람이라는 뜻도 있다.

007

다음 보기에서 설명하는 민속놀이의 명칭은?

"해마다 정월 초 대동강 위에서 무리를 지어 노는데, 왕이 마차를 타고 친위대를 사열한 후 의복을 물에 던지면 백성은 좌우 두편으로 나뉘어 물과 돌을 던지고 소리치며 쫓고 쫓기기를 두세 번 하고 그친다"
－『수서』「고구려전」

① 석전(石戰)
② 수박(手搏)
③ 방응(放鷹)
④ 마상재(馬上才)

008

고려시대의 교육제도에 대한 설명으로 옳은 것을 고르면?

① 유학교육기관으로는 성균관, 향교, 서원 등이 있다.
② 무학교육기관으로는 병조 예하의 훈련원과 사정이 있었다.
③ 성리학의 연구와 교육을 목적으로 지방에 서원이 세워졌다.
④ 당시 최고의 교육기관에는 강예재라고 하는 무학을 가르치는 강좌도 있었다.

009

고려시대의 귀족사회들이 즐긴 민속놀이가 아닌 것을 고르면?

① 격구
② 방응
③ 투호
④ 풍연

010

다음은 조선시대 무과제도에 대한 설명이다. 빈칸에 들어갈 말로 적절한 것은?

조선시대에는 무관을 채용하기 위한 과거제도로 무과(武科)가 존재하였다. 무과는 문과와 마찬가지로 3년에 한 번씩 정규적으로 실시되는 (㉠)와 임시로 특설되는 비정규적 시험이 있었다. 시험은 총 3단계로 초시－복시－전시로 진행되었는데 초시에는 향시와 원시가 있었다. 그 중 원시는 (㉡)에서 실시하는 별과를 말한다.

	㉠	㉡		㉠	㉡
①	식년시	훈련원	②	식년시	사정
③	증광시	훈련원	④	증광시	사정

011

다음 보기에서 설명하는 조선시대의 문헌사료의 명칭은?

- 맑다. 동헌에서 일을 하였다. 활 10순을 쏘았는데 5순은 모두 맞고, 2순은 네 번 맞고 3순은 세 번 맞았다. －壬辰年 三月 二十八日
- 맑다. 늦게 관청으로 나갔다. 정오에 순찰사가 와서 활쏘기를 하며 이야기를 나눴다. 순찰사가 나와 활쏘기를 겨루었는데 열에 일곱을 지고는 섭섭한 기색을 삭이지 못하니 가소로웠다. －丙申年 二月 二十八日

① 이황의 '활인심방'
② 이순신의 '난중일기'
③ 서유구의 '임원경제지'
④ 이덕무·박제가·백동수 등의 '무예도보통지'

012

다음은 조선시대의 민속놀이 중 하나인 석전(石戰)에 대한 설명이다. 밑줄 친 내용이 의미하는 것을 바르게 고른 것은?

> 석전은 주로 정월 대보름 무렵과 사월 초파일부터 단오절까지 행해졌다. 젊은 남성들이 양편으로 나뉘어서 서로 마주 보고 돌을 던지는 놀이이다. 조선조에 들어와 석전은 민중의 전통경기로 국속(國俗)으로서의 석전, 무(武)로서의 석전, 관중스포츠로서의 석전, 운동경기로서의 석전 등으로 분류된다.

① 군사훈련의 성격을 지니고 실시된 석전
② 나라의 풍속으로서 명절에 행해지는 민속놀이
③ 왕이나 양반들 또는 대중의 구경거리로서의 석전
④ 승부를 결정하는 경기로서 신체적 탁월성을 추구하는 석전

013

개화기 시기의 체육사적 특징에 대한 설명으로 옳지 않은 것을 고르면?

① 다양한 서구 스포츠 문화가 도입이 되었다.
② 갑신정변을 통해 신분제와 과거제가 폐지되었다.
③ 각종 운동회가 개최되고 다양한 체육단체가 결성되었다.
④ 근대식 각종학교가 설립이 되고 체조 과목이 도입되었다.

014

다음 보기에서 설명하는 근대학교의 명칭은?

> - 우리나라 최초의 여성 교육기관
> - 스크랜튼(M.F. Scaranton) 부인에 의해 1886년 설립
> - 정규 수업에 체조가 실시되었으며 한국 최초로 체육과가 개설된 학교이다.

① 원산학사
② 배재학당
③ 이화학당
④ 언더우드학당

015

다음 보기에서 설명하는 사상가는?

> - 문학가, 교사, 기자, 역사학자의 지위로 민족주의 사상을 토대로 한 실학주의 체육사상가로 평가된다.
> - 체육을 국가의 운명을 결정하는 가장 중요한 교육 영역으로 인식하였음
> - 1908년 5월 태극학보 제2호에 "체육론"을 기고함
>   - "덕·지·체 가운데 체육이 중요한 위치를 차지하는 까닭은 신체가 있는 다음에 … 국가운명에도 중대한 영향이 있는 것이다"

① 이기
② 문일평
③ 이종만
④ 노백린

016

다음 중 스포츠 종목이 우리나라에 도입된 시기와 방법이 바르게 연결된 것은?

① 배구 - 개화기 터너에 의해 소개
② 야구 - 개화기 질레트에 의해 소개
③ 역도 - 일제강점기 박승필에 의해 소개
④ 육상 - 일제강점기 나카무라에 의해 소개

017

구한말 결성된 황성기독교청년회(서울YMCA) 운동부에 대한 설명으로 옳지 않은 것은?

① 한국의 민족주의 운동과 결속되면서 체육 및 스포츠 발달에 큰 영향을 미쳤다.
② 개화기 결성된 체육 단체 중 가장 왕성한 활동을 했던 단체였다. 회장 터너와 총무 질레트를 필두로 설립되었다.
③ 독립협회 지도자들이 감옥에서 석방된 뒤 집단적으로 가입하면서 조직이 강화되고 독립협회의 계승자 역할을 하였다.
④ 강제 한일합병이 이루어지기 이전부터 일본의 체육탄압정책이 시작되면서 각종 운동경기를 비롯하여 YMCA 운동부도 해산이 되게 되었다.

018

다음 보기에서 설명하는 시기에 일어난 역사적 사실로 옳지 않은 것은?

> '체력은 국력'이라는 슬로건 아래 정부 중심의 강력한 체육 정책을 추진한 시기

① 호돌이 계획
② 국민재건 체조 제정
③ 체육의 날 및 체육주간을 제정함
④ 대한체육회 예산을 정부가 지원하도록 함

019

다음 보기에서 (가), (나)에 해당하는 대회의 명칭으로 바르게 짝지어진 것은?

> (가) 올림픽
> - 올림픽의 정치화 문제가 심화되었던 대회
> - 광복 이후 최초의 금메달(양정모 - 레슬링 자유형 페더급)
>
> (나) 올림픽
> - 처음 도입된 배드민턴 종목에서 금 2, 은 1, 동 1 획득
>   (세계 최강의 복식조 박주봉 - 김문수)
> - 광복 이후 최초의 마라톤 금메달(황영조 "몬주익의 영웅")

	(가)	(나)		(가)	(나)
①	72년 뮌헨	92년 바르셀로나	②	72년 뮌헨	96년 애틀랜타
③	76년 몬트리올	92년 바르셀로나	④	76년 몬트리올	96년 애틀랜타

020

다음에서 설명하는 역사적 인물은?

> - 1970년 제6회 방콕아시안게임 필드 부분 포환던지기 아시아 신기록 달성
> - 함께 참가한 투원반 종목에서도 동메달을 획득하며 "아시아의 마녀"라는 별칭을 얻음

① 백옥자
② 이에리사
③ 박신자
④ 현정화

5과목 | 운동생리학(55)

001

다음 보기에서 설명하는 생리학적 용어는?

> 유기체가 자신을 구성하고 있는 세포들의 내적 환경을 안정되게 유지하려는 경향
> 예 생명 유지에 필요한 산소와 영양분을 순환계통을 통해 외부로부터 획득하고 대사활동의 결과 생성된 CO_2와 기타 부산물을 세포 밖으로 배출시키는 것

① 반응 ② 적응
③ 항상성 ④ 활성화

002

다음과 같은 방법으로 측정할 수 있는 체력요소는?

- 피부두겹집기법 : 인체피부밑지방의 두께를 측정하는 방법으로 집게형의 측정기를 이용하여 측정함
- 생체전기저항측정법 : 지방조직은 전류의 절연체로 작용하며 제지방조직이나 세포외액은 전류가 촉진되는 원리를 활용한 방법으로 손과 발에 미세한 전류를 흘려 저항을 측정함
- BOD POD법 : 챔버 형태의 기계 안에서 신체의 부피를 측정하고 이 값을 통해 체밀도와 체지방률을 산출함

① 근력 ② 유연성
③ 신체조성 ④ 심폐지구력

003

다음 보기는 운동 계획표이다. FITT-VP의 원리에 따라 계획서를 작성할 때 고려하지 않는 요소를 고르면?

<주간 운동계획서>
- 운동일시 : 매주 월,수,금 19:00~21:00
- 운동장소 : 헝그리짐
- 운동종류 : 웨이트 트레이닝 & 유산소
- 운동세부계획

종류	월	수	금
웨이트 트레이닝 (1h 30min)	가슴운동, 복부운동	등 운동, 어깨운동	팔 운동, 하체운동
	1RM(최대1회반복) 기준 70% 12회 반복×3세트 구성		
유산소 (30min)	달리기	달리기	달리기
	HRmax(최대심박수) 기준 50% 30분간 실시		

① 형태(Type) ② 강도(intensity)
③ 빈도(Frequceny) ④ 점증(Progression)

004

인체 에너지 대사에 관련한 설명으로 적절하지 않은 것을 고르면?

① 'ATP-PCr시스템'은 가장 빠르지만 5~10초 동안 고갈되는 매우 짧은 에너지 공급체계이다.
② 해당과정은 당분을 분해하는 과정을 의미하며 이때 산소가 충분할 경우 부산물로 젖산이 남게되어 '젖산 시스템'으로도 부른다.
③ 유산소 시스템은 에너지원이 아세틸 CoA를 거쳐 세포 내 미토콘드리아 안으로 들어가 크렙스 회로와 전자전달계를 거쳐 많은 ATP를 생성할 수 있다.
④ 인체는 3가지 에너지 시스템을 적절한 비율로 이용하여 운동자극에 반응하게 되는데 중요한 건 에너지 요구량을 오로지 한 가지 시스템에 전적으로 의존하지 않는다는 것이다.

005

무산소성 에너지 대사 과정의 부산물인 젖산염의 제거 방법에 대한 설명으로 옳지 않은 것을 고르면?

① 젖산염은 땀이나 소변 등으로 체외로 배출될 수는 있으나 양이 매우 적은 편이다.
② 소량의 젖산염은 운동 직후 초기에 단백질(아미노산)로 전환하지만 양은 10% 정도로 미비하다.
③ 운동 중 생성된 젖산염의 일부는 혈액으로 빠져나와 운반되며 심장에서 해당작용의 역방향으로 당신생과정을 거친다.
④ 운동하는 근육이나 심장근육 등에서 산소를 공급받아 피루브산(초성포도산)으로 다시 전환되어 에너지 대사에 사용된다.

006

건강한 몸을 유지하기 위한 우리 몸의 5대 영양소가 아닌 것은?

① 지방 ② 비타민
③ 탄수화물 ④ 식이섬유

007

운동 자극에 대한 우리 몸의 반응 경로에 대한 설명으로 옳지 않은 것을 고른 것은?

① '신경성 경로'는 빠른 작용을 하는 경로로 주로 호흡조절과 심박수 조절에 많은 관여를 한다.
② '내인성 경로'는 기관 내에 위치하여 기관 스스로 수용체와 표적기관으로서의 역할을 동시에 하는 것이다.
③ '호르몬 경로'는 비교적 느린 작용을 하는 경로이지만 다양한 표적 기관을 자극하면서 다양한 효과를 낼 수 있으므로 꼭 필요한 반응 경로이다.
④ 운동 자극으로 인하여 우리 몸에 야기된 항상성의 혼란을 최소화하기 위해 세 가지 조절경로는 각각 독립적으로 일어나는 경우가 많다.

008
보기에서 설명하는 현상의 명칭은?

- 평소 운동을 하지 않던 사람이 갑자기 심한 운동을 하거나 사용하지 않던 근육 부위를 사용할 때 근육이 아프고 딱딱해지는 근육통을 경험하는 것
- 운동 후 24~72시간 내 나타나며 신장성 수축으로 구성된 운동에서 자주 나타남
- 주요 원인: 근육 내 결체조직과 근 단백질의 구조적 손상

① 지연성 근통증(DOMS)
② 근비대과정(hypertrophy)
③ 젖산역치(Lactate Threshold)
④ 무산소 과정(anaerobic process)

009
다음은 뇌 구조와 기능에 대한 표이다. 다음 중 옳은 설명을 고른 것은?

	구조	기능
①	대뇌	효과기로부터의 구심성 흥분을 실제 상황과 관련하여 비교 분석하면서 신체 평형과 자세의 조정 등 운동 조절 기능을 한다.
②	간뇌	시상과 시상하부로 구분되며 시상하부는 신체 내부 환경에 영향을 미치는 모든 과정을 조절하며 항상성 유지를 담당함
③	소뇌	두 개의 반구 형태로 구심성 정보를 통합 분석하여 운동명령을 내림
④	뇌간	몸과 뇌 사이의 정보를 주고 받는 통로로 감각기능, 운동기능, 반사기능이 있다.

010
다음은 신경전달 과정 중 근신경연접부의 반응을 설명한 내용이다. (㉠)과 (㉡)에 들어갈 말로 알맞은 것은?

- 흥분성 자극이 축삭 말단에 도달하면 소포에 저장되어 있던 (㉠)이 방출된다.
- 탈분극이 일어나고 신경 자극은 근형질의 T세관을 거쳐 근형질세망의 소포에 도달한다.
- 소포에 저장되어 있던 (㉡)이 방출되고 트로포닌과 결합하여 트로포마이오신의 위치를 변화시키고 액토마이오신 복합체를 형성한다
- 십자형교 끝에 뭉쳐져 있는 ATP를 분해하면서 발생한 에너지를 통해 수축이 일어난다.

	㉠	㉡		㉠	㉡
①	아세틸콜린	칼슘	②	아세틸콜린	칼륨
③	에피네프린	칼슘	④	에피네프린	칼륨

011
골격근에 관한 설명으로 옳은 것을 고르면?

① 골격근은 불수의근이면서 가로무늬근 구조이다.
② 지근섬유의 경우 모세혈관의 밀도 및 마이오글로빈의 함유량이 낮고 해당 효소가 발달해 있다.
③ 속근섬유의 경우 에너지의 효율이나 피로에 대한 저항이 강하고 수축 속도가 느리다. 산화 효소가 발달해 있다.
④ 저강도 운동에서는 지근섬유가 주로 이용되고 운동 강도가 증가할수록 지근섬유에 더하여 속근섬유의 이용률도 증가한다.

012
다음 보기에서 근피로가 유발되는 원인을 설명한 것 중 옳은 설명으로 모두 고른 것은?

(가) 중추신경계의 피로: 국부적 혼란에 대한 정보가 뇌로 전달되어 수축억제 신호가 전달됨
(나) 근신경연접부의 피로: 신경전달물질 아세틸콜린의 방출 감소로 인하여 수축감소
(다) 수축기전에서의 피로: 에너지원의 고갈(ATP와 PC, 근글리코겐), 부산물의 축적

① (가)
② (나), (다)
③ (가), (다)
④ (가), (나), (다)

013
근수축과정(근세사활주설)의 순서로 올바른 것은?

① 안정 - 자극·결합 - 수축 - 이완 - 재충전
② 안정 - 자극·결합 - 수축 - 재충전 - 이완
③ 수축 - 이완 - 재충전 - 자극·결합 - 안정
④ 재충전 - 수축 - 자극·결합 - 이완 - 안정

014
지구성 트레이닝을 통한 골격근의 생화학적 변화로 옳지 않은 것은?

① 속근섬유의 발달
② 글리코겐의 산화능력 증가
③ 마이오글로빈의 농도 증가
④ 연료로서 지방의 활용 능력 증가

015
다음 보기에서 설명하는 용어는?

심방의 혈류 유입량 증대가 심장 근육의 신장을 초래하여 뒤이은 수축기에 더 강한 수축력을 발휘하게 하는 현상

① 펌프 핸들(Pump handle)
② 발살바 동작(valsalva maneuver)
③ 운동성 서맥(exercise bradycadia)
④ 프랭크-스탈링의 법칙(Frack-Starling's law)

016
다음과 같은 특징을 지닌 호르몬은?

- 뇌하수체 전엽에서 분비되는 호르몬으로 부신겉질자극 호르몬(ACTH)과 함께 운동이나 기타 스트레스 자극에 반응하여 분비됨
- 운동강도가 증가할수록 비례하며 탈진 상태에 이르는 최대운동 시에 최대치에 도달하는 모습을 보임
- 운동 후 기분 변화와 관련한 운동탐닉(excercise addiction) 경향과 러너스 하이(runners high)와 같은 정서적 변화와 관련이 있다고 알려짐

① 엔돌핀(endorphin)
② 세로토닌(serotonin)
③ 아드레날린(adrenalin)
④ 에피네프린(epinephrine)

017

트레이닝에 의한 순환계통의 적응과 거리가 먼 것은?

① 최대동정맥 산소차 감소
② 골격근 모세혈관 밀도 증가
③ 1회박출량 및 최대심박출량 증가
④ 심장용적의 증대와 심장벽 두께의 증가

018

다음 심전도 그래프에 대한 설명으로 옳은 것을 고르면?

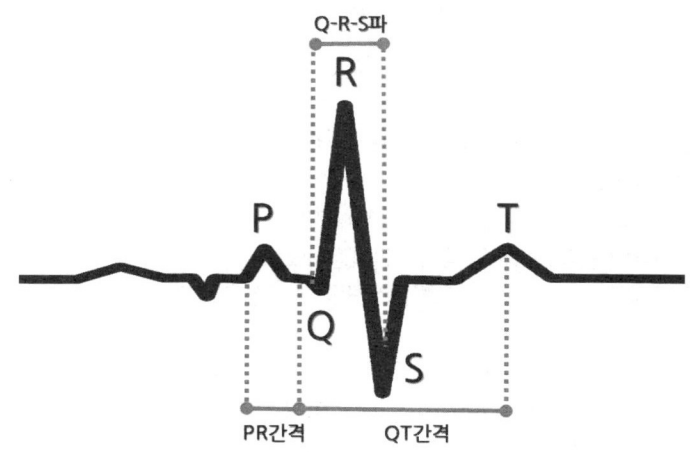

① P파가 시작된 후 심실의 수축이 일어난다.
② Q-R-S파는 동방결절의 자극이 심방 전체로 흥분이 확산된다.
③ T파가 상승되거나 함몰될 경우 심장의 이상을 진단해볼 수 있다.
④ 운동 시에 R-R 간격이 길어지며 부정맥일 경우에는 R-R 간격이 일정하지 않다.

019

다음 보기의 조건을 활용하여 목표심박수(THR)를 구하면?

- 나이 : 30세
- 성별 : 남자
- 안정 시 심박수 : 분당 70회
- 목표운동강도 : 70%
※단 최대심박수는 '220 - 나이'로 계산함

① 133회/분
② 154회/분
③ 166회/분
④ 182회/분

020

열 환경에서의 운동에 대한 설명 중 옳은 것을 고르면?

① 인체는 피부혈관의 확장과 발한(sweating)을 통해 체열을 발산시킨다.
② 심장으로 돌아오는 정맥환류량이 감소함에 따라 심장의 1회박출량이 증가한다.
③ 고온의 환경에서 높은 강도로 운동을 수행할 때에는 수분의 보충보다 식염의 보충이 더 필요하다.
④ 습도가 높을 경우에 피부 표면과 대기 간의 수증기압 차이가 증가하여 기화로 인한 열 손실이 크게 증가한다.

6과목 | 운동역학(66)

001

다음 중 운동 역학의 목적과 내용으로 가장 거리가 먼 것은?

① 운동장비 개발
② 운동 상해 예방
③ 운동의 심리적 효과 분석
④ 운동기술 분석 및 향상

002

다음 보기의 내용 중 옳은 설명을 한 사람으로 알맞게 짝지은 것은?

- 명덕 : 여기 보이는 그림의 자세를 '해부학적 자세'라고 부릅니다. 우리가 신체 움직임을 설명할 때 쉽게 비교하고 설명할 수 있게 하는 기준 자세라고 보면 좋습니다. 그럼 함께 그림을 보고 자유롭게 이야기 해볼까요?

- 흥민 : 손목은 어깨보다 아래있고 몸통 부위에 가깝습니다.
- 강인 : 팔꿈치를 기준으로 최대한 굴곡하면 손목이 팔꿈치보다 위에 있는 자세가 됩니다.
- 민재 : 고개를 좌우로 돌려 주변을 살피는 동작은 전후축을 중심으로 좌우면에서 일어나는 운동입니다.

① 흥민
② 강인
③ 흥민, 민재
④ 강인, 민재

003

인체 운동의 종류에 대한 설명으로 옳지 않은 것은?

① 선운동은 병진운동이라고도 하며 물체의 모든 부분이 같은 시간에 동일한 거리, 방향으로 움직이는 것을 의미한다.
② 각운동은 일정한 축을 중심으로 물체의 모든 부분이 같은 시간 동안 같은 각, 같은 방향으로 움직이는 것을 의미한다.
③ 선운동과 각운동이 합쳐진 형태를 복합운동이라고 부르는데 실제 운동 상황에서 발생하기 어려운 특징을 지니고 있다.
④ 인체 운동은 근력과 같은 운동체 내부에서 발생한 내력과 외부에서 작용한 중력이나 지면반력, 마찰력과 같은 외력에 의해 움직임의 형태가 결정된다.

004

다음 중 인체의 안정성에 영향을 주는 주요 요인이 아닌 것을 고르면?

① 근육 긴장도
② 기저면의 면적
③ 무게중심의 높이
④ 무게중심선과 기저면의 관계

005

다음 동작의 인체 지레의 종류와 동작을 유지하고 있기 위해 발휘해야 하는 힘의 크기(F)를 바르게 계산한 것은? ※R(저항)은 700N이다

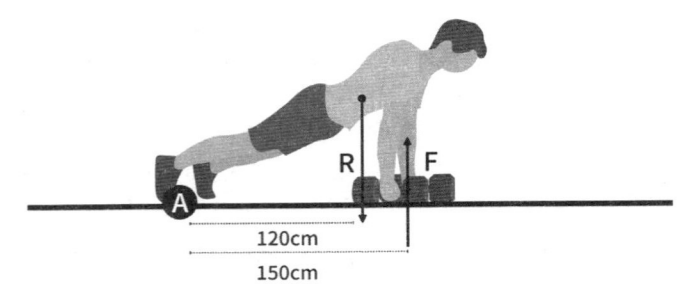

	지레 종류	힘의 크기		지레 종류	힘의 크기
①	2종 지레	560N	②	2종 지레	875N
③	3종 지레	560N	④	3종 지레	875N

006

다음 대화를 읽고 (　)에 들어갈 말로 알맞은 것을 고르면?

- 규성 : 경기가 끝나고 알려주는 활동량, 심박수, 최고속도와 같은 건 어떻게 알 수가 있을까?
- 희찬 : 그건 지금 우리가 입고 있는 조끼 때문이야. 이것은 전자 퍼포먼스 트래킹 시스템(EPTS)라고 하는데 이것을 통해 측정할 수 있어, 우리가 경기 중 뛴 거리를 출전시간으로 나누면 (　)을/를 알 수가 있지

① 활동량　　　　　　　　② 심박수
③ 속력(평균속도)　　　　④ 스프린트 구간

007

다음 중 투사체 운동에 대한 설명으로 옳지 않은 것을 고르면?
(단, 공기저항은 무시함)

① 투사높이와 착지높이가 같다면 좌우대칭의 포물선을 그린다.
② 최고 높이에서 수직 속도가 가장 작고 착지할 때 가장 크다.
③ 수평방향으로는 등속운동을 하고 수직방향으로는 등가속 운동을 한다.
④ 투사높이가 착지높이보다 높은 경우 투사각도를 45°보다 높게하여야 최대거리를 얻을 수 있다.

008

다음 선속도와 각속도의 관계에 대한 설명 중 바르게 설명한 것을 고르면?

① 회전하는 물체가 강체일 경우 위치에 상관없이 각속도는 일정하다.
② 회전하는 물체의 각속도가 일정하다면 물체의 선속도는 회전반경의 길이에 반비례한다.
③ 축구의 킥, 배구의 스파이크 동작 같은 경우 마지막 순간에 회전반경을 짧게 해야 유리하다.
④ 체조의 도마 경기, 다이빙 보드의 공중돌기 동작에서는 회전반경을 길게 하는 것이 유리하다.

009

다음 그림과 보기의 설명을 읽고 옳지 않은 설명을 고르면?

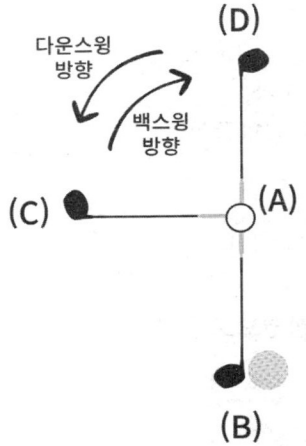

- 클럽헤드의 이동순서 : B→C→D→C→B
- 회전운동의 중심은 (A)이다.
- ∠BAD=180°, ∠BAC=90°, ∠CAD=90°
- 준비부터 임팩트까지의 동작소요시간 : 2초
- 동작에 작용하는 내력과 외력은 일반적인 상황으로 가정한다.

① [B-C] 구간의 각변위는 -90°이다.
② [B-C-D-C] 구간의 각거리는 270°이다.
③ 골프스윙 동작의 각속력은 180°/s 이다.
④ 골프스윙 동작은 등속원운동으로 이루어진다.

010

다음 중 같은 각이 아닌 것을 하나 고르면?

① 180°　　　　　　② 3.14rad
③ 2π　　　　　　　④ 3200mils

011

다음 힘에 대한 설명 중 옳지 않은 것을 고르면?

① 물체의 운동 상태를 변화시키는 원인을 말한다.
② 물체에 작용하는 힘들을 더한 합력을 알짜힘이라 한다.
③ 힘의 단위는 N(뉴턴), kgf(킬로그램힘), kg중을 사용한다.
④ 물체에 작용하는 힘은 물체의 운동상태만 변화시킬 수 있고 물체를 변형시킬 수는 없다.

012

다음에서 설명하는 마찰력의 종류는?

- 물체가 움직이는 동안 접촉면에서 발생하는 마찰력으로 미끄럼마찰력이라고도 함
- 외력에 상관없이 항상 일정한 값을 갖으며 수직항력과 마찰계수에 의해서 결정된다.

① 정지마찰력　　　　　② 운동마찰력
③ 구름마찰력　　　　　④ 최대정지마찰력

013

항력의 대한 설명으로 옳지 않은 것은?

① 유체 속을 움직이는 물체에 대해 반대 방향으로 작용하는 힘이다.
② 항력은 항력계수, 유체밀도, 단면적, 상대속도에 의해 결정되며 상수로서 단위는 없다.
③ 물체가 가지고 있는 형태에 따라 물체 주변에 압력의 차이가 생기고 이로 인해 물체에 힘이 가해지는 것을 '형태항력'이라고 한다.
④ 수영 선수가 물 표면에서 수영할 때 물결의 크기가 증가하면서 파도가 일고 난류가 형성되는데 이로 인해 나아가려는 방향에 방해되는 힘이 발생하고 이를 '표면항력'이라고 한다.

014

다음 보기의 예는 뉴턴의 각운동 법칙 중 어느 것에 해당하는가?

- 멀리뛰기 공중동작 중 하체를 신체 앞쪽 방향으로 강하게 차는 동작
- 배구 스파이크 동작 중 점프와 동시에 무릎을 접으며 하체를 뒤쪽 방향으로 보내는 동작

① 각평형의 법칙
② 각관성의 법칙
③ 각가속도의 법칙
④ 각반작용의 법칙

015

다음 그림과 같은 상황 후에 A선수가 보일 움직임에 대한 설명으로 올바른 것은?

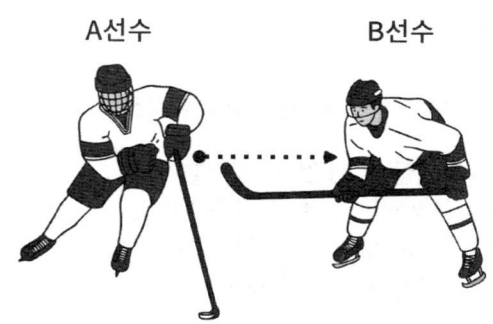

- 체중 90kg의 A선수가 약 3m/s의 속도로 달려와 제자리에 서있는 B선수와 충돌했다.
- 체중이 60kg인 B선수는 충돌 후에 3m/s의 속도로 오른쪽으로 미끄러졌다.
- 두 선수의 충돌 이외에 움직임에 영향을 주는 마찰력과 같은 외력은 고려하지 않는다.

① 충돌 후에 제자리에 멈춘다.
② 충돌 후에 왼쪽 방향으로 1m/s의 속도로 튕겨 나간다.
③ 충돌 후에 오른쪽 방향으로 1m/s의 속도로 미끄러진다.
④ 충돌 후에 오른쪽 방향으로 2m/s의 속도로 미끄러진다.

016

다음 그림에서 슬로프를 내려가는 스키어에 움직임에 영향을 주는 힘의 명칭을 올바르게 짝지은 것은?

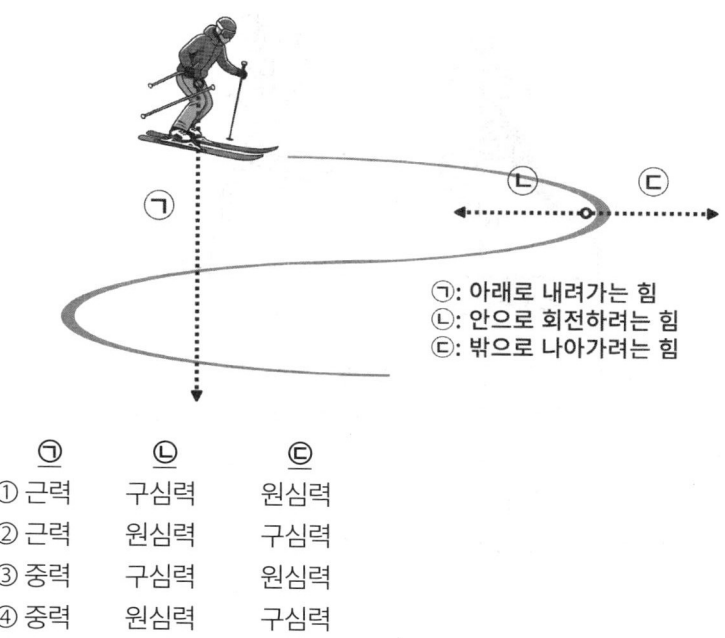

㉠: 아래로 내려가는 힘
㉡: 안으로 회전하려는 힘
㉢: 밖으로 나아가려는 힘

	㉠	㉡	㉢
①	근력	구심력	원심력
②	근력	원심력	구심력
③	중력	구심력	원심력
④	중력	원심력	구심력

017

다음 중 운동역학적으로 일을 한 경우를 고르면?

① 벽면을 힘껏 밀었으나 움직이지 않았을 경우
② 경사도가 있는 트레드밀에서 10분간 달렸을 경우
③ 농구공을 든 채 수평으로 농구코트를 10m 걸어갔을 경우
④ 자전거를 타다가 페달링을 멈춘 채 가만히 주행하는 경우

018

다음 보기에서 설명하는 법칙은?

중력에 영향을 받으면서 운동하는 물체는 다른 외력이 작용하지 않는 이상 이것의 총합은 일정하다. 다만 각각의 크기만 바뀌게 되는데 이것을 역학적으로 보존된다라고 표현한다. 장대높이뛰기 선수가 장대를 많이 휘게 하려는 이유도 이것 때문으로 볼 수 있다.

① 질량 보존의 법칙
② 에너지 보존의 법칙
③ 선운동량 보존의 법칙
④ 각운동량 보존의 법칙

019

다음은 달리기 동작의 두 가지 국면을 나타낸 그림이다. 각각의 동작에 대한 <u>틀린</u> 설명을 고르면?

<가>국면   <나>국면

① <가>와 <나>는 모두 접지(지지) 국면에 속한다.
② 달리기 동작의 특징 중 하나는 이중지지기가 없다는 것이다.
③ 지면에 접촉하고 있는 발과 인체중심선의 위치에 따라 인체를 추진시키거나 억제시킬 수 있다.
④ 신체를 앞으로 숙이는 전경 자세는 지면에 발이 가하는 반력을 통해 수직성분을 증가시키기 위한 동작이다.

020

근전도 분석 방법을 활용하는 목적으로 가장 적절하지 <u>않은</u> 것은?

① 근육의 형태와 양을 측정하기 위해
② 근육의 피로 정도를 확인하기 위해
③ 근육이 활성화되는 시점을 확인하기 위해
④ 근육에서 발휘하는 힘의 크기를 추정하기 위해

7과목 | 스포츠윤리(77)

001

다음 ( )에 들어갈 말로 바르게 짝 지은 것은?

> 스포츠윤리가 갖는 또 다른 특성은 행위의 주체를 개인의 양심이나 덕성에 두는 (㉠), 어떤 직업을 수행하는 사람들에게 요구되는 행동규범으로서의 (㉡), 그리고 개개인들이 속해있는 사회의 구조나 제도 자체의 개혁에 의해 윤리적 문제가 해결될 수 있다고 보는 (㉢)가 있다.

	㉠	㉡	㉢
①	덕윤리	직업윤리	사회윤리
②	덕윤리	수행윤리	개혁윤리
③	개인윤리	직업윤리	사회윤리
④	개인윤리	수행윤리	개혁윤리

002

다음 보기에서 설명하는 가치충돌 해결방법의 명칭은?

> 우리는 가끔 서로 충돌하는 윤리적 가치들 사이에서 도덕적 판단을 해야 하는 상황들을 만난다. 이러한 가치충돌의 문제에 접근하는 방법으로 일종의 절충을 위한 시도로서 모든 사람이 수용할 수 있는 중간 지점을 찾아 모든 사람을 납득시킬 수 있는 창의성을 발휘하는 것을 의미한다.

① 아레테(arete)
② 윤리의식(ethos)
③ 힘에의 의지(Wille zur Macht)
④ 창의적 중도(creative middle way)

003

다음 보기의 상황에 적용할 수 있는 윤리체계는?

> 강원도에 새로운 스키리조트를 건립하고자 한다. 건설공사로 인하여 환경적 문제나 지역 주민의 경제적, 건강상의 문제가 일어날 수는 있다. 그러나 스키장 건립에 따른 경제적 효과가 뛰어나고 환경 문제와 지역 주민 문제를 적절히 해소한다면 공리주의적 관점에서 건립하는 것이 옳다.

① 덕론적 윤리체계
② 결과론적 윤리체계
③ 의무론적 윤리체계
④ 상대론적 윤리체계

004

다음 보기의 견해와 가장 관련이 있는 사상을 고른 것은?

> 승리 추구를 위해 수단과 방법을 가리지 않으려는 내면의 욕망을 자제하고, 정도(正道)를 지켜 정정당당하게 승부에 임하여 나아가 상대방의 선전(善戰)까지 존중한다.

① 유교
② 불교
③ 도교
④ 힌두교

005
스포츠에서 승리 추구 방식보다 탁월성 추구 방식을 중시해야하는 이유가 아닌 것을 고르면?

① 승리를 추구할 시 승리지상주의를 긍정하는 결과가 초래되기 때문에
② 청소년 스포츠에서 탁월성 추구 방식은 미성숙한 인간에게 과도하면서 무비판적인 노력을 강요하기 때문에
③ 탁월성 추구는 항상 경쟁과 승리 추구를 포함하지만 승리추구의 방식은 탁월성의 추구를 항상 포함하는 것은 아니기 때문에
④ 탁월성을 추구하는 자는 의도적으로 규칙을 위반하거나 허용되지 않은 수단을 이용하여 성과를 올리려고 시도하지 않기 때문에

006
다음과 같은 주장을 한 학자로 바르게 고른 것은?

> • 도덕이란 실천적 경험 등을 통해 얻어지는 미덕이다.
> • 도덕은 인간이 살아온 삶의 맥락(전통) 안에서 일관적인 특징을 지니고 있다.
> • 모든 개인의 삶은 내재된 선을 공동체라고 하는 타인 과의 관계 속에서 도덕을 실천하면서 의미와 가치를 이끌어낸다.

① 롤스
② 칸트
③ 매킨타이어
④ 아리스토텔레스

007
다음 보기에서 공통적으로 설명하는 용어로 올바른 것은?

> • 인간을 인간답게 만들어주는 자질
> • 오래전부터 전수되어온 일종의 윤리의식(ethos)
> • 본래는 어떤 존재가 최적의 기능을 발휘할 수 있는 상태를 의미하며 인간에게 도덕적인 의미로 축소되었다.

① 아레테(arete)
② 로고스(logos)
③ 파토스(pathos)
④ 테크네(techne)

008
스포츠맨십의 예시로 가장 적절하지 않은 것을 고르면?

① 규칙 안에서 정정당당히 승부하여 경기에서 이기는 행위
② 팀 동료의 실수에 낙담하거나 비난하지 않고 격려하는 행위
③ 극적인 승리로 기쁨에도 상대방 앞에서 세리모니 하지 않는 것
④ 병역 혜택을 받을 수 있는 경기에만 최선의 노력을 다하는 것

009
스포츠 진화론의 관점에서의 스포츠 규칙이 갖는 특징이 아닌 것을 고르면?

① 임의성
② 공평성
③ 제도화
④ 비형식성

010
스포츠 규칙에 대한 설명 중 옳지 않은 것을 고르면?

① 구성적 규칙은 경기 진행 방법에 관한 전반적인 규칙으로 공간, 시간, 용기구의 사용에 대한 내용이다.
② 정해져 있는 구성적·규제적 규칙을 어기지 않고 공정하게 시합에 참여하는 입장을 비형식주의라고 부른다.
③ 규제적 규칙은 개인의 행동을 규제하기위해 적용되는 규칙으로 반칙의 종류, 도핑, 승부조작 등에 대한 내용이다.
④ 스포츠 윤리의 특징은 규칙을 준수했음에도 윤리적 비난을 받거나 의도적 반칙을 했음에도 비난을 받지 않는 경우가 발생한다.

011
다음 보기에서 설명하는 정의에 가장 가까운 것은?

> 모든 사람이 동등한 권리와 참가기회를 보장받는 것
> 예 동일한 경기 참가 인원, 동일한 경기장 규격 등

① 평균적 정의
② 절차적 정의
③ 분배적 정의
④ 평가적 정의

012
스포츠에서의 성차별 문제를 해결하기 위한 방법으로 가장 적절하지 않은 것을 고르면?

① 여성 스포츠의 지도자, 프로그램, 시설 등을 확충한다.
② 여성 스포츠 전반에 대한 다양한 홍보를 통해 사람들의 인식 속에 깃들게 한다.
③ 여성 스포츠로의 남성의 스포츠 참여 기회를 제한하고 여성 고유의 스포츠로서 유지되도록 한다.
④ 사회문화적 요인에 대한 고찰과 성차별의 긍정적·부정적 사례를 소개하면서 공론화를 해야한다.

013
스포츠에서의 장애차별 문제를 해결하기 위한 방법으로 가장 적절하지 않은 것을 고르면?

① 공급자 중심에서 수요자 중심의 프로그램으로 전환한다.
② 일반인과의 통합 수업 프로그램은 장애인에게 차별을 초래할 수 있어 되도록 지양한다.
③ 접근성을 고려한 체육시설을 확충하되 대도시 위주의 편중된 시설보다는 전국적인 균형 배치가 필요하다.
④ 체육을 전공하지 않은 장애인이나 장애인 선수에게도 지도자로서의 교육을 받도록 하여 좋은 모델이 되도록 한다.

014

다음과 같은 사례에서 발생할 수 있는 문제로 가장 거리가 먼 것은?

> 최근 우리나라는 다인종·다문화 국가에 진입이 유력해지고 있다. 이 변화와 더불어 스포츠계에서도 다문화 가정 출신의 학생 선수들의 활약이 빛나고 있는데 이미 소년체전의 메달리스트 중에 다문화 가정의 학생선수들의 비율은 늘어나고 있는 추세이다. 하지만 대한체육회가 주최하는 대회에는 우리나라의 국적을 취득하기 전까지 출전이 불가하는 등 아직까지 풀어야 할 문제가 많다.

① 한국으로 이주한 노동자나 결혼이주여성들이 한국의 문화에 대해 교육 받을 수 있는 통로가 없다.
② 자녀양육과 관련하여 자녀에게 한국말을 잘 가르치지 못한다는 것은 유아기에 중요한 언어교육에서 결핍이 발생한다.
③ 언어와 문화적 차이, 유색인종에 대한 편견과 차별이 대인관계에서 소극적이거나 공격적인 태도를 유발한다.
④ 생리학적 신체 기능이 우월한 남성이 성전환을 한 경우의 스포츠 참여를 어떻게 해야 할 것인가에 대해 논의가 필요하다.

015

다음과 같은 주장을 한 학자를 고르면?

> 첫째, 생명체를 해치지 말아야 한다는 비상해의 규칙
> 둘째, 개개의 생명체들과 생태계 전체가 자유롭게 발전하는 데 제한을 가하지 말아야 한다는 불간섭의 규칙
> …
> 넷째, 부득이한 경우 인간과 다른 생명체 간의 '정의의 균형'이 깨어졌을 때 그것을 회복시키도록 노력해야 한다는 이른바 보상적 정의의 규칙

① 네스(Næss)
② 테일러(P.taylor)
③ 레오폴드(A.Leopold)
④ 슈바이처(A.Schweitzer)

016

동물실험윤리위원회에서 제시한 동물을 연구대상으로 활용할 경우의 기준(3R)으로 바르게 묶인 것은?

① 대체(repacement), 개선(refinement), 감소(reduction)
② 개선(refinement), 책임(responsibility), 보상(reward)
③ 대체(repacement), 보상(reward), 책임(responsibility)
④ 보상(reward), 책임(responsibility), 사리분별(reasonable)

017

다음 보기에서 설명하는 용어는?

> • 관중폭력의 대명사로 '군중'과 '팬의 무질서'를 합친 의미
> • 시간과 장소를 불문하고 자신이 응원하는 팀을 빌미로 광적인 행동을 일으키고 폭력을 조장하는 행위

① 훌리거니즘
② 아노미현상
③ 쟁점성 관중행동
④ 무쟁점성 관중행동

018

스포츠지도자가 가져야 할 태도로 올바르지 않은 것을 고르면?

① 개인과 집단의 미래에 대한 비전과 목표를 설정한다.
② 목표 달성에 도움이 되는 심리적·사회적 환경을 조성한다.
③ 집단 성원들이 집단의 목표를 추구하도록 동기를 유발한다.
④ 문제 발생 시 구성원과의 대면을 지양하고 갈등을 해결한다.

019

다음 빈칸에 들어갈 단어로 알맞은 것은?

> 카이요와(R. Caillois)는 놀이 속에 잠재되어 있는 의식을 두가지로 설명한다. 첫째는 (㉠)으로 '놀이 본능의 자발적 속성으로 흥분하고 소란을 피우고 싶은 인간의 기본적 욕구'를 의미한다. 두 번째는 (㉡)으로 이런 원초적인 욕망에 새로운 임의의 장애물을 제공하는 것을 의미한다. 결국 인간은 자의적으로 장애물을 설정하고 이를 극복하면서 즐거움을 경험하는 것이다.

	㉠	㉡		㉠	㉡
①	아곤	아레테	②	로고스	파토스
③	파이디아	루두스	④	노모스	퓌시스

020

다음 보기의 정책 결정 과정은 어떤 정책분석모형의 입장에 속하는가?

> ○○시에 건립될 새 야구장이 건립 계획을 변경하지 않고 기존의 계획대로 개방형으로 추진된다. 새롭게 당선된 시장은 야구 팬들을 위한 공약으로 돔 형태의 야구장 증축을 추진하였으나 공사 일정에 차질을 빚으며 사업비가 상당수 증가할 수 있다는 점을 고려하여 이를 취소하기로 하였다.

① 권위자 중심 모형
② 고객 옹호자 모형
③ 쟁점 옹호자 모형
④ 객관적 기술자 모형